Inge von Weidenbaum

(Hrsg.)

Eine sonderbare Hure

Zeichnungen: Tia Belasco
Covergestaltung: Julia Cumberworth

© Kitab-Verlag Klagenfurt
www.kitab-verlag.com
office@kitab-verlag.com
ISBN 978-3-902878-64-9

„Schreiben heißt, die Leere erschaffen, worin die furchtbare Tatsache, dass das Rettende fehlt, erkennbar wird."

Jean Cayrol

„Die Frau zerstört sich selbst."
„Sie ist damit die eigene Todesursache"
„Die Selbstzerstörung erfolgt im Aktiv."
"Die Drogen-[Psychopharmaka]-Faszination stülpt sich über die angegriffene
Frau."
„Requisiten der sadistischen Grammatik: Diese Grammatik macht aus den
Opfern Täter gegen sich selbst."

Marlene Streeruwitz
Gegen die tägliche Beleidigung

Wer spannt die Fäden?
Dass achtzehn Jahre unerschütterter Glaube an einen
renommierten Psychiater in lautloses Verderben führt.

Die Tagebücher, aus denen dieses Buch entstanden ist, gehörten einer Frau, deren Todestag unbestimmt ist. Sie starb allein. Tagelang von niemandem vermisst.

Für ihre Verlassenschaft war kein Schutz und erst recht kein Fortbestand vorgesehen. Es gab keine Verfügung, die ihr Nachleben bewahren sollte.
Für den Reißwolf bereit lagen da 29 Tagebücher, von 1984 bis zum September 2008, kurz vor ihrem Tod, geführt. Eine Magisterarbeit der Philosophischen Fakultät der Universität Wien über KAFKAS BRIEFE AN MILENA, Konzeptversuche einer geplanten Dissertation ROBERT WALSER UND DIE MUSIK, „Halbschlafbilder" und Erzählentwürfe. Brieford ner, eine Reihe Bücher, CDs und Fotos.
Inhaber der Rechte laut „Verlassenschaftsbeschluss" unbekannt oder unauffind bar.

Wenn es einen Beweggrund gibt für die Anteilnahme an den Tagebüchern einer Unbekannten, die sich nicht dagegen wehren kann – für mich war es die Kraft der Anziehung von Ingeborg Bachmanns Roman MALINA in diesen Aufzeichnungen.
‚MALINA und immer wieder MALINA.' Das elementare, unabweisbare Problem des Inzests, und das unkündbare Liebesbündnis mit dem Vater:
Ingeborg Bachmann hat den Inzest in Träumen kodiert. Erinnerung und Träume, die quälen, *weil es nichts Fremdes ist,* sondern *unverlautbare Wirklichkeit, die sich im Traum zu artikulieren versucht.*

Die Tagebücher sind durchwirkt von der existentiellen Erfahrung dieses Verbrechens als Tat der Liebe. Explizit. Nicht künstlerisch bearbeitet. Bilder der Erin nerung in quälender Unschärfe. Artikulierbar nur in kargen Fragmenten, doch in ihrer Geltung untilgbar versichert wie „Schreie, in der Kehle zurückgehalten".

So ist es auch kein Zufall, dass die „dunkle Geschichte" der Tagebücher wie die „dunkle Geschichte" in MALINA im Selbstverständnis des Opfers die Identifikation mit „Abfall" hervorbringt. „Abfall, eine überflüssige Menschwerdung, seit jeher entbehrlich", heißt es bei Bachmann.
Das Grauen der Todesart baut sich langsam auf. Es ist Mord.
Hier wie in MALINA. Hier in der doppelten Bewegung als Sterben am Gift des Inzests und als langsames Verhungern während zwei tragisch missratener „Therapie"-Versuche. Der erste über sechs, der andere über achtzehn Jahre, bei einem Psychiater, der zu Beginn der Behandlung seiner Patientin die zukunftsgerichtete Voraussage macht, dass sie „die Kurve kratzen" wird. Der Psychiater ist *de jure* für seine Einschätzung der Entwicklung nicht haftbar. Auch *de facto* nicht für die Plattheit seiner Sprache. Da aber in der achtzehn Jahre währenden „Therapie"-Zeit die psycho-physische Lebensqualität seiner Patientin unaufhaltsam geschwunden ist, wäre es da nicht an der Zeit gewesen, seine fehlgehende Behandlungsmethode in Frage zu stellen? Oder – deutlicher gesagt – einer genauen Evaluierung zu unterziehen?

Was lässt sich von der modernen Psychologie erwarten? Und wo ist sie schlichtweg mit ihrem Latein am Ende und wird von der Literatur in ihre Schranken gewiesen?

Ich habe Ingeborg Bachmanns Arbeit an dem Buch MALINA erlebt.
Sieben Jahre habe ich sie gekannt. Sieben Jahre, in denen Einigkeit herrschte über die Freude an aller Art von intellektuellem Luxus. Diskretion war eine Ehrenpflicht.

Für mich, die um etliche Jahre Jüngere, kam hinzu die Bewunderung ihrer Dichtung und ihres unerschütterlichen Willens, sich vom Erfolg nicht korrumpieren zu lassen.

Da sind Erinnerungen aus dem Jahr 1968. Ein Sommertag in der Via Bocca di Leone. Und ein Gespräch über Träume. Dass in der Nacht, im Traum, zurückkehrt – verkleidet, also vieldeutig –, was die Zeit – nein, die Seele – dem Vergessen nicht anheimgeben kann.

Meine Erzählung von einem unheimlichen Traum der vergangenen Nacht, in der ich meinen Vater getötet hatte … er war aber der Schauspieler Julian Beck – dieser Traum hatte Ingeborg Bachmann sichtbar aus der Fassung gebracht.

Sie stand auf und trat an die Tür zur Terrasse. Ihre Gitane hatte sie im Aschenbecher liegen gelassen. Als sie zurückkam und die Zigarette aufnehmen wollte, zitterte ihre Hand. Und ihre Stimme klang wie unterdrücktes Weinen. *„Sehen Sie, Inge, Sie können Ihren Vater töten, und ich träume einen Friedhof der ermordeten Töchter. Jetzt kann ich es ja sagen, weil es schon geschrieben ist."*

Nie mehr, auch nachdem sie mir MALINA geschenkt hatte, wurde das Gespräch über Träume wieder aufgenommen.

Doch im Gedächtnis geblieben ist mir auch, wie heftig Ingeborg Bachmann ein andermal die Frage nach den biographischen Entstehungsbedingungen eines Werkes, also auch von MALINA, abgewehrt hat. Ob solches Wissen dem Verständnis nützt? Nein. Ganz gleich, welche Fehlinterpretation, Verzerrung oder Mystifizierung durch dieses Wissen vermieden würde. Ihr gefiel der Satz *„Nicht sterben an dem Gift, das als Herz auf der Zunge bekannt ist"*.

Inge von Weidenbaum

Inhalt

Wie begeht man einen Mord?
Einführung von Marlene Streeruwitz

Schreiben.

So. Wie wir es versuchen. Die Innenwelt der Person bildet im Schreiben des schmalen Fadens der Buchstaben eine einzige Stimme.

Schreiben. Wenn wir es Literatur nennen. Der schmale Faden der Innerlichkeit einer einzelnen Person soll in Kunstgriffe geschürzt den groben Ahnungen des Lesens unserer Kultur ausgesetzt werden. Am Ende ist es der Zugang zu den groben Ahnungen, der darüber bestimmt, ob die Benennung Literatur angewendet werden kann. Literatur entsteht über die Vermittlung und es sind Zugangsfragen, die entscheiden und deshalb ist die Veröffentlichung dieses Tagebuchs so wichtig. Es ist wichtig, daß der schmale Faden der Innerlichkeit dieses Tagebuchs dem Leser und der Leserin unter die Augen kommt.

Kindheit.

Beim Lernen davon, wie das wörtlich zu Lebende von den Ahnungen abgetrennt werden muß. Kindheit. In der Erfahrung, daß Vernichtung jederzeit möglich ist. Daß die Ausgeliefertheit Anpassung unumgänglich macht. Kindheit. Im Haß und Widerstand gegen die Verfügungsgewalt über eine. Was geschieht, wenn dieser Zustand nicht freundlich verhandelt wird. Was geschieht, wenn die Ausgeliefertheit des Kinds nicht in die Metapher verschoben ist, sondern wörtliche Gegenwart wird. Was bedeutet es, wenn ein Kind einer solchen Wörtlichkeit ausgesetzt, wörtlich leben muß. Was bedeutet es, daß das Geheimnis den Ahnungen entrissen wird und das Kind die Bedeutung des Worts "Vaterliebe" in aller Körperlichkeit kennen muß. Körperlich kennen muß. Wörtlichkeit wird ja körperlich ausgetragen. Wörtlichkeit ist das, was gelebt werden muß. Die Ahnungen gerinnen da zu unaussprechlicher gelebter Erfahrung.

Mit dem Buch EINE SONDERBARE HURE liegt uns das vor, was gemeinhin ein "authentischer Text" genannt wird. Diese Person entleibt sich jeden Tag. Sie legt ihr Gekröse offen auf. Sie schneidet sich zurecht. Sie formt ihre Silhouette zum Skelett. Sie betrinkt sich. Sie entleert sich und leugnet damit ihren Unterleib. Und. War es nicht das, was die Schergen immer von einem Frauenkörper verlangen. Unsichtbar. Leer. Zugänglich. Ohne Geheimnis. Denn. Diese Frau erstickt schon als [Vier!]Dreijährige am Penis ihres Vaters in ihrem Mund und sie wird ein Leben lang versuchen, in langen Brechanfällen, das Sperma aus ihrem Leib zu bekommen. Aber sie wird es sich lange nur in dieser Wörtlichkeit selbst erzählen können.

Die Schreiberin stellt die Frage nach dem Platz in der Welt. Das ist die Grundfrage. Wenn nun aber der Grund nicht gegeben wird. Weder als Begründung noch als Territorium. Wenn also nun Vernichtung schon in das Leben dieser Person in der Wörtlichkeit der körperlichen Erfahrung eingeschrieben wurde. Dann fällt die Möglichkeit der Fiktion und ihrer phantastischen Rettung weg. Fiktion bewegt sich ja zwischen den Polen des Wörtlichen und den Bezeichnungen der Welt, die die realen Beziehungen grammatikalisch nachstellt und so zur Sprache wird.
Wenn also die Zeichen in ihrer Wörtlichkeit als körperliche Erfahrung die Entwicklung von Sprache verhindern, dann wird wiederum jede Aussage dieser Person überhaupt nur in der friedfertigen Gegensprache verständlich werden. Darin sind diese Aussagen dann eben Literatur und sie sind zur gleichen Zeit das Gegenteil von Literatur. Unerdachtes Erdachtes.
Wenn wir uns den vor uns liegenden Text unter diesen Voraussetzungen ansehen, dann fällt zuallererst die Wiederholung auf. Die Wiederholung wird auf allen Ebenen des Texts eingesetzt. Vom Motiv der Selbstfüllung und der Selbstentleerung bis hin zur Lexikalik und der Ebene der Lautbildung. Ein melodiöser Rhythmus wird hergestellt und die notwendigen Kürzungen des riesigen Textkonvoluts können es nicht verbergen. Es geht um ein rhythmisch vor sich hinsummend Reagierendes, wenn es um Berichte vom eigenen Körper der Schreiberin geht. Die Erklärungen an sich selbst und die klugen Interpretationen bilden formal Kreisformen und verschließen sich damit einer Interpretation von außen.

Kreiselnd ist dieser Motivstrang gegen den stampfenden Rhythmus der körperlichen Reaktionen gesetzt. Dazwischen die Hilferufe. In der Selbsterstickung der Wiederholung tauchen die Rufe um Hilfe auf. Und dann fällt der Text in die eigene Tat und phantasiert die Zerstörung anderer Körper. Wütend. Grenzenlos. Unbegrenzt. Es gibt ja keinen Platz in der Welt und damit keine Begrenzungen. Und. Ohne Ort ist der Auftrag zur Selbstzerstörung selbstverständlich. Dann muß das Toben gegen sich selbst gerichtet werden. Dann ist die Steigerung des Tobens die einzige Möglichkeit zur Veränderung

Und. Ohne Ort. Diese Person ist nie gemeinsam. Kann nie gemeinsam sein. Sie schreibt das Protokoll eines Urteils, das tief in der herrschenden Sprache verborgen ist. Ein Urteil ist das, das die kleinen Mädchen auf einen Misthaufen vor den Stadttoren warf. Ein Urteil, das heute die millionenfache Abtreibung weiblicher Föten bedeutet. Dieses Urteil heißt "Tochter" und das Vaterrecht kann sich seine Berechtigung aus den ungeänderten Drohungen von jeher jederzeit ausfertigen lassen.

Wenn wir den Text aus dieser Perspektive betrachten, dann ist das ein Text des normal Geahnten. Dann ist das ein Text, der uns aufklärt über das Folgerichtige, das wir nicht einmal denken können. Ein Folgerichtiges ist das, das wir nicht denken dürfen, aber mit der Grammatik unserer Sprachen sprechen müssen: Das Schlachthaus.

Mit dem vorliegenden Bericht aus dem Schlachthaus erfahren wir in der Sprache des Schlachthauses alles aus der Sicht der Verurteilten. "Das ist der Friedhof der ermordeten Töchter." heißte es im 2. Kapitel von Ingeborg Bachmanns Roman "Malina".

Im Tagebuch lesen wir den Weg dorthin. Aber. Während in Ingeborg Bachmanns Roman der Vater selbst auftritt. Ein Wiedergänger ist er. Immer wieder taucht er auf. Und immer wieder muß die Tochter zu ihm gehen und ihm erklären, warum sie so ist wie sie ist und warum sie ihn töten muß. Die Töchter sind ja zur Treue angehalten. Auch das liegt in der Grammatik unserer Sprachen begraben und kann jederzeit zum Leben erweckt werden. Treue.

Das ist eine schöne Bezeichnung für die Selbstverurteilung und die Vollstreckung des Urteils an sich selbst.

Aber.
Eine ganz kurze Zeit gibt es im Leben der Schreiberin diese andere Sprache. Es gibt dieses andere Fragen, das sich nicht um Territorien kümmert und um Schuld. Der friedliebende Frager will nur wissen, wie es war. Was es war. Ohne Zuordnung der Motive. Ohne Urteil. Ohne Rechnung. Ohne Verurteilung. Ohne Aufrechnung.
Und.
In dieser Sprache kommt die Wörtlichkeit zum Vorschein. Der Vater. Die Fellatio. Die Küchenbank. Der Geruch. Der Geschmack. Die Geschichte wird offenkundig. Die Ahnungen werden zu dem dünnen Faden der eigenen Erzählung. Eine Wahrheit ist erzählt. Aber das geht nur, weil nicht die Mühe der Gegengewalt aufgerufen wird. Die Geschichte ist gehoben. Die immer eigentliche Geschichte der Tochter kommt ans Licht und die Tochter könnte zu sehen beginnen.
Und dann.
Es kommt ein neuer Therapeut mit der alten kanonischen Sprache ins Spiel. Die Schreiberin. Sie muß sich nun ihrer eigenen Geschichte in der Sprache des Täters gegenübersehen. Die Wörtlichkeit der Tat ist ja selbst schon unumgänglich die Sprache des Täters. Aber wenn die Erinnerung und die Bearbeitung der Erinnerung in der Therapie in der unreformierten Sprache der groben Ahnungen vor sich geht, dann gelten wieder die alten Regeln. Jene Regeln sind das, die schon den Mißbrauch ermöglichten.
Und so geschieht es auch. Der neue Therapeut mit der uralten Sprache. Die Schreiberin verliebt sich in ihn. So erfüllt sie wiederum das uralte Gesetz der Tochtertreue und des Pflegeinzests. Die Schreiberin wird wieder über die treuselige Übernahme der Verantwortung in die Sprache des Gewalttätigen verhaftet. Sie wird nicht herausgeführt. Sie findet nicht heraus. Die Wiederholungen erzwingen sich in immer rasanteren Kreisbewegungen. Es ist wieder alles beim

Alten. Und wörtlich so.

Und dann schreibt die Schreiberin, daß der Therapeut über eines ihrer Gewaltbilder "spontan auflacht". Er reagiert in ihrem Muster "richtig". Sie hat sich in der unbearbeiteten Übertragung eine solche Reaktion von ihm gewünscht. Und. "Deshalb hänge ich so an ihm." schreibt sie. Sie hat ihn zum Lachen gebracht und ihre Treue wurde belohnt. Kurz. Das Lachen des Therapeuten war am 15. Juli 2008. Im September ist die Schreiberin tot.

TEIL I

Magistra Almuth Anders, geboren am 28. Februar 1963 in Innsbruck.
Gestorben an einem Septembertag des Jahres 2008 in Wien.
Von ihrem Vater, seit sie vier Jahre alt war, sexuell missbraucht.

Ein aufgeschobenes Leben

Wie hat ihre Geschichte angefangen, die sich über vier Jahrzehnte ausdehnen wird? Anorexie, Bulimie, Alkohol- und Nikotinsucht, zwanghafte Selbstverletzung, schwere Schlafstörungen und Albträume, die andauernde Instabilität ihres Selbstbildes und der Selbstwahrnehmung, Selbstmordverlangen und Psychopharmaka-Abhängigkeit – das sind Torturen, denen sie Tag um Tag ausgesetzt ist.

Eine unheilbar in zwei Teile geschiedene Seele. Die Teile ‚finden‘ sich nur, um sich gegenseitig zu negieren und zu zerstören.
Zwei Menschen sind in ihr, einer versteht den andern nicht, weil die Verzweiflung immerfort umschlägt in Euphorie und bald darauf die Euphorie, die Hoffnung, sich jäh wieder umkehrt in Verzweiflung über ihre ‚selbstverschuldete Unmündigkeit‘ und die ‚freiwillige Knechtschaft‘.
Eine *conditio inhumana*, von der eine gar nicht so kleine Minderheit unter uns betroffen ist. Wir, die vermeintlich ‚Gesunden‘, kennen das Grauen nicht, das sich in ihrem Körper ausbreitet. Wir können nur sehen, was ihr Körper über sie redet. Die triumphierende Magerkeit, die verschlingender ist, als es je ein gefräßiger Hunger sein könnte.

Was mit ihr geschah, seit sie vier Jahre alt war, musste sie für ihr ‚natürliches‘ Schicksal halten: Dass der Papa sie ‚lieb‘ hatte, aufgrund bestimmter Eigenschaften, von denen sie nichts wusste. Aber es tat weh, deshalb fürchtete sie sich vor ihm, denn sie kannte ja nicht den Sinn der sexuellen Gewalt des Vaters.

Ihn dafür anklagen wird sie erst sehr viel später, als sie sich mit der Einsicht in den unaufhaltsam gewordenen Zerfall ihres Lebens quält.

Mit Anfang zwanzig beginnt sie zu trinken.
Mit zweiundzwanzig weiß sie, dass sie Alkoholikerin ist. Von da an hält das Unglück sie fest in der Hand.
Sie trinkt, hungert, erbricht, raucht, arbeitet, studiert, leidet an ihrer „Symptomatik". Und schreibt, zu Beginn mit großer Regelmäßigkeit, Tagebuch und Briefe, hört Vorlesungen am germanistischen Institut in Wien, verfasst eine Magisterarbeit von beachtlicher stilistischer Qualität und bereitet sich nach dem Staatsexamen auf die Dissertation vor.
Wir haben nur Fragmente. Im Anfang das wechselnde Sinken und Steigen der Hoffnung, später nur mehr ein sich windender Abstieg in die Hölle.
Tagebuch schreiben heißt für sie, die Gegenwart zur Erinnerung festhalten, hochfliegende Hoffnung und tiefe Verzweiflung. Und auch, die Erinnerungswunden der Vergangenheit anschauen. Nicht chronologisch, aber genau. Denn inmitten der Verluste ist die Sprache – nah und unverloren – das Einzige, was ihr bleibt.
Sie weiß von den Spuren, die das Milieu an ihr hinterlassen hat, in dem sie bis zum Studium in Wien lebte. Es war eine kranke Welt, eine kranke, zerrüttete Familie. Von dort ist es ein kurzer Weg zu ihrem Leiden, in die Zwanghaftigkeit ihrer Süchte und die würgenden Schuldgefühle, weil sie unfähig ist, sich aus der Falle zu befreien.

Am 3. Oktober 1984 beginnt sie ihre Aufzeichnungen mit den Worten:

„Es gibt keinen anderen Grund zu schreiben, als dass ich das Bedürfnis habe, irgendwie meine Gedanken festzuhalten, damit sie sich nicht so bodenlos verlieren. Ich muss sie festmachen, um klarer sehen zu können.
Ich bin, indem ich *magersüchtig* wurde (ja, es ist das rechte Wort, mag es vielleicht auch den gegenteiligen Anschein haben), nach außen getreten, außerhalb meiner selbst.

Wenn ich das ändern soll, dann nur meinetwegen, nicht für andere. Ich will kein ‚normaler' Mensch werden, ich will in mich zurück.

Als ich zu hungern begann, habe ich mich verlassen. Jetzt will ich zurück, um meiner selbst willen.

In den schlimmsten Stunden bin ich alleine, in den schönsten Stunden bin ich alleine, und nur diese Zeit zählt. Da brauche ich MICH.

Deshalb muss ich in mich zurück. Ich glaube ganz fest an meine Kraft.

Wenn ich noch vor kurzem sagen musste, ich bin nichts, so kann ich jetzt schon fühlen, dass ich mehr, ein klein wenig mehr bin als nichts.

Ich werde auch noch die Angst, morgen könnten diese Gedanken ungültig, zerstört sein, überwinden. Was zählt auch schon morgen. Jetzt spüre ich, dass ich jetzt lebe. Es ist schade, dass ich jetzt noch kein Thema für das Broch*-Seminar habe.

Du wirst wieder arbeiten, denken, fühlen, hassen, lieben, leben ..."

Eine Studentin, 21 Jahre alt, auf der Suche nach Halt, nach Festigung ihres zerbrechlichen Selbstwertgefühls. Immer im flammenden Auf und Ab leidenschaftlicher Selbstbeschwörung und nüchterner Selbstkritik:

7. Oktober 84

„Warum muss ich jeden Kampf, der sich mir anbietet, aufnehmen? Weil ich nichts habe und mich deshalb durch alles und jeden bedroht fühle. Das Paradoxe dabei ist, dass ich gar nicht weiß, was ich konkret verteidige ... Ich kämpfe nur um die Mauern eines Hauses, in dem es nichts gibt – somit sind auch die Mauern letztlich zwecklos. Ich ersetze das Leben durch den Kampf."

Und dazu ‚ein schmerzhaftes Wort' von Kafka, das sie an ihre eigene Situation erinnert: *„Wie du es wolltest, so hast du es. Man steht an der Wand, schmerzhaft festgedrückt, senkt furchtsam den Blick, um die Hand zu sehen, die drückt, und erkennt mit einem neuen Schmerz, der den alten vergessen macht, die eigene verkrümmte Hand, die mit einer Kraft, die sie für gute Arbeit niemals hatte, dich hält."*

Ein halbes Jahr wird vergehen, bevor sie ihr Tagebuch in einem unverhofften Stimmungswechsel wieder aufnimmt:

17. März 85

„Ich habe noch nie so glücklich gelebt wie jetzt! Ich war noch nie so stark, so schwach, so allein, so bei mir selbst, so glücklich, so unglücklich, so müde, so voller Energie – alles auf einmal.
Ich bin Ich! Ich bin glücklich und stark, ich bin dabei, in mich selbst zurückzukehren"

Als hätte ein böser Geist ihr die Seele geraubt gehabt, die sie sich in halluzinatorischen Selbstbeschwörungen zurückerobert. Und am Tag darauf noch einmal dieses aufblühende Selbstbewusstsein:

18. März 85

„Ich kann mir vertrauen, und ich habe keine Angst mehr vor anderen Menschen, ich habe immer weniger Angst"

In solchen Augenblicken ist sie ‚sich selbst ein Wunder'. Doch der Glaube an das Wunschbild zur Festigung ihrer Identität ist eins. Es über die Momente der Erwartung hinaus festhalten und es für wahr halten können ein anderes. Es wird, weil so selten mit Erfolg belohnt, im Handumdrehen von ihr verächtlich gemacht.

Schon in der frühesten Tagebucheintragung werden auch die Probleme sichtbar, die sich über die nächsten sechs Wiener Therapie-Jahre erstrecken und das Verhältnis zu ihrem Psychotherapeuten belasten:

3. Oktober 84

„Konkret fühle ich nur Verwirrung, Versinken ins Chaos. Und immer wieder diese große Sehnsucht, eine normalere, auf Gegenseitigkeit beruhende Beziehung mit ihm einzugehen. Es ist gut möglich, dass ich mit ihm dieselben Schwierigkeiten wie mit allen anderen Menschen habe, Schwierigkeiten, die in mir selbst ihren Ursprung haben"

Mit aller Macht will sie von ihrem Therapeuten „gesehen" werden, nimmt sich vor, ihm dreist zu sagen, was sie erwartet und begehrt, und legt doch über ihr heilloses Liebessehnen immer neue Masken.

Sie lebt für diese Liebe und möchte sie ihm uneingestanden, gleichsam aus der ‚wortlosen Zwischenschicht ihrer Gefühle' darbringen. Im Wechsel mit Hassausbrüchen, immer in dem Verlangen, auch seine Liebe zu erzwingen.

Über sechs Jahre hinweg ist maßgebend für die Beschaffenheit ihres Gefühls gegenüber dem Therapeuten nicht der „Wert" der Therapie, sondern ihr eigener Zustand. Allein ihre Empfindungen zählen in diesem Prozess. Denn für sie ist er der Mensch, der ihr in diesen sechs Jahren am nächsten ist.

7. Oktober 84

Die Therapie hatte begonnen mit großen Erwartungen, die die Patientin an sich selbst stellt:

„Das Wort ICH umfasst ganz konkret mein Problem und weist nach zwei Richtungen. Erstens müsste ich *Energie* in mich integrieren. Dann, so glaube ich, würde ich mich auch in die *Zeit*, ja ins *Leben* integrieren.

Es treibt mich zum Wahnsinn, dass er meine Essensprobleme nicht sehen will. Sie quälen mich doch so primär. So absolut konstant."

Ein halbes Jahr später spricht sie den Therapeuten in ihrem Tagebuch in der Du-Form an:

18. März 85

„Ich habe 22 Jahre gelernt, Menschen durch die kleinen Zeichen, die sie geben, wahrzunehmen. Und ich habe es darin zu einer sehr hohen, sicheren Fertigkeit gebracht. Auf diese Weise, durch Hinhorchen und Hinschauen, habe ich auch

Dich kennengelernt. Vor allem spüre ich Deine Angst vor mir. Angst, sich auf mich einzulassen. Deshalb klammerst Du Dich an Deine Therapie, so wie ich mich vorher mit aller Gewalt an die ‚persönliche Beziehung' geklammert habe … In letzter Zeit spüre ich ständig Deine Angst vor mir … Du kannst versuchen, Dich möglichst als das Gegenteil darzustellen von dem, was ich sehe. Aber da vertraue ich auf mein Gefühl, wann sich ein Mensch verstellt"

Der Therapeut wehrt sich gegen den Versuch ihn herauszufordern, macht sich unzugänglich gegen ihre Forderung nach persönlicher Nähe.
Sie aber besteht darauf:

7. April 85

„Wenn ich überlege, zu wem ich die stärkste Beziehung habe. Ein Name. Aber ich will ihn. Und ich werde es zustande bringen."

Ohne Bedenken, dass sie nicht bekommen kann, was sie so dringlich ersehnt, und wie um sich Mut zu machen, notiert sie:

25. April 85

„Ich bin ich – das darf ich nie vergessen … Es ist so schwer, dieses Netz von ‚Veränderungszwängen' zu durchschauen, vor allem, weil ich daran mitknüpfe. Ich müsste ständig mit einer Liste durch die Welt laufen, auf der steht;
- Sag ‚Nein', wenn Du nicht willst, und ‚Ja', wenn Du willst.
- Höre nie auf, differenziert zu denken.
- Lerne, Deine negativen und positiven Gefühle auszuleben. Wie? Nicht durch den Essenszwang. Da zerfleischst Du Dich selbst.
- Du bist eine Frau, wehre Dich.
- Frauenfeindlich heißt, Deine Menschenwürde zu negieren, kämpfe für sie, lerne Frauenfeindlichkeit ganz subtil zu erkennen.
- Kämpfe um Menschen, die es Dir wert sind, spann dabei keine Sicherheitsnetze.

- Richte die Wut auf andere Menschen, nie gegen Dich selbst.
- ‚Liebe‘ – gib Dich nicht auf, sondern schenk Dich her.
- Fordere Ehrlichkeit.
- Höre ganz genau zu, was andere sagen.
- Sei nie ‚brav‘.
- Bleibe ja nie stehen, geh weiter.
- Lass Dich in kein Schema pressen.
- Du hast jedes Recht auf das Leben, greif danach“

Notiert hat sie diese Leitsprüche im überhellen Bewusstsein des Ressentiments gegen ihre Mutter:

26. April 85

„Am tiefsten verwundet hat mich immer, nicht die ‚Erfüllung‘ meiner Mutter zu sein: ‚Ohne euch hätte ich es schöner gehabt.‘ Dagegen hab ich mich am heftigsten gewehrt: Ich als ihre Erfüllung.
Wie kann ich Selbstachtung haben, wenn sie nur an mir herumkritisierte.
Sexualität – immer etwas zum Schämen, etwas Schmutziges. Totschweigen.
Die Magersucht … ‚Ich hab’s dir ja gesagt‘ – diese kalten, triumphierenden, einsam machenden Worte, die ich so sehr hasse.
Ich sollte intelligent, erfolgreich sein und zugleich eine Frau nach ihren Vorstellungen. Sie hat mir nie erlaubt, die Wärme und Liebe, die sie mir nicht geben konnte, bei jemandem anderen zu bekommen. Immer sie, sie sie, sie --- ewig nur sie.“

8. Mai 85

„Das Folgende ist mein eigentliches Problem:
Ich habe ANGST, Angst vor persönlichem Kontakt. Angst, meinen Teil dazu zu geben. Ich habe Angst, dass das, was ich von mir persönlich gebe, zu irgendetwas Bedrohlichem führt. Wozu? Nicht zu Gewalt, zu etwas viel Schlimmerem: dass meine Gefühle, mein Innerstes als lächerlich abqualifiziert wird, als dumm, als

kindisch. Diese Angst ist nicht unbegründet.

Als ich klein war, habe ich tatsächlich diese Erfahrung gemacht. Positive Gefühle, meine Liebe, meine Hilfsbedürftigkeit, meine Sehnsucht nach Wärme, meine Angst, meine Anhänglichkeit, meine Freude, meine Begeisterung, mein Ehrgeiz, meine Träume --- das war immer lächerlich, somit war ich lächerlich.

Es wundert mich nicht, dass ich aufgehört habe, Gefühle zu zeigen. Ich tausche die Angst gegen Unbefriedigtsein ein.

Den Teufel mit Beelzebub austreiben nennt man das.

Jetzt habe ich die Möglichkeit, das eigentliche Hindernis in meinem Leben, die ANGST, zu überwinden. Dazu brauche ich ‚andere‘ Erfahrungen als in meiner Kindheit"

Die Erfahrungen ihrer Kindheit? Lieblosigkeit – Inzest – Angst.

Diese Erfahrungen haben ihre Kindheit verwüstet.

Festgehalten sind sie im Staccato innerer Bedrängnis, die keinen Zweifel an der Wahrheit aufkommen lässt.

Hineingeboren ist sie in eine Arbeiterfamilie.

Die Mutter Putzfrau, der Vater ‚Doppler‘, Reifenflicker in einem Reifenlager. Mann und Frau Gefangene einer Ehe ohne Mitleid, ohne Liebe, Leidenschaft und Loyalität.

Die zwei Kinder, der ältere Bruder und die Schwester, wachsen auf in dem moralischen Vakuum einer Familienatmosphäre, wo man sich beflissen anpasst an die Fassade der Wohlanständigkeit, gewappnet mit Gemütlichkeit, Häkeldeckchen und Getue. Nur ja nicht als zerrüttete Familie ins Gerede kommen. Ja nicht am Schandpranger stehen. Die Mutter schlägt das Kind, weil es draußen etwas von zu Hause erzählt hat. Und was ist ‚draußen‘? Draußen ist der Schauplatz, wo die Eltern das kleine Mädchen zusammen mit einem frisch geschlachteten, halbiert an einem Fleischerhaken aufgehängten Rind fotografieren.

Kein Wunder – im gegenseitigen Umgang sind sie hart und brutal.

Die Mutter geht früh zur Arbeit. Zu Hause verhält sie sich gleichgültig, kalt und feindlich, auch gegen das kleine Mädchen. Ohne Sorgfalt, ohne Respekt. „Sie hat mich ausgespuckt."

Von dieser Mutter wurde das Wirklichkeitsgefühl des Kindes zerstört, durch Missachtung und indem sie es lächerlich macht. Sie nennt dumm, was das Kind sagt, kehrt sich mit einer verächtlichen Geste ab, wenn es sich freut. Sie ‚sorgt' für die Verweigerung all dessen, was für das Kind wichtig und bedeutsam gewesen wäre.

Zittere und fürchte dich vor dem „lieben Papa"

Wichtig, lebenswichtig wird für das Kind aus seinem unerfüllten Bedürfnis nach Nähe und Gehaltenwerden, die ‚Liebe' des Vaters. Dieser Vater – ein geduckter Mensch, von der gefühlskalten Ehefrau geschmäht und missachtet – unterwirft sich ihrer Geringschätzung, ja er empfindet sie, in ihrer schamlos gezeigten Verachtung, als überlegen. Wahrscheinlich ist er im Haus für wenig mehr zuständig als für den schwer verdienten Lohn seiner Arbeit. Wie soll er hier, wo er am wenigsten zu sagen hat, mit seinen heimlichen Sehnsüchten, seiner unterdrückten Wut, mit der Demütigung umgehen?

Er vergeht sich an der kleinen Tochter. Ohne Rücksicht auf die augenblickliche Wirkung, geschweige denn die späteren Folgen für sein Opfer. Ihm geht es um die sexuelle Befriedigung, vielleicht auch um Rache und Feindseligkeit gegenüber der Ehefrau. Ob ihm selbst in seiner Kindheit sexuelle Gewalt angetan wurde, wir wissen es nicht.

Inzest, eingesperrt in die Heimlichkeit des ehelichen Schlafzimmers. Als es zum ersten Mal geschieht, ist seine Tochter noch nicht fünf Jahre alt.

Sie wird von nun an die Stelle der verhassten Ehefrau ausfüllen.

Sie wird ihn fürchten.

Sie verkörpert willfährig – unter Schmerzen und Angst – die sexuellen Ansprüche des Vaters, die seine Ehefrau nicht erfüllen mag.

Und sie wird ihn nicht verraten.

Sie hat niemanden als ihn, von ihm allein bekommt sie Zuwendung.

Wie sollte sie ihn in Frage stellen? Der Vater muss doch recht haben.

Sie lernt, die sexuelle Gewalttat ‚Liebe' zu nennen.

Und er, der Vater, wird auf berechnend ‚unschuldige' Weise ihr ‚lieber Papa'.

Das Netz, in dem das Kind gefangen sitzt, ist engmaschig aus Schweigen, Angst, Scham und Schuldgefühl gesponnen.

Zu früh, lange bevor sie hätte handeln oder sich verweigern können, wurde an ihr gehandelt.

Sie hat die Gewalt und den Schmerz kennengelernt als hintergründige Kehrseite der Lust, um ‚geliebt zu werden' von ihrem Vater.

Mit den Jahren ist es dann nicht mehr die Vergewaltigung des Kindes, das sich nicht wehren kann, sie ist nicht mehr unter seiner ‚Gewalt' und doch nicht frei.

Es wurde das, was sie wollte, was sie brauchte, weil sie ein klein wenig ‚Liebe' gesucht hat.

Kein verschüchtertes Kind mehr.

Es wurde zwischen ihr und dem Vater, die traurige Zärtlichkeit in der Küche, Nächte voll Schuldgefühlen' (15. Juni 85). Eine einfache, demütige Sache, verübt unter dem Deckmantel der Liebe.

Die lieblose Mutter tut dazu das ihre. Sie lehnt die Verantwortung für das, was sie geschehen lässt, ab. Laviert zwischen Wegschauen und Wissen, in geheuchelter Ahnungslosigkeit.

Diese im Geheimen und ungestraft an ihr begangenen Verbrechen haben Almuth Anders zu der schwerkranken jungen Frau gemacht, die dazumal noch um ein anderes Leben für sich kämpfen will.

Ihr Schlachtfeld ist der Körper, nicht weniger als die Seele.

12. Mai 85

„Es ist so unendlich schwer, in Frieden mit mir selbst zu leben. Ich sage ‚morgen', weil ich es heute nicht bringe, und morgen werde ich aus demselben Grunde ‚morgen' sagen …"

„Ich will mich verstehen, so wie ich versuche, andere Menschen zu verstehen.
Freilich, ,verstehen' ist noch lange nicht ,annehmen'. Nimm dich an. Dich!!!
Nicht ob andere dich annehmen, ist wichtig, andere gibt es immer – mit wie großer Angst schreibe ich das – dich gibt es nur einmal. Ich will mich annehmen,
und wenn ich draufgehe"

Tags darauf steht in ihrem Tagebuch:

„Hass! Hass! Hass! Hass! Hass! Hass! Hass! Was heißt schon ,mich annehmen,
wie ich bin'! Was sie in mich hineingetrichtert haben? Dagegen werde ich mich
immer wehren. Ich finde mich nicht ab. Ich explodiere noch! ... Ich bin keine
Ware, ich bin kein Objekt"

Bald darauf, als wäre ihr Protest nichts als Illusion:

„Eh klar, dass ich es nicht gebracht habe. Du [Therapeut] hast mich nach meinem Essen gefragt, und ich habe mich so sehr geschämt. *Und es war, als sollte die
Scham ihn überleben*'" *

„Ich bin Alkoholikerin! Ich bin so verzweifelt. Ab morgen ist Schluss. Ich bin einsam, einsam, einsam, allein mit all meinen Problemen"

„Der erste Fressanfall ist mir im ersten Jahr [?] im Winter passiert, es ist einfach
nur passiert.
An die Abfolge danach kann ich mich kaum erinnern.
Nur so, vor Ostern, habe ich dann begonnen, regelmäßig Abführmittel zu

nehmen. Anfangs genügten kleine, wenn auch Überdosen.

Ich weiß auch wirklich nicht mehr, wann ich begonnen habe, mich zu übergeben. Ich war nicht bereit, das Essen in mir zu behalten, wenn ich nicht hungerte. Anfangs war Erbrechen noch eine Qual, aber mit der Zeit habe ich dieses Verhalten in mein Leben eingebaut.

Bei den Fressanfällen esse ich alles, was ich mir sonst nicht erlaube. Es beruhigt mich, füllt mich aus, gibt mir das Gefühl, schwanger zu sein. Eigentlich will ich das Essen gar nicht erbrechen, aber ich muss ja morgen weiterleben."

Die Folgewirkungen sollten lange unsichtbar bleiben.

In den Briefen der Studentin aus Wien an die Familie, die in der Verlassenschaft erhalten sind, fühlt sie sich, anders als in den Tagebüchern, zu einer Sprache in fast peinigend stereotypen Formeln verpflichtet, die ganz dem konventionellen Familien-Phrasen-Lexikon angepasst sind und die sie mit scheinbarer Selbstverständlichkeit handhabt.

19. Jänner 83

„Liebe Mutti! Lieber Papa! Lieber Bruno! [ihr geliebter Langhaardackel]
Am Samstag waren wir wieder bei Stephans Tante eingeladen. Neben dem riesigen Essen, das sie uns serviert hat, hat sie uns dann auch noch mit Lebensmitteln (Eier, Butter, Brot, Speck) versorgt. Dafür bekommt sie von uns halt immer ein kleines Blumenstöckerl. Stephan hat zu Weihnachten von seiner Großmutter Geld bekommen, und jetzt hat er zwei indische Polster und ein indisches Tuch gekauft, das wir über unser Bankerl gehängt haben. Das macht sich wirklich gut. Das ohnehin schon gemütliche Eckerl wird immer gemütlicher … Ich freue mich ja schon wieder so auf daheim! Viele liebe Grüße und viele dicke Bussi sendet Euch Eure Almuth."

7. März 83

„Liebe Mutti! Lieber Papa! Lieber Bruno!

… Ich habe gleich die Heizdecke ins Bett gegeben. Ihr könnt Euch ja gar nicht vorstellen, was ich immer für eine große Freude habe, in das vorgewärmte Bett zu steigen. Ich freue mich schon den ganzen Tag auf diesen Augenblick. Vielen Dank, dass Ihr sie mir gegeben habt! Mein Essbesteck hab ich auch gleich eingeräumt. Damit habe ich auch große Freude. Es schaut so wahnsinnig lieb aus und ist auch so fein zum Essen! Und mein Salzfass habe ich auch gleich aufgestellt. Meine Küche schaut jetzt echt gut aus!

Heute war dann der erste Unitag. Und da habe ich die komischste Vorlesung meiner ganzen Unizeit erlebt. Eine Vorlesung für Französisch, in der nur alte Weiber gesessen sind. Junge Studenten waren gezählte acht, und sonst nur alte Weiber. Eine hat nur mehr mit Stöcken gehen können … Viele liebe Grüße und viele Bussi schickt Euch Eure Almuth."

„Liebe Mutti! lieber Papa! Lieber Bruno! Habt Ihr Euch auch über meinen Einser gefreut? Es war eine der besten Arbeiten. Ich war sehr zufrieden. Nur eines ist schrecklich: Vor den Professoren auf der Germanistik kann man seine Herkunft nicht verbergen. Als ich mein Zeugnis beim Professor abgeholt habe, hat er mich etwas gefragt, ich habe geantwortet, und da hat er gleich gesagt: ‚Sie kommen aus Tirol'. Und dabei habe ich hochdeutsch geredet, aber die hören das einfach heraus … Hoffentlich muss ich mir bald keine Sorgen mehr um Euch machen. Viele liebe Bussi Eure Almuth."

„Liebe Mutti! Lieber Papa! Nach einer Woche bin ich schon ganz schön erschöpft. Zum Ausruhen werde ich allerdings nicht kommen, denn diese Woche geht es voll los, und ich habe einen bis aufs Letzte vollgestopften Stundenplan …

Jetzt, es hat zwar zwei Jahre gedauert, kenne ich auch eine Reihe von Wienern, die recht nett sind. Vor allem auf der Mensa, wo ich zwischen Uni und Arbeit essen gehe, lernt man immer wieder Leute kennen.

Abends eigentlich koche ich dann immer, und jetzt mit den neuen Töpfen umso lieber. Ich habe echt eine irrsinnige Freude damit, vor allem, dass die Griffe nicht heiß werden, ist super …

Und wie geht es meinem Bruno? Und hat er noch solche Anfälle? Ich mache mir wirklich Sorgen um ihn. Ich freue mich schon sehr auf Ostern, wenn ich Euch wiedersehe. Eure Almuth"

Ziemlich grausig, wie sie kindlich-dialektal ‚heile' Lebenswelt simuliert. Und in dieser Tonart gehen die Briefe weiter. Aber der ‚lieben Mutti und dem lieben Papa' ihr bis auf die Knochen abgemagertes Alkoholikerleben preisgeben, das allmählich zur Fallgeschichte wird? Sie hütet sich tunlichst davor. Nicht nur dem Hausfrieden zuliebe, aus der Zeit, da ihr der Dreck von ihrem ‚lieben Papa' und der Sauberkeitswahn der ‚lieben Mutti' um die Ohren flog.

Die Kontinuität des alltäglichen Bösen

Als Anfang Juni 1985 ihr Vater stirbt – er ist nur fünfzig Jahre alt geworden, ist die Tochter überwältigt von dem plötzlichen Tod ihres ‚lieben Papa‘, aber unfähig zu trauern. ‚Horror‘, aber keine Trauer.

10. Juni 85

„Papa tot, am 4. Papa, ich kann Dir nicht mehr sagen, was ich Dir sagen wollte. Jetzt fühle ich mich noch viel mehr im luftleeren Raum … Dantes Hölle. Ich habe Angst davor.“

11. Juni 85

„Jetzt habe ich nur mehr Angst, Angst vor der Einsamkeit, Sehnsucht nach Wärme, der Wärme eines Menschen. Das Wissen, dass da niemand ist, nicht einmal mehr die existentielle Wärme von Papa. Er hat mich doch immer lieb gehabt. Dieser Rettungsanker ist tot …“

15. Juni 85

„Erinnerungen: die traurige Zärtlichkeit in der Küche. Nächte voll Schuldgefühlen. Wir haben uns so wenig gekannt. Ich glaube, ich weiß, wir haben uns geliebt, nur oft so schrecklich unterdrückt, so schrecklich einsam und darum verkehrt. Was mir so weh tut, Deine Lebensfreude, Deine große, so oft zum Schweigen gebrachte Lebensfreude.“

27. Juni 85

„Papa, warum hast Du nicht gewartet? Dieser Sekundentod – ich hasse dieses Wort – als wäre alles auf einmal in Dir explodiert, was 50 Jahre nicht herausdurfte.
Zum ersten Mal seit langer Zeit habe ich mich mit Dir beschäftigt. Spüre die

Unfähigkeit, das wirklich tief zu tun. Es geht über meine Kräfte … Heute zum ersten Mal in den Spiegel geschaut und mich schön gefunden."

Eine Totenklage, deren scheinbare ‚Normalität' alle Züge des Abnormen trägt. Die Erinnerungswunde aus der frühen Kindheit liegt unter Verschluss. Lasst mich nicht wirklich wissen, was mein Vater, der liebe Papa, mit mir gemacht hat. Lasst uns nicht davon reden. Ich will es nicht wissen. Es ist, wie es ist. Noch ist sie hingegeben an ihren Verlust um diesen Mann. Und Jahre werden vergehen, bevor sie über ihn sagen kann, was zu sagen ist.

In jenen Junitagen des Jahres 1985 kippt das Schaukelbrett der Hoffnung und Verzweiflung nahezu täglich. Die Gegensätze bleiben unauflöslich, auch in ihrem Urteil über sich selbst:

20. Juni 85

„Heute wird ein schwieriger Tag, das fühle ich. Gestern abends plötzlich irrsinnige Schmerzen am Darmausgang – auch heute noch –, er rächt sich.
Lunge voller Rauch. Es wurde ein schrecklicher Tag.
Meine Sexualität: Orgasmus kann ich mir selbst geben. Ich möchte Wärme"

21. Juni 85

„Bei Gelb in die Kreuzung und dann stehenbleiben – nicht länger!!!"

Und gleich darauf wieder strahlendes Auftrumpfen:

25. Juni 85

„Ich bin ein Abenteuer für mich, von dem ich mir nicht vorstellen kann, dass es jemals aufhört, zu Ende ist … Mein Gott, ich lebe, fühle, denke. Ich fühle mich fühlen, denken, lieben, traurig sein, hassen (leider noch.)
Ich brauche keine Menschen mehr, muss sie nicht aus Schwäche missbrauchen, kann auf sie eingehen."

Ein Tag danach – die Revision:

„Ich habe große Schwierigkeiten, jemandem zu vertrauen."
Und an den Therapeuten: „Ich bin mit meinem Ich zu Dir gekommen, und habe mich überhaupt nicht angenommen gefühlt."

Als das Thema ihrer Magisterarbeit, Kafkas BRIEFE AN MILENA, feststeht:

„Ach Kafka, jeder sollte Dich lesen, Du hast so viel durchschaut…
Meinen Kern, den ich durch all das Geröll in mir entdeckt habe, den kann nur mehr ich selbst, vielleicht geht sogar das nicht mehr, zerstören.

Dazu, in Gedanken an den Therapeuten:

28. Juni 85

„Du willst die Patientin nicht loslassen. Ich bin nicht mehr abhängig von Dir. Freilich, wenn man jemanden liebt, ist man immer abhängig."

1. Juli 85

„Drei Wochen, ohne Dich zu sehen. Ich möchte Deinen Körper spüren. Ich möchte Dich in mir spüren, und mich in Dir."

2. Juli 85

„Ich kann nicht verstehen, warum Du es mir vorenthältst. Warum Du mich immer zurück auf den Patientinnen-Status verweist. Deine Erklärung genügt nicht, genügt mir nicht."

4. Juli 85

„So gut wie gestern haben wir nur selten gesprochen. Ich war so glücklich, so sicher. Ja, im Herzen verstehe ich Dich. Du warst so eifrig, als Du mir erklärt hast, was Du unter ‚verführerisch‘ verstehst."

„Letzte Stunde: Es war so fröhlich, so schön …
Keine Beruhigungstabletten, keine Abführmittel, keine Fressorgien, keine Allein-Sauftouren, alles zusammen schon seit Dienstag. Ich kann mich gar nicht erinnern, dass ich es schon einmal so lange geschafft habe. Wird alles gut? Ich bin glücklich! Ich habe Vertrauen zu mir. Ich fühle mich immer seltener anderen Menschen gegenüber unterlegen. Warum auch, ich bin ich, ich bin ich. Keine Berührungsängste mehr! Das früher so schreckliche Bedürfnis nach Zärtlichkeit kann ich mir selbst befriedigen. Die Freude an meinem eigenen Körper, ich liebe ihn.
Tja, der Tag hat zwar wunderschön begonnen, aber so ab Mittag bin ich in eine kleine Depression geschlittert. Fressanfall. Im Grunde ist es klar, dass nach dem Höhenflug heute Morgen ein Tief kommen musste."

„Diese schwebende Depression – ich schwimme in mir herum wie ein Fisch, der sich ausruhen möchte und keinen Platz findet. Wieso wehre ich mich noch immer dagegen, dass meine Basis ein Strudel, ein wild durcheinanderwogendes Meer, ein unaufhörliches Überlagern aller Schichten, in allen Variationen – eine Anti-Sicherheit ist? Mir ist zum Schreien. Ich will schreien. Meine Angst hinausschreien. Aber wo liegt der Grund für die Angst? Lebensangst? Warum? Zu wenig Selbstsicherheit – warum? Nicht gelernt. Mein ‚Leben‘ wurde nicht akzeptiert. Ich hatte eine Puppe zu sein, immer gleich."

Am nächsten Tag scheint es ihr, als hätte sie dieses ‚unübersichtliche Gebiet der Angst‘ für immer verlassen:

„Es geht mir gut. Ich entdecke neue Elemente in mir: Sorglosigkeit – Zuversicht

– An Kafka zu arbeiten macht mir ungeheuren Spaß. –
Wenn ich doch nur die Sicherheit hätte, zu essen, wann ich Hunger habe, bis ich satt bin. Wann werde ich endlich mit meinem Körper Frieden schließen?"

9. Juli 85

„Mein Körper ist völlig befriedigt. Freilich wäre es manchmal schöner, durch einen anderen Körper zum Orgasmus zu kommen. Ich liebe meinen Körper, er ist schön und hungrig nach Zärtlichkeit, Wärme, Feuchtigkeit, Sonne, Wind, Bewegung, Liebe --- Stundenlang gelesen. Kafka schwirrt in meinem Kopf ---
Ich bin meine strengste Instanz. Es ist verrückt, aber am Ende meiner Gedanken bin immer ich selbst schuld ---
Es gibt für mich nichts Selbstverständliches. Was mir am wenigsten selbstverständlich ist: die Zuneigung, die Liebe anderer. Selbstverständlich ist meine Verurteilung durch sie, ihre Ablehnung, ihr Geringachten. Ich stehe vor positiven Gefühlen anderer wie vor einem Wunder, staune sie an, sauge sie auf wie ein ausgetrockneter Schwamm, nur um sie möglichst schnell zu fassen. Verzehre mich in dem Wunsch, sie möchten echt sein, und der Angst, dass alles nur Lüge ist"

13. Juli 85

„Leichte Depression. Zu Hause [auf dem Dorf, bei der Mutter] kann ich an nichts anderes als an das Essen denken. Es ist mein Kampfplatz. Ich komme mir fett und hässlich vor. Hier bin ich auch auf der Flucht vor Papa. Sein Tod – nur Horror – nur Horror."

24. Juli 85

„Ich kann ohne Tagebuch nicht mehr leben ...
Ich will nicht fressen, weiß, dass es mir nachher leidtut, und tue es doch ... Ich fresse aus Angst vor dem Leben. Solange ich fresse, habe ich vor mir selbst eine gute Ausrede, mich nicht dem Leben zu stellen. Schmutzig, feig, parasitenhaft."

Seit ihrer Kindheit plagt sie sich mit der Empfindung, „schmutzig" zu sein. Die gehört, ebenso wie das Gefühl der Wertlosigkeit, die Selbstmordgedanken und die Depression, zu den Folgen des erlittenen Missbrauchs. Doch vier Tage darauf wiederum eine Wende:

28. Juli 85

„Ich lebe! Ja, ich lebe! Und stehe vor mir selbst wie vor einem Wunder und staune mich an. Die Kluft zu meinem Körper schließt sich. Ich nähere mich mir immer mehr."

1. August 85

„1. August – ein guter Tag, ein neuer Monat, um neu anzufangen. Mein Leben ist reich, wird es immer mehr. Am schwersten zurückzugewinnen ist mein Körper, meine Sexualität … In der Bücherei habe ich von Selvini-Palazzoli* MAGERSUCHT ausgeliehen. Nicht weil ich etwas darüber wissen will. Mein Gott, ich erlebe es ja. Keine Fresstour mehr – für immer. Ab jetzt beginnt das Leben richtig"

Und was für ein Leben soll beginnen?
Kaum hat sie die letzte ‚Fresstour für immer' ausgerufen, folgt eine Woche später die beschämte Abdankung an ihre Großspurigkeit:

8. August 85

„Fresstag ab 3.00 Uhr. Ach, mein Gott, ich fühle mich so elend, so tot. Ich ekle mich vor mir selbst. Was darf ein Mensch wie ich für Forderungen stellen? Keine. Große Sprüche, ja, das kann ich machen. Sonst nichts."
Aus der Abscheu entsteht ein Bild schwärzester Melancholie:

10. August 85

„Schutthalde.
Müll, stinkend, grün-giftig, unausrottbar.

Leben ätzende Rauchschwaden. Farben, geliehen aus dem Leben, eingegiftet mit dem Hass des nie gestorbenen Todes.

Schreien will ich mit meinem schon eitrigen Mund.

Den letzten Morgenatem hinauspressen aus den zerfressenen Lungen,

damit zu leben beginnt und zu zerfallen, was nicht stirbt.

Dann – vielleicht – kann die Sonne meine Leichenhaut wärmen.

Dann vielleicht – kann der Wind meine Säurewunden kühlen …"

Ihrem Therapeuten war sie an jenem 10. August auf dem Flohmarkt begegnet und sie notiert, dass sie ‚den restlichen Tag dazu gebraucht' hat, um mit dieser Situation fertigzuwerden':

11. August 85

„Ja, ich reagiere auf Dich genau wie auf meinen Vater, und alles wird ebenso verhängnisvoll. Erstens will ich von Dir zugleich als Kind und als Frau gesehen werden, und glaubte, das ginge. Dann habe ich vor Dir dieselbe Angst. Ich weine, bevor Du mir etwas getan hast. Dann erschrecke ich ebenso vor Deiner plötzlichen Nähe. In unserem Fall ist die Mutter, die uns hindert, die Therapie.

Ich will ja nicht meine wirkliche Mutter, sondern eine, wie ich sie gebraucht hätte. Die mich annimmt, mich leben lässt. Eine Mutter, die dem Kind hilft, seine Identität zu finden. Ich muss das jetzt selbst tun. Ich fühle mich einen großen Schritt weiter, oder besser, ich habe den Fuß zu einem großen Schritt gehoben."

13./14. August 85

„Darf ich dem Gefühl, mit meinem Körper langsam auszukommen, trauen?

Lässt die Selbstzensur endlich nach?

Kafka: Kamikaze-Literatur. *Der von seinen Teufeln gequälte Mensch rächt sich eben hemmungslos an seinem Nächsten.* Ich war so lange krank, und weil ich mich nun nicht mehr krank fühle, glaube ich schon, gesund zu sein."

„Mit meinen Eltern gehört reiner Tisch gemacht!"

„50 Kilo wären gut! Zum Teufel mit dem Selbstmitleid. Damit komme ich nicht weiter. Viele Dinge brauche ich gar nicht so genau zu analysieren, ich fühle sie in den Knochen."

Sie weiß, dass sie durch ihre Erscheinung beunruhigt:

„Ich muss etwas Katastrophales ausstrahlen, dass nur so merkwürdige Typen auf mich stehen. Lasst mich in Ruh mit Eurem Schlankheitswahn!"

„Was ich geben kann und will, das kann jeder gerne haben. Aber ich darf mir aus ‚Freundlichkeit', die gar nicht in mir existiert, nicht etwas abringen. Also bitte, kapiere das endlich, dass du dich damit zerstörst. Du verkaufst dich und glaubst, Liebe kaufen zu können. Ja, etwas kaufst du vielleicht, aber niemals echte Zuneigung.
Ich sollte mein Verhalten mit meinem Verhältnis zum Geld vergleichen: Wenn einem lange genug eingebläut wird, dass man nichts als Ware ist, verhält man sich schließlich so. Aber ich bin keine Ware, ich verkaufe mich nicht länger für ein bisschen Wärme."

„Ich müsste mich aus dem Ganzen mit einem Schlag herauskatapultieren.
Ich bekomme wieder einen Kinderkörper."

Wie Kafkas Maschine eine Schrift ins Fleisch einritzt, trägt Almuth die Magerkeit in ihren Körper eingeschrieben, als Kennzeichen ihrer „Leibeigenschaft" seit
der Kindheit. Doch schon am nächsten Tag schreibt sie:

8. September 85

„Magersucht ist keine Lösung, ich zerstöre mich dadurch nur selbst. Arbeite
ihnen also gewissermaßen in die Hände, und die Aggressivität, die ich dadurch
ausdrücke, berührt sie kaum, ändert nichts bei denen, die ich damit treffen will."

13. September 85

„Gabriel, glaubst Du vielleicht, ich füge mich passiv in die Patientinnenrolle? Ja,
mein Lieber, dann machst Du die Rechnung ohne mich. Bei Dir kann man viel
lernen, deshalb komme ich. Schluss mit der Nettigkeit."

14. September 85

„Hass gegen meine Mutter. Sie hat mir, vom gegenwärtigen Standpunkt aus ge-
sehen, so ziemlich mein ganzes Leben ruiniert.
Mein Leben wird nicht daraus bestehen, es zu leben, sondern all das halbwegs in
Ordnung zu bringen, was sie ruiniert hat. Zunächst hat sie mir klargemacht, dass
mein Körper, seine Äußerungen schmutzig, lästig, störend sind. Also alles andere
als zum Gernhaben. Nur sie weiß, wann mein Körper okay ist.
Sauber muss er sein, sauber.
Mein Körper gehört ihr und sonst niemandem.
Ich habe auf gar nichts ein Anrecht, ich bin nur Schmutz, der sauber gemacht
werden muss.
Selbstvertrauen – was kann ich geben? Schmutz macht eben Schmutz. Wer kann
das schon wollen. Es liegt nicht daran, dass ich nichts zu geben hätte. Mir fehlt
das Selbstvertrauen, es zu tun.
Vertrauen zu Menschen – wie kann ich das haben, wenn ich mir selbst nicht vertraue?"

„Das Leben? Lächerlich.

Ein wenig Zeit zwischen Geburt und Tod.

Ich habe Angst, schreckliche Angst, von Dir, Gabriel, in ein bestimmtes Bild ge-
presst zu werden. Dabei glaube ich nicht, dass Du das tust.

Mein Körper löst sich auf, will zu Dir."

6. Oktober 85

„Ich schaue mir zu: Ich schreibe und wenn ich ganz ruhig in mich hineinhorche,
spüre ich sehr das Bedürfnis, sagen zu können ‚ich habe etwas geleistet'. Aber
kaum bringe ich mich ins Spiel, glaube ich, ein Egoist zu sein. Frust?

Ja, über die Kafka-Arbeit. Was ich bloß auf diese unschuldige Arbeit abschiebe!"

(28. September 85)

„Sitze im Tunnel. Niemand ist schuld, außer mir selbst. Geborgenheit, die wird
einem geschenkt, die kann man sich nicht erhungern.

Es schaut absolut nichts dabei heraus, außer Qual und Leid."

7. Oktober 85

„Uni–Anfang. Wie wird dieses Semester werden? Aber ich bin entschlossen, es
durchzuhalten. Und dann ab nach Paris."

Hätte jemand sie gefragt „wie stellst du dir dein Leben in zehn Jahren vor", ihre
Antwort wäre wahrscheinlich gewesen: ‚Ich kann mir nicht einmal vorstellen, wie
ich morgen leben werde.'

8. Oktober 85

„Das Gefühl, nicht dazuzugehören, unter einer Glashaube zu sitzen.

Das Gefühl des Fremden von allem, das mich umgibt.

Die Dinge heben sich mit ihren Konturen überdeutlich ab. Ihre Abgrenzung zu
der sie umgebenden Luft ist mir unheimlich, und doch habe ich auch von mir
dieselbe Empfindung. Meine Haut grenzt mich überdeutlich von der Umwelt ab.

Ich wundere mich, dass ich noch atme. Eigentlich müsste meine Lunge, mein Herz stillstehen. Also, an die Arbeit."

9. Oktober 85

„Aus? Als ich gestern Abend auf der Straße ging und die restlichen Abführmittel in meiner Tasche schepperten, wurde ich plötzlich so wütend, musste sie unbedingt loswerden und schmiss sie in einen Papierkorb.
Mein Kinderkörper (45 Kilo) widert mich an. Genug, Schluss, aus.
Mit Antibiophilus wird auch mein Darm wieder in Ordnung kommen. Ich kann es, um mit Kafka zu sprechen, freilich nur jeden zweiten Augenblick glauben, dass Magersucht ein Wort der Vergangenheit ist."

10. Oktober 85

„Ein schöner Satz bei Handke: *... und wurde selbstsicher wie noch nie; bis ich mich gar nicht mehr spürte.*
Ich freue mich heute wahnsinnig auf das Seminar beim W.
Ich kann es förmlich nur jeden zweiten Augenblick glauben.
Gabriel, Du willst, oder sagen wir, Du befürchtest vom therapeutischen Standpunkt aus, dass ich den ‚Vorsatz' nicht verwirklichen kann und dann wieder mit einem Rückschlag konfrontiert bin.
Ich bin selbst noch unsicher in meinem Gefühl – die vielen Rückschläge früherer Zeiten erfüllen mich mit Angst.
Es ist wie bei jemandem, der nicht gehen konnte, es sich hundertmal vornahm und hundertmal hinfiel. Nun spürt er ganz leise, dass ihn diesmal seine Füße tragen werden, doch die Angst, wieder hinzufallen, die ist noch da, obwohl ein Unterschied zu früher besteht.
Ja, und dann kommst Du und erinnerst mich an meine früheren Vorsätze, wo mir
doch nichts so gegenwärtig ist wie sie! Das wäre ja noch nicht so schlimm, aber Du hast mich fast zu überzeugen versucht, dass es diesmal wieder ein Vorsatz ist."

„Wünschte mir gestern, meine Mutter wäre tot."

Almuths Hass gegen die Mutter ist ungemindert. Die hatte noch früher als der Vater die krankmachende Welterfahrung des Kindes verschuldet: Geringschätzung statt Geborgenheit. Angst und Misstrauen.
Was Almuth geschehen war, hat alle Maßstäbe verschoben.
So schreibt sie an ihren Therapeuten:

18./19.Oktober 85

„Gabriel, ich will mich nicht länger demütigen lassen. Schluss mit meinen illusorischen Hoffnungen. Mein Gott, ich fühle mich so gedemütigt und allein. Es tut so weh. Bin ich nur Dein psychologisches Experimentierobjekt? Nur das? Objekt! Objekt! Ich habe begriffen: Zwischen uns kann nie etwas entstehen. Ich bedeute Dir nichts. Alles Illusion. Ich bin für Dich nicht mehr als eine Patientin, Objekt. Und ich war dumm genug, mich auf Deine Zwischentöne einzulassen."

20. Oktober 85

„So kann es nicht weitergehen. Ich brauche Hilfe. Aber ich weiß doch, dass ich mir nur selbst helfen kann."

Sie schreibt sich selbst die Schuld an ihrem Suchtverhalten zu. Redet sich ein, dass nur sie selbst sich helfen kann:

22. Oktober 85

„Stell dich doch verdammt noch mal endlich auf deine eigenen Füße!
Gefällt Dir Dein Schwachsein so sehr, hast du so viel Erfolg damit?
Na also.
Deine Lebensrechnung soll nicht die Endabrechnung ‚schwach' haben.
Es ist einfach ekelhaft, wie du dich aus Schwäche darein ergibst. Ich gehe über mein Verständnis. Schmutzig, ja schmutzig, das bin ich.

Eigentlich will ich gar nicht mehr leben. Nur, ich bin auch zum Sterben zu feige. Immer wieder Träume von Papa. Ich werde jetzt öfter zum Kind in meinen Träumen. Angst, Angst!"

24./25. Oktober 85

„Zuerst großartige Sprüche, und dann … Ich ekle mich vor mir selbst. Verachte mich, hasse mich. Möchte mich erschlagen."

7. November 85

„Habe in letzter Zeit zu wenig geschrieben, zu sehr auf meinem Körper herumgewütet."

Immer wieder besiegt – von der Feindin in ihr

14. November 85

„Endlich die Sinnlosigkeit meines Verhaltens eingesehen. Musste über meinen Verrat an meinem Körper weinen. Ich werde zunehmen, das ist klar, aber dafür wird niemand mehr meine Steckenbeine auf der Straße anstarren. Ich will nicht mehr hungern, ich werde nicht mehr hungern. All das ist sehr angstbesetzt."

Ist das in ihren Kopf gepflanzte Bild vom schmächtigen, verführungsmächtigen Kinderkörper wirklich überwunden?
Nein. Das Bild wirkt weiter. Tag um Tag die Mühsal des Erbrechens.

15. November 85

„Ich schäme mich ja schon vor meinem eigenen Tagebuch, wenn ich daran denke, was ich aufführe."

25. November 85

„Ich muss ansehen, dass mein Körper nicht meinem Kopf gehört. Ich habe den Kampf verloren. Habe Angst vor dem, was kommt."

„Ich tue mir viel an mit der Arbeit. Es ist kompliziert, Derrida,* aber es macht mir Freude, und wenn ich etwas formuliert habe, bin ich befriedigt."

„Zurück zum Tagebuch, zurück zum Leben.

Ich kann wieder mit Selbstbewusstsein unter die Menschen treten.

Ich will nicht zum Tode verurteilt sein, ich will nicht sterben."

„Darfst du nach einem Tag so reden? Ja, ich wage es, stellt euch vor, ich wage es – nach den hundertfachen Misserfolgen.

Es ist, als wäre ich in meinen Körper zurückgekehrt. Ich will nicht sterben."

„Gabriel! Wir streicheln uns mit Worten, mit Blicken. Es ist bei Gott die eigenartigste Beziehung und die schönste, die ich je gehabt habe.

Ich träume davon, wie sich Deine Hände unter meinen Pullover schieben, über meine Brust zu meinen Schultern. Ich träume von Deinen Küssen. Ich träume davon, Deine wunderschönen Augen zu küssen Ich träume davon, Dich in mir zu spüren. Ich träume von unendlicher Zärtlichkeit. Wann? Wann? Jemals?

Mich so weit öffnen, dass Du nicht mehr auf Distanz bleiben kannst, wenn Du es nicht willst. Ich liebe Dich!"

„Ich weiß nicht so recht, was los ist. Aber ich glaube nicht, dass die gute Zeit vorüber ist."

„Es könnte nicht beschissener sein, als es ist [auf dem Dorf, im Haus der Mutter]. Ich halte es hier kaum aus.

Die Frau geht mir so auf die Nerven, aber deshalb sollte ich nicht auf mir selber herumwüten. Diese Frau ist die absolute Betonwand, aber eine unendlich sauber geschrubbte Betonwand. Sie betrachtet mich einfach als ihren Besitz, über den sie nach ihrem Gutdünken verfügen kann. Oft macht es Spaß, sie zu beobachten. Was sie wohl als Nächstes putzen wird, wo doch alles schon vor Sauberkeit strahlt. Die ganze Situation ist einfach verrückt."

29. Dezember 85

„Diese ganze merkwürdige Analyse. Ich will sie nicht mehr. Schon gar nicht mit Dir, Gabriel.

Kafka: *Wer sucht, findet nicht; aber wer nicht sucht, der wird gefunden.*

Was wäre mein Leben ohne Kafka? Die Welt aus der Literatur heraus begreifen. Kafka: *Theoretisch gibt es eine vollkommene Glücksmöglichkeit: An das Unzerstörbare in sich glauben und nicht zu ihm streben.*"

31. Dezember 85

„Hoffentlich beende ich das Jahr nicht mit einem Anfall.

Sie kommt einfach herein, ohne anzuklopfen.

Warum lässt sie mich nicht leben?

Warum ist ihr Einfluss auf mich immer noch so stark?

Warum gelingt es ihr todsicher, mir jedes gute Gefühl, jede Freude, jedes Selbstgefühl zu vermiesen?"

So beginnt für Almuth das Jahr 1986:

7. Jänner 86

„Die Therapie erachte ich für beendet. Kann man mit einem Therapeuten das Problem therapieren, das man mit ihm hat? Ich will Dich!

Probleme mit der Struktur meiner Arbeit. Und Struktur muss hinein. Ich weiß, dass meine Arbeit gut werden wird."

„Das Bedürfnis nach neuen Menschen … Alle kommen mir so geborgen, so versorgt vor – versorgt mit Wärme. Ich habe Angst, fallen gelassen zu werden. Handke: *Verhunzt,* ja, verhunzt komme ich mir vor.

Ich werde wohl nach Paris gehen, die Diplomarbeit kann ich auch dort schreiben. Ich werde versuchen, neue Freunde zu finden. Aber Freunde kann man doch nicht finden. *Wer sucht, findet nicht, aber wer nicht sucht, wird gefunden.*"

„Mein Totalitäts- und Perfektionsanspruch bei der Arbeit.

Was ist das für eine merkwürdige Beziehung zwischen mir und der Literatur, die mir immer – ja, ins Herz fällt?

Da beschließe ich, nach Paris zu gehen. Und dann finde, lese ich bei Handke den Satz: *Du bist hierhergekommen wie mit einer Zeitmaschine. Nicht um den Ort zu wechseln, sondern um in die Zukunft zu fahren.*

Ich hatte das Gefühl, dieser Satz schlägt mir vor die Stirn und versetzt mich einen Meter weit zurück: Seminararbeit als Selbsterfahrungs-Trip. Herr Professor W., Sie halten zwei Stücke meines Lebens in Ihren Händen.

Ich habe Gedanken, Ideen, gute, belegbare Ideen für meine Arbeit. Aber sie führen ins Unendliche."

„Therapiestunde: Gabriel, ich habe Dir etwas – ja, was denn? – über meine Arbeit zu erzählen, zu erklären versucht. Es war ein recht hilfloser Versuch. Du hast sie nicht gewürdigt, wie ich es erwartet habe, das hat mich verletzt und da habe ich meine Arbeit dazu benutzt, Dir zu beweisen, dass es in meinem Leben Wichtigeres als Dich gibt. Wie einen Schutzschild habe ich die Arbeit vor mich gespannt, sie billig missbraucht. Es war auch eine Bitte: ‚Nimm mir nicht das Letzte, auf das ich stolz bin.‘ Wenn meine Arbeit ein Mensch wäre, ich müsste mich bei ihm entschuldigen für den Missbrauch. Ich muss mich bei einem Teil von mir selbst entschuldigen.

Ich komme mit dem Handke-Text nicht zurecht. Die Aufgabe ist zu groß. Ich habe Angst vor dem Versagen. Ich versage, nicht vor anderen, vor mir selbst. Aber doch nur, weil ich Absolutheitsansprüche an mich stelle. Angst davor, auch in meiner Arbeit zu scheitern. Ich fühle mich vor mir selbst lächerlich."

24. Jänner 86

„Aus dem ganzen Tagebuch werde ich einmal eine Ich-Geschichte schreiben, die hoffentlich am Ende an ihren eigenen Elementen zugrunde geht. Vielleicht fange ich in Paris damit an.

Ich freue mich wahnsinnig auf die Uni in Paris, Derrida*, Kofman*, Deleuze*, Cixous.* "

25. Jänner 86

„Begierde nach dem Zusammenhang. Langsam bekomme ich unheimliche Lust auf Kafka. Ich weiß nicht, wen ich bitten soll, dass heute etwas mit der Arbeit weitergeht. Immer das Gefühl beim Arbeiten: So kann man das nicht schreiben, so geht das nicht, wo kommt man da hin. Um auch nur halbwegs alles unterzubringen, wäre ein ganzes Buch nötig."

27. Jänner 86

„Es macht mich verrückt, wenn ich nicht weiß, wovor ich Angst habe.

Auch abends immer Angst, in die Luft zu fliegen.

Ist es dieselbe Angst? Angst vor der Therapiestunde und abends die Angst, zu explodieren? Gut möglich. Ja, vor jeder Stunde habe ich Angst, dass etwas ,Explosives' geschieht.

Ich habe genug von Deiner Psychologie. Ich werde vergessen, dass ich einmal die Hoffnung hatte, zwei Menschen, die sich gegenübersitzen, hätten keine Rollen nötig. Wir lassen uns doch beide nicht so sein, wie wir sind. Ich versuche Dich aus der Therapeutenrolle zu holen. Du drängst mich in die Patientinnenrolle zurück. Bis zum letzten Satz haben Deine Augen so hilflos ausgesehen. Deine Augen, oft erschrecke ich, was habe ich angerichtet."

„Ja, es stimmt: Ich bin verzweifelt, weil diese Situation, auf eine Wand zu prallen, bisher mein Leben bestimmt hat. ‚Eine Beziehung, die sich früher oder später sicher ergeben wird' – ein paar Atemzüge lang dachte, hoffte ich, Du würdest uns meinen. Ein paar Atemzüge lang legte sich alle Verzweiflung, war ich glücklich, träumte den Traum – aber dann war doch klar, dass Du nicht uns gemeint hast."

31. Jänner 86

„Es ist abscheulich, dass ich in fast jedem Menschen die Hilflosigkeit spüre, die sich hinter seiner Fassade versteckt.

Ich fühle mich hilflos gegen meinen Körper. Dabei tut er mir gar nichts. Ist doch mein einziger Freund. Wenn ich unbedingt zum Orgasmus kommen will, ist das nur, um zu beweisen, dass ich niemanden brauche. Aber ich brauche andere Menschen, ich brauche sie ganz unheimlich."

Nacht 3./4. Februar 86

„Handke: GEWICHT DER WELT. Schöne Beschreibung eines Amoklaufes. So wie es mir manchmal in der Kärntnerstraße geht. Schwanken zwischen Aufgeben und Aufbegehren. Immerzu schreit etwas in mir NEIN, manchmal lauter, manchmal leiser. Alles scheint darauf ausgerichtet, mich zu brechen.

Die Vorstellung, mein Gesicht habe sich verschoben, auf die rechte Seite, das linke Auge in einem Bogen hinunter zur Nase.

Zwischen Paris und mir die ANGST."

5. Februar 86

„Fühle mich katastrophal überfordert.

Sehnsucht nach – ja, wonach … Habe ein wenig ‚körperlich' auf dem Bett herumgewütet. Jetzt geht es mir besser. Und was ich mache, ist gut."

Sie will gefallen. Und wem? Immer noch ihrem „lieben Papa". Der hatte zu ihr gesagt – daran erinnert sie sich –, sie habe ihm besser gefallen, als sie noch schlank war. Damals war sie 13.

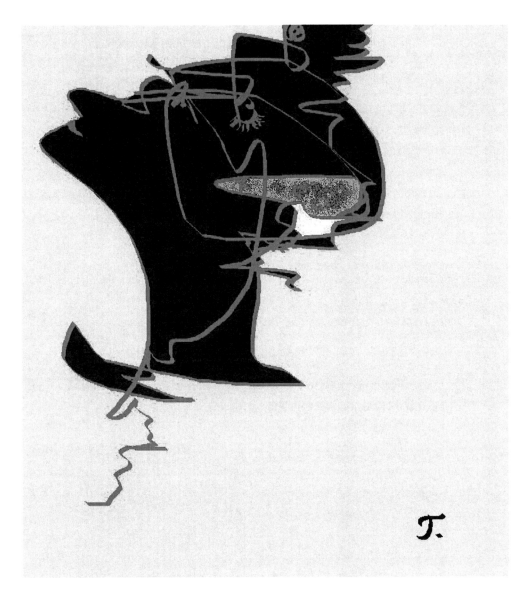

Abb. 1: Profil

„Angst, zu dick zu sein. Rückschritt.
Oft überfällt mich ein so unendlicher, unstillbarer Hunger. Ich weiß nicht, wonach. Einen ganzen Tag leben, das dauert."

„Ich spüre die Kraft in mir, die Arbeit gut zu beenden. Ich muss nur Vertrauen zu mir haben."

Und ihre doppelte Identität wird sie behalten: Einser-Studentin der Germanistik und Hungerkünstlerin, durch die Offensichtlichkeit getarnt.

„Nun ist alles vorüber. Gestern halb 11 Uhr habe ich die Arbeit abgegeben. Jetzt hat er sie.
Den Schatten der Blumen, der ins Zimmer fällt, genießen. Mit Worten atmen."

„Ich bin stolz auf meine Arbeit. Und die Beurteilung ist mir relativ gleichgültig. Paris, ja, nach Ostern werde ich gehen. Nothing left to lose."

„Dreiundzwanzigster Geburtstag. Wovor habe ich Angst? Anforderungen nicht zu genügen. Gabriel, bei Dir, das bin ich doch gar nicht. Diese Maske, das bin ich nicht. *Ein Käfig ging einen Vogel suchen.**"

„Kafka – die fünf Buchstaben reden mit mir. Ich wäre nicht fähig zu reden. Kafka – mein einziger Freund. Tiefes Verständnis. Nicht bei anderen Menschen suchen, was ich nur in mir finden kann. Ich träume von Deinem Körper, Gabriel. So schnell ich mich vor Körpern ekle, so verzweifelt sehnsuchtsvoll machen mich andere. Es ist, als würde sich meiner auflösen."

„Merkwürdig, wenn ich an Papa zu denken beginne, wird eine Platte tief
in mein Hirn, quer durch die Augen geschoben. Nichts, absolut nichts.
Handke: *Das Schlimmste in diesem Moment wäre die Teilnahme eines anderen, mit
einem Blick oder gar einem Wort. Man schaut sofort weg oder fährt dem anderen über
den Mund; denn man braucht das Gefühl, dass das, was man gerade erlebt, unverständlich und nicht mitteilbar ist.*
Nur so kommt einem das Entsetzen sinnvoll und wirklich vor.
Es kristallisiert sich immer mehr heraus: Literatur – nur davon kann ich mich
wirklich ernähren. Ich kam spät zu dieser Erkenntnis. Es mag einem Dritten –
vielleicht auch irgendwo mir selbst – schrecklich krank erscheinen. Aber so ist es
nun einmal.
Gestern der Gedanke, wie Mutti unter der Erziehung von Oma und Otta gelitten haben muss.
Schöne Kafka-Rezeption bei Handke: *Und sie schaute von weitem zu mir her, mit
einem Blick, als sei ich, wie Karl Rossmann für den sonst von allen erniedrigten Hei-
zer in Kafkas Geschichte, ihr geschundenes Herz.*"

Dieses als „schöne Kafka-Rezeption" wiedergegebene Zitat stammt aus der er-
schütternden Erzählung WUNSCHLOSES UNGLÜCK. Eingebettet in die
Geschichte vom kümmerlichen Leben einfacher Leute in einem rückständigen
Kärntner Dorf, erzählt Peter Handke die Geschichte vom Leben und Sterben seiner Mutter.

Almuth Anders ist in einem ähnlichen Milieu aufgewachsen. Ein Dorf in Tirol,
die Eltern ihrer Mutter, ‚Oma und Otta' – Bauersleute aus dem rumänischen
Banat. Der Vater ein Flüchtlingskind aus einem Dorf in Serbien.
Sie alle waren zu Kriegsende, im Februar 1945, nach Kematen/Tirol,
in das ‚Auffanglager für Volksdeutsche aus dem Südosten' evakuiert worden.
Der Gedanke ‚wie Mutti unter der Erziehung von Oma und Otta
gelitten haben muss' ist offenbar unter der Lektüre von Handkes Erzählung

WUNSCHLOSES UNGLÜCK in ihr aufgetaucht, lakonisch. Mehr kann Almuth ihrer Mutter nicht zugestehen.

Gleichwohl hat sie in Handkes Erzählung die brutale Härte gefunden, mit der diese Alten dazumal ihre Töchter erzogen und seelische Krüppel aus ihnen gemacht haben. Lieblos wie ‚diese Frau‘, ihre Mutter: Voll Ekel vor der Sexualität, steif, kalt, verschlossen, gespenstisch pünktlich, eine traurige Parodie der Rechtschaffenheit, die in dumpfer Auflehnung alles, was in ihr abgetötet worden war, auch in ihrem Kind abzutöten versucht und, weil andere Mittel ihr nicht zur Verfügung stehen, in der Säuberungswut eine angemessene ‚Erfüllung‘ findet ... Eine ‚sauber geschrubbte Betonwand‘, diese Mutter. Ihr verzeiht die Tochter nicht.

10. März 86

„Weshalb bin ich denn so feindlich zu meinem Tagebuch? Will nicht schreiben. Vor dem Tagebuch brauche ich mich ja nicht zu schämen.
So viel Erschreckendes geht in mir vor, ich wage gar nicht, es aufzuschreiben. Der Wunsch, mich hinauszuschreiben, aus diesem ganzen Spiel.“

Entgegen allen Versagensängsten und der Geringschätzung für ihre germanistischen Arbeiten ist ihre Arbeit wieder einmal die

11./12. März 86

„Beste Arbeit beim W. Und ich gestatte mir nicht, mich darüber zu freuen. Vom W. die einzige Sympathiebekundung seit langem.“

„Hungerkünstler – ein schändlicher Beruf"

26. März 86

„Todesangst manchmal.

Ständig muss ich hier [im Dorf bei der Mutter] an Papa denken.

Alles erinnert mich an ihn. Warum mit 50 Jahren?

Wahrscheinlich ist er aber älter geworden, als ich es je sein werde."

31. März 86

„In den letzten Tagen Zahnschmerzen bis zum Wahnsinn. War in der Klinik – Abszess.

Morgen fahre ich nach Wien zurück. Der absolute Stumpfsinn hier, ich könnte ihn nicht länger ertragen."

2. April 86

„Angst vor dem Zahnarzt. Unruhig wie ein gefangenes Tier."

So jung Almuth ist, ihre Zähne sind krank vom vielen Erbrechen. In dem täglichen Ritual hat die Magensäure den Zahnschmelz zerfressen.

7. April 86

„Ich gehe streckenweise tatsächlich am Zahnfleisch. Übrigens auch ganz konkret. Oft komme ich mir sehr dumm vor. Ein schändlicher Beruf, Hungerkünstler zu sein. Mir ist eigentlich unklar, woher ich dann doch wieder die Kraft nehme. Ich weiß es nicht. Irgendetwas Unverwüstliches."

9. April 86

„Ganz stark ist sie nun wieder da, die Angst. Ich rauche mich halb zu Tode. Und morgen zum Zahnarzt, mein Gott!"

„Es hat eigentlich kaum weh getan beim Zahnarzt.

Ein wenig traurig über meine Zähne, und das mit 23 Jahren. Wenn die
Zähne in Ordnung sind, kann ich endlich wieder frei lachen."

„Zum ersten Mal laut und spontan über Kafka gelacht: *Ja, dieser Brief. Es ist, wie
wenn man in die Hölle hinunterschauen würde und der unten ruft zu einem herauf und erklärt einem sein Leben und wie er es sich dort eingerichtet hat. Zuerst bra-
tet er in diesem Kessel und dann in jenem und dann setzt er sich in die Ecke, um ein
wenig auszudampfen**.

Nun ist es 1.00 Uhr. Zwei Spitzen drücken an meine Schläfen. Übrigens – meine
Selbstmordgedanken finden ihren Ausdruck darin, mir nicht von einer Schläfe
zur anderen eine Kugel durch den Kopf zu jagen, und damit etwas aus ihm heraus, sondern im Bedürfnis, mir vorn, in die Stirn, zu schießen; die Kugel bleibt
stecken. Um das zu erkennen, war dieser Tag beispielsweise gut."

„Ich halte meine Träume kaum aus. Bunt, voll Sexualität. Papa.

Nein, ich will nicht kapitulieren, nicht aufgeben, auch wenn es noch so schwer
ist. Ich lass mich nicht kaputt machen, auch nicht von mir selber."

Solang ihre Erinnerung gebunden bleibt an den „lieben Papa" als Opfer der
Mutter und ihrer abstoßender Kälte –, so lang werden Almuths Gedanken und
Gefühle in einem verschobenen Bezugsrahmen zu ihren Träumen stehen.

Der folgende, mit Maschine geschriebene Text ist außerhalb der Tagebücher entstanden, zur selben Zeit, als sie die Schreckvision von ihrem verzerrten Gesicht
notiert, das linke Auge im Bogen hinuntergerutscht an die Nase:

„Es ist ziemlich gleichgültig, wo ich anfange, es gehört doch alles zusammen. Ich habe Schuldgefühle. Sie haben heute ihre Berechtigung, obwohl es mir scheint, dass ich damals gar nicht anders hätte handeln können.

Ich habe ihn immer allein gelassen. Und gerade dann, wenn ich ganz genau spürte, was mit ihm los war. Ich habe nie nach ihm gefragt, nie versucht, ihm wirklich nahe zu kommen. Dass er es ohnehin nicht zugelassen hätte, gehört nicht hierher. Wenn er gebückt und traurig in der Küche saß und rauchte, wenn er völlig fertig heimkam, in den allermeisten Fällen war ich nur kalt und abweisend, bestenfalls stumm. Wenn meine Mutter ihn demütigte, habe ich immer den Mund gehalten, ihn nie verteidigt.

Wie soll ich damit fertigwerden, dass seine Arme, die mich so wahnsinnig anzogen und die immer einen so guten Geruch hatten, nun verwesen, von Würmern zerfressen werden und – ja Gott sei Dank weiß ich nicht, wie der Tod riecht.

Es ist feige, nur zu schreiben, was mit mir los ist. Wieder will ich mich nicht mit ihm auseinandersetzen. Wieder schiebe ich ihn auf die Seite, dass er mir nicht zu nahe kommt.

‚Wie kann ein Mensch nur so viel schlafen.‘ Sie fragte nicht ihn, obwohl sie zu ihm redete. Er war für sie ‚ein Mensch‘, der sich in diesem Punkt nicht den Normen ihrer Vorstellung von dieser Gattungsbezeichnung fügte.

Es gibt keine durchgehende Geschichte. So als hätte ich ihn nur partiell wahrgenommen. Verbunden sind diese Bruchstücke jetzt nur durch das Gefühl des Verlustes. Anfänge und Gedanken, aber keine Geschichte.

Papa, weshalb, weshalb hast Du mich einfach allein gelassen. So vieles hätte ich Dir noch zu sagen gehabt, für so vieles wollte ich dich noch um Verzeihung bitten.

Was mir vor allem im Gedächtnis geblieben ist: ein müder, magerer Mann. Ich habe noch bei keinem Menschen so schrecklich dünne Beine gesehen, der in der Küche sitzt, raucht und um ihn die Atmosphäre, er sollte etwas tun. Doch diese Atmosphäre, vielleicht hatte sie ihn einmal angespornt, nun beugte sie ihn nur umso tiefer.

Sein Bild, es steht links auf meinem Schreibtisch, schaue ich immer mit derselben Haltung an. Ich beuge mich nach rechts, die linke Schulter etwas vorgeschoben, auch mein Kopf neigt sich leicht nach rechts, meine Augen packen sich in eine kalte Hülle, nehmen wohl einen feindlichen Ausdruck an, so als könnte ich etwas von mir fernhalten, wovor ich mich schrecklich fürchte.

Im Grunde stört mich das Bild, ich fühle mich ein wenig von ihm verfolgt, schnell richten sich Hassgefühle dagegen – ja, Du –, und doch würde ich niemals wagen, nicht ihm gegenüber, sondern das Wagnis bestünde mir selbst gegenüber, es wegzustellen. Es ist, als würde ich eine Warnung, an meine Feigheit gerichtet, beseitigen, mich damit aufgeben.

‚Wie kann ein Mensch nur so viel schlafen.‘

Ihre harte, zerquetschende Stimme macht die Stille zunichte, die die blitzblanke Wohnung, in der ANSTÄNDIGE Menschen wohnen, für einige Zeit als einen Ort der Geborgenheit hatte erscheinen lassen.

Ja, er schlief tatsächlich viel, meist mit eigenwilligem, bösem Gesicht, mürrisch. Dieser Missmut verging nur langsam, wenn er aufgewacht war. Nur langsam wurde er zu dem gutmütigen Mann, wie ihn alle kannten.

Erst heute wird es mir verständlich, weshalb er so viel schlief. Schlaf war für ihn sein Privatraum. Dort war es ihm gestattet, böse zu sein, böse auf die vielen Demütigungen, denen gegenüber er sich sonst nie zur Wehr setzte, immer schwieg. Nachdem sie sich leer gezetert hatte, und er wortlos, mit etwas ängstlichem Gesicht zugehört hatte, legte er sich auf die Couch und schon nach kurzer Zeit konnte ich sein Schnarchen hören.

Wie ich ihm das Türschild schenkte, um ihm nach außen hin eine Identität zu geben, die er doch nicht besaß. So will ich ihm nun eine Geschichte zuschreiben. Ein Messingschild mit seinem Namen, auf einer Türe, hinter der er nicht lebte, sondern nur versuchen konnte, sich zu retten. Eine Geschichte über einen Menschen, Worte über einen Menschen, dessen Geschichte Schweigen war.

‚Wie kann ein Mensch nur so viel schlafen?‘

Ja. Papa, wir beide haben viel getan, was ‚andere Menschen‘ nicht tun.

Ich bin so verzweifelt wütend über meine Vergangenheit. Ich weiß nicht, wie ich das alles bewältigen soll.

Sie hat ihn gequält, sie hat mich gequält. Es ist so viel Angst in mir.

Und die Schamwunde schließt sich niemals.

Schuldgefühle, weil ich einmal die Nähe seines Körpers nicht ertrug. In seiner Lebenslust hätte ich ihn umarmen können. Es war wohl an meinem zwanzigsten Geburtstag, auf jeden Fall musste es einen besonderen Anlass gegeben haben. Wir saßen in einem Gasthaus, und nach dem Essen hielt er sich den Bauch, schob das Hemd in die Höhe und sagte genüsslich ‚schau, wie viel ich gegessen habe, mein Bauch steht ganz heraus‘.

Das war ein Moment, in dem alles an mir, was jetzt schreibt, ihm gehörte, ihn innig umarmte. Doch auf meinem Gesicht zeigte sich damals wohl nur ein leicht verlegenes und ein wenig spöttisches Lächeln, so wie man es oft Kindern gegenüber an den Tag legt.

Ja, manchmal sprach er seine Sehnsucht nach Leben auch direkt aus, machte den Vorschlag, das oder jenes zu unternehmen. Doch dies geschah schon mit dem traurig-enttäuschten Gesicht der mit Sicherheit zu erwartenden Ablehnung. Ihrer Ablehnung.“

Noch immer spricht aus Almuth die ‚liebevolle Tochter‘ in einem Gefühlschaos aus Mitleid, Gehorsam, Verleugnung und Angst vor dem Vater. Er hat immer noch Macht über ihr Gewissen. Und als ‚lieber Papa‘ hat er das Kind auch jetzt noch fest in seiner Gewalt: dass sie als Tochter ihn einmal zurückgewiesen hat, weil sie seinen ‚Körper nicht aushalten konnte‘, das überschwemmt sie mit Schuldgefühlen. Den Grund ihrer Zurückweisung und der Angst vor ihm kennt sie nicht, weil Gabriel Clarin, als ihr Psychotherapeut, zu weit davon entfernt ist, die Ursache eines solchen Traumas zu erkennen: nämlich dass das Kind, als Opfer von Missbrauch, Überwältigung und Leugnung des Missbrauchs durch den Vater, sich selbst die Schuld an diesen Qualen auflädt. Niemand ist da, der Almuth heraushilft aus dem quälenden Zweispalt von Liebe und Hass.

Und nur mit Mühe widersteht sie dem Impuls, in dem Reifenlager anzurufen, in dem der Vater gearbeitet hatte:

„Wenn ich tatsächlich die Nummer wählen, Herrn Anders verlangen würde, dann müsste er doch kommen, und alles würde sich als böser Traum herausstellen. Dass man mir sagen würde, dass er TOT ist, sagt mir nur mein Kopf, sonst ist nur verzweifelte Hoffnung in mir. Die Sehnsucht, endlich aus einem schrecklichen Traum aufzuwachen, und ich weiß doch, es ist kein Traum ..."

„Gabriel, mein lieber Therapeut, wir spielen Therapie und machen Beziehung. Oder: Wir machen Therapie und spielen Beziehung. Ich drehe mich im Kreis und versuche mich festzuhalten. Das Gegenteil trifft sicherlich nicht zu. Um mich herum dreht sich gar nichts, und fest in der Mitte stehe ich noch weniger."

„Trotz allem, ja, trotz allem spüre ich eine ungeheure oder vielmehr eine unendlich zähe Kraft in mir. Irgendwie werde ich es schaffen.
So leicht gebe ich nicht auf, nein. Aber: *Ohne die Illusion bin ich reduziert auf mein schadhaftes Gebiss.* Handke. Wegen solcher Sätze liebe ich ihn."

„45 Kilo. Sogar zu schwach für Yoga. Ich könnte weinen über meine Schwäche.
Mein Körper ist zu schwach für sich selbst.
Nun ist endlich Schluss mit dem Hungern!"

„Von Papa geträumt. Ein Traum, der ihn mir zurückgegeben hat. Er kam, um mich zu holen, von fremden Leuten. Und ich umarmte seinen Bauch. Ja, ich habe ihn gespürt, wirklich gespürt, und niemand kann mir beweisen, dass er nicht wirklich zurückgekommen ist.
Noch fühle ich seinen warmen, weich-harten Bauch an meinem Kopf. Ja, ich fühle ihn noch.

Lese Lispector*: *Wer sich der Lust verweigert, wer den Mönch spielt in jedem Sinne, tut das, weil er eine ungeheure Fähigkeit zur Lust besitzt, eine gefährliche Fähigkeit, daher ist seine Furcht noch größer. Nur wer seine Waffen unter Verschluss hält, fürchtet, auf alle zu schießen."*

22. Mai 86

„Weißt Du, Gabriel, was ich gelernt habe bei Dir? Mich lieb zu haben, mich zu achten und zu akzeptieren, mir zu vertrauen, nicht mehr auf die Zuneigung anderer angewiesen zu sein.

Raus aus diesem Kreis, der sich ins Unendliche dreht. Weg von Deiner widerlichen Güte. Ob es weh tut? Natürlich tut es weh, natürlich.

Arbeitsmethode: DAS GESPRÄCH in den Briefen Kafkas an Milena.

Erst in letzter Zeit so etwas wie eine Ahnung, was dieses Thema eigentlich heißt. In einem Jahr habe ich mich so langsam von einem zum anderen bewegt. Zuerst Kafka, dann Milena. Ich habe mich mit ihren Aufsätzen und ihrer Biographie beschäftigt und zu begreifen versucht, weshalb Kafka gerade an diese Frau schrieb. Versuchte, die beiden Subjekte in Verbindung zu bringen. Dann kam das Nachdenken über das ,Gespräch'. Ziemliche Frustration, kein ,relativ' geschlossenes System finden und bieten zu können, schließlich aber immer mehr Freude und Begeisterung. Ich gehe vom Gespräch aus, das ist vielleicht beliebig, es wäre auch möglich, über Milena dorthin zu gelangen.

Meine Waffe: Persönlichkeit, Ehrlichkeit. Ich lasse euch so weit an mich heran, dass ihr aus Angst wegbleibt. Ich banne meine Angst durch eure."

1. Juni 86

„Drei Tage nur auf meinem Körper gewütet. Kein Referat. Widerlich. So lange, bis ich an die Mauer dieser Sackgasse geknallt bin."

4. Juni 86

„Nun ist doch etwas wie ein Referat entstanden. Ist es eines?
Vor einem Jahr ist Papa gestorben. Habe Angst, sein Bild anzusehen."

„Was für ein Tag gestern! Das Referat – nein, gut war es überhaupt nicht. Aber Hilfe und Güte danach: W. schenkte mir ein Buch. Das konnte ich ebenso wenig begreifen wie letztes Mal das Lob. Ich war so glücklich."

„Der Unterschied zum letzten Sommer: Ich glaube, da war nur eine Mauer vor mir, dann stand ich vor einer Landschaft voll Nebel, der mich abhielt weiterzugehen, dann war der Nebel plötzlich weg, nur mehr sonnige, weite Ebene, aber ich wusste nicht, wohin ich gehen soll, suchte ein Ziel und fand mich hinter der Mauer wieder. Das ist auch jetzt noch manchmal so – aber es ist keine Schwierigkeit mehr, durch die Mauer zu gleiten.

Und ohne Dich, Gabriel, was ich auch oft sagen mag, hätte ich diese Landschaft nie entdeckt. Du hast sie nicht geschaffen, ich ebenso wenig, Du hast sie mir gezeigt."

„Es ist pervers: Trotz meiner gestörten Beziehung zu meinem Körper fühle ich alles körperlich unheimlich stark. Wirklich ein Paradox.

Will kein Essen, doch so ganz stimmt das nicht. Ich habe ja Hunger, aber worauf, das kann ich nicht beschreiben. Das kann ich nur auf der Zunge schmecken: Es ist nicht viel, leicht, zart, geschmackvoll. Würzig – aber nicht zu sehr, liebevoll angerichtet, warm, anregend und doch nicht zu mehr, sondern dazu, etwas anderes [Satzende fehlt] um zu leben, es ist im Gasthaus und doch nur für mich, das Gasthaus ist in dem Moment mein Zuhause, ich liebe es, es schmeckt mir, ich nehme es auf, nachher noch lange der Geschmack auf der Zunge, aber ich bleibe leicht, beweglich.

Ja, das ist sehr wichtig. Ich bleibe beweglich und esse mich doch satt.

Brauche ja gar nicht viel, weil es so köstlich ist.

Wo gibt es denn einen solchen Menschen, den ich aufnehmen kann, ohne unbeweglich zu werden?"

Nie wieder wird solch ein hintersinnig-zweideutiger Sehnsuchtston in Almuths Tagebuch laut werden.

29. Juni 86

„Jetzt am Morgen bin ich eine Zeitlang vor dem Spiegel gesessen. Immer dachte ich, wie meine Mutter auszusehen. Doch nun entdecke ich, wie sehr ich Papa gleiche, vor allem meine Augen. Das macht mich glücklich.
Dieses Wochenende hat mir so viel Mut zu mir selbst gegeben.
Dass ich dieselben Augen wie Papa habe, macht mich glücklich."

Und so gewaltig sind das Glück und der Stolz über ihre eingebildete Ähnlichkeit mit dem Vater, dass sie die Episode literarisiert:

3./4. Juli 86

– „(…) ‚Andrea hat mir gesagt, dass ich Papa ähnlich sehe, das macht mich stolz.'
Sie saß vor dem Spiegel. Sah sie ihm denn jetzt noch ähnlich? Jetzt, hier in ihrer Wohnung, so wie noch vor einigen Tagen auf dem Land? Es waren vor allem die Augen, die sie so sehr an ihn erinnerten.
Da stand der Spiegel, daneben sein Bild. Es begann zu leben, wie immer, wenn sie ihn länger anschaute. Heute war er traurig, fragte sie: ‚Warum tust Du Dir selbst so weh?'
Nein, heute waren ihre Augen ganz verschieden. Die Ähnlichkeit lebte nur in dem Wunsch, im Spiegel seine Augen zu sehen. Nach diesem Tag konnte das einfach nicht sein. Und doch war dieser Tag ja vorbei, rückte mit jeder Minute, die sie vor Bild und Spiegel saß, weiter weg. Und ganz langsam wurden ihre Augen größer, zogen sich in den Winkeln vor Sehnsucht und Traurigkeit nach unten.
Eine Freundin sagte ihr später, sie würde ihrem Vater sehr ähnlich sehen. Nun, sie wusste, wie relativ solche Aussagen waren. Aber gerade, weil sie doch ganz anders aussah, weil sie das wusste, freute sie sich. Was sie so sehr an ihm liebte, das sah ihr nun auch manchmal aus dem Spiegel entgegen.

Wenn sie einmal alt sein würde, mit vielen Falten im Gesicht, dann würde ihr ein anderer geliebter Mensch in jeder Falte entgegenblicken."

Ein Traum der folgenden Nacht führt zur verdeckten Seite der Erinnerung an den Vater:

5. Juli 86

„Traum von Dir [Therapeut]: Du warst unglücklich, warst auch böse auf mich, weil ich alles noch viel schlimmer machen würde. Aber ich will Dir nichts anhaben, will Dich nicht quälen. Ich möchte Dich doch nur lieb haben, ich will Dir Dein Leben nicht nehmen.

Dann hast Du mit mir geschlafen. Du hast mich sehr hart zwischen den Beinen angefasst. Und ich sagte ‚nein‘, ich habe gelernt. Auch wenn es mein größter Wunsch ist, mit Dir zu schlafen. Aber das will ich nicht, ich sage ‚NEIN, auch wenn ich Dich verliere, aber so will ich es nicht‘. Den ganzen Traum hindurch die Traurigkeit, dass ich Dich ja verstehen würde, wenn Du etwas sagtest."

27. Juli 86

„Lese Bachmann. MALINA. Das Buch jetzt zu lesen, kommt mir völlig selbstverständlich vor.

Angstgefühl: Mein Körper zieht sich zusammen wie – ich weiß keinen Vergleich –, werde kürzer, kralle mich ineinander."

28. Juli 86

„Traum heute nachts: ‚Ich begrabe meinen Vater nicht. Ich lege ihn nur ins Grab.‘ Der Traum von Papa bestärkt mich darin, wie ich seinen Tod verarbeite.

Das Wort ‚Frau‘ auf mich anzuwenden, lässt mich ein wenig lachen.

Eine Zusammenfassung meiner Tagebücher schreiben – damit ich nicht vergesse."

„Will noch wichtige Stellen aus MALINA exzerpieren: *Dann habe ich mich umge-sehen, und in meiner Umgebung und auch fern von meiner Umgebung habe ich be-merkt, dass alle abwarten, sie tun nichts weiter, tun nichts Besonderes, sie drücken den anderen die Schlafmittel in die Hand, das Rasiermesser, sie sorgen dafür, dass man kopflos an einem Felsenweg spazieren geht, dass man in einem fahrenden Zug betrun-ken die Tür aufmacht oder dass sich einfach eine Krankheit einstellt. Wenn man lange genug wartet, kommt ein Zusammenbruch, kommt ein langes oder ein kürzeres Ende. Manche überleben das ja, aber man überlebt es eben nur.*"

„Ja, das war ein schrecklich ekelhafter Tag, gestern. ‚Tote' Nacht. Doch das Echo beginnt zu verklingen. Wieder einmal ‚überlebt'.
MALINA fertig gelesen. Bin ein Stück mitermordet worden: Es war Mord."

„Dass ich MALINA schon zu Ende gelesen habe, tut mir leid. Fühle mich ein wenig verlassen. Ja, auch Bücher können mich verlassen. Obwohl, und das ist ihr Vorteil vor den Menschen, man kann sie immer wieder lesen, ein ganzes Leben lang nur ein Buch. MALINA: *Wenn jemand alles ist für einen anderen, dann kann er viele Personen in einer Person sein.*"

„Keine Worte mehr, um den Tag zu beschreiben. Aber zumindest Tränen.
Ja, endlich. Ich kann mich doch nicht gesund verhalten, wenn ich krank bin. Mein Körper ist nur mehr Kampfplatz."

„Habe mir MALINA gekauft, zweites Lesen.
MALINA, und immer wieder MALINA."

„Ja, schreien möchte ich. Und die systematische Zerstörung geht munter weiter. Wie begeht man einen Mord? Wenn man mir zumindest meinen Körper gelassen hätte. Zumindest ihn. Aber ihn mir zu nehmen war wohl das wirksamste Mittel der Zerstörung. Den Körper unter dem Leben wegziehen, und ich kann es ja nicht einmal beweisen, weil ich doch allem Anschein nach mit ihm herumlaufe."

28. August 86

„Wenn ich mit meinem Tagebuch zwischen Menschen sitze, die alle in Gesellschaft sind, halte ich mich an ihm fest, wie sich wahrscheinlich jeder Einzelne dieser Menschen an seinem Gegenüber festhält. Vielleicht eine faule Ausrede, vielleicht die Wahrheit. Wahrscheinlich beides."

7./8. September 86

Doktor Gabriel Clarin schickt ihr aus dem Urlaub eine Postkarte:
„Die Karte! Frl. … ‚SIE‘, und doch so warm. Bin völlig verwirrt und außer mir. ‚Ich hoffe, Sie genießen den Sommer, wo immer Sie sind‘. Denke nur mehr in Momentaufnahmen. Alles schreit in mir."

Und gleich darauf Absage und Widerruf:

Nacht 8./9. September 86

„Gabriel, ich werde nicht mehr kommen. Ich brauche jemanden, bei dem ich mich aussprechen kann, der mir zuhört."

10. September 86

„Lese Robert Walser. Schon nach einigen Worten hat er mich eingefangen."

‚Literatur – nur davon kann ich mich wirklich ernähren‘, hatte sie einmal geschrieben. Von den Dichtern erwartet sie Wahrheit. Denn es gab in ihrem Leben einen Menschen, der diese Erwartung in ihr geweckt hatte. Frau Dr. F.

R., ihre Professorin am Gymnasium in Innsbruck. Ihr ist dieser Dankbrief im Tagebuch gewidmet:

14. September 86

„Liebe Frau Professor!

Schon seit Jahren möchte ich Ihnen schreiben. Ihnen die vielen Gedanken an Sie auch einmal mitteilen. Freilich hätte ich ‚tatentschlossen‘ die Feder in die Hand nehmen können, aber das bin ich immer weniger. Ich sagte mir, eines Tages wird es keines Entschlusses bedürfen, die Feder wird einfach neben mir liegen, ich werde sie nehmen und Ihnen zu schreiben beginnen. So ist es nun heute, und ich genieße es, dass der Moment gekommen ist.

Es ist ja so einfach, was ich Ihnen schon so lange Zeit sagen möchte, eigentlich nur ein kleines Wort, um das jedoch für mich so große Teile meines Lebens liegen, dass ich gar nicht hoffen kann, es würde mir annähernd gelingen, sie zu beschreiben und Ihnen annähernd verständlich zu machen. So bitte ich Sie nur, um das kleine Wort ein wenig Raum zu sehen, in dem es, wenn auch nicht sichtbar, lebt.

DANKE, möchte ich Ihnen schon so lange sagen, danke, dass Sie meine Lehrerin waren. So vieles hat die Schülerin erst später begriffen, was Sie sie lehrten, einiges noch immer nicht. Zwei Dinge allerdings sofort: Sie waren der erste Mensch, der mir das sichere Gefühl gab, dass er mich akzeptiert, wie ich bin, wenn ich nur ich bin und keine Rollen spiele.

Einmal habe ich in der Stunde STEPPENWOLF gelesen. Ihre Kritik und Ihr Tadel waren berechtigt, und doch, erst Ihr Verständnis in allem Tadel, das mir aus Ihrer ganzen Person entgegentrat, als ich nach der Stunde unsicher, ängstlich, Hilfe suchend und auch trotzbereit vor Ihnen stand, ließ mich ihn annehmen und zugleich begreifen, dass ‚plakatives‘ Lesen Leser und Buch verrät. Sie beherrschen es meisterhaft – wie könnte ich glauben, Sie hätten es verlernt –, mich auf Fehler hinzuweisen, ohne mir, wie so viele andere, gleichzeitig das Gefühl zu geben, damit als gesamter Mensch verachtenswert zu sein. Ihre Kritik hat mir nie das Selbstbewusstsein, falls es überhaupt vorhanden war, genommen, ja es vielleicht erst gegeben.

Das Zweite – das ist keine Reihung –, was ich sofort spürte, es war eben mehr als nur Verstehen im Kopf: Hier schenkt mir ein Mensch die Literatur, die Bücher. In ihrer ganzen Freiheit, ohne Dogmen. Hier zeigt mir ein Mensch, was Lesen sein kann.

Diese Liebe und Freiheit zum und am Lesen war von Anfang an durch Ihre Hilfe so stark, dass sie sämtliche ‚Schul-, Familien- und Studium-Schwierigkeiten' überstanden hat. Sie haben mir durch Ihren Unterricht eine scheinbar – wie gerne würde ich hier jede Einschränkung beiseitelassen, aber die Angst macht es mir unmöglich – nie versiegende Energiequelle geschenkt. Sie ist so stark, dass sie mich sogar schon vor dem körperlichen Ruin gerettet hat.

Damit bin ich nun bei einer Ihrer Lehren, die ich erst später, vielleicht zu spät, begriff. Sie gaben einmal ein Aufsatzthema, was uns das Wichtigste im Leben sei. Geld – Gesundheit – Wissen … Ich sprach mich eindeutig für das Wissen aus und versicherte alle Menschen anderer Meinung meiner Verachtung. Sie versuchten mich von diesem Standpunkt abzubringen, ohne Erfolg. Ich weiß nicht, ob meine Erinnerung an Ihr besorgtes Gesicht den Tatsachen entspricht oder sich nur durch meine Erlebnisse gebildet hat. Heute, ich blicke auf wohl schon mehr als sechs Jahre Magersucht zurück, weiß ich, dass die von mir proklamierte Verachtung nur meinem eigenen Körper galt.

All das ist keine Klage in der Art: ‚Wenn ich nur auf Sie gehört hätte!' Nichts ist unsinniger als derartige Klagen, nein, es ist ein Dank für eine Hilfe, die ich zu meinem Leidwesen nicht annehmen konnte. Dazu wäre es nötig gewesen, anderes im Kinderwagen erlebt zu haben.

In Kafkas Briefen an Milena gibt es eine sehr schöne Stelle, die hier wohl einige Berechtigung hat: *Sie klagen über Nutzlosigkeit. An anderen Tagen war es anders und wird es anders sein. Der eine Satz (bei welcher Gelegenheit ist er gesagt worden, entsetzt Sie, aber er ist doch so deutlich und in diesem Sinn schon unzählige Male gedacht oder gesprochen worden: Der von seinen Teufeln gequälte Mensch rächt sich eben besinnungslos an seinem Nächsten …*

Ich musste erst ‚am eigenen Leib' erfahren, was es hieß, Ihre Lehre zu verachten, um sie auch nur irgendwie annehmen zu können. Meinen Körper bis aufs Skelett abgemagert zu sehen, verursachte mir nicht die geringste Angst, weckte mich keinen Moment auf, wie hätte das auch geschehen sollen, es war nie mein Körper gewesen. Warum sich darum kümmern, hier gab es nichts zu verteidigen. Meine einzige Freiheit lag in der Literatur. Bisher hatte ich geglaubt, sie sei völlig autonom. ‚Auch ein Gelähmter kann lesen‘ – so ähnlich lautete wohl ein Satz in meinem Aufsatz damals. Doch man schreibt viel als ‚Unbetroffener‘. Betroffen stand ich nun davor, dass ich nicht mehr lesen konnte, weil ich mich nach zehn Minuten schon nicht mehr konzentrieren konnte, weil ich zu schwach und ständig müde war, meine Gedanken fast nur mehr darum kreisten, ob ich noch einen halben Apfel essen sollte oder nicht. ‚Ich bin körperlich nicht mehr imstande zu lesen.‘ Sie ahnen nicht, wie glücklich ich heute bin, dass mir dieser Satz noch rechtzeitig einfiel, mich noch rechtzeitig aufweckte.

Das war vor zweieinhalb Jahren. Geheilt hat mich der Satz nicht. Ich weiß nicht, ob oder wann ich je wieder gesund werden kann. Aber er hat mich vor der völligen Selbstaufgabe gerettet, ließ mich meinem Problem endlich in die Augen schauen. (Ich nenne es immer mein ‚Problem‘, der Einfachheit halber.) Ich kann noch lange nicht ‚normal‘ essen, aber ich kann wieder lachen und weinen, bin wieder glücklich und traurig. Mein Kopf wird immer besser, immer weniger Vorstellungen - - - Kann man beschreiben, wie man lebt?

Zurzeit schreibe ich meine Diplomarbeit über <Das Gespräch in den Briefen Kafkas an Milena>. Ich lebe so sehr in und durch diese Arbeit, dass ich auch darüber nicht viel sagen kann. Ich lache und weine in ihr, bin glücklich und traurig, verliere und finde mich in ihr, und kann Ihnen nur danken, dass Sie mir den Weg dorthin gezeigt haben.

Es ist mir noch nie ein Briefende eingefallen. Ich höre deshalb einfach auf. Nein, nicht einfach, sondern mit den besten Wünschen für Sie, dass es Ihnen gut geht. Verzeihen Sie die Floskel, sie ist keineswegs als solche, sondern ganz ernst gemeint. Doch weiß ich so gar nichts von Ihnen, dass ich nur völlig unkonkret hoffen kann, dass es Ihnen gut geht.

Ihre Almuth Anders“

26. September 86

„Robbe-Grillet* soll gesagt haben, dass er nicht lebt, wenn er keine Angst hat. Ich habe Angst, dabei aber das Gefühl, dass sie mich nicht leben lässt."

12. Oktober 86

„Manchmal, für eine Sekunde, wird mir der ganze Irrsinn meines Handeln bewusst. Bin unglücklich über dieses Leiden.

Meinen Körper in die Umwelt zu bringen, davor habe ich Angst.

Lejeune* hat gesagt, dass, wenn er zu sich redet, ihm niemand antwortet.

Ich habe heute schon so viel mit mir geredet, dass ich einfach zu müde bin, um noch mit jemandem zu sprechen."

14. Oktober 86

„Der Gedanke an Gabriel – manche Worte wüten in mir wie Messer: ‚Ich bin nur bereit, mit Ihnen zu arbeiten'."

20. Oktober 86

„Hilft das Schreiben gegen die Angst oder macht es alles noch schlimmer? Mit dem Schreiben beginnt das Fieber in mir zu steigen, mit ihm die Angst. DIE BRIEFE AN MILENA liegen vor mir, ich sehe sie an, spüre die ursprüngliche, vertrauensvolle Beziehung.

Den ganzen Nachmittag flogen mir heute Bilder hinter den Augen vorbei. Wachträume, nein, *Halbschlafbilder* nennt sie Handke."

23. Oktober 86

„Ja, es geht mir gut, weil ich heute wieder meine ‚*Injektion von Wirklichkeit*' bekommen habe. Ich könnte weinen vor Glück. Ja, weinen. Ja, ich bin glücklich.

Und dabei möchte ich Gabriel nur umarmen.

Manchmal zittert seine Stimme und seine Gesten [unleserlich] … nur mehr vom Persönlichen zur Distanz, fällt vom einen ins andere."

„Die Injektion von Wirklichkeit wirkt"

„Die Wirkung ist gestern Nachmittag abgeklungen. Nun gehe ich heute wieder zu ihm in der Hoffnung auf eine neue ‚Injektion'.
Meine Arbeit besteht nur aus Sätzen, die mich verhöhnen.
Weshalb WILL ich eigentlich nicht leben?"

„Meine Augen fühlen sich an, als hätten sie die ganze Nacht nur Träume gesehen. Aber ich weiß nichts davon, nur dass es so war. Es gibt eigentlich nur noch ein Buch, das mir derart nahegegangen ist wie die BRIEFE AN MILENA, und zwar MALINA von Ingeborg Bachmann."

Der Tod ist nicht still

„Möchte einen Wurm sehen, der Papa gefressen hat. Makaber. Nun, so ist es aber. Möchte Gabriel so viele Dinge sagen. Vielleicht gar nicht ihm, muss nur Dinge aussprechen, zu jemandem, der mir – aber bitte kommentarlos – zuhört, alles durcheinander: Papa, sie, Träume, Bilder, Wut, irgendwo am Boden, auf keinem Stuhl sitzend, einmal in Sicherheit. Einmal nicht klar und linear sein."

„Bin jetzt morgens noch einmal eingeschlafen und hatte einen schrecklichen Traum: Ich bin nach Innsbruck gefahren. Als ich ankam, war niemand daheim. Meine Mutter traf ich bei fremden Leuten. Die waren ihr wichtiger als ich. Das Gefühl blieb, man würde mir mein Recht verweigern.
Endlich kam Papa mit dem Bus. Sie saßen alle beim Abendessen. Ich begann mir

den Kopf zu waschen. Da merkte ich, dass in meinen Haaren Käfer waren, eklige, schleimige Käfer. Die mussten mir bei den fremden Leuten hineingekrochen sein. Verzweifelt ging ich zu Papa. ‚Bitte nimm sie weg. Ich kann das nicht!' Papa war bereit, und nach seinen Worten war es viel schlimmer, als ich gedacht hatte. So recht konnte ich das nicht glauben, aber wenn Papa es sagte, musste es wohl stimmen. Ich neigte ihm meinen Kopf entgegen, damit er sie herausnahm. Da – plötzlich schnitt er mir meine roten Haare ab, und meine Mutter lachte. Ich hatte Papa doch vertraut, weshalb tat er das? ‚SIE wollte es.' Sie sagte, die fremden Leute hätten diese rote Strähne einfach fürchterlich gefunden, und deshalb müsste sie weg.

Ich wurde unheimlich wütend auf sie, es sollte zu einem Kampf kommen. Papa sagte: ‚Pass auf, sie ist sehr stark.' Ich weiß nicht, ob er Mutti damit meinte oder mich. Auf jeden Fall wollte ich mich mit aller Körperkraft wehren, tat es auch. Als erzählte der Traum mein ganzes Leben.“

13. November 86

„Habe gestern mit Gabriel über die Geduld gesprochen, die ich im Stillen von den Menschen erbitte. Es ist schon richtig, dass sich darin mein geringes Selbstwertgefühl zeigt.

Reinhold Messner hat im Club 2 von der Linie gesprochen, die er auf einer Wand zieht, die nachher nicht mehr sichtbar und doch da ist – so wie meine Spuren im Sand.“

15. November 86

„Kein Gedanke daran, dass mir Gabriel helfen könnte.

Gar nichts kann helfen, nur eines, und dazu habe ich nicht den Mut.

Lese Roland Barthes* FRAGMENTS D'UN DISCOURS AMOUREUX.

Nun merke ich, wie viel mir Gabriel gibt von sich. Zu ihm kann ich Du sagen.“

„Es ist 4.00 Uhr früh.

Ein Satz: Ich kann nicht mehr.

Tiefe Überzeugung meiner Minderwertigkeit. Und gleichzeitig die kraftvolle Wut darüber. Weshalb? Wieso?"

19. November 86

„Wenn Gabriel von Papa redet, d. h. mich daraufhin anspricht, geschieht das nie ohne einen gewissen Vorwurf. Er macht mir meinen Widerstand zum Vorwurf. Mir kommt immer vor, als wolle er um jeden Preis, dass ich über den Tod ‚hinwegkomme‘, indem ich Papas Schwächen ausbreite und zu dem Schluss komme: So viel habe ich da nicht verloren. Weshalb soll ich noch großes Geschrei darum machen, dass Papa mich so und so oft im Stich gelassen hat. Damit umzugehen habe ich doch 22 Jahre lang gelernt. Ich muss seither genau prüfen, auf wen ich mich verlassen kann. Aber das heißt doch nicht, dass ein Mensch damit zu ‚begraben‘ ist.

Gabriel, bitte erklär mir doch, was Du da von mir willst. Und weshalb Du es willst."

22. November 86

„Bärnkopf in der Steiermark: Schön ist es hier, das Haus, der Nebel. Fühle mich wohl, wenn auch ein wenig fremd. Wie nicht, da ich es doch tatsächlich bin.

In den Nebel laufen, immerzu, in der Hoffnung, darin zu verschwinden. Endlich nicht mehr gesehen werden. Nichts mehr hinter mir sehen, alles zurücklassen, ohne etwas anderes zu finden als Nebel."

1. Dezember 86

„Gestern vormittags: als müsste etwas – nur was, das war das ungeheure Problem – in/an mir zerplatzen. Ja, das Explodieren. Vielleicht sterbe ich doch auf diese Weise. Nun sind die Hände wieder da, die mir die Kehle zudrücken."

„Die Hände tauchen immer wieder auf, aber ich bin doch relativ in Sicherheit, wenn ich arbeiten kann. Dankbar das Gesicht ins Buch legen."

„Der Wein gestern vor der Stunde bei Gabriel, ich habe mich so entsetzlich geschämt. Seit langem wieder der ernstliche Wunsch, mir eine Kugel durch den Kopf zu jagen. Und dann wieder der feste Wille, zu überleben.
Mein Körper bleibt noch beisammen. Nichts mehr blind auf ihm ausagieren."

„Grauenhaft – gestern im Seminar. Die Trennung von Assistenten und Studenten. Nein, ich fühle mich nicht mehr wohl dort. Nur total fertige Leute, die ihr Fertigsein auf den anderen austoben"

„Gestern der Gedanke: Manchmal rollen alle Steine gleichzeitig auf mich los, viele einzelne Brocken. Und doch ist das besser als nur ein einziger Stein.
Der trifft mit Sicherheit. Von den kleinen, vielleicht sind es nur drei, vier, die mich umwerfen, alle anderen aber kollern an mir vorbei.
Ich weiß, wie schwach mein Körper ist – ein lächerliches Gerippe an einem aufgeblähten Kopf."

„Prof. W.: ‚Sie sind eine Enttäuschung' – als ob ich das nicht gewusst hätte. Werde jetzt arbeiten, um die Enttäuschung nicht auf mir sitzen zu lassen. Nun scheint es mir ganz unverständlich, wie ich manchmal vergessen, so absolut vergessen kann, dass Glücklichsein für mich nichts Unerreichbares ist."

„Ich arbeite nicht gegen die Enttäuschung, aber doch von ihr angetrieben."

„Jemand drückt mir wieder die Kehle zu.

Mein ganzes Arbeiten scheint mir jetzt wieder schlecht, falsch, unmotiviert und völlig wirr. Entsprechend fühle ich mich. Falsch, alles falsch, was ich auch mache. Falsch vor allem für mich selbst."

20. Dezember 86

„Vielleicht fahre ich schon Montag nach Innsbruck. Ich fühle mich ohnehin so verlassen."

1. Jänner 87

„Ein neues Jahr also. Es ist mir nicht ganz verständlich – diese Bedeutung von ‚neuem Jahr‘, wo doch ringsherum alles ganz gleich weitergeht. Die Natur weiß nichts von einem neuen Jahr.

In 14 Tagen also habe ich mein Referat. Das Gefühl von *n'est pas la peine* wird immer stärker und bezieht sich nicht nur auf das Referat.

Ich bleibe nur hier in Innsbruck, weil ich nicht die Kraft habe, schon wieder nach Wien zu fahren. ‚Äußere Gründe‘, würde Kafka sagen. Aber eigentlich ist es das: Hier habe ich zumindest die – gelogene – Entschuldigung für mich, dass ‚man‘ mich nicht leben lässt.

Bilder von Papa, und ich bin glücklich, dass ich zumindest sie noch habe. Es bereitet mir geradezu Lust, immer mehr Erinnerungen aufkommen zu lassen, auch wenn sie nicht immer schöner Art sind.

Wut gegen alle, die mir nur so etwas wie Liebe geben, wenn ich vor ihnen krieche, mich zu einem wesenlosen, keinen Platz einnehmenden, lachenden, demütigen Narren herabwürdige. Eklig, eklig – sie und ich. Alles in mir schreit wieder einmal NEIN!"

2. Jänner 87

„Bloß, dieses Nein hilft nichts. Die Vorstellung, als würde man mir die Nerven aus dem Körper ziehen – diese Volksmusik!

Wahrscheinlich – jetzt scheint es mir so – war es ein großer Fehler, so lange hier zu bleiben. Nur noch ein Spielball von Angst und noch vielem mehr."

8. Jänner 87

„Papas Bild lebt. Es lebt zum Angst-Bekommen."

4./5. Februar 87

„Die Müdigkeit der letzten Tage war phänomenal.
 Es macht mir Angst, große Angst. Angst auch, weil ich weiß, wie unehrlich ich hier beim Schreiben bin. So vieles, so Wichtiges, schreibe ich nicht hin, verstecke es hinter Floskeln."

12. Februar 87

„Die Spannung löste sich auf in einer Landschaft, in der Sätze – von Kafka, Bachmann, Proust – körperlich wurden. Ich ging mit Gabriel und mit Papa, führte ihre Hände über die Sätze.
Worte wurden Pflanzen, Mäntel, die sich um mich legten. Polster … Es war schön und ich schlief ein.
Tagsüber gestern Angst vor allem und nichts.
Angst, dass sich die Erstarrung einmal nicht mehr auflösen würde.
Heute träumte mir von Walther von der Vogelweide und dann von einer Bibliothek."

18. Februar 87

„Lange Unterbrechungen zwischen den Eintragungen. Ich weiß, wie wertlos diese Tagebuchnotiz ist.
Fühle mich so elend, so schmutzig. Unfähig zu einem klaren Gedanken."

24. Februar 87

„Übrigens: Beim L. habe ich ein ‚Sehr gut' bekommen.

Ich weiß ja, dass das überhaupt nichts zu sagen hat, und doch hätte mich ein ‚Gut‘ gekränkt"

25. Februar 87

„Ich schreibe: Ich bin müde, als könnte ich dadurch die Müdigkeit aufheben."

26. Februar 87

„2.00 Uhr nachts, kalt, müde, aber kein Schlaf. Der ist schon vorbei. Auch das andere.

Heute zum W. Wie ich die Prüfungen und die Arbeit schaffen soll, ist mir ein Rätsel. Dann der Gedanke, dass es sinnlos ist, mich überhaupt noch zu fürchten, weil meine Kräfte gar nicht ausreichen. – Und dann hört die Angst auf. Merkwürdig.

Gestern unfähig, Menschen wahrzunehmen. Ich habe sie zwar gesehen, aber nur als Fremdkörper in einem Raum, der ganz leer von mir war."

8. März 87

„Wenn all der Schmutz, die Möbel, die Bücher und Dinge sich plötzlich bewegen würden, sich auf mich stürzen und mich unter sich begraben würden – diese Vorstellung habe ich oft, nur heute ist sie mir zum ersten Mal bewusst geworden."

11. März 87

„Nachts: Der Wunsch, mich von den paar Bekannten vollständig zurückzuziehen und ganz neu zu beginnen. Wie sagt Kafka im VIII. Oktavheft: *Den ekel- und hasserfüllten Kopf auf die Brust senken. Gewiss, aber wie, wenn dich jemand am Hals würgt?*"

13. März 87

„‚Literatur im März‘ beginnt heute. Abends wäre ein Vortrag von Peter Sloterdijk*.

Manchmal sehe ich erschreckend klar, wie ich mir die Lebensgrundlage unter den

Füßen wegziehe. Fühle mich wie auf einem Grat. Kippe ich oder kippe ich nicht? Das ist die Frage."

14. März 87

„Klarerweise gekippt. Nichts von einem Tag. Nichts mit Sloterdijk.
Neulich eine Sandlerin bei der U-Bahn, die schrie: ‚Ich bin ja so allein.' Wie vielen Menschen um sie herum sie da aus der Seele schrie. Merkwürdigerweise, was ja in Wien nicht oft der Fall ist, starrte sie kaum jemand an, auch keine Kommentare dazu. Aus Scham vor mir selbst wagte ich auch nicht, sie anzuschauen, horchte nur ängstlich, ob ich sie richtig verstanden hätte. Manchmal beim Ausatmen fühle ich mich ganz nah an dem, was die Lösung wäre.
Nur, dann atme ich schnell wieder erschreckt ein und kann es weder sehen noch es auch nur denken. Nur dass es schön, beruhigend, erleichternd ist, weiß ich."

24. März 87

„Immer wieder gibt mir Gabriel unterschwellig zu verstehen, dass nichts weitergeht. Wahrscheinlich hat er recht, und doch verletzt mich seine Ungeduld. Er hat recht.
Eigentlich war ich noch nie in meiner Angst zu Hause, weil ich immer die Hände nach jemandem ausstreckte. Mir ist, als könnte ich sie nur mit einem Schrei an meinen Körper zurückziehen:

‚In der Mitte begann die Auflösung. Die Stelle unter ihren Rippen begann sich zu weiten. Sie streckte die Arme aus. Jemand gab ihr eine Feder in die Hand – oder griff sie selbst danach? Sich an dieser festhaltend begannen die Sätze dahinzufließen, füllten immer mehr Seiten, mit nichts als Leere'."

28. März 87

„Wenn ich durch die Straßen gehe, schäme ich mich für meine dünnen Beine. Aber ich kann ja erst hinaus unter der Bedingung, dass sie dünn sind. Sehne mich sehr nach ein wenig Zuneigung, nur weiß ich einfach nicht, wie ich sie bekommen könnte. Der dumme Gedanke, K.W. anzurufen. Erst verkaufe ich mich für ein bisschen Zuneigung und dann tue ich den Menschen weh, weil es mir ja nicht um die Menschen, sondern um die Zuneigung ging. Samstag, 12.00 Uhr, das ist, als würde man die Tür zum Leben zuschließen. *Rien ne va plus!*"

7. April 87

"Ein verflixter Kreislauf: Wenn ich nicht rauche, kann ich nicht arbeiten, und wenn ich zu viel rauche, kann ich nicht arbeiten, ganz ähnlich dem Essen: Wenn ich nicht esse, kann ich nicht leben, und auch wenn ich esse, kann ich nicht leben."

18. April 87

"Manchmal, wie in den letzten Tagen, ist der Weg zum Tagebuch sehr lang. Aber es ist sinnlos, sich zum Schreiben zu zwingen. Irgendwann – spontan – vielleicht ist das einer der wenigen Bereiche, wo mir Spontaneität möglich ist, sitze ich dann mit der Feder in der Hand davor, schaue, wie die Worte entstehen, und bin unendlich dankbar.

Als ich von zu Hause auszog, an jenem Morgen, ich glaube, da habe ich Papa zum ersten und letzten Mal weinen sehen. Das gibt mir freilich Wert.

IHRE Stimme lässt mich heute noch zusammenfahren. Die Stimme tut mir körperlich weh.

Ich schaue das bisher Geschriebene meiner Magisterarbeit an und [habe] dabei das Gefühl, ich bringe doch etwas hervor. Kurz, es gibt mir Stolz und Selbstbewusstsein. Freilich: *...ich sage nicht, dass dieser Mensch verloren ist, ganz und gar nicht, aber er ist verloren, wenn er auf den Graben geht, er schändet dort sich und die Welt.* Kafka an Milena."

Und einen Tag später:

19. April 87

"Ich bin gar nicht zufrieden mit der Arbeit, verfluche den W., weil ich mich von ihm unter Druck gesetzt fühle. Aber schon, dass ich das hinschreibe, macht mir

Lust zu arbeiten. Auch so können die ‚geheimen Mächte' wirken."

„Jetzt sage ich, Innsbruck war als ‚Entwöhnungskur' ganz gut.
Gestern im Zug: Einem gut aussehenden Typen gegenüber hatte ich nur einen
Wunsch – mit ihm ins Bett zu gehen, ohne ein Wort zu reden."

„Mein Lebensrhythmus lässt mich aus dem gesellschaftlichen Zusammenhang
immer mehr herausfallen. Dass ich an der Grenze lebe, daran lässt sich kaum
etwas ändern. Schön wär's, wenn ich mich ungezwungen unter Menschen bewegen könnte, mich unbeschwert in ein Lokal setzen, spazieren gehen, aber eben
weil ich nicht integriert bin, fühle ich mich beobachtet, öffentlich gemacht, ex-
poniert, angestarrt.
Ich warne die ganze Welt, mir ja nicht zu nahe zu treten. Aber die Frau von gegenüber darf jederzeit hereinschauen, weil ich mich von ihr nicht kritisiert fühle.
Die Fenster habe ich auch ihr zuliebe geputzt. Ich denke einfach, sie mag sau-
bere Fenster. Niemals putzt sie mit dieser Wut wie meine Mutter, sondern friedlich, sie tut es einfach."

„Fürchterlicher Tag gestern. Nach dem Seminar-Heurigen fühlte ich mich vollkommen zerrüttet. Kein Bezug zur Gesellschaft, ein totes Knochengerüst. Ich
spüre noch jetzt Arnos Hand, die meine Magerkeit begutachtet. Irgendwie gute
Miene zum sehr bösen Spiel, das war das Einzige, was ich zustande brachte.
Übrigens habe ich beim B. einen Einser, das baut doch ein wenig auf."

„Die Angst vor Gabriel: Angst vor seiner Nicht-Reaktion, vor diesem Nichts,
das mir dann nur meine kaum auszuhaltenden Widersprüche zurückwirft. Also
Angst vor mir selbst. Das ist mir gestern in der U-Bahn bewusst geworden.

Es ist wunderschön und warm draußen. Eigentlich Badewetter, aber ich getraue mich wegen meiner Magerkeit in kein Bad."

„Gestern Abend wirklich eine Zeitlang der Gedanke, einen Notarzt anrufen zu müssen. Ich bringe mich langsam, aber sicher um.

An Gabriel kann ich nur mit viel Scham, Sehnsucht, Wut, Selbstunwertgefühl und Angst denken. Aber weshalb sollte ich mich aufmachen, um doch wieder an eine Mauer von Schweigen zu stoßen, oder, was noch schlimmer ist, auf ‚analysierende' Ausführungen.

Ich habe ein Recht darauf, mir nicht ständig weh tun zu lassen. Stattdessen arbeite ich daran mit, dass es den anderen möglichst einfach wird, mich zu kränken. Biete mich geradezu dafür an. Es ist nicht leicht, mir die Trümmerhaufen der letzten fünf Jahre anzusehen."

„Aus Milenas Biographie, geschrieben von ihrer Tochter Jana Černá: ... *und niemand musste mir deshalb einen vorzüglichen Gesundheitszustand vortäuschen, um nicht als minderwertiges Individuum liquidiert zu werden*."

„Gleichgültig, wer mich ins ‚*Lager*' gebracht hat. Nun halte ich mich selbst dort fest. Und Gabriel hat ja recht, wenn er sagt, dass ich freiwillig und gerne drin bleibe. Vielleicht gehe ich heute Nachmittag zum Arzt. ‚Wenn Sie schwächer werden, müssen Sie ins Krankenhaus"

„Der gestrige Nachmittag: Spaltung par excellence. Da Lacan* und Kristeva*, dort der Teller. Dort ist zwar weiter weg, aber gerade deshalb so anziehend. Und es ist fatal, dass ich mit dieser Begründung nichts gegen das Essen unternehme. Festhalten an etwas, von dem ich weiß, dass es nicht das Eigentliche ist, um mit diesem Vorwand nichts gegen das Eigentliche tun zu müssen. Verrückte, zerstörerische Logik. Tautologie."

16. Mai 87

„Mein Körper ist mir wieder so schrecklich fremd geworden.
Das Bedürfnis, zu leben, und die schreckliche Angst davor.
Diese Gleichzeitigkeit frisst oft alle Kraft auf."

18. Mai 87

„Gestern gegen Abend habe ich bei meiner Mutter angerufen, es sofort bitter bereut. Wie sehr ich sie hasse. Bin mit Recht wütend auf mich, dass ich mich in dieser zerstörerischen Abhängigkeit halte."

19. Mai 87

„Ein wunder Punkt: Kopflastigkeit – zu gescheit. ‚Du glaubst wohl, du hast die Weisheit mit dem Löffel gefressen.' Diesen Satz meiner Mutter werde ich nie vergessen. Man könnte ihn folgendermaßen fortsetzen:
‚Wer bist du denn. Schau nur auf deinen dreckigen Körper, auf die Abstammung deines Vaters, auf sein Nichts-Können, auf seine Drecksarbeit, dann wirst du still sein. Vergiss bloß deinen Körper nicht, und der ist nichts als Dreck, davon abhängig, dass ich ihn sauber mache, nur weil ich das mache, kannst du so gescheit reden, wage es also nicht, diese erst durch mich ermöglichte Gescheitheit gegen mich einzusetzen.'
Vielleicht noch: ‚Du selbst bist nichts als Dreck und was du sonst noch bist, hast du nur mir zu verdanken'.
Wenn man diesen Worten Glauben schenkt, müsste man auf der Stelle vor Scham und Nichtigkeit verschwinden.
Großes Bedürfnis, darüber mit Gabriel zu reden, aber die Gefahr, dass sich zwischen uns dann genau das abspielt, was ich hier geschrieben habe. Es würde ja schon genügen, dass er müde ist, statt der verächtlichen Aggressivität verächtliche

Langeweile, die ebenso schlimm, ja noch schlimmer ist, um mich verschwinden zu lassen.

Schulische Leistungen, um mir und Papa etwas zu geben, worauf wir stolz sein können, um uns aus dem Dreck zu helfen. Das alles hat entsetzliche Nach- und Auswirkungen auf meine Arbeit. Nun verstehe ich auch die Eskapaden mit dem Essen rund um das Arbeiten. Der Satz ‚du bist doch nur Dreck‘ ist so mächtig, ich glaube ihn so sehr, dass ich ihn immer wieder bestätigen muss.

Andererseits, weil Arbeiten eben das Einzige ist, worauf ich stolz sein kann, das Einzige, das mich aus dem Dreck ziehen kann, ist jedes Misslingen eine Katastrophe, kann es nie perfekt genug sein, ist es mit so viel Angst besetzt. Und letztlich hilft es ja doch nicht, lässt den Schmutz nicht sauber werden.

Jeder Erfolg meinerseits ist nur auf Kosten anderer, die sich dafür abrackern müssen, möglich. Schuld, das ist das Ergebnis meines Erfolges, die ihn gründlich verdirbt.

Die ganze Sache steht so in sich selbst kreisend und ausweglos da, dass es dazu verführt, darüber zu lachen und kopfschüttelnd einen neuen Anfang außerhalb dieses Kreises zu suchen. Dazu fällt mir Papas Tod ein. Weil es die Freiheit wäre, wünsche auch ich mir so oft, wie eine Rakete zu explodieren.“

20. Mai 87

„Das glückliche Gefühl hielt gestern bis abends an, endete aber beim Gang zur Apotheke. Der Haken: Ich weiß zwar, dass es mein Leben ist, dass nur ich damit leben muss, und doch denke ich bei allem, was ich tue, ob dies auch von anderen sanktioniert wird.“

Gefangen im Selbstbild von „Minderwertigkeit und Schmutz"

Mangel jeglichen Respekts – er zieht sich von frühster Jugend an als Erfahrung durch ihr Leben. Die Beschämung „schmutzig" zu sein, kommt von der Mutter und davon, sich selbst mit deren entwertendem Blick zu sehen. Zu früh war sie gezwungen worden, diese Beschämung hinzunehmen und zu billigen.

Und jetzt ist jede Situation gut, um einen Grund zur Geringschätzung für sich selbst zu finden.

Was heute, zum Körperkult gehörend, in Wellness-Kuren unter dem Modewort DETOX angepriesen wird, Reinigung oder Entgiftung von den „Schlacken", die sich im Körper „angelagert" haben sollen, Alkohol, Nikotin, Nahrungsmittel, die den Körper „verseuchen" – diese Reinigung betreibt Almuth täglich mit äußerster Rücksichtslosigkeit: Entleerung von all dem „Schmutz im Bauch", den sie in sich spürt als Folge von zwanghaftem Essen, zwanghaftem Erbrechen, von zwanghaftem Abführmittelgebrauch:

22. Mai 87

„Wenn ich an meine Hilflosigkeit gegenüber dem Essen, das in meinem Bauch steckt, an diesen Schmutz in mir, denke, könnte ich schreien.

Vielleicht kann ich zumindest heute halbwegs würdig und bewusst mit all dem fertigwerden. Ich fühle mich doch deutlich weniger schwach als an Tagen, an denen mein Bauch in Falten zusammensinkt. Diese Hass-Bedürftigkeit nach Abführmitteln.

Wenn man selbst nichts hat, kann jeder ungestört über die Grenze des Erträglichen ganz nah an einen heran. Vielleicht habe ich deshalb solche Angst, dass die Nähe, weil ihr nichts Einhalt gebietet, in Bereiche eindringt, wo sie nicht mehr hingehört.

Die Arbeit beispielsweise ist ein Gebiet, wo ein ‚zu nahe' nicht möglich ist, weil sie einen relativ gefestigten und freien Raum in mir einnimmt."

„Seit 3.00 Uhr wach, draußen beginnt es zu dämmern. Oft schon, nach einer Gesellschaft wie heute, sagte das Gewissen zu mir: Suche den Freund, der Leute schätzen kann, die ihn – und er weiß darum – ihrerseits durchaus nicht schätzen. Das wäre ein Mensch ohne Knacks."

24. Mai 87

„Ich meide Spiegel, in denen ich mich ganz sehe, so als würde ich selbst vor mir davonlaufen."

3. Juni 87

„Seit zwei Tagen nachts die Regel oder auch nicht.
Vielleicht kommt das Blut vom Darm. Und das will ich mir gar nicht vorstellen. Das Gefühl, mich nicht mehr weiter zusammenziehen zu können. Der Kopf müsste mir eigentlich, ginge es nach seinem Wunsch, abfallen und ich irgendwann in der Mitte zusammenknicken."

5. Juni 87

„Florian ist über meine Magerkeit erschrocken.
Ich glaube, ich konnte ihm die Sache einigermaßen erklären. Überhaupt ist das eine Erfahrung, dass Männer in dieser Hinsicht mehr Verständnis an den Tag legen, mehr Bereitschaft, sich das alles verständlich machen zu lassen, als Frauen. Von ihnen kommt meist Desinteresse oder Aggression."

7. Juni 87

„Alle Worte, die mir zu meinem Leben einfallen, beispielsweise ‚arbeiten' ‚Gabriel', ‚schwimmen' – einfach alle klingen so fremd, so als bewirke mein aufgeblähter Bauch eine unüberbrückbare Distanz zwischen ihnen und mir.
Giftig brennendes, schmerzendes Vakuum. Die Lider bläulich geschwollen.
Möchte vor jedem Menschen aus Scham im Boden versinken, einfach unsichtbar werden, weil ich das Gefühl nicht loswerde, dass sie wissen."

„Nachmittags zu Gabriel, aber ich will nicht über das Wochenende sprechen. Jemand packt mich wieder an der Gurgel, würgt. Das nämliche Gefühl, sobald ich daran denke, dass ich etwas tun sollte, aber nicht will, und dass, wenn ich tue, was ich will, nur abgelehnt werde: Wenn SIE mit lauten, gezielten Bewegungen durch die Wohnung wütete, mit diesen bösen Blicken, das war wie Schläge, mit Absicht und gezielt. An die Geräusche sich zu gewöhnen war leichter als an die Blicke. Sie kamen so unvorbereitet, es half nichts, darauf gefasst zu sein. Die Wirkung von Salzsäure, die mich auflöste. Sie erfolgte in Sekundenschnelle.

Alles das hat eine Angst in mir hinterlassen, die, kaum abgeschwächt, in unvermuteter Heftigkeit da ist, sobald ich daran denke.

Langsam erst finde ich einen Zugang zu diesen Kränkungen und kann mir eingestehen, wie weh das alles getan hat.

Und angesichts dessen sage ich: nie mehr. Das wird nie mehr jemand mit mir machen, das lasse ich niemals mehr zu.

Gefesselt von Sarraute* und Blanchot*. In diese Bücher hineingefallen.

Diese Freiheit, wenn ich meinen nie funktionierenden Körper vergessen kann."

„Der Alkohol steht, wenn ich mich nicht sehr täusche, nicht für sich allein. Er dient dazu, mich vergessen zu lassen, was ich tue und getan habe.

In Gedanken an Gabriel: ‚Mach dir doch nichts vor, mit guten Vorsätzen schaffst du es nie. Wie willst du da allein herauskommen? Die Sache funktioniert doch nur bis zum nächsten Zusammenbruch. Du wirst schon sehen! Ich habe es dir ja gleich gesagt! Aber du musst ja alles besser wissen!‘

Das sind nicht Gabriels Worte, es sind die Worte meiner Mutter, die mich von vornherein zum Scheitern verurteilen, wenn ich ihnen Glauben schenke. Mit aller Kraft muss ich ihnen entgegenhalten."

„Doch nur gute Vorsätze. Der Beginn dieser Tagebuchseite ist der reine Hohn.
Ich mag ihn gar nicht anschauen."

„Gefangen in einem Käfig. Jeder Gitterstab ein Nein."

„Wie komme ich aus dieser verfahrenen Situation nur wieder heraus?
Die Eigenverantwortlichkeit für diese Krankheit macht es so schwer, friedlich
mit ihr zu leben. Ich kann mich nicht einfach ruhigen Gewissens in sie ergeben,
weil sie ja nicht von außen kommt. Das schöne Gefühl der Ohnmacht gegenüber
Stärkerem ist hier nicht möglich.
Über allem steht großgeschrieben: ‚Du bist selbst schuld. Es läge nur an dir
selbst, gesund zu werden'. Deshalb trinke ich ja, um nicht an diesen Selbstverrat
denken zu müssen."

„Guter Tag gestern. Bei der L. habe ich einen Einser. Bin total aus dem Häuschen
gewesen. Nun kann ja nichts mehr schiefgehen. Das Stipendium rückt näher.
Ich muss der L. sagen, dass sie mir die Freude an Französisch zurückgegeben hat.
H. sagte, ich stünde laut L. auch mündlich auf einem Einser. Das ist ja alles kaum
zu glauben."

„Mein Gewicht ist heute unter 38 Kilo gesunken. Ich schreibe das hin, als wäre
es selbständig und nicht von meinem Verhalten abhängig.
Fahrig, wirr, unruhig und aufgeschreckt.
Gabriel bei der Hand nehmen und laufen, laufen am Strand und irgendwo in
den Sand fallen."

„Wirkung der gestrigen Therapiestunde: Träumte, ich würde in einem Bordell mit einem ganz ekligen, dicken Typen schlafen. Aber mein Bedürfnis, überhaupt mit jemandem zu schlafen, war größer als der Ekel. Ermutigt dadurch, küsste ich M.G., und er sagte: ‚Ich habe es ja gewusst.‘

Und aus dem Gefühl des Zurückgestoßen-Seins sage ich mir: Nun reicht's aber. Jetzt versuche ich es allein, und ich packe eure Gebote in meinen Koffer und mache mich alleine auf den Weg. Freilich, weit komme ich nicht, der Koffer ist zu schwer."

„Manchmal wird mir übel von meiner Freundlichkeit und Demutshaltung. Ich widere mich an mit meiner Unterwürfigkeit."

Die irren Träume beginnen wieder. Der Traum von heute Nacht: Mit Papa und meiner Mutter in Viserba. In einer Bank stellt sie einen Scheck aus. Spaßeshalber stelle ich die Frage, ob er denn auch gedeckt sei. Ihre Lauterkeit steht ja außer Frage. Der Angestellte ruft aber doch in Österreich an. Es würde mich freuen, wenn der Scheck nicht gedeckt wäre …

Ich denke darüber nach, über wen ich die Diss schreiben könnte, freilich um die Gedanken an die wartende Diplomarbeit wegzuschieben. Es fällt mir dabei kaum ein anderer Autor als Kafka ein."

„Wenn ich so weitermache, lande ich früher oder später im Krankenhaus. Endstation."

„Den gestrigen Tag auch noch beschreiben, wäre nur eine Zugabe zu seiner Sinnlosigkeit. Weshalb machst du dich nur selbst so fertig?

Gabriel hat mir den Vorschlag gemacht, ihm zuliebe zu essen. Nun, ich will. Ich will es wirklich."

„Ich glaube, es gibt Zeiten, in denen es einfach unmöglich ist, zu schreiben. Beispielsweise wenn die Tatsache, eine Wohnung gefunden zu haben, alle Aufmerksamkeit erfordert.

Ja, ich bin seit gestern Abend Hauptmieterin.

Die Wohnung liegt in der Nussgasse, nur durch die Hauptstraße von der Sobieskigasse getrennt."

„Die erste Nacht in meiner eigenen Wohnung. Als ich so im Dunkeln ohne Schlaf dalag, wurde das Schreiben wieder absolut notwendig. Als wäre dieses Buch ein warmer Körper."

„Das Nicht-Geschriebene ist nicht nachzuholen.

Seit drei Wochen arbeite ich beinahe ausschließlich in der Wohnung. Das Gröbste ist geschafft."

„Es gibt Worte, Namen, in denen Zeiten, Erlebnisse, Gefühle sich derart konzentrieren, derart, dass es kaum möglich erscheint, sie in ihre Einzelheiten aufzulösen. Beispielsweise: Gabriel, Kafka, Papa, MALINA.

Andere wieder dienen dazu, die Erlebnisse fortzujagen, sie werden aus Ungeduld und Ekel vor den Geschehnissen gebraucht: zum Beispiel ‚Mutter'."

„Das Vertrauen zu Gabriel kann durch die geringste Kleinigkeit erschüttert werden: Es genügt das merkwürdige Ende eines Telefongesprächs, um die Überzeugung zu wecken, dass er mich vollständig ablehnt, ich ihm nur auf die Nerven gehe, er mich nicht mehr sehen will.

Doch – angelangt bei der Überzeugung, uninteressant, langweilig und schmutzig

85

zu sein, fühle ich mich freier. Ich bin es müde, ständig an mir herumzumodeln, nur um den Leuten ein Stück Zuneigung abzubetteln, das dann doch nie kommt. Nach gestern ist da wieder der Wunsch, nie mehr zu Gabriel zu gehen.

24. Oktober 87

„Traum von Gabriel, der mich küsst. Träume, Träume."

26. Oktober 87

„Innsbruck: gestern doch wieder. Der Druck war zu groß. Ich fahre weg von dort, wo mich niemand hält, dorthin, wo mich niemand erwartet. Und wieder zurück, wo niemand ist.

Bewegungen in der Einsamkeit, einer aus Ekel teilweise selbst gewählten Einsamkeit. Das Ganze ist deshalb auch gar nicht so traurig, wie es mir manchmal scheinen will.

Gabriel hat mir das Tagebuch ein wenig abspenstig gemacht, zu machen versucht, als er es als seinen ‚Konkurrenten' bezeichnete. Nein, er hat nicht unrecht. Und zwischen zwei Fronten geraten, muss ich doch sagen, dass ich hierin wesentlich mehr Geborgenheit finde als in seinem Zimmer.

Er versucht mein Leben rückgängig zu machen, er als der ‚Herr Doktor'. Ein hoffnungsloses Unterfangen.

Manchmal die große Lust, mich rückhaltlos zu meiner Krankheit zu bekennen. Dahinter wartet ein Glücksversprechen, ganz ähnlich dem, das ich mir erträume, könnte ich mich endlich zu mir bekennen.

Große Lust, Gabriel wegzustoßen. Das scheint mir die einzige Möglichkeit, in irgendeiner Art von Selbstbewusstsein damit fertigzuwerden, dass er mir nicht gibt, was ich brauche. ‚Geh weg! Ich komme schon alleine zurecht.' Eigentlich sage ich das zur ganzen Welt. Sie wird doch nicht glauben, dass ich ihr ewig nachlaufe."

„Die Zeit hier in Innsbruck ist verflogen. Bald, viel zu wenig ausgeruht, wieder nach Wien zurück.

Gestern an Papas Grab.

Das Tagebuch von Anaïs Nin* lese ich ängstlich, mit ‚aufgebauschten Federn'. Gleichzeitig auch die Stimme: Du kannst doch nie leisten, was sie leistet, du bist doch minderwertig, also versteige dich nicht."

5. November 87

„Prof. W.: Ich bin ausgeschlossen von der Gruppe. Sie wollen mich nicht. Ja, wenn ich nicht lache, wenn mir das Lachen vergeht, lassen sie einen allein. Entweder du spielst die Glückliche oder du bist unten durch.

Nein, ich sträube mich nicht mehr so sehr gegen das Leben, an dem es doch nichts zu ändern gibt."

6. November 87

„Gabriel angerufen, fröhlich, witzig, stellte ich alles so problemlos dar. Doch dahinter lauerte ich ängstlich, ob in seiner Stimme ein Anzeichen der Ablehnung zu erkennen wäre.

Es ist charakteristisch für mich, dass ich für alle meine Handlungen eine offensichtliche Legitimation brauche, besonders für das, was mir Freude macht."

11. November 87

„Welchen Grund gibt es für die Schlaflosigkeit? Die letzte Stunde, Gabriel, die Wut darüber, dass ich nun doch wieder hingehe.

Ja, wenn es um Sex geht, um irgendeinen Über-Begriff für diesen Themenkomplex zu nennen, dann beginnt Gabriels therapeutische Aktivität. Bei Dingen, die mir aber noch viel größere Sorgen machen, die mich viel mehr bewegen, mit denen ich aber leben kann, die ich nur einmal jemandem erzählen möchte, schläft er mir fast ein. Das tut weh.

Aus Wut über Gabriels Verweigerung möchte ich mich in meine Krankheit, die glücklicherweise kleinere symptomatische Blüten treibt, verbeißen, mich wütend und verzweifelt daran festkrallen.

Gabriel ruft an. Er hat sich das Kreuz verrissen. Es ist rührend, wie er sich bemühte, nicht kalt zu klingen.

Diesmal also Zuckerbrot. Und wann kommt die nächste Peitsche?

Ein bisschen Zuckerbrot und schon ist ihm meine Zuneigung sicher.

Und dann die Peitsche, und ich weiß nicht, wo ich mich verkriechen soll, es tut jedes Mal so weh."

15. November 87

„Mein Penis: meine Denkkraft, das Schreiben, meine kleinen praktischen Fähigkeiten, ständig von Kastration bedroht: ‚Du hast die Weisheit wohl mit dem Löffel gefressen.'

Mit dem Schreiben stimmt das nicht so ganz, das ist mehr ein Zwitterwesen, dafür umso angreifbarer.

Von Gabriel geträumt: Auf einer Wiese, wo jetzt das Schwesternheim steht, ist seine Praxis. Er ist vorerst ganz freundlich. Doch dann wird er ungeduldig, ablehnend. Er wollte mich einer Kommission vorführen – also nichts von persönlicher Zuneigung. Studienobjekt! Aber so wie ich mich verhielte, hätte ich alles kaputt gemacht. Er will mich loswerden, muss sich nun jemandanderen suchen, den er vorführen kann.

Entsprechend elend bin ich aus diesem Traum aufgewacht.

Ja, wo soll ich denn hin, wenn er mich nicht will?

Papa sagte immer, er würde mich verkaufen, eine ‚Schwarze' würde er sich holen."

16. November 87

„Weshalb tue ich mir ständig selbst weh? Die Minderwertigkeit muss ich mir doch nicht auch noch selbst attestieren. Das Bild geht mir nicht aus dem Kopf, wie Papa mit bösem Gesicht vor mir steht, so riesengroß unter der Tür, und ich klein und blond, mit gekränktem Gesicht. Man hatte mir ja tatsächlich weh getan. ‚Mach nicht so ein Muzi.' SIE hatte ihn aufgehetzt. Später war er dann auch von sich aus böse, als da die ersten Freunde auftauchten."

„Ich kann nicht recht verstehen, weshalb Papa in letzter Zeit im Traum so viel böse mit mir ist."

„Sitze gedrückt und rauchend vor einem leeren Blatt Papier. Es fängt eben ein neues Kapitel an, über das ich noch fast nichts habe. Aber ich werde nicht wieder anfangen zu glauben, ich hätte nichts zu sagen. Wäre dumm. Arbeitsschwierigkeiten. Darauf falle ich euch nicht mehr herein."

„War beim Arzt, wegen Antibiophilus. Er fühlte sich sofort von mir in seiner Autorität angegriffen. Weil ich wusste, was ich wollte und was mit mir los ist. So ein Idiot. Sobald Patienten nicht vor ihnen kriechen, sind sie nicht zufrieden.
Was mich freut: dass ich in Streitgesprächen gar nicht so unfähig bin, wie ich oft befürchte. Ich bin sogar ziemlich eloquent. Das Rezept habe ich bekommen. Irgendwie clinche ich ständig mit so alten Opas, die sich als Väter aufspielen. Fühlen sich von dem kleinen Mädchen nicht als ‚Vater' akzeptiert. Danke, ich habe einen Vater, brauche euch nicht."

„Ich nehme mir alle Zeit, die ich brauche, um zu werden, was ich bin, ob sie mir zugestanden wird oder nicht.
Bei der Arbeit bin ich auch über den schwierigen Eigendialog gekommen. Zu welchen Katastrophen hätte das früher geführt.
Scheint mir nicht schlecht, was ich da geschrieben habe."

„Noch eine Zigarette – ich rauche wie ein Schlot –, noch eine Zigarette Zeit, bis der Sonntag beginnt …
Ja, es ist leicht gesagt und hilft prompt über die nächste Minute hinweg – allerdings

auch nicht weiter. Ich bin deprimiert und allein, ich fühle mich deswegen und noch aus einer Reihe anderer Gründe minderwertig. Ja, so ist es und nicht anders. Bisher habe ich mir allerdings immer gesagt, dann sei es auch gleichgültig, ob ich trinke oder nicht, esse oder nicht.

Und genau da liegt der Trugschluss. Denn diese ‚Mittel‘ sind so herrlich geeignet, alles andere vergessen zu machen und zu verdecken. Allen Schmutz und alle Schuld und alle Probleme an sich zu ziehen, sodass ich oft glaube, das sei es, worum es sich dreht. Ist es aber nicht. Ist es nicht.

Habe zu arbeiten begonnen. Wenn ich nur auch zu Menschen jenes Vertrauen hätte, das ich gegenüber Kafkas Briefen an Milena habe. Hier werde ich weder verraten noch weggestoßen, kann mich vertrauensvoll hineinfallen lassen und bin geborgen.“

23. November 87

„ ‚*Nun komm ich noch einmal und dann nimmermehr.*‘
Weshalb nur komme ich nicht von Gabriel los? Wenn doch die Welt nach der Stunde
immer so kalt und feindlich ist. Und ich wie ein geprügelter Hund – auch wenn die Stunde gut war – nach einem Ort suche, wo ich mich verkriechen kann. Weshalb auch nach einer guten Stunde das Gefühl des Geprügelt-Seins? Weil ich nie bekomme, wonach ich mich sehne. Irgendwie bin ich auf ihn fixiert, er hat das Wort.
Ja, ich weiß schon, hier geht es um Übertragung, aber das hilft nur wenig.
Gefragt ist ein Ausweg, aber weshalb begebe ich mich denn freiwillig in so eine Situation?“

24. November 87

„Gabriels Tiefschläge gestern, ‚Was wissen Sie‘ – ‚Auf einer anderen Ebene‘ – gehen mir nicht aus dem Kopf. Er kann mich leicht verletzen. ‚Seine Rolle einnehmen‘ – nun, er hat die Psychoanalyse ja nicht gepachtet.
Wenn ich eine Sache, wie beispielsweise die letzten Träume, ein wenig reduziere,

dann will er es ,weit' sehen, wenn ich sage, es gehe dabei nicht nur um Sexualität, will er mich auf sie festnageln.

Die Gründe dafür weiß ich nicht, aber im Gegensatz zu früher stürzt mich das in keinerlei Verwirrung mehr."

25. November 87

„Körperlich befriedigt – war es das. Egal – vielmehr nicht egal. Es war so. Jedenfalls geht es mir nun wieder gut. Ja, genau das fehlt mir eben.

Nun habe ich beide Seiten endlich gespürt. Mein Bedürfnis, wie sehr ich es brauche, und zugleich diese schreckliche Angst davor.

Immerzu muss ich an Gabriel denken, wie die Stunde werden wird. Ich habe Angst vor der Stunde. Es ist so schrecklich, weil ich vor Gabriel keine einzige Möglichkeit habe, mich festzuhalten. Vor ihm löst sich jeder Halt in Luft auf, und ich bin nur froh, sitzen zu können. Im Stehen ginge das alles wohl niemals. Immerhin ist Sitzen immer noch besser als Liegen, das wäre die totale Hilflosigkeit. Gute Stunde, ohne Tiefschläge."

2. Dezember 87

„Das Referat ist vorbei. Und es hat euch nicht gefallen. Und ihr habt mich nicht lieb dafür? Nun, auch gut.

Meine Arbeit verteidige ich mit Händen und Füßen. Alle kritisieren, haben aber keinen besseren Vorschlag. Ich soll mich nicht angegriffen fühlen?"

6. Dezember 87

„Soll ich heute das vierte Kapitel beginnen? Nun, weshalb nicht. Auch die Situation beim Referat wird mir keine Arbeitsschwierigkeiten einreden.

Doch es gelingt nur schlecht, mir nicht alles vermiesen zu lassen.

Hinter jedem Satz steht nun wieder: Du bist dumm!"

„Arbeitsschwierigkeiten – nein, das lasse ich nicht zu.

Und darum setze ich mich nun an den Schreibtisch. Ich glaube nicht an das, was sie sagen, dass ich dumm sei."

„Habe gestern die Formulare für Paris geholt. Ja, wahrscheinlich werde ich fahren, wenn ich das Stipendium bekomme.

Gestern ein Tag ohne alles. Die Vorstellung, nach Paris zu gehen, machte es überflüssig. Ich bin ‚einfach' nicht in die Apotheke gegangen, ‚obwohl' ich doch heute Stunde bei Gabriel habe."

„Weshalb ist es so schwer, mich ein wenig lieb zu haben?

Ja, wenn das möglich wäre, würde es sich auch erübrigen, noch länger zu Gabriel zu gehen. ‚Zu Gabriel', das heißt Therapie. Das Ganze kommt mir vor wie ein ständiger Beweis dafür, wie böse, unkommunikativ, faul etc. ich bin. Wer sauber ist, dem wird alles vergeben. Schmutz darf sich nicht den kleinsten Fehler erlauben.

Aber, so wie man sauber ‚ist', ‚ist' man schmutzig. Das eine kann nicht zum andern werden und umgekehrt ebenso wenig. Da kann ich mich auf den Kopf stellen, da kann ich toben und schreien, es nützt nichts.

Das ist schon keine Sackgasse mehr, sondern eine gemauerte Zelle, 1x1x1 Meter. Und gerade, weil es dieser Mechanismus fertigbringt, in alle Bereiche einzudringen – am resistentesten war bisher noch die Arbeit, aber auch das schwankt –, ist alles so verdammt frustrierend, so ohne Alternative, kurz, eine ordentliche Scheiße."

„Der gestrige Vormittag – na servus.

Dann doch zum Seminar. Habe einfach als Erste etwas gesagt, ganz problemlos.

Ein Traum von heute Nacht. Ich stehe im Bett und versuche, etwas von meiner Scheide wegzukratzen. Plötzlich schaut mich Papa aus einem anderen Zimmer böse an. Ich werde wütend. Ich mache doch nichts, und sonst kümmert er sich ja auch nicht.

Eine andere Szene: Papa legt Waldi ein Geschirr an, er will mit ihm zum Arzt. Der soll irgendetwas an ihm ,putzen', ihn ,sauber machen', das sei schon längst fällig und schon eine Schande. Ich habe Angst, dass er Waldi mit dem Geschirr – es geht über seinen ganzen Körper, ist aus undurchsichtigem Plastik –, dass er ihm damit weh tut. Gleichzeitig weiß ich: Papa geht zu IHR."

20. Dezember 87

„Versuche die Begründung des Studien- bzw. Forschungsvorhabens für das Paris-Stipendium zu schreiben. Das schlägt sich sofort in Magenschmerzen nieder, als ginge es darum, mich vor einem Obersten Richter zu rechtfertigen, der über mein Leben entscheidet, über meine Berechtigung, überhaupt hier zu sein. Vielleicht verfasse ich das nur für mich selbst, und wenn es gut wird, erübrigte es sich, ob man es annimmt oder nicht.

Eine Frage: Weshalb investiere ich überall immerzu alles, was ich bin und habe, und mache mir damit das Leben schwer. Ganz nutzlos übrigens – von außen gesehen. Für mich nicht."

31. Dezember 87

„Zehn Tage kein Wort geschrieben, die Gründe anzuführen erübrigt sich.
Es geht nur mehr darum, die nötige Kraft zum Aushalten aufzubringen.
Abbruch-Gedanken, auch in Bezug auf Gabriel.
Etwas muss geschehen, aber es wird anders sein als alle Forderungen, Bilder und Versprechungen."

Das neue Jahr beginnt für Almuth im Wechsel von Düsternis, Selbstanklage und Lebensmut: Warum lebe ich nicht, wo ich doch weiß, dass ich nur ein einziges Mal da bin, nur ein einziges und unwiederholbares Mal.

„Innsbruck ist vorbei. Endlich wieder Zeit und die Möglichkeit, zu schreiben. Der Rest des Tages liegt einsam vor mir. Das klingt sehr depressiv, und doch beginne ich mich von Innsbruck zu erholen. Ich muss wieder Orte der Geborgenheit finden, und sei es in einem Buch. Kein theoretisches Buch, das mich weiter zerfranst und auseinandernimmt."

„Vielleicht ist vieles besser geworden, die Menschenangst allerdings hat sich gesteigert. Wie gerne möchte ich einmal mit jemandem eine Pizza essen gehen. Nur zu oft – am Morgen – erscheint mir mein ganzes neurotisches Verhalten, diese Zwangshandlungen, einfach idiotisch und verrückt. Doch gegen Abend ist von diesem Gefühl meist nichts mehr übrig, so als wäre es nie aufgetaucht.

Dass ich einmal an meinen geistigen Fähigkeiten zweifeln würde, hatte ich eigentlich nie gedacht. Es ist aber eine logische Folgerung aus meinem körperlichen Minderwertigkeitsgefühl. Mit einem so schmutzigen Körper muss man dumm sein.

Das Kino heute, der Beschluss doch hinzugehen, war eine klare Entscheidung gegen Essen, Alkohol und Abführmittel, vielleicht für Menschenwürde."

„Es tut so weh, von Papa zu träumen und aufzuwachen mit dem Wissen, dass er tot ist. Ich habe ihn gestreichelt. Er war mir körperlich ganz nah. Im Traum waren auch so schöne Worte, die über das Elend hinwegtäuschen sollten.

An Sonntagnachmittage bei den Eltern kann ich mich nur wenig erinnern. Wahrscheinlich vergingen sie unter eisigem, bösem Schweigen."

„Lese Robert Walser, JAKOB VON GUNTEN.

Angst vor den Therapiestunden. Das Wissen, dass Gabriel sehr viel mit mir machen kann, im guten und schlechten Sinne. Ein liebes Wort von ihm, das täte gut. Alles richtet sich nur mehr darauf aus, die Situation auszuhalten. Überstehen, ja, das ist das rechte Wort."

„Etwas angeschlagen vom gestrigen Abend. Ich war so froh, endlich die Begründung für Paris geschrieben zu haben, und A. reagierte nicht mit der entsprechenden Begeisterung.
Viele traurige, schmerzhafte Träume, voll Angst."

„Bin gerade von Gabriel zurückgekommen. Nach allem nur unwahrscheinlich wutverbissene Lust, mich in meine ‚Krankheit' zu werfen, um nur ja Recht zu behalten. Da gibt es die Gesunden und die Kranken (was dasselbe wie schlecht ist), und zu Letzteren zähle ich mich. Lieber Gabriel, vielleicht interessiert es Dich, was ich Dir nach einer Therapiestunde zu sagen hätte: Kannst Du nicht verstehen, wie sehr ich mich fürchte, das bisschen, mit dem ich mich identisch fühle, auch noch zu verlieren? Meine größte Bitte an Dich: Verständnis, und nicht ständig Kritik. Verständnis, bitte. "

„Mein bisheriges Verhalten erscheint mir kurzerhand irre. Sollte es so einfach sein, mich selbst an den Haaren aus dem Sumpf zu ziehen? Dieses mich ständig minderwertig Fühlen ist doch etwas sehr Ekliges. Von mir aus traurig, verletzt, gedemütigt. Aber nicht minderwertig und dumm. Daran glaube ich doch selbst nicht. Weshalb also anderen gegenüber diese Rolle spielen?
Das Gefühl von mir ohne Minderwertigkeit – es schließt Angst, Sorgen, Traurigkeit gar nicht aus und ist doch warm und fest."

„Ob ich die Diplomprüfungen tatsächlich bis März schaffe?"

„Wenn ich an die Abende denke, schlage ich die Hände über meine Augen und drehe mich weg."

23. Jänner 88

„Die gestrige Stunde bei Gabriel: Irgendetwas hat sich geändert. Bin ruhiger. Vielleicht weil ich ausgesprochen habe, wie aussichtslos und irrsinnig der Kampf in mir ist. Vielleicht weil ich bekommen habe, was ich brauche – Verständnis."

26. Jänner 88

„Du lieber Himmel, was für entsetzliche Montage auf elende Sonntage folgen können.

Heute ist Dienstag, und es geht wieder besser. Der Boden ist gewischt, alles sauber. Alles Versuche, über den Schmutz in meinem Bauch hinwegzukommen. Auch das Gefühl, mich duschen zu müssen. Nur, es hilft alles nichts, denn der Schmutz ist in mir und zieht mich auf die Erde.

Weshalb kann ich nur leben, wenn nichts in meinem Körper ist? Dabei bleibt mir nicht viel anderes übrig, als trotzdem zu leben"

27. Jänner 88

„Paris ist abgegeben. Was W. wohl in der Empfehlung geschrieben hat?

Wenn das Stipendium nicht bewilligt wird, kann das doch wohl nur an ihm liegen.

Heute Nachmittag wieder die Tortur des Seminars.

Gestern – dieser Arzt hat mir doch tatsächlich und allen Ernstes Psychopharmaka angeboten.

Ich weiß, mit der ersten Tablette wäre ich süchtig. Mir hat das so weh getan, als wollte man mich noch tiefer ins Elend stoßen. Sei schön still und schlucke, und mach uns keine Schwierigkeiten."

Dieser 27. Jänner 1988 markiert den ersten Schritt zu Almuths Abhängigkeit von einer Vielzahl betäubender, das Gehirn schädigender Anxiolytika,

Antidepressiva und Tranquilizer. Zwanzig Jahre Xanor, Tolvon, Dominal, Solian, Praxiten, Seropram, Depakin, Mirtabene. Die Folgen der permanenten Störung der Gehirnfunktionen werden bis zu ihrem Tod im Herbst des Jahres 2008 zunehmend quälende Erscheinungen annehmen.

28. Jänner 88

„Schrecklicher Traum heute nachts. Ich werde in ein KZ gebracht. Mit vielen Leuten in ein Zimmer geführt. Ich bin Jüdin und dagegen lässt sich nichts machen. Die große erwartete Katastrophe tritt zwar nicht ein, ja, ich habe sogar erstaunliche Bewegungsfreiheit, versuche irgendwie frei zu kommen. Ich muss auch für einen kleinen Jungen sorgen. Bei aller Freiheit droht ständig die Gefahr, hingerichtet zu werden. Die die Macht haben, kann ich gar nicht sehen, sie sind völlig unerreichbar und doch ständig anwesend. Und dabei das Gefühl, man gewähre mir diese scheinbare Freiheit nur aus Ironie und Sarkasmus, um mich in Sicherheit zu wiegen und dann plötzlich zuzuschlagen.
Gewiss – Kafka lässt sich in diesem Traum nicht verleugnen. Das Gefühl, nur einen tiefen Atemzug von der Depression entfernt zu sein."

29. Jänner 88

„Ja, ich fürchte mich vor dem Wochenende, und besonders vor Sonntagvormittag. Wenn ich Gabriel nur einmal diese Angst vermitteln könnte, und wenn er mir doch erklären könnte, dass ich sie nicht haben muss."

Lässt sie sich endlich leben?

30. Jänner 88

„Bringe die nötige Wut gegen mich selbst nicht mehr auf, um eine ausreichende Menge Abführmittel zu schlucken."

31. Jänner 88

„Ich werde mich mit dieser Menge Zigaretten noch einmal ins Grab bringen."

„Weshalb müssen Sonntage meist so elend enden. Sobald ich mir sage: das darfst du nicht mehr und das nicht mehr, kein Alkohol, keine Mittel, keine Zigaretten, ja, dann bricht Panik in mir aus. Weshalb kann ich noch immer nicht begreifen, dass das der falsche Weg ist.

Manchmal wünsche ich, aus Paris würde nichts werden. Und dann wäre ich doch wieder sehr unglücklich darüber.

Und wenn ich die Diplomarbeit ‚für Gabriel‘ schreibe? Ich brauche einfach einen Adressaten, an den ich beim Schreiben denken kann.“

2. Februar 88

„Mit Gabriel über die Arbeit und das Schreiben gesprochen. Freilich fühle ich mich dabei immer auf Glatteis. Ich wünschte nur, dass er mein Schreiben, dass er mich, nicht lächerlich fände, und vielleicht würde dann endlich das Therapie-Gefängnis zwischen uns verschwinden.“

3. Februar 88

„Es ist schon schlimm: Jeden Morgen glaube ich, einen neuen Anfangspunkt gefunden zu haben. Und dann vergehen die Stunden, aber am Abend muss ich feststellen, dass ich die neue Abzweigung verpasst habe und wieder in die alte Sackgasse geraten bin. Dann sage ich: Nun, also morgen! Und das schon jahrelang.

Vor allen Anforderungen – zumindest das habe ich gelernt – stehe ich mit erhobenem Zeigefinger. Manchmal weiß ich wirklich nicht, wer wem Knoten und Schlingen ins Hirn windet, Kafka mir oder ich ihm.“

4. Februar 88

„In gewissem Sinne lebe ich dahin, als hätte ich meinen Körper endgültig aufgegeben. Ich schleppe ihn eben mit, weil er nicht abzuschütteln ist. Auch habe ich wenig Hoffnung, dass die Therapie bei Gabriel daran etwas ändern wird. Er mag ja meinen Körper auch nicht. Wozu also unsinnige Anstrengungen unternehmen, die doch nur zur Bestätigung führen, dass niemand meinen Körper mag, nicht einmal ich selbst.

Diese Kapitulation und Grausamkeit erschreckt mich. Das Einzige, was man mit diesem Körper tun kann, ihn sauber zu halten, aber gern haben kann man ihn unmöglich. Ist er sauber, dann stört er noch am wenigsten. War früher ‚sauber‘ gleichgesetzt mit ‚nicht essen‘, so hat sich das geändert. Schmutzig bin ich immer, ob ich esse oder nicht. Hinter Ersterem steht meine Mutter, hinter Letzterem Gabriel, manchmal steht er auch hinter beiden.“

7. Februar 88

„Wie es wirklich war, dass die ‚gestrigen‘ Tage meist das gleiche Ende haben, das wird verschwiegen. Aber es wäre auch müßig, das täglich zu notieren. Ich glaube nicht an die Therapie? Nein, ich glaube nicht daran. Und weshalb gehe ich dann noch weiter hin?“

8. Februar 88

„Eigentlich möchte ich weinen, aber Gabriel sagt: ‚Sie arbeiten ja kräftig mit, dass nichts zustande kommt‘. Ja, und da bleiben die Tränen irgendwo stecken. Wie wenn man an sich selber erstickte.

Ich saß am Fenster, als mir der ‚krankhafte‘ Gedanke kam, du hast dich ja doch nur um einen Fressanfall herumgeschwindelt, alles nur Ersatz.

Dieses ‚Ersatz-Denken‘ hat doch viel mit der Überzeugung zu tun, dass ich an sich schmutzig bin, und was ich auch anstelle, ich bleibe schmutzig.“

12. Februar 88

„Die gestrige Stunde: Gabriel hätte das nicht tun dürfen, so herumspielen, wie wir es denn anstellen sollten, miteinander ins Bett zu gehen. Freilich, witzig war die Stunde, und stark habe ich mich gefühlt.

Und nachher der Gedanke, ich möchte einen Körper, den man gerne angreift.

Was soll übrigens in letzter Zeit die wiederholte Betonung, ich mache ihn hilflos. Ein therapeutischer Dreh?"

„Ich war also beim Arzt und bin mit Tabletten nach Hause gekommen. Noch bis zur Rezeption war ich völlig unentschlossen. Allerdings scheinen sie mir nicht besonders stark zu sein.

Einen positiven Effekt haben sie: Ich trinke nichts, nur Leichtbier.

Gestern auch keine Abführmittel, auch gut, in letzter Zeit wusste ich ja oft kaum mehr, woher ich die Kraft zum Gehen nehmen sollte.

Habe heute geträumt, die Benachrichtigung für Paris wäre gekommen, aber ich wagte nicht, sie zu öffnen.

Die ganze Sache hat Ähnlichkeit mit dem ‚zusätzlichen Advokaten' in Kafkas PROZESS.

Das war also die ‚Stunde danach'. Gabriel hat viel geredet, ehrlich, sehr offen. Die letzte Stunde war also keine Finte. Er hat mir während der Stunde seine Jacke gegeben. Am liebsten hätte ich mich hineingekuschelt. Ein Stückchen von ihm. Er fehlt mir jetzt, ich habe ihn sehr lieb."

20. Februar 88

„Dieses Aufgekratzt-Sein kommt wahrscheinlich von den Tabletten; aber es schadet mir nicht.

Auch wenn ich nicht nach Paris gehen kann, sollte mit der Therapie bald Schluss sein.

Es ist lustig, dass wir uns manchmal elektrisieren, wenn wir uns die Hand geben.

So war es auch nach dieser einen Miteinander-schlafen-Stunde.

Ja, es knistert zwischen uns.

Vieles war die Therapie, nur eines nicht: fad und langweilig.

Ich möchte schon wieder mit jemandem schlafen, dabei ist es mir ziemlich egal, wer das ist, solange er mich nur anzieht."

„Wie gerne würde ich voll Zuversicht sagen können: Ich gebe das Essen und Hungern auf. Aber ich habe in diesem Punkt nur wenig Vertrauen zu mir. Diese Sucht ist so verdammt hartnäckig. Und je mehr ich will, desto schiefer gehen die Versuche aus.

Für Gabriel essen, weshalb funktioniert das nicht? Ich werde es versuchen, ich will endlich ein wenig leben können, leben, ohne ständige Drohung über mir."

„Ich muss schreiben, weil heute mein 25. Geburtstag ist und weil gestern ein böser Nachmittag war. Ich schäme mich. Bereits aufgeräumt, alle Spuren beseitigt. Es war so eindeutig gegen die Prüfungen gerichtet. Ich habe Angst, die Uni überhaupt nicht zu schaffen. Aber schon, wenn ich das aufschreibe, kommt es mir idiotisch vor.

Wenn mir Gabriel einmal auf meinen Satz ‚Ich will nicht mehr'! antworten würde: ‚Du musst auch nicht mehr'! Sind fünf Jahre aussichtsloser Kampf nicht genug?

Lieber Gabriel! Oft, wenn ich an Dich denke oder Dir schreibe, auch öfters am Tag, fällt mir ein – scheinbar völlig zusammenhanglos, tatsächlich kann ich nur schwer Verbindungen herstellen –, dass ich mit Dir noch über meinen Vater sprechen muss. Das muss ich noch klarstellen, das musst Du noch wissen, bevor – ja, bevor was?

Darauf zu bestehen, dass er mich geliebt hat, auch wenn er es so wenig zu zeigen wagte, ist für mich absolut lebensnotwendig. Ich hielte sonst ja gar nichts in Händen.

Ich muss mich an diesen Strohhalm klammern, obwohl ich sehr gut weiß, dass es nur ein Strohhalm ist.

Was ich Dir mit all dem sagen will? Was das mit Dir zu tun hat? Es ist schwer zu sagen: Du brauchst nicht mein guter Vater zu sein. Ich habe schon einen. Vielleicht auch eine Bitte: Sei es nicht, ich könnte Dir sonst nicht vertrauen. Sei nicht mein Vater. Du würdest mich sonst immer wieder enttäuschen. Sag, dass Deine

Beziehung zu mir nicht die eines Vaters ist. Wer wirst Du sein, wie wirst Du sein, wenn die Therapie aus ist?

Über dem Briefschreiben ist wieder die Angst ausgebrochen: Wenn ich esse, dann bin ich schmutzig, abstoßend, verurteilenswert, dann kann man mich einfach nicht lieben, dann bin ich eklig. Es ist erschreckend, welche Kraft und Gewalt diese Worte über mich haben. Als stieße man mich angewidert mit dem Fuß weg, wie einen räudigen Straßenköter. Und gerade der tut mir so unendlich leid, gerade er braucht ein bisschen Liebe, dann würde er zu einem schönen, sauberen Hündchen werden. Man müsste nur einmal den Ekel überwinden, ihn mit nach Hause nehmen, ihn ein wenig pflegen und vor allem lieb haben.

Diese letzten Sätze richten sich auch an mich selbst. Ich stoße mich ja selbst immer weg, sobald ich mich mir nähere, um ein wenig Hilfe bitte."

29. Februar 88

„In letzter Zeit könnte ich die Zigaretten wirklich fressen. Ich glaube schon, dass das von den Tabletten kommt.

Ach Gabriel, heute werde ich wohl keine besonders angenehme Gesprächspartnerin sein."

1. März 88

„Ich sollte nicht gestatten, dass Gabriel weiterhin zwei Stückerln gleichzeitig auf mir spielt, schön fein geschützt. Zum Teufel mit seinem Berufsethos. Der Typ soll klar sagen, ob er etwas von mir will oder nicht.

Weil ich mich vor ihm aufmache, deshalb lasse ich noch lange nicht mit mir herumspielen."

4. März 88

„Die gestrige Therapiestunde: Geblieben ist von der Stunde ein Gefühl, zurückgestoßen worden zu sein. Aber witzig war es schon. Zwischen unseren Augen wurde ein ganz anderes Gespräch geführt als das in Worten. Wenn ich das nachträglich überlege, so ist doch dieses Augengespräch stärker als das Gefühl, zurückgestoßen worden zu sein. Es taucht die ganze Situation in ein positives, zuversichtliches Licht …

Bin beim W. durchgekommen. Merkwürdig war es schon, bei ihm Prüfung zu machen."

„Der gestrige Tag wurde früh traurig. Im Klartext: ca. um 3.00 Uhr Essanfall … Manchmal glaube ich, die Einsamkeit nicht mehr aushalten zu können. Gabriel schickt mich fort – ein Satz, der mir immer wieder durch die Gedanken fährt."

„Ziemliche Kreislaufschwierigkeiten.

Ungewohnt viel Kaffee verträgt sich wohl nicht mit den Tabletten.

Zittern und verschwommenes Sehen. Ich muss und will aufhören. Gedanklich fortgesetzt mit: ‚Aber erst, wenn ich Gabriel habe.' Soll ich ihm das sagen?"

„Das ist neu. Ich will nicht mehr krank sein. Freilich bin ich damit nicht gesund, aber doch ein bisschen weniger krank ---

Hätte ich mir nicht zugetraut. Das ist kein Vorsatz, sondern ein Beschluss."

„Paris wurde abgelehnt. Zuerst überwog die Freude, einer ‚Gefahr' entgangen zu sein. Dann mischte sich auch Traurigkeit hinein.

Gabriel: Ich habe ihn gestern angerufen, ihm die Ablehnung mitgeteilt. Ein Satz in seiner Antwort ließ mich zusammenzucken: ‚Dafür geht es hier weiter.' Ich bin mir gar nicht sicher, ob ich mit der Therapie weitermache."

„Ekelhaftes Seminar gestern.

Und die Therapie? Das Ganze hat sich totgelaufen."

„Nachts, in den langen wachen Stunden, lese ich von Robert Walser DER GE-
HÜLFE. Walser wäre sicherlich auch eine Dissertation wert.

Wenn es auch merkwürdig ist, mit 13 Semestern noch auf der Uni herumzulau-
fen, es tut mir doch gut, zumindest unter Menschen zu sein, sie zu sehen.“

17. März 88

„Ich habe genug von Hunger, Kälte, Blässe und Einsamkeit. Gestern wurde mir
plötzlich klar, dass die Stunden bei Gabriel sicherlich nicht bewirken, dass ich
eine ‚brave‘ Studentin und schön ‚funktionstüchtig‘ werde. Genau das hatte mich
ja krank gemacht.
Ich habe den Erfolg der Therapie immer auf der falschen Seite gesucht.“

23. März 88

„Werde heute mit dem endgültig letzten Abschnitt der Arbeit beginnen, von dem
ich die Grundzüge schon habe. Endlich kann ich – ohne allzu viel zu lügen –
sagen: Die Arbeit ist fertig.“

24. März 88

„Ich will gesund werden und ich werde gesund werden.
Nein, ich bin kein kleines Kind mehr und ich will wieder Achtung vor mir haben.
Und dann weiß ich auch wieder, dass meine Arbeit gut sein wird. Nach Ostern
gebe ich sie beim W. ab.“

7. April 88

„Gestern die Arbeit durch die Stadt geschleppt – keine Frage, wie und wo das endete. Ganz verstehe ich die letzten beiden Tage nicht, vielmehr ich verstehe sie,
will aber nicht glauben, dass mich ‚Kleinigkeiten‘ noch immer umwerfen.“

13. April 88

„Ja, die Therapiestunde ‚Die alten Muster loslassen‘– wie gerne würde ich das tun. Eine Zeitlang ging es gestern nach der Stunde ganz gut. Aber auf der Straße war dann doch wieder dieser Satz in meinem Kopf: ‚Es nützt doch nichts, er hat dich doch nicht lieb. Du bist ihm doch ganz gleichgültig.'

Und nach diesem Satz zieht es mich fast automatisch zu Tabletten und Alkohol – ich will ihn vergessen, diesen Satz, und ihm gleichzeitig noch mehr Gewissheit verschaffen.“

20. April 88

„Gemeinsames Kuchenessen gestern mit Gabriel.

Ich muss ihn einfach lieb haben. Und er fühlt sich ohnmächtig gegenüber meiner Magersucht. Ich auch, Gabriel – oder jetzt nicht mehr so sehr. Wahrscheinlich ist es der beste Weg, damit zu leben. Jedenfalls beruhigt mich diese Vorstellung, endlich damit leben zu ‚dürfen', sodass es beinahe überflüssig wird.

Ja, ‚geliebt und gemocht' fühlte ich mich gestern, und entsprechend glücklich und zuversichtlich schaue ich in den heutigen Tag.

Gestern habe ich noch einmal den HUNGERKÜNSTLER gelesen.

Entweder Kafka war ein Übermensch oder er wusste nicht, was er tatsächlich schrieb.“

2. Mai 88

„Wenn ich mir alles, was ich mit Gabriel besprochen habe, ins Gedächtnis rufe, dann ist es beinahe unmöglich, noch in der alten Weise zu reagieren. Aber es gibt Zustände, in denen ich alles vergesse. Und ich bewege mich dann wirklich, als hätte ich keine Gewalt über meinen Körper.“

7. Mai 88

„Ich fahre nach Innsbruck, in der Hoffnung, dort gesund zu werden. Ja, ich will gesund nach Wien zurückkommen. Fromme Wünsche? Ich weiß nicht.“

14. Mai 88

„Vielleicht ist mein Leben hier in Innsbruck schon im Voraus so geplant und fremdbestimmt, dass ich gar nicht mehr dazu komme, etwas Selbständiges vor

105

mir selbst zu rechtfertigen. Ja, ich glaube, dass dies sehr nahe an die Wahrheit kommt."

„Endlich wieder in Wien – mit allen alten Sorgen und Ängsten. Eigentlich geht es mir ohne Therapie weder schlechter noch besser. Schließlich kann ich nicht noch Jahre so weitermachen. Heute Seminar. O my soul!"

„Gestern rief mich meine Mutter an: Eine Bekannte von meinem Bruder soll, als sie mich im Garten sah, gesagt haben, sie gebe mir noch ein halbes Jahr. Dazu Kafka: *Pane doctore, mit Ihnen dauert's nicht mehr lange.*
Ich wäre wieder in der Stimmung, MALINA zu lesen."

„Ich bin ziemlich fertig. Wochenende. Baden zu gehen getraue ich mich nicht. Ich habe Angst vor den Blicken der Leute.
Gestern abends konnte ich kaum mehr sitzen, so sehr schmerzten meine Knochen am Po. Weshalb tue ich mir das nur an? Und eines ist doch wahr, wenn ich es auch nur ungern eingestehe: Wenn ich längere Zeit nicht zu Gabriel gehe, häufen sich die Essanfälle."

„Es ist zwei Uhr nachts. Ich bin ziemlich aufgewühlt. Da war die Stunde bei Gabriel. Loslassen – nicht zerren. Ganz verstehe ich noch immer nicht, was das sagen will. Und wenn ich gesund werde, dann muss ich nicht mehr zu Gabriel. Wenn ich einmal gesund bin, dann stört es mich nicht mehr, zu ihm zu gehen."

„Gestern habe ich meine Zähne bekommen. Ich fühle mich sehr komplett.
Die Tabletten blieben gestern stehen, wo sie waren. Darauf bin ich sehr stolz.

Vorerst schreibe ich erst einmal meine Diplomarbeit fertig. Ob ich die Gesundheit durchhalte?"

„War gestern nachmittags in einer ziemlich katastrophalen Stimmung.
Plötzlich brach die Geschichte mit Papa durch. Papas Tod – der die Ursache für
so vieles ist. Vor allem für das Gefühl des vollkommenen Verlassen-Seins."

„In der Nacht Träume von Papa und beißenden Schlangen. Eindeutige Situation.
Auch Träume von IHR.
Gestern erschien mir meine Situation einfach keine Minute länger ertragbar. Und
doch endete der gestrige Tag wie alle anderen Tage davor."

„Heute nachts träumte ich von meiner Diplomarbeit: Der Text sei ein Gitter. Das
ist sehr sinnig. Ich hätte nie gedacht, im Traum so klar denken zu können.
Lieber Gabriel! Es ist also wieder so weit: Ich will mit der Therapie aufhören Es
ist, als würde mir jemand sagen: So wie du bist, ist es nicht gut. Es muss anders
werden.
Nun wirst Du sagen, das ist ein Anspruch, den ich an mich selbst stelle.
Und ich kann gar nichts dagegen vorbringen, denn es stimmt ja.
Ich habe große Angst, Gabriel zu verlieren. Aber wie kann man etwas verlieren,
das man nie besessen hat? Ich habe schreckliche Angst."

„Die gestrige Stunde bei Gabriel hat mir gutgetan. Kein Wort von Aufhören. Ich
verdanke ihm sehr viel."

„Gestern sagte ich zu Gabriel, er mache sich zu großartige Vorstellungen von meinem Tagebuch, vielleicht weil ich mir in letzter Zeit öfters den Vorwurf mache, dass die Eintragungen vor Banalität strotzen.

Ich habe die Adresse der Selbsthilfegruppe für Magersüchtige in Erfahrung gebracht. Da werde ich wohl nächste Woche hingehen.

Gabriel wird recht haben: Die Magersucht ist so lebendig, weil ich sie auch in der Therapie einsetze. Gegen meine Mutter, ja, das kann ich vertreten, aber gegen Gabriel, nein, das wollte ich nicht.

Also muss sich wohl daran etwas ändern lassen."

21. Juni 88

„Gestern gegen Abend begann ich mich zum ersten Mal gegen meine Krankheit zu wehren, erfolglos, aber immerhin. Das war noch nie so stark, dieser innere Widerstand gegen alles Kranke. Wie gerne würde ich alle meine Hoffnun

gen und allen meinen Glauben darauf richten. Aber ich habe Angst, ich kenne das Zerbrechen von Hoffnungen gerade in dieser Sache nur allzu gut."

22. Juni 88

„Ich bin sehr stolz.

Gestern blieben die Abführmittel stehen, wo sie waren. Ich habe das nie so deutlich gesehen, dass Aufs-Klo-Gehen für mich zur Leistung gehört.

Es so klar ausgesprochen zu sehen, hat mir wirklich geholfen. Stolz bin ich, ja, unendlich stolz und zuversichtlich. Hoffentlich hält die Phase länger als nur einen Tag an.

Heute gebe ich meine Arbeit ab. Nun werde ich die letzten Zeilen schreiben. Ich bin doch sehr stolz, dass sie nun endlich, wenn auch mit vielen Schwierigkeiten, fertig geworden ist. Ja, ich bin glücklich darüber."

23. Juni 88

„Gestern habe ich wirklich die Arbeit abgegeben. ,Dünn', hat der W. gemeint. Das hat mich unheimlich getroffen.

Heute also zur Selbsthilfegruppe. Übrigens, obwohl ich die Abführmittel in der Tasche mitnehmen musste, habe ich sie doch auch dort gelassen. Damit ist heute schon der zweite bzw. dritte Tag ohne alles. Darauf kann ich schon stolz sein."

29. Juni 88

„Vorgestern böser Essanfall.

Ich weiß wirklich nicht, was mit mir los war. Aus lauter Angst nehme ich die Mittel wieder.

Ich saß in der Straßenbahn und dachte: Jeder sieht mir an, dass ich wieder esse. Es ist mir einfach nicht möglich, zuzunehmen. Ich kann es nicht ertragen."

30. Juni 88

„Heute Prüfung beim T. Ich bin schrecklich froh, wenn auch diese letzte Prüfung vorüber ist. Zumindest zwei Wochen Ferien."

2. Juli 88

„Heute also Abreise nach Innsbruck. Hoffentlich quält mich meine Mutter nicht allzu sehr. Jedenfalls freue ich mich schon jetzt, wieder nach Wien zurückzukommen."

8. Juli 88

„Die üblichen Innsbruck-Probleme. Und ich vermisse Papa und Waldi. Auch heute noch sehe ich Papas Tod als eine Art Selbstmord, als eine freiwillige Entscheidung. Das macht es freilich um nichts leichter, im Gegenteil."

17. Juli 88

„Glücklich wieder in Wien."

19. Juli 88

„Die Prüfung beim H. hab ich mit ‚Sehr gut' bestanden. Das grenzt fast an ein Wunder. Ich bin unendlich froh. Somit hat sich die Plackerei und die Mühe ausgezahlt.

Abends Essanfall. Ich gleite ohne Distanz in das Verhalten eines kleinen, hilflosen Kindes. Es geht so schnell, plötzlich bin ich drin und reagiere wie an Schnüren gezogen.

Schwimmbewegungen im luftleeren Raum. Aber es hilft nichts, ich gehe doch langsam, aber sicher unter. Im Mund den Geschmack eines einsamen Sommers."

„Angenehme Stunde. Gabriel meinte, ihm seien teilweise die Stunden mit mir so unterhaltsam – oder wie immer man das nennen möchte –, es kann vorkommen, dass er sich fragt, wofür ich ihn bezahle.

Nun, das hat mir freilich unendlich gutgetan. Mit dem Essen alles okay. Vielleicht wird es irgendwann ganz gut."

„Mitten in der Nacht. Ich fühle mich ziemlich verlassen, auch von Gabriel – nur mehr eine Stunde pro Woche, obwohl ich das doch wollte.

Ich schreibe in letzter Zeit wenig. Die Unmenge, die zu sagen wäre, wirkt erstickend.

Ich weiß, dass ich Gabriel das ‚Geschenk' machen sollte, wieder zu essen. Irgendwie freue ich mich darüber, für ihn zu essen."

„Gestern auf der Donauinsel hörte ich: ‚Die schaut aber verhungert aus.'
Allerdings komme ich mir gar nicht so vor."

„Gestern die magersüchtige Frau im Stein. Als ich sie sah, fragte ich mich wieder: Habe ich das nötig? Und die Antwort war:nein.

In der Nacht ein sonderbarer Traum: Ich machte mit Leuten ein Essen, ein Fest. Mutter war nicht da. Das schmutzige Geschirr versenkten wir im Schlamm.

Dann kam sie. Ich war verzweifelt. Sie würde entdecken, dass ich gegessen hatte. Ich konnte das Geschirr nicht mehr abwaschen. Wir besuchten Papa, der regungs- und bewusstlos in einem Spital lag. SIE blieb länger bei ihm. Ich wollte inzwischen das Geschirr abwaschen, aber im Schlamm konnte ich es nicht mehr finden. Einiges hatte ein Trödler gefunden und weggenommen. Ich war verzweifelt. Es würde mir nichts anderes übrig bleiben als zu gestehen, dass ich das Geschirr im Schlamm versenkt hatte. Voll Angst aufgewacht."

31. Juli 88

„Gestern Gabriels Moped auf der Wienzeile. Immer wieder sehe ich es vor mir.

Ich freue mich auf die Stunde am Dienstag, obwohl ich ihm kein ‚Geschenk' mitzubringen habe. Ich sehne mich so sehr nach ihm."

1. August 88

„Seit der Stunde bei Gabriel um 3.00 Uhr bin ich in ziemlicher Verwirrung. Eigentlich hatte ich nie im Sinn, mit der Therapie aufzuhören. Ich weiß, dass ich das noch sehr nötig habe. Aber es gibt doch Alternativen zu Gabriel. Muss es denn gerade er sein, wo ich so gern mit ihm sprechen möchte, wo ich ihn so gerne berühren, mit ihm schlafen würde, wo er mich doch so sehr interessiert, wo ich so gerne den Menschen hinter der therapeutischen Maske kennenlernen würde, muss gerade er mein Therapeut sein?"

3. August 88

„Die ganze Geschichte hat einen positiven Nebeneffekt: Sie bestärkt mich in meinem Willen, gesund zu werden. Wenn es wahr ist, was Gabriel sagt, dann ist es das wert, dass ich mich ein wenig mehr anstrenge.
Gabriel meinte, meine Angst betreffe vor allem mein Selbstwertgefühl. Das ist nicht unrichtig.Ich kann nur sagen, die Sache ist es mir wert, Therapie samt Be ziehung aufs Spiel zu setzen. Vielleicht geht alles schief, vielleicht geht alles gut. Doch zuerst muss es ausprobiert werden."

„Mich nur nicht von Gabriel in etwas hineinziehen lassen, was ich nicht mehr bin. Ich sehne mich so sehr danach, von ihm in die Arme genommen zu werden, von ihm geküsst zu werden. Ich will ihn verführen. Weshalb habe ich das eigentlich noch nie versucht? Mein Gott, ich stelle es mir so schön vor, mit Gabriel zu schlafen."

10. August 88

„Die gestrige Stunde war hart. Es stimmt, ich beziehe sehr leicht alles auf mich, was andere von sich sagen. Anfangs konnte ich das nicht so recht annehmen, fühlte mich arg kritisiert."

15. August 88

„Wenn ich im Bad, wie gestern, eine magersüchtige Frau sehe, fühle ich mich sehr angewidert. Der Gedanke: Das habe ich wirklich nicht mehr nötig. Freilich sind da auch noch alte Überlegungen wie: Ist sie dünner als ich?"

19. August 88

„Ich habe es also tatsächlich geschafft, seit der letzten Stunde vor 10 Tagen keine Mittel zu nehmen. Ich bin nicht wenig stolz und ich freue mich, Gabriel heute diesen Erfolg berichten zu können."

23. August 88

„Gestern nun kam der Rückfall. Es war kaum zu vermeiden, und ich habe mich lange gewehrt."

7. September 88

„Tränen der Überforderung bei Gabriel. ‚Stell dich auf eine Wiese und befiehl dem Gras zu wachsen.' Ja, so gehe ich mit mir um.
Heute werde ich mich erkundigen, wie das mit der Diplomprüfung funktioniert."

„Gestern hatte ich einen wunderschönen Traum, der mich ganz traurig aufwachen ließ. Jemand sagte mir, Papa liege im Sterben. Ich ging gleich in die Klinik. Als ich Papa sah, sagte er: ‚Nun ist mein Madl da, jetzt wird alles wieder gut‘. Dann küsste er mich mit seinem Mund, in dem keine Zähne waren. Es war ein verschlingend, saugender Kuss. Erst ekelte ich mich etwas, bis mir Gabriel und was er sagte einfiel. Dass man nämlich, wovor man sich ekelt, sich eigentlich wünscht.

Es war so traurig, aufzuwachen und zu wissen, dass Papa tot ist. Ich habe es noch immer nicht überwunden.“

12. September 88

„Ich beneide jedes Mädchen um seinen Vater. Am Wochenende habe ich so viele Familien gesehen. Etwas, das ich nicht mehr habe und mir so sehr wünsche. Schuldgefühle wegen Papas Tod.

Ich würde gerne wieder mit einem Mann schlafen. Aber oft erscheint mir die natürlichste Sache der Welt wie ein für mich unerreichbares Geschenk, das alle anderen, nur ich nicht, bekommen.

Ich wünsche es mir zwar sehr, mit Gabriel zu schlafen, aber ich weiß nicht, ob ich es tatsächlich zustande brächte.

Ich habe immer Angst, dass sich Männer vor mir lächerlich machen, dass ich sie verachten muss.

Die Verachtung zerstört meine Zuneigung – und davor fürchte ich mich.

Ich bin schon gespannt, was W. zu meiner Diplomarbeit sagen wird. Wenn er sie überhaupt schon gelesen hat. Ich weiß, dass sie zwar nicht besonders gut, aber auch nicht schlecht ist. Außerdem hat sie einige sehr gute Stellen, dazwischen auch Leerläufe.“

17. September 88

„W. hat die Diplomarbeit mit ‚Sehr gut‘ beurteilt. Genugtuung.

Gestern wieder das Gefühl, nun endlich zu sein, was ich bin.

Das Gefühl von gestern war ein wenig Überhebung. Große Angst vor dem Essen. Die Angst war berechtigt. Vom Naschmarkt heim zum Klo. Dumm war es, sicherlich. Ich fühle mich reichlich angeschlagen."

6. Oktober 88

„Einige Zeit gänzlich ohne Bedürfnis zu schreiben. Etwas nachholen zu wollen ist sinnlos und nimmt die Freude am Schreiben.

Die zwei Wochen ohne Gabriel waren nicht leicht. Montags war ich bei ihm. Es ist ihm wieder gelungen, mich für sich zu gewinnen. Irgendwie kann er wirklich mit mir machen, was er will, obwohl das natürlich nicht ganz stimmt. Aber ich habe ihn gern und glaube ihm."

12. Oktober 88

„Um 11.00 Uhr zu Gabriel. Es gibt heute viel zu besprechen. Irgendwann muss das doch ein Ende haben. Es sollte heute etwas Grundsätzliches entschieden werden. Langsam beginne ich wirklich zu begreifen, dass es nie einen privaten Kontakt zwischen uns geben wird."

Am 12. Oktober 1988 endet – bis ins Jahr 1995 – die Folge der regelmäßigen Tagebucheintragungen. Seit Almuths Abschluss des Germanistikstudiums im Herbst des Jahres 1988, der in keinem Tagebuch festgehalten ist, sind nur Bruchstücke überliefert. In Ausrissen aus Tagebüchern – ‚abgebrochenen Anfängen‘, wie Almuth sie nennt – oder auf lose Blätter notiert: Ihr ‚Job‘ als Korrektorin in einem Verlag, die Vorarbeiten zur Dissertation und die endlich vollzogene Trennung von ihrem Therapeuten, Dr. Gabriel Clarin.

Ohne Datierung bleibt auch der Ausbruch einer Lungentuberkulose, als erste große Warnung vor dem lebensbedrohenden Umgang mit ihrem Körper, und die von der Patientin als Zwangs-Hospitalisierung empfundene Zeit zur Ausheilung der TB.

„Es ist vielleicht wieder Zeit, mit dem Schreiben zu beginnen. Das Bedürfnis dazu fehlte lange Zeit, war geradezu Widerwillen.

Die Ruhepause war nötig. Ich habe gelernt zu warten. Warten, bis sich Dinge, die man nicht erzwingen kann, von selbst ergeben.

Nach der langen Zeit des Nichtstuns macht der Job im Verlag unheimlichen Spaß, sofern man das nach zwei Tagen sagen kann. Vor allem ist es schön, unter Menschen zu sein."

7. März 89

„Fühle mich wohl **i**m Verlag. Nun kann ich verstehen, dass man sich für eine Arbeit aufopfert und ganz darin aufgeht.

Wenn ich im Job bin, esse ich tagsüber nicht mehr als einen Apfel.

Wie lange ich das wohl durchhalten werde?

Morgen um 2.00 Uhr zu Gabriel. Gabriel – manchmal kommt mir das Wort wie aus einer anderen Sprache vor."

8.März 89

„Der B. hat wegen meiner Dissertation immer noch nicht geschrieben."

10. März 89

„Das Bedürfnis, am Abend die Zeit für mich zu nützen. Es stört mich, dass dieser Professor B. nicht zurückschreibt und ich mit meiner Diss auf Eis gelegt bin. Habe mich entschlossen, am Wochenende mit der Lektüre anzufangen. Von Schreiben ist ja noch lange, lange Zeit keine Rede. Der Entschluss, mit der Diss zu beginnen, stimmt mich ganz fröhlich."

15. März 89

„Im Verlag finde ich mich immer mehr zurecht, obgleich das nicht heißen soll, dass ich mich angenommen fühle, im Gegenteil … Heute sollte ich zum W. gehen. Werde ihn bitten, den B. anzurufen. Ich möchte, Zusage hin oder her, mit der Diss beginnen. Werde mich heute zumindest für ein Referat melden. Ich möchte doch sehr, dass die Diss bis zum Sommer im Rohbau steht."

18. März 89

„Im Großen und Ganzen bin ich mit dem Job recht glücklich. Zu M. habe ich gesagt: Meine Magersucht ist wie eine Wunde. Man kann sie verbinden, Salbe drauf tun, aber nicht mehr. Man kann sie nicht gesund ‚machen', sie muss von alleine heilen.
Übrigens habe ich wegen der Diss nochmals einen Brief an B. verfasst."

21. März 89

„Tagsüber im Job esse ich nichts als einen Apfel. Wenn ich daran nichts ändere, breche ich früher oder später zusammen.
Den Sonntag über plagte mich eine nur schwer zu fassende Angst, die mein Herz heftig schlagen ließ und nicht einmal durch ein Achtel zu beruhigen war."

Gegen Ende des Jahres 1989 gelingt es auf der Psychosomatischen Station 6B der Universitätsklinik am AKH Wien einem wirklich zum ‚Seelenarzt' berufenen jungen Psychotherapeuten, Dr. Emanuel Drosthof, Almuth den Zugang zu dem versperrten Erinnerungsraum zu öffnen, wo ihre zerstörerischsten Kindheitserlebnisse eingeschlossen waren. Jetzt kann sie es wagen, das Unerhörte zu denken: die Anklage gegen den Vater.

Wut, Rache, ekstatischer Lebensmut

10. November 89

„Nun habe ich wohl fast ein Dreivierteljahr kein Tagebuch mehr geführt – aus Überdruss, weil es mich keinen Schritt weiterbrachte.
Die Hand ist das Schreiben gar nicht mehr gewöhnt. Sie zittert, so wie mein Körper den ganzen Tag zittert. Wo soll ich beginnen?
Hier mitten im Krankenhaus, abends im Bett.
Endlich habe ich einen Weg gefunden. Ich lasse mir nicht mehr drohen.

Ich bin nicht mehr das kleine blonde Mädchen, das sich vor dem großen Mann fürchtet. Und SIE, die Mutter, wusste genau, dass es viel schlimmer war, mir mit seinem Zorn zu drohen, als mich selbst zu schlagen. Nein, sie machte sich die Hände nicht schmutzig. Ihr grausames Lachen im Zimmer: ‚Du hast die Weisheit wohl mit dem Löffel gefressen.' "

12. November 89

„Heute war ich in meiner Wohnung und habe die Tagebücher der vergangenen Jahre geholt. Kurzes Blättern – und binnen kürzester Zeit Angst und Traurigkeit. Angst, es könnte wieder so werden wie damals, Angst vor einem Rückschlag. Traurigkeit über die verlorene Zeit.

Und Wut. Ja, Wut taucht nun allmählich auf, und ich wünschte, Gabriel wäre hier. Schlagen möchte ich ihn – wegen all der Stiche, all dem Schmerz. Ich will ihm alles in irgendeiner Weise zurückzahlen – ich weiß nur noch nicht, wie, und ob ich die Kraft dazu habe. Zu viel Wut, zu stark war die Kränkung.

Ich blättere in einem alten Tagebuch. Das hätte ich geschrieben? Ich hasse Gabriel. Zurückgefesselt hat er mich an damals. Bis ich mich nicht mehr rühren konnte. Aber nun habe ich Auswege gefunden – malen, mit Ton arbeiten, mich bewegen, Musik machen.

Das Bild gestern, das Rot heute – die Gewalt, die Bedrohung. Und gelbe Striemen auf meinem Körper, gelbe Striemen, geschlagen allein durch die Drohung, mich zu schlagen.

Die Träume der letzten Nächte verbergen sich irgendwo zwischen Gehirn und Augen. Ich ahne sie nur, kann sie nicht sehen:

‚Und da stand sie schwankend auf einem schmalen metallenen Steg, hoch oben, unter dem Dach des Glashauses. Sie sollte laufen, man war ihr auf den Fersen. Aber die schwindelnde Höhe, das kalte Glas über ihr, die metallene Kälte unter den Füßen hielten sie fest.

Hier oben war sie unerreichbar, aber tief unten wartete man, und es waren viele, viele in Schwarz gekleidete Männer. Sie hatte Angst. Angst vor dem Tod.

Nein, er würde sie nicht im Fallen packen – beinahe erschien ihr der Fall wie eine

Erlösung –, sie würde die Arme ausbreiten, und die Luft würde sie tragen.

Von oben brannte die Sonne auf ihre ausgebreiteten Handflächen, vielfach verstärkt durch das Glas, das anfing zu schmelzen. Glühend heiß tropfte es auf ihren Rücken, ihre Arme, vermischte sich mit dem Metall unter ihr, das sich unter ihrem Gewicht bog und gleicherweise zu schmelzen begann, dabei an ihren Beinen hochfloss, sie immer mehr einhüllte, glühend heiß, ohne sie zu verbrennen. Ihre Gestalt löste sich auf, da waren keine Konturen mehr. Sie bewegte sich, stetig amöbenhaft sich verändernd. Es war nur das Gefühl zu <werden>, endlos zu <werden>.'

Ich bin erschöpft vom Schreiben, und doch tief befriedigt. Wie nach dem Malen, nach dem Modellieren mit Ton. Das Gefühl, niemand könne mir etwas anhaben, das Gefühl, unverletzlich zu sein. Was in mir nach Ausdruck verlangt, erscheint mir unendlich. Ob ich bis morgen das Sondengewicht geschafft habe?

Ich wünschte es mir so sehr."

„Bewegungstherapie – noch tanzt und bewegt sich alles in mir. Ich bin so glücklich, dass ich es fast nur jeden zweiten Moment glauben kann.

,Und woraus schließt Du, dass ich Dir nicht immer die Wahrheit gesagt habe? Es ist nicht fair, mich zu beschuldigen. Ich hasse Dich dafür.

Ich wünsche Dir nur, dass es Dir bald ganz dreckig geht. Dass Du im Dreck liegst und nach meiner Hilfe schreist. Bald, bald wirst Du zu fühlen bekommen, was es heißt, mich zu verraten. Keine Angst, ich werde kommen, aber dann gehörst Du mir, mir allein, und ich werde nicht lange fragen. Was bist Du denn ohne mich? Sobald ich Dich loslasse, liegst Du im Dreck, ja, im Dreck, nackt, verschmiert von weißem, schleimigem Dreck, der so fest an Deiner Haut klebt, dass sie langsam zerfressen wird, brennend zerfressen. Starr wirst Du daliegen, unfähig, Dich zu wehren gegen den Schleim, den körnigen Schleim, der unaufhörlich auf Deine Haut schleimt, dann in einem Schwall auf Deinen Bauch klatscht. Du fragst Dich, woher er kommen soll? Von mir, meine Liebe, von mir!

Noch bin ich still, stumm auch aus unbändigem Hass. Noch sammle ich Kräfte.

Und irgendwann werde ich Dich mit aller Kraft, die mir der Hass gibt, zurückstoßen. Hass, entsprungen aus endloser Demütigung. Und sei gewiss: nicht einfach zurückstoßen, sondern ganz gezielt dorthin, woher Du gekommen bist, wo Du hingehörst: auf die andere Seite des Bettes.

Und ich werde mich mit keinem Blick darum kümmern, wie klein, mickrig, verschwindend schwach Du sein wirst.

Ich muss alle Kraft aufwenden, um meine Worte nicht zurückzunehmen, wenn ich jetzt in Deine Augen schaue. Ich habe Angst, schwach zu werden, noch muss ich Kräfte sammeln, und er hilft mir dabei, er hilft mir, weil er anders ist.'

Hat hier die Übertragung schon wieder zugeschlagen? Und in welche Richtung geht sie?"

14. November 89

„Heute in der Gruppe habe ich endlich zu schreien begonnen. Endlich nach all der endlosen Zeit. Und meine Stimme gewann immer mehr Kraft, immer mehr, und endlich war es still.

‚Du bist zu nichts anderem wert, als ausgelöscht zu werden.'

Schuldgefühle steigen in mir hoch. Ich werde noch lange brauchen, um dieses Kapitel zu bewältigen.

Die Schuldgefühle drohen mich zu erdrücken. Ich bekomme keine Luft.

‚Siehst Du, nun hast Du mich wieder so klein, wie Du mich haben willst. Dann brauchst Du Dich nicht vor mir zu fürchten. Du Feigling! Du verdammter, elender Feigling! Weil Du Angst hast vor IHR, stürzt Du Dich auf mich, weil ich klein bin, weil ich schwach bin. Aber das gehört der Vergangenheit an. Das war einmal. Ich will nichts von Dir, ich will Deinen Schleim nicht! Ja, wenn Du mir zumindest ein bisschen Wärme, ein wenig Sicherheit gegeben hättest, aber in den entscheidenden Momenten hast Du mich ja immer im Stich gelassen, hast mich IHR – aus Feigheit – ohne ein Augenzwinkern ausgeliefert, ihrer Kälte, ihrer Wut, Du Scheißkerl! Immer musste ich alles alleine austragen, alles allein, keine Hilfe. Ich bin nur froh, dass ich stark genug war, und diese Stärke wirst Du nun zu spüren bekommen!!!!!

Meinst Du vielleicht, die wenigen Male, in denen Du zu mir gehalten hast, reichen aus, um davon zu leben? Ich habe mich in meiner Verzweiflung lange genug daran geklammert und mir von Dir all die alltäglichen Demütigungen gefallen lassen. Ich habe Dich um der wenigen Male willen geliebt, und ich liebe Dich noch immer dafür.

Aber warum hast du mir nicht mehr gegeben? Es hat nicht ausgereicht, es war nicht genug, viel zu wenig, ich wäre fast verhungert dabei.

Hast Du das denn nicht gesehen?

Deine Schwäche war so schrecklich hart.

Es hat so weh getan.

War denn Deine Angst vor IHR so viel stärker als Deine Liebe zu mir?

Aber war es denn überhaupt Liebe?

Hast Du meine Schwäche nicht einfach schamlos ausgenutzt?

Du verdammter Arschkriecher!

Und als ich endlich den Mut hatte zu gehen, hast Du Dich einfach aus dem Staub gemacht, mich endgültig im Stich gelassen, obwohl ich Dich gerade damals am meisten gebraucht habe. Ich hätte es so sehr gebraucht, dass Du mir Mut machst, auf meinen eigenen Beinen zu stehen. Du hast Dich einen Dreck geschert um mich. Ich reagierte ja auf das kleinste Körnchen Liebe. Aber von Körnchen kann man nicht leben, ich kann nicht davon leben, beinahe verhungert, hört Ihr!, verhungert wäre ich dabei! VERHUNGERT! Aber nun ist Schluss damit!

Prügelknabe: Ja, das war ich. Frau und gleichzeitig die ‚schuldlose' Tochter – und damit war er schuldlos. Er war der tolle Vater, und gleichzeitig geilte er sich an mir auf. Und ich habe mitgemacht. Ich könnte brüllen vor Wut. Aber hungern werde ich nicht länger.

Wieder erschöpft, wie nach dem Malen, dem Formen mit Ton, dem Tanzen. Aber ich fühle mich befreit."

15. November 89

„Ein trauriger Tag heute. Die ganze Gabriel-Geschichte ist aufgebrochen. Er kommt morgen Abend. Und meine Aggression ist ziemlich gegangen. Wohin? Ich kann sie kaum mehr spüren, nur mehr Freude, dass er tatsächlich kommt, tatsächlich zu mir kommt.

Wieder törichte Hoffnungen, die dann doch wieder enttäuscht werden. Habe ich denn all die Kränkungen vergessen? Reicht denn sein ‚Ich komme‘, um all das in Vergessenheit geraten zu lassen?

Ich mache Dir nicht zum Vorwurf, dass Du auf meine Übertragung nicht reagiert hast, sondern dass Du geantwortet hast, aber zu feige warst, es zuzugeben.

„Gabriel war da. Ursprünglich wollte ich ihn ja nur mehr anschreien. Aber schon vorher hat mich das Gefühl beschlichen, dass das nicht gerechtfertigt wäre. Und dann habe ich vorher dieses Bild gemalt – und alles war weg. Es war ein entspanntes Gespräch, freilich primär über mich. Schon als er bei der Tür hereinkam, hätte ich ihn am liebsten umarmt. Und als er dann gegangen ist, konnte ich mich einfach nicht mehr zurückhalten, zuerst habe ich nur seine Hand zwischen meine beiden Hände genommen, und dann musste ich ihn einfach umarmen. Und er hat dasselbe getan. Ich bin schlichtweg glücklich.

Endlich habe ich eingesehen, dass doch alles Übertragung war. Und seltsamerweise fühle ich mich unendlich befreit durch diese Erkenntnis.“

„Drei Bilder gemalt. Sie wollten nicht so recht werden. Erst als ich sie ganz mit blutroter Farbe bespritzte, war ich befriedigt. Und dann das Gespräch mit Rudi. Er meinte, das eine sehe aus wie der Schoß einer Frau.

Zuerst erschreckte mich diese Interpretation. Rudis Zuwendung hat mir an diesem Tag unendlich gutgetan.

Gestern in der Bewegungstherapie: Ich habe SIE ins Grab hinunter geschlagen und dort an meine Tränen gefesselt.

Noch immer kann ich nicht ganz glauben, dass alles gut wird.

Gestern habe ich ganz deutlich gespürt, wie weh es getan hat, wenn SIE alles, was mir Freude bereitete, in den Schmutz gezogen hat.

Dann, während ich sie schlug, habe ich geschrien: ‚Alle Gefühle, die Du nicht ausgehalten hast, sollte ich tragen. Aber anstatt mir dankbar dafür zu sein, hast Du sie mir zum Vorwurf gemacht'.

Oh, dieses Schlagen, dieses Schreien, dieses endlich Sagen, was ich wirklich fühle und denke, hat so wohlgetan, auch wenn ich danach völlig erschöpft war.

Und ich habe SIE geschlagen, nein, nicht mit einem hässlichen, schwarzen Seil, sondern mit einem wunderschön gelben – erst jetzt fällt mir die Parallele zu meinem Bild ein, es schlägt sie auch mit Gelb, schwarze Schläge im Gelb –, ich schlage sie nicht länger mit meiner Krankheit, mit meiner Hässlichkeit, sondern mit meiner Lebensfreude.

Gerade schreibe ich ein Gedicht, und immer wieder tauchen Bilder aus einem Traum der vergangenen Nacht auf. Ich sehe sie und kann sie doch nicht greifen, um sie bewusst zu betrachten.

Ich bin so glücklich, so ausgefüllt: *,Schön bist Du, meine Freundin, deine Brüste sind zwei Zicklein'* – Das Hohe Lied Salomos …

Die größte Sehnsucht, mich in einen Teich aus Farbe zu stürzen und darin hinauszutreiben auf das weiße Feld, unendlich, mit meinen Armen die Farbe hinauszutreiben – und wieder dieses Wort, denn nur dahin geht meine Sehnsucht –, zu sprengen jede Reinheit, mit Farbe und letztlich, ja letztlich mit Schmutz, buntem, freudigem Schmutz, er ist bunt, er ist fröhlich, so rot, so rot, was schert es mich, wenn Du es Schmutz nennst, ich kenne dieses Wort nicht, für mich gibt es nur Leben, und ich werde ihn verteidigen bis zum Letzten. Wälzen werde ich meinen Körper darin, bis er nur mehr leuchtet.

Sag mir, Mutter, wie willst Du dann noch an mich heran?

Aus, es ist aus, ich habe die Bannformel entdeckt, die Dich zurücktreibt in den eisigen Schnee. Mit unendlicher Freude, mit grenzenloser Genugtuung schaue ich zu, wie das Eis an Dir hochkriecht, wie Du erstarrst, gläsern. Aber pass auf, ich gebe mich nicht damit zufrieden. Wenn Du ganz starr, ganz gläsern und eisig bist, dann werde ich Dich zertrümmern, mit einem schweren Hammer. Nach all der Zeit genügt mir Deine Erstarrung nicht, ich will dich zertrümmern, und dann wegkehren. Siehst Du, das tun Töchter, wenn man sie zur Reinlichkeit erzieht. Am Ende machen sie tatsächlich reine und kehren alles weg. Und dann drehen sie sich einfach, ja ganz einfach, um und gehen ihrer Wege. Es tut mir ja so unendlich leid für Dich (hörst Du mein Lachen?), aber diese Wege führen ins Rot, ins Blut und in die Freude – fast habe ich Dich schon vergessen, kenne ich Dich kaum noch.

Ich fühle mich so unendlich befriedigt."

19. November 89

„Gestern Abend habe ich dann noch eine Frau aus Ton [---] Ganz sanft habe ich sie in meine Hand genommen, mit der anderen habe ich ihre Formen gestreichelt. Das tat mir sehr gut, vor allem, weil ich mich etwas dick fühlte.

Morgen wird die Sonde weg sein.

Werde ich auch nach einem Arbeitstag so leben können? Dann, nach Weihnachten?

Und morgen werde ich wieder hier im Tigris sitzen und etwas Ordentliches essen. Und die ‚zwei Viertel und ein Achtel' – ich habe doch nichts getan, außer zu leben, nur gelebt habe ich.

Ich könnte weinen vor Glück und ich tue es auch."

20. November 89

„Die Sonde ist weg! Ich bin so glücklich.

Ein Bild: aus dem Schmutz, dem braunen, bricht das Rot. Man kann es auch umdrehen. Das Rot drängt den Schmutz zurück.

Jetzt eben, auf der Straße, habe ich echtes, rotes, tiefrotes Blut gesehen.

Der Wunsch, mich darin zu wälzen.

Bald werde ich eines Morgens aufwachen und Blut zwischen meinen Beinen spüren. Und dann möchte ich es fließen lassen, unaufhaltsam.

Das unwiderstehliche Gefühl, alles zu berühren, zu befühlen, anzufassen, zu nehmen, an mich zu drücken, zu verschlucken, zu verschlingen. Halten. Und dann gesättigt aus mir hinauszutreiben, es anzuschauen und mit den Augen nochmals zu verschlingen. Auf der Station: die Freiheit, alles Verbotene nachzuholen."

„Mich dagegen wehren, dass meine Beine jemals wieder fortgezogen werden. Nie mehr soll das geschehen. Ich werde das nicht mehr zulassen, mich nie mehr vergewaltigen lassen.

Was schert es mich, dass SIE im Krankenhaus liegt.

Wenn ich ihr sage, dass ich über zehn Kilo zugenommen habe, wird sie ohnedies wieder auf mich einzuschlagen beginnen. Aber pass auf, pass verdammt gut auf, ich habe Kraft, ich schlage zurück, ich schlage verdammt hart zurück. Und wenn Du mir meine Beine wegziehen willst, stelle ich mich drauf, ganz fest, und dann habe ich die Arme frei, und dann wirst Du meine Fäuste zu spüren bekommen, und treten kann ich dann auch viel besser, ganz gemein in die Kniekehlen werde ich Dir treten, sodass Du einsackst, kraftlos auf den Boden knallst. Siehst Du, das hat man davon, wenn man mir, wenn Du mir den Rücken zudrehst.

Und wenn Du dann am Boden liegst, werde ich Dir den Fuß auf die Brust setzen – siehst Du, so wenig Atem bekommt man vom vergeblichen Schreien – und ich werde Dich wie eine eklige Spinne in den Dreck treten, in das drücken, was Du Dreck nennst. Ersticken sollst Du an dem, was Du Dreck nennst, an Deinem eigenen Kot, in Deinem eigenen, dickflüssigen, klebrig-schwarzen Blut.

Du, ich werde leben, obwohl Du versucht hast, mich zu IHM hinunter ins Grab zu drängen. Danke, sein Bett hat mir ein für alle Mal genügt.

Fast wäre es Dir gelungen, fast – 31 Kilo!!! –, wie mitleidig hast Du getan, um zu vertuschen, dass Dein Wunsch fast – ich muss heute lachen, eben nur fast – in Erfüllung gegangen wäre.

Pech gehabt. Ich lag fast schon im Sarg, aber dann bin ich aufgestanden, und jetzt schlage ich Dich hinunter in das Grab, das Du für mich gegraben hast.

Blute nur, blute nur, verblute. Nicht einmal die reine, weiße Milch hast Du mir gegönnt. Ja, Du hast sie mir gegeben, unwillig, und nur weil man das tut, aber Dein einziger Gedanke dabei war: Bald, bald, schon morgen, bekommt sie keinen Tropfen mehr von mir.

Du verdammtes Schwein, ersticke an Deiner eigenen Milch, an Deinem eigenen Blut. Es war so verdammt kalt in Dir, um jeden Tropfen musste ich kämpfen, und darum muss ich heute trinken – nicht schnell genug konntest Du mich loswerden. (ER konnte es gar nicht glauben.)

Aber irgendwie – bei Gott, es wundert mich, wie – habe ich mir doch das Allernötigste geholt – es war ja fast zum Verhungern. Ver-hun-gern. So trennt man das, und so trennt man sich vom Leben.

So kalt war es in Dir, und ich dachte, wenn ich Dir sage, mir ist kalt (ich habe ja nichts gegessen), Du würdest reagieren. Aber hast Du mich je umarmt? Mir Wärme gegeben? Nein – draußen hast du geschlafen, möglichst unbequem, um mich ins Unrecht zu setzen. Ich hätte Dich, Deine Wärme, so sehr gebraucht. Aber da war nur Dein NEIN. Was wunderst Du Dich, wenn heute ich NEIN sage. NEIN, es ist genug, ich will nicht länger frieren."

23. November 89

„Sie haben ihr die Gebärmutter herausgenommen. Nun hat sie mich endgültig verstoßen. Nun hat sie endlich klar und deutlich gesagt, dass sie mich nicht will. Und noch heute habe ich gemalt, wie kalt es in ihr war.

Ich fühle mich zugleich befreit und heimatlos.

‚Du nimmst zu, und ich nehme ab', sagt sie. Ja, meine Liebe, so ist das. Und ich werde mich nicht am Zunehmen, am Leben hindern lassen, wie tot Du auch sein magst. Nun habe ich endlich begriffen, Du willst mich nicht. Okay, aber dann erwarte auch nicht mehr das Geringste. Ich werde nichts, nichts mehr für Dich tun. Ich lasse Dich einfach neben IHM liegen. Und dann sieh zu, wie Du mit ihm zurechtkommst. Ich gehe inzwischen spielen, ja spielen, so wie ich jetzt zu meinem Strickzeug greife, das macht mehr Spaß, als darüber nachzudenken, wie Du Dich jetzt wohl fühlst. Ich kümmere mich ganz einfach – ja, es ist ganz einfach – auch nicht länger um Dich."

24. November 89

„Ich habe das unendlich befreiende Gefühl, ich hätte es endlich geschafft, sie zum Teufel zu schicken. Aus, Schluss, vorbei.

Ich habe eine Figur gemacht. ‚Mother fuck yourself.' Ihr Bauch ist zerrissen.

Dort, wo die Gebärmutter sein sollte, kommt ein langer Penis heraus, stößt zurück in ihre Scheide. Dort, wo mein Platz gewesen wäre, wo ich ein Anrecht auf Wärme gehabt hätte, ist ein Penis, ist ER. Statt sich, hat sie ihn mir gegeben – um sich zu entlasten.

Tausche Wärme gegen Vergewaltigung.

Willst Du ein bisschen Wärme und Zuneigung, dann nimm mir diesen ekligen, schleimigen Wurm ab – das war ihr Angebot. Und ich habe es angenommen. Aber nun nicht länger.

Ich stecke ihr diesen ekligen giftigen Wurm zurück. Dorthin, wo er von Anbeginn hingehört hätte: zwischen ihre Beine, die mächtig zermalmenden, die mich nun nicht länger erschrecken. In diese kalte, eisige Höhle stecke ich ihn ihr.

Mich lasst in Ruh, ich schere mich nicht länger um Euch, macht das unter Euch aus. Die Figur – ich strahle, bin frei, wachse ...

Bei ihr, da war nie eine warme Höhle, und sein Wurm ist ohne Körper, aber trotzdem gehören diese beiden zusammen. Lasst mich aus dem Spiel. Eisige Höhle und körperloser Schwanz – ich kann mir gut vorstellen, dass das keine tolle Sache ist, dass Ihr da jemanden mit Wärme und Körper gebraucht habt. Aber mit mir nicht mehr. Ich gehe – ganz einfach. Ihr ahnt gar nicht, wie leicht mir das fällt.

Die Figur: Aus ihr rinnt nichts als Gift. Und heute verwechsle ich das Gift nicht länger mit Blut.

Ihre Schenkel, mächtig, unendlich bedrohend, sie wollen mich zerquetschen, wenn ich nicht gehorche. Wenn ich mich nicht füge, wird sie mich erdrücken, zermalmen, sobald mein Kopf Luft spürt, sobald ich nicht mehr in dem kalten Gefängnis bin. Sie wollen mich festhalten, damit sie geschützt ist und ich schlucken muss, was sie nicht will. Vor ihrem Bauch pressen sie mich fest, und ich soll schlucken, was ich nicht will: seinen Schwanz.

Wenn du nicht tust, was ich will, ersticke ich dich mit meinen mächtig warmen Schenkeln. Ich ersticke dich und du kannst mir keinen Vorwurf machen. Willst du denn nicht Wärme? Nun, da hast du sie.

Sorgfältig, ganz sorgfältig werde ich morgen die Figur bemalen."

„Urmisstrauen und perfekte Übertragung: Seit P. mein Tagebuch, also mich will, habe ich eine gewisse, oft unerhört starke Scheu zu schreiben:

ER stößt in meine Schwächen und gaukelt mir gleichzeitig Zuneigung vor. Er nützt mich aus, für sich und um vor IHR gut dazustehen. Tränen schreien könnte ich, so verraten, so missbraucht, so gedemütigt.

Geglaubt habe ich an IHN, und ER hat mir nur weh getan.

Zärtlichkeit hat er mir versprochen, und gegeben hat er mir brutalsten Sex, Schleim und Kot. Überall nur Angst und Gewalt. Und dann wieder diese verführerische Zärtlichkeit, die mich schwach werden ließ, und das Spiel begann von vorne. Gekauft hat er mich, kaufen habe ich mich lassen.

Heute das Bild: ER schillert. Ich kann ihn nicht eindeutig darstellen.

Da war auch Wärme – freilich Wärme zum Verhungern –, da war Gewalt, Gewalt aus Verzweiflung. Ich habe Angst. Er tut mir weh. Was nützt es, wenn ich all meine Kraft zusammennehme, morgen verrät er mich an SIE.

Du hast mir so sehr, so sehr weh, weh, weh getan.

Ich konnte doch nicht sein, was Du Dir erhofft hast.

Schau mich doch nicht mit Deinen traurigen Augen an – nun fällt mir ein, dass Du tot bist, dass Du nicht mehr wolltest, aber deshalb muss ich doch nicht auch nicht mehr wollen, versteh doch: Ich bin noch jung, noch kann ich leben. Wenn Du mich lässt, dann bin ich wirklich Deine Tochter.

Ja, dann bin ich wirklich Deine Tochter. Dein Kind. Nicht Deine Frau, denn das hätte mich fast das Leben gekostet. Ich habe doch nur dieses."

Inzwischen ist ein Jahr vergangen – vermutlich die Zeit der ‚Zwangshospitalisierung‘ nach der Diagnose Lungenschwindsucht – als Dr. Gabriel Clarin ein letztes Mal in Almuths Leben tritt:

„Gabriel war gestern in meiner Wohnung. Weshalb habe ich ihn zum Schluss umarmt? Vielleicht war es gar nicht er, sondern ich selbst. Ich war so froh um mich. Als er sich anzog, wünschte ich, er wäre schon bei der Türe draußen.

Ja, er ist halt ein gesunder Mensch. Ich, logo, krank. Es berührt mich nicht mehr. Weshalb es gut ist, ihn zu sehen: um zu spüren, dass ich mich nicht getäuscht habe. Er schafft es nicht mehr, mich mir madig zu machen.

Und eine Nähe sollte da gewesen sein? Dachte ich auch, über viele Jahre hinweg. Gestern der Gedanke: Es war nur unerfüllte Sehnsucht nach … vielleicht nach wirklicher Nähe.

Diese Beziehung ist schrecklich schiefgelaufen. Freilich von beiden Seiten:

Ich bin sie – besser den Weg – gegangen, und er ist irgendwann stehen geblieben, und da steht er heute noch.

Seine Überheblichkeit. Er fordert Dankbarkeit. Dass ich den Weg gegangen bin, will er auf sein Konto buchen.

Nein, mein Lieber, ich habe genug bezahlt. Der schlechte Lehrer will sich zugutehalten, was der Schüler sich in Eigenenergie erarbeitet hat. Sieger pflegen nach dem Spiel auch die Verlierer zu umarmen."

Dr. Clarin schildert per E-Mail an I.v.W.am 15.6.2011 seine Erinnerung an diesen Besuch bei seiner Patientin nach dem Ende der sechsjährigen Therapie wie folgt:

„Am Ende der Therapie hat sie mir eine kleine rot angemalte Skulptur in Form einer Vulva geschenkt. Einige Zeit danach hat sie mich angerufen mit dem Wunsch, ihr diese zurückzugeben. Sie hat mir als Ersatz einen anderen ‚Stein' versprochen. Sie wollte nicht mehr in meine Praxis kommen und hat mich gebeten, dass wir den Tausch bei ihr machen. Sie hat sich sofort, als ich in ihrem Wohnzimmer Platz genommen habe, auf den Boden gesetzt und angefangen, mit Bauklötzen zu spielen. Ich war einfach sprachlos und bin bald darauf gegangen. Auf diesen Besuch bezieht sich die Eintragung vom 15.12.90."

Sechs Jahre lang hatte Dr. Clarin die Deutungshoheit über die Symptome seiner Patientin, die Folgewirkung der unbewältigten psychischen Verwüstung ihrer Kindheit. Doch keine einzige seelisch-körperliche Störung hatte sich während der Therapiezeit wirklich gebessert. Es scheint, als wären Patientin und Therapeut von zwei Seiten, jeder mit seinem Ariadnefaden, zur Erkundung des Kindheitstraumas in das Seelenlabyrinth eingestiegen. Sie gingen aneinander vorbei. Und die Therapie erwies sich als ein Sich-Verfehlen-im-Handeln-und Sprechen. Anstatt sich auch dem sexuellen Missbrauchstrauma zu nähern, suchte der Arzt allein die lieblose Mutter als Verursacherin der Verwüstung. In dieser Scheingewissheit konnte er seine Therapie – wenigstens eine Zeitlang – für eine ‚stetige Entwicklung nach oben' halten.

Die Patientin warf ihm vor, dass er sie hatte ‚zurückbiegen' wollen, und dafür hasste sie ihn. Die fixierte Erinnerung an den Vater als ‚der liebe Papa' war unbearbeitet geblieben. Ohne den Zugang zu diesem – tiefsten – psychischen Trauma konnte sie nicht sehen, dass das Entsetzliche, das in ihrer „Symptomatik" zu Tage trat, noch weit mehr als von der Mutter durch den Vater verursacht war. Es ist nicht nur die Magersucht und die Lungentuberkulose. Es ist das gesamte unübersichtliche Gebiet der Ess-und Brech-Sucht, des abnormen Gebrauchs von Abführmitteln, der Alkohol- und Nikotinsucht, der Zwang zur Selbstverletzung, unter denen ihr Körper sich windet. Dazu die geringe Selbstachtung und der üble Refrain ‚Schmutzig bist du, du bist schmutzig' – der seine Wirkungsmacht der brutalen Behandlung verdankt, der sie als Kind tagaus, tagein in der Familie ausgesetzt war. Es ist die Stimme der Mutter – dazumal dank der natürlichen Überlegenheit auch sie eine bedrohliche Autoritätsperson.

In seinem Therapiekonzept hatte Dr. Clarin alle Symptome einseitig den Folgen brutaler Unterdrückung der kindlichen Emotionen durch die Mutter zugeschrieben. Ohne der Tatsache Beachtung zu schenken, dass die erlittene Lieblosigkeit kein singuläres Trauma war, sondern aufs Engste verflochten mit den sexuellen Missbrauchshandlungen des Vaters, dem die Tochter gleichsam als Leibeigene ‚wie an Schnüren gezogen' unterworfen blieb. Und deshalb in denselben respektlosen Umgang mit sich selbst, mit ihrem Körper verfallen war, wie er ihr angetan worden war durch ihren Vater, den ‚lieben Papa'.

Also sechs vergeblche Jahre, in denen die schwersten Traumatisierungen – der

Inzest des ‚lieben Papa' und die Vergewaltigung durch einen Cousin, mit der Komplizenschaft ihres wenige Jahre älteren, frühkriminellen Bruders, der Almuth im Alter von zwölf Jahren heimtückisch an diesen Burschen ‚verkauft' hatte – gänzlich vernachlässigt blieben.

„Es war kein Glanzstück." Ohne Beschönigungsversuch hat Dr. Clarin in einem Gespräch sein Scheitern einbekannt und erklärt das Versagen in dieser Therapie nicht zuletzt mit seiner Blindheit vor den Folgen des frühen sexuellen Missbrauchs in pathologischen Familienbeziehungen. Gemäß der –während seiner Studienzeit herrschenden – Tendenz der Freudschen psychoanalytischen Schule, den sexuellen Missbrauch an Kindern innerhalb der Familie und die so verursachten schweren seelischen und körperlichen Erkrankungen der Opfer zu leugnen.

Doch nicht nur in den Sechzigerjahren, noch bis in die Achtzigerjahre des XX. Jahrhunderts hinein berief man sich in Lehre und Praxis gern auf Freuds wissentlich verfälschende ‚Bedenken gegen die Echtheit der <infantilen Sexualszenen>‘, für die Freud zuvor den Begriff ‚Koitus im Kindesalter' geprägt hatte, um das Trauma des frühkindlichen sexuellen Missbrauchs zu benennen. Freud opferte diese fundamentale Entdeckung – bekanntlich aus Entmutigung über die Anfeindungen seiner Berufskollegen - dem Ehrgeiz. Kein Wunder, dass die psychoanalytische Lobby im Namen des ‚Meisters' so lange nichts hat wissen wollen von der Frage: ‚Was hat man dir, du armes Kind, getan?'

Vielleicht ist es nicht so sehr moralisierende Abscheu, sondern eher Gleichgültigkeit gegenüber der körperlichen und seelischen Drangsal der Opfer und ihrer schweren, oftmals unheilbaren psychisch-physischen Schädigung, wenn die Gesellschaft sich so konsequent an die ungeschriebenen Gesetze von Verheimlichen und Verschweigen hält. Diese Gleichgültigkeit ist schuld daran, dass das Tabu der seelisch-körperlichen Verletzung, die sexuell missbrauchte Kinder in ihr späteres Leben hineintragen, auch in Österreich offiziell so spät gebrochen wurde, damit die von Freud rückwirkend geleugnete ‚sexuelle Verführung durch den Vater' endlich offen benannt werden durfte. Von da an haben auch die Freudschen Psychoanalytiker und die Psychiater ihre Aufmerksamkeit den traumatischen Folgen sexueller Gewalt in der Kindheit und der Trauma-Therapie zugewandt. Nicht zufällig heißt es, dass ein Kind sieben Erwachsenen von der erlittenen Gewalt erzählen muss, bis der achte ihm glaubt.

Doch nicht jede Niederlage erzwingt die nächste. So verbittert Almuth als Patientin über die missratene Therapie war, 1989 auf der psychosomatischen Station 6B hat sie Hilfe gefunden, und auch nach der Entlassung aus der Station war es der junge, begabte Therapeut Dr. Emanuel Drosthof, der das unangefochtene Vertrauen der Patientin gewonnen hat. Während seiner kurzen Behandlungszeit von nur fünf Monaten verhalf er ihr zu der ungeschönten Erinnerung an ihren Vater. Endlich war sie imstande, diesen Mann, den ‚lieben Papa', als Täter-Vater zu benennen. Aber der Doktor wusste auch: Wer als Kind, und so früh schon, Unglück hatte wie sie, ist gezeichnet. Seine Sorge galt dem erschreckend langen Nachleben der seelischen Verletzungen, weil sie das Weltverständnis der Patientin erschüttert hatten und die Möglichkeit zu einem ins Erträgliche korrigierbaren Leben sichtbar erschwert war.

Die kurze Behandlungszeit dieses wirklichen Seelen-Arztes endete, als er 1990/91 von Wien an eine Universität in Süddeutschland ging.

Seinen Platz wird von nun an ein Psychiater und Therapeut, Dr. Viktor Eisinger, einnehmen. Bei ihm bleibt die Patientin achtzehn Jahre, und ihr seelisch/körperlicher Zustand verschlechtert sich im Laufe der Jahre zusehends, bis zu ihrem Tod.

Alles ändert sich und bleibt doch gleich.

20. Dezember 90

„Weshalb schreibe ich und was will ich denn sagen, und wem? Und da ist wieder diese Musik, und ich liege wieder auf dem Boden und kann nichts dagegen tun, dass

Drosthof weggeht. Das dringende, drängende Bedürfnis, jemandem zu sagen, wie weh es tut, dass er nicht mehr da ist. Und alles ist nur Sehnsucht, unerfüllte Sehnsucht.

Zu Dr. Eisinger gesagt: Ich fühle mich immer so hineingetrieben.

Patsch sitze ich in dem Stuhl und kann mich nicht mehr rühren. Meinen Körper spüre ich gar nicht bei alledem. Ich strecke die Arme nach mir aus. Und da fährt jemand dazwischen und hackt sie mir ab.

Im Leeren stehe ich und schreie: Dr. Eisinger!

Beinah hätte ich gestern wieder Abführmittel geschluckt, weil ich so verzweifelt war und nicht wusste, wie ich mich rächen soll für das, was mir Gabriel angetan hat."

30. Dezember 90

„Ich will nicht analysieren, was ich auf Drosthof übertrage – es tut nur einfach weh. Alles ist so schrecklich dunkel um mich, ich sehe keinen Meter mehr weit. Rauchend, schuldbewusst wegen des vielen Weins am Vortag, und denke nur, so geht es nicht. Ich ersticke an der Einsamkeit. Das Gefühl, alles, was auch immer ich tue, falsch zu machen.

Mein Alkoholismus ist zweifellos. Warum springe ich nicht gleich?

Quer vor meine Augen schiebt sich ein Pfahl."

6. Jänner 91

„Es wird dunkel bleiben in mir, solange ich nicht das Grundlegende ändere. Scherben, nichts als Scherben rund um mich – und so schrecklich viel Angst. Ich will nicht mehr ‚noch da durch‘ und dann ‚noch da‘, es kommt immer ein ‚noch da'. Fühle mich ganz leer, sogar leer von Tränen. Nur der Wunsch, mich irgendwohin zu verkriechen, wo es ganz eng ist, wo mich niemand findet und niemand zu mir kann. Und was tue ich dann dort? Nicht mehr atmen, nicht mehr denken. Verschwinden."

9. Jänner 91

„Das Bedürfnis, zu schreiben, und da fängt jemand an, auf mich einzuschlagen.
‚Lieber Dr. Eisinger!
Immerzu möchte ich Ihnen etwas sagen. Was das ist – ich kann es nicht sehen. Ihnen nur die Hände hinhalten und sagen, siehst Du denn nicht?‘
Habe ich ein Recht darauf, dass Eisinger sich so verhält, wie es für mich gut ist? Ich habe Angst, dass die Beziehung zu ihm so unheilvoll wie zu Gabriel wird."

10. Jänner 91

„Ist die Zeit wieder da, in der ich schreibe, wie müde ich bin?
Kopfschmerzen, dumpfes Dröhnen.
MALINA: *Und damit ich aufhöre, mein Nein zu rufen, fährt mir mein Vater mit den Fingern, seinen kurzen, festen, harten Fingern, in die Augen, ich bin blind geworden, aber ich muss weitergehen. Es ist nicht auszuhalten. Ich lächle also, weil mein Vater nach meiner Zunge langt und sie mir ausreißen will, damit auch hier niemand mein Nein hört … Mein Vater hilft jetzt noch nach und reißt mir mein Herz und meine Gedärme aus dem Leib …*"

16. Jänner 91

„Nachts immer wieder Fieber, Träume. Ich versinke in einem braunen Sumpf. Nein, Dr. Eisinger, ich will nicht mehr kämpfen. Ich sehne mich so sehr nach Ruhe.
Für kurze Zeit hatte ich das glückliche Gefühl, nach Hause gekommen zu sein: Als Dr. Drosthof sagte: ‚MALINA – ein trauriges Buch‘. Er hat verstanden."

„Gut, nun habe ich mir also ein völlig unschönes Tagebuch besorgt, da die schönen ja ohnehin leer geblieben sind. Ich habe auch nichts Schönes zu sagen, und die Hoffnung, es würde sich durchs Schreiben etwas ändern, die vergesse ich lieber. Nur etwas tun will ich: zumindest dieses ganze Nicht-Leben, das ich derzeit führe, aussprechen.

Ich sehe keinen Meter mehr weit. Stundenlanges Dasitzen, Überlegen, wie es möglich wäre, aus diesem Teufelskreis, der sich nicht einmal mehr dreht, herauszukommen –

Gestern war ich in ‚Miller's Crossing‘. So viel Wut ist in mir, dass es mir Genugtuung bereitet, zu sehen, wie jemand geschlagen, getötet wird.

Ich kann meine Wut nur gegen mich selbst richten.

Warum die Hoffnungsvolle spielen, wenn ich diese Hoffnung nicht habe.

Sogar zum Sterben fehlt mir die Kraft."

„Das ist ja nun schon das x-te Buch, das ich mir gekauft habe, um zu schreiben. Ich starre das Buch an und frage mich: Darf ich mich hineinlegen, darf ich mich darin geborgen fühlen? Und wer sollte es mir verbieten? Ach, Gabriel hat es mir so madig gemacht, wie so vieles, mit seiner Verachtung, seinem Spott. Schlagen könnte ich ihn dafür.

Dabei war es in der Zeit bei ihm die einzige Möglichkeit zu überleben.

Was ist schlecht daran, einen körperlichen Bezug zum Schreiben zu haben? Kann man denn anders schreiben?

Trotz allem fahre ich nächste Woche in die Toskana."

„Da liege ich nun endlich in Florenz, im Bett.

Zumindest hier stößt mich niemand beiseite.

Und es sticht mich, auf der entgegengesetzten Seite der TB, beim Herzen.

Weil es so deutlich zu spüren ist, dass ich Ruhe und Geborgenheit nur einsam finden kann, allein in Florenz, im Garten, in den ich mich geflüchtet habe, im Hotel, mit dem Wein (Chianti immerhin), doch mit einem neuen Tagebuch.

Dass ich, die ich ohnehin so wenig mit Menschen spreche, mich kaum bis gar nicht verständlich machen kann, quält mich."

31. Juli 91

„Lieber Dr. Eisinger! Ich schreibe Ihnen da meine ganze Depression entgegen. Ich habe das Gefühl, nichts mehr in Händen zu halten. Die Einsamkeit bleibt, kein Mensch da, die Angst, der Alkohol. Meine eigene Schuld, heute?
Ich will ja aufhören. ‚Die Kurve kratzen‘, wie Sie es nennen.
Nur, es ist eben alles so kaputt. Und dann kommen diese Gegenschläge. Je mehr ich schreie ‚ich will hier raus‘!, es versuche, desto stärker werden sie. Und davor brauche ich Schutz. Ich kann das nicht alleine. Lesen Sie das: Ich bitte um Ihre Hilfe. Nehmen Sie mir bitte diese entsetzliche Angst, an der ich ersticke."

6. August 91

„Lieber Dr. Eisinger!
Sie sagten, Sie hätten das Gefühl, ich kratze die Kurve.
In dem Moment bin ich entsetzlich erschrocken. Und die Angst und die Verzweiflung wollen Sie nicht sehen?, dachte ich mir.
Über der Brücke hörte ich Sie, ganz wirklich Sie. Ich dachte mir, recht hat er, Almuth, zieh die Beine ein, wenn du springst. Dann kratz sie aber wirklich, die Kurve, und spiel nicht herum.
Vielleicht war es im Krankenhaus so leicht, weil ich da vorerst nur ihre, Mutters Seite, sah und kannte.
Das andere war noch so dunkel, tauchte nur ansatzweise auf.
Und dann, beim Dr. Drosthof, war da vor allem ER, der Vater.
Und jetzt? Ich weiß nur, dass ich nirgendwo mehr zahlen oder hungern will. Und Freiwild bin ich auch keines, das jeder zerstören kann."

„Eben hab ich in einem alten Tagebuch gelesen. Was ich gefunden habe, machte mich kurze Zeit atemlos. Es macht mich wütend, dass ich IHM, diesem Vater, nochmals so viel von mir opfern muss. Nun, diesmal wird es ein anderes Ende geben. Diesmal werde ich nicht als Opferlamm im Herd enden. Ich werde IHN tatsächlich, wie in jenem Mahler-Traum, ins Feuer schieben. Ich werde mich von keiner Donnerstimme einschüchtern und erschrecken lassen. Die Hand werde ich heben, mit ausgestrecktem Zeigefinger, aber sie wird auf einen anderen zeigen.

Almuth, hüte dich davor, dass ‚Verständnis‘ dich am Verstehen hindert.“

9. August 91

„Gestern bei der Tbc-Tante. Also, drei Monate bekomme ich die Beihilfe noch auf alle Fälle. Und da kam mir der alte Plan wieder in den Sinn, als Volontärin am Computer zu arbeiten, um wieder in die Arbeit hineinzukommen.“

19. August 91

„Ach, Dr. Eisinger.

Wieder ist sie da, diese schreckliche Angst – vor allem vor nichts Bestimmtem. Wenn ich nur wüsste, wovor, wovor, zum Teufel, ich mich fürchte. Die Angst schnürt mir die Gurgel zu. So gern würde ich sie hinausschreien, diese Angst. Sie weit, weit wegschreien und nie mehr aufhören, damit sie nicht zurückkommen kann.

Alle Erklärungen, wovor ich solche Angst habe, schießen wie Pfeile an mir vorbei. Aber was macht man gegen einen Haken? Fleischhaken.“

26. August 91

„Ich habe meine Mutter angerufen und ihr gesagt, was ER getan hat.

Und ihr mit die Schuld daran gegeben.

Das Gespräch verlief wie erwartet: Sie hat von nichts gewusst. Tränen. ‚Das Ärgste in ihrem Leben.‘ Als sie TB hörte, kam sie mit dem Geld. Schweigegeld.

Wenn ich ihr etwas schuldig geblieben bin, dann nur die Kälte, Brutalität, Plattheit, Ignoranz, mit der sie mir begegnete und begegnet.

Ihr Vorwurf, ich sei maßlos, weil ich selbst das ‚Beste‘ nicht wolle.

Ob ich dem Eisinger sagen soll, was meine Blase und mein Darm dazu sagen? O ja, ihre Sprache ist deutlich, wenn man zuhört und nicht mit Pfropfen und Wischlappen drüberfährt.“

21. September 91

„Gestern, da habe ich Sie vergessen, Dr. Eisinger.

Gestern habe ich ihn gestartet, den Fressanfall. Widerlich. Ich wusste seine Nutzlosigkeit ja schon im Voraus.

Vorhin dachte ich: Weshalb kommt nicht jemand und schließt den Deckel des Sarges, in dem ich ohnehin schon liege.

Langsam kommt der Winter. Mir ist, als hätte es den letzten gar nicht gegeben. Ich habe seine Schrecklichkeit in irgendeiner Betäubung überlebt. Freilich kann ich mich erinnern. Aber wenn ich das tue, glaube ich, vor Verzweiflung und Mitleid mit mir selbst, vor Schmerz, zerbrechen zu müssen.“

26. November 91

„Am Wochenende habe ich mir einen Film angesehen. Jemand sagte: ‚ …weil ich Angst vor der Hoffnung habe.‘ Je klarer ich die Wahrheit sage, desto kräftiger dreht man mir den Hahn ab.

Nur schreiben, nur sagen, nicht überlegen. Leg dich nicht zur Lüge.

Das Erste, was mir heute bei Eisinger einfiel: Zensur. ‚Nicht schon wieder die alte Geschichte.‘ Sagt er etwa auch schon: ‚Ach, die peinliche Geschichte mit Ihrem Vater‘?

Immer wenn ich mit ihm darüber spreche, ist mir, als würden wir von zwei verschiedenen Dingen reden.

Was tut er? Wegschieben, für-nicht-so-wichtig-erklären, nicht-in-den-Vordergrund-stellen. Und ich habe das Gefühl, mitgeschoben zu werden.

Alles hat ‚schon früher angefangen‘? Natürlich – schon SIE hat mich ausgespuckt.

Logo war es die letzte Konsequenz der ganzen irrsinnigen Situation. Nur – SIE hat mir eben das Letzte gegeben, hat aus mir das Letzte gemacht.

Nicht hier Geschichte – dort ich. Die Geschichte bin ich. Warum will sie niemand hören? Warum will niemand sehen und hören, dass – wo ich auch anfange, welche Wege ich auch gehe – alles immer dort endet.

Herumirren, herumwandern im Labyrinth, das kann man alleine – wie kommt man heraus?"

28. November 91

„Zweifellos erwarte ich stets viel zu viel von mir. Und die Diss? Unter Walsers Zeilen tut sich ein Abgrund auf, der Grund für meine Angst vor ihm. Boden unter den Füßen wollte ich gewinnen, und nun stürze ich. Bei allem jedoch das Gefühl, dass es so sein muss – wie sehr ich mich auch davor fürchte und mich drücke.

Mit allen germanistischen und So-arbeitet-man-Fangnetzen gehe ich an die Texte heran. Wie soll ich ihn da finden, diesen Robert Walser? Verstehen will ich etwas, das es gar nicht zu verstehen gibt, anstatt zu spüren.

Sloterdijk: *Kein bedeutender Text der Tradition existiert, der nicht Atemtext, Atemschrift wäre. Die Zeilen sind die Atemzüge der Schriftsteller, die Strophen die Atemwende der Dichter…*"

Dieser Gedanke ‚zweifellos erwarte ich stets viel zu viel von mir' – was für eine bittere Selbstdemütigung. Als hätte sie kein Recht, sich auf dieses Terrain zu wagen. Als würden Begabung und Energie wie von einer ungreifbaren Gewalt ins Abseits gezogen … Angst.

30. November 91

„Schon mit Angst bin ich aufgewacht. Aber es ist nur schwach, und will es stärker werden, fahre ich energisch dazwischen und denke fest an das Leben, nach dem ich mich so sehr sehne, auch wenn ich es oft aus den Augen verliere.

Ja, und mein Verstand, der hängt irgendwo. In irgendeinem Wartezimmer, wo es nichts zu warten gibt. Ein müder, abgetragener, abgewetzter und zudem regennasser Mantel. Grünlich-beige.

Robert Walser. Das ist wie ein riesiger Wald vor mir. Entweder ich finde einen Weg – auch ohne germanistische Brille – oder nicht.

Fest steht, dass Germanistik nur noch blinder und tauber macht.

Bei all den Aussagen von Zeitgenossen über Walser scheint mir Walter Benjamin wirklich etwas verstanden zu haben. Canetti auch. Und Kafka laut Aussagen anderer. Dass Walser erst 1956 starb. Als würde diese Jahreszahl sagen, man kann ihn nicht zu den Akten legen, er lebt und redet – und hat gefälligst gehört zu werden, das gebietet ein Mindestmaß an Anstand. Jener Anstand, zu dem ihr uns doch so sorgfältig erziehen wollt. Also bitte, haltet euch an eure Regeln.

Jetzt erst, Stunden später, lese ich: *Und aufgrund dieser unalltäglichen und doch auch wieder alltäglichen Existenz, baue ich hier ein besonnenes Buch auf, aus dem absolut nichts gelernt werden kann. Es gibt nämlich Leute, die aus Büchern Anhaltspunkte fürs Leben herausholen wollen. Robert Walser "*

3. Dezember 91

„Wieder aufgewacht mit dieser grauenhaften Angst.

Manchmal stehe ich entsetzt vor der, die aus mir geworden ist. Ich wage es ja gar nicht mehr, den Mund zu öffnen.

Bei meiner Suche nach – ja, wonach? – komme ich mir wie eine Karikatur meiner selbst vor. Es stehen nur alle herum und lachen.

Neulich der Gedanke, nicht mehr zum Eisinger zu gehen. So, wie ich manchmal meine Figuren zerschlagen möchte.

Öfters der Satz in meinem Kopf: Hinlegen, um zu sterben. Ja, wenn es mit dem Hinlegen getan wäre. Aber zum Sterben braucht es noch etwas."

4. Dezember 91

„Heute Nacht so etwas wie positive Stimmung: Ich werde mir doch mein Leben zurückholen. Eisinger: ‚Alles ist besser als dieses Leben'.

Dr. Eisinger, ich höre nur Vorwürfe. In meinem Kopf dröhnt es davon: ‚Ihre

Antriebslosigkeit'. Dr. Eisinger, wie auch immer Sie es gemeint haben, es ist, als würde etwas mit Widerhaken in meiner Mitte herumzerren."

8. Dezember 91

„Und wenn ich nun die Dissertation so schreiben würde, wie das meiste von Walser ist: viele kleine Aufsätze zu Gedanken. Eine Räuber-Diss. Der Gedanke gefällt mir. Lässt die Diss wieder möglich erscheinen

Vom Aufgeben trennt mich nur ein dünnes Blatt, mit ein paar Strichen Tinte drauf.

Ich greife mir an die Schläfen und starre das Unglück an, das aus mir geworden ist.

Dr. Eisinger, manchmal glaube ich, ich plage mich nur Ihnen zuliebe ab. Ich für mich, hätte ich nicht schon längst aufgegeben?"

9. Dezember 91

„Im Radio hat ein Kind – auf Serbokroatisch – seine Erlebnisse erzählt, schluchzend. Ich habe nicht verstanden, was es sagte, aber das Schluchzen, das sagte alles. Im selben Moment, ich habe das Schluchzen bis in den Bauch gespürt, oder nur dort habe ich mich selbst gehört. So habe ich es auch gesagt, aber wer hörte schon auf das Überschnappen der Stimme, in dem die ganze Wahrheit lag? Wenn es draußen dunkel wird, werde ich ruhiger. Ja, Dr. Eisinger, es war nicht Nacht ---"

13. Dezember 91

„Am Donnerstag im Seminar wagte ich, mir glühte das Gesicht bis in die Ohren, die Stimme zu erheben – wie schamlos. Wann habe ich eigentlich vor Leuten etwas gesagt, es muss Jahre her sein … Aber dann nahm Karl das Wort, nannte das Referat ausgezeichnet, mir war, als stopfe er mir mit dem Lob den Mund. Die ganze Situation im rechten Licht zu sehen, und Karl keine böse Absicht zu unterstellen, und das Wichtigste, mir nicht den Mund stopfen zu lassen, das gelang mir erst nach einigem zeitlichen Abstand. Lange Jahre Seminar beim W. liegen mir zentnerschwer auf der Brust."

Abb. 2: Das Kind

„Langsam – ja, so sah der liebe Dr. Clarin meine Entwicklung nach seinem Oben. Was er dabei übersah: das rasante Sich-Überkugeln nach unten. Ach, scher Dich zum Teufel. In den Boden wollte ich Dich stampfen mit den Tagebüchern, Du würdest dann schon zu spüren bekommen, dass auch die Deiner Ansicht nach so wenigen Bücher schwer genug sind. Bei dieser Gelegenheit zu meinem Wunsch, ihn mit Säure zu übergießen.

Bachelard*: *Nehmen wir das Scheidewasser. Es zerfrisst Bronze und Eisen. Sein verborgenes Feuer, sein Feuer ohne Wärme, verbrennt das Metall, ohne eine Spur zu hinterlassen; wie ein perfektes Verbrechen … In der Vorstellung steigert sich die Kraft der Säure noch um ein Vielfaches. Psychoanalytisch gesprochen steigert der Zerstörungswille die bekanntermaßen in der Säure enthaltene Zerstörungsfähigkeit. An eine Macht zu denken bedeutet also nicht nur, sich ihrer zu bedienen, sondern immer schon, sie zu missbrauchen. Ohne diesen Willen zum Missbrauch wäre man sich der Macht nicht deutlich bewusst … Wenn das Feuer sich selbst verzehrt, wenn die Kraft sich gegen sich selbst wendet, dann scheint es, als verdichte sich das ganze Sein in den Augenblick seines Untergangs, und als sei die Intensität der Zerstörung der letzte und klarste Beweis des Daseins.*"

„Heute habe ich vom Eisinger geträumt, ein langer Traum: Ich war im Spital, alles feindlich, man schob mich hin und her, legte mich zu ihm auf die Station, wie in ein Kuckucksnest.

Er regte sich auf, schimpfte, aber er schrieb mir einen Brief, erklärte mir, dass das alles nichts mit mir zu tun habe, dass er nur nach außen hin mitspiele. Ich könne ganz sicher sein, mich geborgen fühlen, es würde mir nichts geschehen. Ich solle nur einfach nach außen hin mitspielen, vor allem die Tabletten schlucken, sie würden mir nichts tun, wir wissen ja um ihre Zwecklosigkeit, um keinen Verdacht aufkommen zu lassen.

Es war ein großer Brief, man konnte ihn anlegen, sich zudecken damit. Ich drückte ihn fest an mich.

Wie wenig ich mich über ihn, über Eisinger zu sagen getraue. Daher umfliegen ihn meine Gedanken den ganzen Tag.

Gerne würde ich schreiben, was? Eine Geschichte, Geschichten. Aber davor steht die Forderung: Nur wenn du gar nicht da bist, reden darfst du nur, wenn es nichts, absolut nichts mit dir zu tun hat und gewissen Vorstellungen entspricht. Und schon sind die Hände an meiner Gurgel. Gefrorene, festgefrorene Zunge, eingefrorene Hand, man braucht nur darauf zu schlagen, und alles zersplittert in tausend feine Nadeln, die mir unter die Haut fahren. Gabriel-Methode.

Übrigens habe ich ihn neulich beim Meinl getroffen. Gut – zunächst das Wir-sehen-uns-nicht-Spiel –, aber er konnte noch nie ein Spiel durchhalten, spricht mich an, ödet mich an mit seiner ewig gleichen Tour. Er kommt mir nur dumm vor, alt, grau und klein.

‚Ich war sehr krank‘ – in diesem einen Satz lag nichts als Anklage.

Sein erster Gedanke war, ich sei auf der Psychiatrie gewesen.

‚Nein, TB.‘ Und er: ‚Ja, gibt es das in unseren Breiten überhaupt noch?‘

Ich wünsche ihm, dass ihn seine Säure von innen auffrisst, bis nichts mehr von ihm übrig ist. Steif, unfähig auch nur eine Bewegung zu machen, soll er von seinem Yoga und Tai Chi werden.“

Die Aufzeichnungen über Dr. Clarin haben unterdessen diesen bitteren, gehässigen Klang angenommen. Nach jahrelanger Idealisierung die gnadenlose Entwertung. Drei Jahre liegt das Ende der Therapie zurück, doch die unbändige Wut über sein ‚Versagen‘ begnügt sich nicht mit gewalttätigen Rachephantasien, auch die äußere Erscheinung des früher so leidenschaftlich verehrten und geliebten Mannes wird im Augenbild der Patientin zerstört und zur verhassten Jammergestalt.

„Dieses unendliche Fallen aus geringster Höhe"

7. Juli 92

„Wenn auch nach außen hin nun alles um so viel besser aussieht als noch vor mehr als einem Jahr, wird es drinnen doch immer nur fürchterlicher. Gebessert haben sich nur meine Schauspielkünste.

Schauspielen, um nicht in die Hände derer zu geraten, denen ich unter der Fahne meiner so genannten Rettung und Heilung völlig ausgeliefert bin. In Wahrheit ist das nichts als der verlogenste und gemeinste Vorwand, um mich noch zusätzlich zu quälen, alles noch viel schlimmer und unerträglicher zu machen.

Mein lächelndes Gesicht zieht euch nur eine Fratze.

Aber ich bin so allein mit dieser Fürchterlichkeit, die sich immer mehr steigert. Galt es früher nur den Tag zu überstehen, und das lässt sich ja meist irgendwie bewerkstelligen, war früher der Abend so etwas wie ein erholsamer Zielhafen, geht nun die Tages-Fürchterlichkeit in die viel fürchterlichere Nachtfürchterlichkeit über.

Es hört nicht auf, es geht immer weiter, nirgends, nirgendwann ist Ruhe.

Ein unausgesetztes Überstehen, das ist meine Lebensweise, und ich weiß oft nicht mehr, woher ich die Kraft dazu nehmen soll. Nein, es hört nicht auf in der Nacht, es geht weiter, auch wenn ich mich an fast nichts erinnern kann, es geht weiter, und diese Erinnerungslosigkeit quält ja nur noch zusätzlich, weil --- ja weil es sich nicht um eine tatsächliche Erinnerungslosigkeit handelt.

Es ist ja alles da, der Film ist gedreht, die Festplatte funktioniert tadellos, nur ich kann es nicht sehen – die Schreibtischdatei ist durch irgendeinen Kurzschluss zum Nichterscheinen verurteilt.

Und das gibt mir das tödliche Gefühl, zum Schweigen verurteilt zu sein.

Und das ist geeignet, mich aus Verzweiflung und Wut darüber in den Wahnsinn zu treiben, mich etwas ganz Wahnsinniges tun zu lassen, einfach nur mehr zu reden, ohne Rücksicht auf wahr oder unwahr, berechtigt oder nicht berechtigt, belegt oder nicht belegt, alles müsste ich dabei vergessen, jeden anderen vergessen und mich selbst vergessen.

Vergessen, dass ich einen Körper habe, dass ich Augen habe, dass ich Ohren habe,
dass ich eine Stimme habe, die in diesen Ohren einen gewohnten Klang hat.
Ich wäre dann nur mehr ein Mund, der von selbst hinausschleudert,
was mich zu ersticken droht.
Mein Gott, ich müsste die Augen so fest, mit aller Gewalt, zumachen.
Und meinen Kopf müsste ich irgendwie schützen, und meinen Rücken, und
meine Beine ganz fest an mich setzen, und mich ganz, ganz zusammendrücken,
alles an mir ganz fest an mich drücken –
aber dann sitze ich wieder neben der Balkontür,
und der Teppich vor mir ist blau, blau, das weiß ich genau,
und der im Wohnzimmer ist rot,
und vor mir stehen diese nackten dünnen Füße,
die Haare darauf sind lang und schwarz,
und der zweite Zeh ist länger als der große. Breite, gelbliche Nägel.
Ich kann das sehen, ich kann das durch den kleinen Spalt zwischen
meinen Armen über dem Kopf, verschränkt, und den Knien, sehen.
Ich weiß nicht, wie ich das alles gleichzeitig machen soll, meinen Kopf schützen
und sehen, ich muss etwas sehen und meine Beine zusammenhalten, fest an mir
halten, aber dann ist mein Kopf frei, und der Schlag darauf ist so hart.
Die Beine sind so leicht von mir wegzureißen, ich habe nicht die Kraft, sie an
mir zu halten.
Wie macht er das eigentlich?
Die Füße stehen so gerade vor mir, als würde er stehen,
aber ich bin doch so weit unten, so klein,
um mich zu schlagen, müsste er sich doch bücken,
es müsste ihm dabei das Rückgrat brechen.
Aber er hat lange Arme, starke, ich kenne sie.
Ich habe nichts an, ich kann meine Haut spüren.
Nicht einmal eine Unterhose? Vielleicht vorher, als ich noch mit dem Rücken zur
Wand dasitze.
Nein, der Boden ist nicht grün, er ist blau.

Aber sein Pyjama ist grün, wo ist es?

Und die Jalousien sind blau und heruntergelassen, die Balkontür ist fest zu.

Ich schaff das nicht, meine Beine und meinen Kopf zu schützen,

ich knie mich auf meine Beine, mein Rücken ist jetzt ganz frei.

Vor meinen Augen ist der Fuß von dem Spiegeltisch.

Der Rücken frei, das geht.

Aber da fällt mir ein, dass auch mein Popsch ganz frei ist, ich spüre es mit den Fußsohlen, es ist zu spät.

Etwas zerreißt.

Ich fahre hoch, renne mir die Ecke des Spiegeltischs in den Kopf.

Ich werde von hinten gehalten, er steht, eine Hand hat er um meinen Bauch, die zweite um meine Brust, so hält er mich.

Meine Füße baumeln.

Ich mache die Augen zu, ich will das nicht im Spiegel sehen.

Mein Gesicht ist ganz nass.

Sein Atem, den spüre ich im Nacken, auf den Schultern.

Mich ekelt, diese saugenden Lippen, der Bart kratzt.

Ich stecke an ihm.

Ich könnte strampeln, mit den Händen schlagen, schreien darf ich nicht.

Ich lasse die Beine hängen, es tut am wenigsten weh so.

Er geht, jeder Schritt ein Stoß.

Er legt mich ins Bett, auf den Bauch, dreht mir die Hände nach hinten.

Dazwischen ein Plopp.

Er schiebt mir die Knie unter den Bauch, zieht mir die Beine nach außen.

Dort drüben liegt ihr rosa Nachthemd. Ich halte den Atem an, es brennt."

26. Juli 92

„Der Gedanke lässt mich nicht los. Neulich in der Nacht: Ich war nur einen ganz kleinen Atemzug vom Sehen entfernt. Ich darf nicht darauf warten, geschweige denn erwarten, es zu sehen.

Dieses Herumwandern nachts in der Wohnung, dieses Suchen nach Essen, es ist doch so wie Hinübergehen ins Schlafzimmer.

Es ist absolut das gleiche Gefühl.

Ich weiß noch, wie ich einmal vor dem Bett stand und dachte, ich solle das nicht tun, ihn vor allem nicht wecken.

Aber ich hatte solche Angst allein im Bett, es war gänzlich unmöglich, in mein Bett zurückzugehen.

Wenn ich ihn nicht wecke, bin ich in Sicherheit.

Unbeweglich bin ich dann neben ihm gelegen, in einer fürchterlichen, überall schmerzenden Lage, und konnte überhaupt nicht schlafen."

28./29. November 92

„Gut, und was soll das, wieder ein Tagebuch anzufangen? Tagebuch?

Gibt es nicht schon genug angefangene Tagebücher in der Wohnung?

Nichts als abgebrochene Anfänge, abgebrochene Versuche.

Und reichen die Bücher für Eisinger nicht aus? Durchschriebene Wochenenden und Nächte.

Heute habe ich Thomas Bernhards KORREKTUR fertig gelesen, in einem Zug zu Ende lesen müssen. Irgendwann bin ich hineingefallen in das Buch, und bin in die ‚hellste Aufregung' geraten. Unerklärlich, warum. Mir ist, als würde mir ganz deutlich eine schreckliche Vergeblichkeit aufgezwungen: Du kannst nicht hinaus und musst es doch immer, immer versuchen. Diese Unerbittlichkeit."

6. Dezember 92

„Überhaupt ist das so ein Grundgefühl in letzter Zeit: Ich spüre, etwas ist im Gange, aber ich weiß nicht, was. Und dann halte ich mir vor, dass ich endlich an der Diss ‚Walser und die Musik' weiterschreiben muss und alle mögliche Zeit darauf verwenden soll.

Für Eisinger schreibe ich derzeit nicht. An Dr. Eisinger zu denken, das ist wie eine brennende [Satz bricht ab]"

„Lieber Dr. Eisinger! Ihr Geschenk, das Buch, habe ich gelesen.

Anfangs mehrere Seiten gleich nach der Stunde.

So merkwürdig es klingen mag, es war mir, als könnte ich beim Lesen meine Stirn auf Ihre Knie legen. Und deswegen las ich, aus Einsamkeit und um etwas dagegen zu tun, unterbrochen von zweimal einigen Stunden Schlaf und immer wieder von den Worten, die Sie vor der ersten Seite geschrieben haben: ‚Lebensbücher, denen man in die Hände fällt.‘ Noch nie hatte ich das Gefühl, einem Buch in die Hände gefallen zu sein. Ja, Bücher zu mir genommen, das hatte ich, und dann durften sie mit mir auch machen, was sie wollten. Aber das ist doch etwas anderes als einem Buch oder jemandem ‚in die Hände zu fallen‘, oder nicht?"

27. Dezember 92

„Ganz richtig ist das nicht, was ich Ihnen da oben gesagt habe. Ich weiß sehr wohl, dass man Büchern in die Hände fallen kann. Aber was es für mich bedeutet, IHNEN in die Hände gefallen zu sein … Ich versuche, mich mit Händen und Füßen dagegen zu wehren … Alles ist eine schreckliche Quälerei.

Aushalten, immer wieder versuchen, wieder aushalten, versuchen, gegen alle Hoffnung, die es vielleicht doch irgendwo gibt.

Und dann ist die Nacht da. Die Nacht will überstanden sein, und der Gedanke, dass es wieder Morgen werden wird, macht alles nur noch schlimmer. Und dann ist der Morgen ja noch kein Abend, der Tag will auch überstanden sein. Sollte man bei solchem Kreislauf die Dämmerung nicht ebenso fürchten, wie man sie zum Überleben braucht?"

29. Dezember 92

„Manchmal hasse ich Dr. Eisinger, ich hasse ihn, weil er mich am Leben hält und ich mich halten lasse. In letzter Zeit denke ich oft mit Sehnsucht daran, wie es ist, wenn nichts mehr ist.

In mir steht etwas ganz Mächtiges auf und verlangt danach, mich fortzuschaffen. Angst habe ich kaum davor, es erschiene mir wie eine Erlösung, dem ohne Angst und ohne Schuldgefühl nachgeben zu können.

Aber ich hänge dazwischen, zwischen der ‚Wand‘ und diesem Ende.

Beide Seiten zerren, und bald sehne ich mich nur mehr nach diesem dumpfen, spitz schreienden Knall, mit dem es mich zerreißt.

Dumpf und spitz – ja, dieses Fiebergefühl.

Dieses unendliche Fallen aus geringster Höhe. Für immer im Wahnsinn in Ruhe gelassen werden. Vielleicht ist diese Sehnsucht die größte. Ach, Dr. Eisinger, so gern würde ich Ihnen einmal diese Sätze sagen, aber dazu habe ich Sie zu lieb, liebe Sie zu sehr, ich will Sie nicht erschrecken, will Ihnen keine Sorgen machen.

Lieben – weshalb hat dieses Wort, sobald ich es in den Mund nehme, diesen unanständig lächerlichen Geschmack. Wenn ich das Wort durch In-meinen-Händen-halten ersetze, verliert er sich, der Geschmack. Es tut gut, ein anderes Wort gefunden zu haben, und mir nicht jedes Mal, wenn ich sagen möchte, was mir jemand bedeutet, ein Messer im Bauch herumzudrehen.

Ja, das wäre eine abenteuerliche Sache, mir eine Sprache zu suchen, die nicht mehr schmerzt. Dazu müssten zuerst all jene Fleischhakenworte gefunden werden, zumindest die wichtigsten. Vielleicht könnte ich dann wenigstens zu mir selbst ohne Schmerzen reden.

Dr. Eisinger hat gesagt, ich solle der Welt ‚die nämliche Geste zeigen‘. Ich fragte ihn, wem denn. Er meinte, nun, der Welt.

Der Welt muss ich diese Geste nicht zeigen, dazu ist keine dringende Notwendigkeit. Mir selbst müsste ich diese Geste zeigen, aber was bliebe dann von mir übrig? Ein freiwilliges Sich-als-Opfer-Hinwerfen.

Wie heißt es bei Robert Walser in SAUL UND DAVID: *Ich fürchte mich vor dem Unheil, das in mir selbst ist.*“

30. Dezember 92

„Walser wartet. Wovor fürchte ich mich bei ihm, warum vertraue ich ihm so wenig oder falle ständig in dieses Misstrauen zurück?

Weil ich mich gezwungen fühle, mit ihm in einer Sprache zu reden, die wir beide nicht verstehen. Ich suche doch keine Wahrheiten über ihn zu finden. Nur sagen, was ich zu sagen habe, das möchte ich.

Alle Germanisten-Haare stehen bei derartigen Sätzen zu Berge.

Dr. Eisinger, wissen Sie übrigens, dass ich in letzter Zeit unter äußerst starkem Haarausfall leide? Etwas in mir scheint sich für Kahlschlag entschieden zu haben. Es würde mir nichts ausmachen, mit einer Glatze vor Ihnen zu sitzen, ja, es kommt mir beinahe befreiender vor als mit diesen gefärbten, ewig von anderen für zu kurz, von mir für zu lang empfundenen Haaren."

1. Jänner 93

„Diese Lesesucht. Mir ist, als müsste ich DIE WAND von mir weg lesen. Was ist nur mit diesem Buch oder hängt es damit zusammen, dass es mir Dr. Eisinger geschenkt hat? Warum hat er es mir geschenkt?

Weil die Frau in diesem Buch die Verantwortung für sich selbst übernimmt. Wollten Sie mir das sagen, Dr. Eisinger? Verantwortung für sich selbst?

War da aber nicht mein Satz: ,Ich kann keine Verantwortung für mich übernehmen.' Ja, das habe ich gesagt, doch nie zu mir selbst, immer zu anderen, um sie nicht vor den Kopf zu stoßen. Verantwortung – für mich hieß das immer Alleingelassensein oder über meine Kräfte gehende zusätzliche Last.

Versuche ich Dr. Eisinger auf diese rücksichtslose Weise zu überzeugen, dass ich für mich keine Verantwortung übernehmen kann?

Es ist abends und ich denke an Sie, schon lange. Musik gibt's auch, weder Bach noch Mozart, nichts Glenn-Geniales, sondern einfach Ludwig Hirsch, den Liedermacher, IN MEINER SPRACHE. Besonders bei einem Lied drängen sich die Gedanken an Sie auf. Die CD würde ich Ihnen gerne schenken. Würden Sie mir bitte sagen, ob es Ihnen Freude macht?"

6. Jänner 93

„Verantwortung – weshalb quält mich das Wort so. Höre ich darin eine Pflicht, die zu erfüllen unmöglich ist?

Wir suchen einen Schuldigen an unserem Geschick, welches wir die meiste Zeit, wenn wir ehrlich sind, nur noch als Unglück bezeichnen können. Wir grübeln darüber nach, was wir anders oder besser machen, und was wir möglicherweise nicht hätten machen sollen, weil wir dazu verurteilt sind, aber es führt zu nichts. Die Katastrophe war unausbleiblich, sagen wir dann und geben eine Zeit, wenn auch nur kurze Zeit, Ruhe. In jedem Augenblick sind wir auf der Suche nach einem oder mehreren Schuldigen, damit uns wenigstens für den Augenblick alles erträglich wird, und kommen naturgemäß immer, wenn wir ehrlich sind, auf uns selbst.

Thomas Bernhard.

Ich kann jetzt nicht weiterschreiben, fühle mich nur mehr in einem entsetzlichen Strudel."

10. Jänner 93

„Die Stunde bei Dr. Eisinger hat Haushofers WAND, ihr Ende, erträglich gemacht. Wieder diese irrsinnige Lust, alles aufs Spiel zu setzen.

Ich bin dreißig und habe nichts. Ich weiß nicht, wie ich mir mein Leben vorgestellt habe. Nur – so nicht."

26. Jänner 93

„Übrigens schreibe ich Dr. Eisinger wieder.

500 Blatt rötliches Papier liegen vor mir – diese Sucht, mich mit Papier, Schreibwerkzeugen, Büchern und einem Computer zu umgeben. So vieles scheint mir wert, festgehalten zu werden. Aber das meiste, wie etwa die Beziehung zwischen Dr. Eisinger und mir, ist so unendlich verwirrend und ständig in Bewegung, es überschwemmt mich und dann ist es, als würde ich kurz an die Oberfläche katapultiert und schnappte nach Luft, so gierig und atemlos, dass sie nur in den Magen statt in die Lunge führt.

Am 22. April habe ich Referat. ‚Walser und die Musik'.

Ich möchte jemandem die ganze Fürchterlichkeit, das ganze Elend ins Gesicht schreien, aber es ist niemand da."

„Briefe für Dr. Eisinger"

Die ‚Briefe für Dr. Eisinger, nein, ganze Bücher' befinden sich – falls sie heute noch existieren – im Besitz dieses Psychiaters. Als während der Therapiestunden sein nachlässiger Umgang mit ihren ‚Briefen' ans Licht kam, hörte Almuth eine Zeitlang auf, ihm zu schreiben. Ihre Klage darüber lesen wir später in den „Briefen an Lucy".

Nur einmal, nach dem Ende der Schreibpause, hat sie aus dem ersten neuen ‚Buch für Dr. Eisinger' ein paar Blätter ohne Datierung, ohne Anrede, für sich zur Erinnerung fotokopiert:

„Eigentlich fange ich viel zu spät damit an. Etwas in eine Form bringen – das kann ich. Hier will ich es nicht, nicht einmal ein Datum. Das hier hat alles nichts mit Daten und Vorher und Nachher und Dann und Zuerst und Ordnung und Wichtigem und Wichtigerem zu tun. Wie ich alle diese Wörter hasse. In nichts sollte man sie zerprügeln."

„Eigenartig, den ganzen Tag, und je mehr ich alleine bin, desto mehr sind SIE um mich. Und Sie setzen mich in einen Ohrensessel, den ich nicht habe, ich habe nur Schalensessel, machen es mir bequem in dieser Wohnung, und ich muss dabei an eine Stelle bei Adalbert Stifter denken. Dort blitzen die Nägel des Sessels um den wunderschönen Jüngling wie eine Krone, und ich frage, was denn um mich blitzt. Ganz klar, es sind die Schlangen der Angst. Das ergibt eine eigenartige Medusa. Fürchten muss sich vor ihr wohl niemand."

„Ich habe Überlegungen angestellt darüber, dass wir SIE zueinander sagen. Dass gar kein Bedürfnis in mir ist, DU zu Ihnen zu sagen. Um ganz ehrlich zu sein, ich fürchte mich vor dem Du, fürchte mich, nicht weil es von etwas Engerem oder Tieferem, Näherem reden würde. Das ist vollkommener Quatsch. Es ist die Angst, dass ohne das Sie etwas verloren ginge, etwas, das nicht im Sie liegt, aber sich darin ausdrückt. Achtung trifft dieses Etwas am ehesten. Achtung oder das Gefühl, wertvoll zu sein. Deshalb kommt mir ein Du an Sie gar nicht in den Sinn. Und deshalb fürchte ich Ihr DU an mich. *Quod erat demonstrandum.*"

„Es ist natürlich ein finanzieller Wahnsinn: Ich habe sie gekauft, die WITTGEN-STEIN-BIOGRAPHIE. Besser gesagt, der Wahnsinn ist, dass ich sie habe und mir so ganz ohne Recht anmaße, sie lesen zu wollen. Gestern habe ich es getan, im Vertrauen auf Sie, im Vertrauen, darin etwas zu finden. Aber es brüllt in meinen Ohren: Das ist nichts für Dich. Im Büchergeschäft habe ich den TRACTA-TUS* auf- und gleich wieder zugeschlagen, das wäre erst recht nichts für mich. Mir ist, als müsste ich Ihnen nachlaufen, und dabei prügelt mir ständig jemand auf den Kopf."

„Ich habe ein schlechtes Gewissen, so oft ‚ich' zu sagen. Aber dabei fällt mir Thomas Bernhard ein, und was wir über ihn gesprochen haben. Mit anderen Worten, wenn wir einander gegenübersitzen, kann ich sehen, wie es wirklich ist. Lebensrettervirus, ja, das sind Sie."

„Und Kafkas BRIEFE AN MILENA, lesen Sie die manchmal?
Ich habe Ihnen nie gesagt, weshalb ich Ihnen die BRIEFE AN MILENA geschenkt habe, und gar meine schmutzige Ausgabe. Übrigens kann ich mir gar nicht vorstellen, sie in meinem Bücherregal zu ersetzen. Ich habe so lange mit diesem Buch gelebt, dass – ja, es ist so wie mit Ihnen selbst. Sie sind nicht hier und sind doch hier.
Und warum dieses Geschenk? Ich gebe nicht jedes Buch jedem, und Sie wissen ja, wie mir die Leute das Haus einrennen. Im Grunde will ich kein Buch herborgen, gar herschenken. Und die BRIEFE AN MILENA, dieses ganz spezielle Buch ist doch eines meiner ‚Lebensbücher'. Abgesehen von Bachmanns MA-LINA und dem MALTE LAURIDS BRIGGE habe ich wohl mit keinem Buch so eng zusammengelebt, es so gut verstanden, wenn es überhaupt etwas zu verstehen gibt. Es ist einfach ein Stück von mir selbst. Und als mir der plötzliche Gedanke kam, es Ihnen zu schenken, war da nichts als Erleichterung, endlich eine

Form gefunden zu haben, Ihnen zu sagen: ‚Ein Bedürfnis hat seinen Ausdruck.‘ Sie müssen dem Buch Gelegenheit geben, seine Schuldigkeit zu tun.“

„Ja, Sie tun Ihre Wirkung. Ich sitze da und schreibe mit dem gleichen schönen Gefühl über Robert Walser, wie ich die ‚Zettelwirtschaft‘ für Sie geschrieben habe. Und ich denke, wie schade um all die verlorene, verquälte Zeit. Was dumm und sinnlos ist. Wäre es denn vor Ihrem Vorschlag, für Sie zu schreiben – jetzt kommt es mir wie das Nächstliegende vor –, möglich gewesen?“

„Kennen Sie Albinoni? Zu seiner Musik habe ich einmal, es war sehr früh morgens und draußen war ein heißer Sommertag zu erwarten, eine blaue Figur gemacht. Ein Gesicht mit einem schreienden, roten Mund und schwarzen Augen. Es war vielleicht die schönste Figur, die je entstanden ist von mir.
Und dann bin ich lange am Boden gelegen, unter dem offenen Fenster, mitten im Zimmer, und habe geweint. Und irgendwann bin ich aufs Rad gestiegen und in den Verlag gefahren. Dieses Rad gibt es nicht mehr, und ich setze nun die Kopfhörer auf, um in Glenn-genialer Begleitung ins Büro zu fahren, mich fahren zu lassen, endlich nicht mehr nur auf mich selbst angewiesen.
Dort auf dem Boden im Zimmer war nur das Gefühl, alles zu verlieren. Und ich habe ja damals mit Doktor Drosthof wirklich ALLES verloren.
Später habe ich eine Hand-Version dieser Gesichtsfigur gemacht, für mich selbst, eine blaue, verquält verkrampfte Hand. Blau, mit einer roten Delle an der Außenseite, unterhalb des kleinen Fingers, der der zärtlichste und eigenste Finger einer Hand ist, der am meisten zu einem selbst gehört.
Und in diese Hand legen Sie Stück um Stück, oder vielleicht haben Sie irgendwann schon alles hineingelegt, und ich kann es einfach nur nicht fassen.
Weil mein Bruder etwas geklaut hatte, ging mein Vater mit ihm in den Keller, und er sagte, er würde meinem Bruder die Hände abhacken.
Ich war starr vor Angst und Hilflosigkeit. Dass er es nicht getan hat, konnte gar nicht mehr erleichternd wirken. Lesen Sie den Brief Kafkas, in dem er seinen Schulweg mit der Köchin beschreibt.“

„Ich sitze da, höre Glenn Gould, der Händel spielt. Und ich schaue den Blutfleck vor mir auf dem Boden an, der nicht mehr wegzubringen ist.

Glenn spielt, als würde er dem Cembalo sagen ‚Du gehörst mir und tust, was ich will!‘.“

„Ich schreibe Ihnen hier etwas über Lars Gustafsson* UTOPIEN und Christian Enzensberger* GRÖSSERER VERSUCH ÜBER DEN SCHMUTZ auf: *Beide lassen sich auf <gefährliche Randgebiete> mit methodischer Konzentration ein: Das Phantastische ist das nach ideologiekritischer Übereinkunft als <reaktionär> zu Verwerfende. Der Schmutz wiederum ist seit der Zeiten Anfang buchstäblich die Inkarnation des Bösen.*

Einmal wird ein Allgemeinplatz linker Aufklärung stoisch verunsichert, im andern Fall wird das vom eher konservativen Ordnungsblick längst Wegmoralisierte in seiner subversiven Kraft wiederhergestellt. Logisch ausgedrückt: [I]n Enzensbergers und Gustaf[s]sons Sprache widersprechen jeweils die angeführten Teile der Phantasie und des Schmutzes dem Ganzen eines falschen Begriffes von ihnen. Sie erkennen etwas, weil sie bisher für wahr Gehaltenes unrhetorisch und unmittelbar für nicht wahr halten.

Diese essayistische Reflexion hat kein epigonal-erbauliches Verhältnis zu der geistigen Überlieferung. Das zeigt sich am deutlichsten in der Art, wie Zitate verwendet werden. Es wird oft zitiert. Aber damit ist nie eine geistesgeschichtliche Beziehung hergestellt oder ein Argument geheiligt, wie das so gang und gäbe ist beim herkömmlichen Essay, der nicht <denkt>[,] sondern <zitiert>. Das Zitat ist hier nicht die üppige, schöne und leere Koketterie, nicht der heraldische Umgang mit großen Namen. Das Zitat ist Argument. Aber im Unterschied zu wissenschaftlichen Behauptungen ergibt es sich nicht auf der planen Fahrbahn, auf der jeder vorbeikommen muss, sondern liegt wie zufällig noch zu entdecken im Geröll. Man findet es <plötzlich>. Das ist keine Mystifikation dessen, was man findet. Das ist nur Hinweis darauf, dass ein Temperament etwas findet, dass Subjektivität ins Entdecken kam. Karl Heinz Bohrer*, PLÖTZLICHKEIT. Zum Augenblick des ästhetischen Scheins. Edition Suhrkamp 1058.

Dieses Buch lag schon lange in meinem Bücher-Geröll. Und ich habe es plötzlich entdeckt, jetzt, wie vieles in der Weihnachtszeit. Es hat mich beim Referat viele Schritte weitergebracht."

„Ich würde so gerne meine Schamlosigkeit zeigen. Es ist eine Frage des Mutes, der Angst. Aber schamlos bin ich.
Eigentlich hätte ich gestern sagen sollen, dass ich, nicht Sie, keine Ahnung habe, was Sie für mich bedeuten. Wir wissen es beide sehr gut, nur wage ich nicht es auszusprechen. Hier schon. Sie sind einer meiner Lebensmenschen, von denen es nur zwei gibt. Einen nur in der Erinnerung.
Das hat umso mehr Gewicht, als ich es eigentlich nicht nur mit völlig gleichgültigen, austauschbaren Menschen – wer hätte das nicht –, sondern mit Todesmenschen zu tun gehabt habe."

„Sie können mir glauben, langsam beginne ich diese Stadt mit wirklicher Bernhardscher Leidenschaft zu hassen. Dieses verdammte Wien gibt mir einfach nicht, was ich brauche, und drängt mich zurück in diese Wohnung, die vor Verkommenheit strotzt. Aber Sie, Sie halten mich hier. Und ich lasse mich gerne von Ihnen halten.

„Eigenartig. So trüb es auch in mir und um mich ist, wenn ich dann dasitze, dieses Buch auf den Knien, und schreibe – plötzlich versinken alle diese würgenden, mir keinen Atem lassenden Verriegel- und Verrammel-Vorschriften: Kein Zurückbiegen mehr. Wenn ein Wort all diese verlorenen Jahre bei Clarin, diese feinnetzige, bodenlose Schweinerei beschreibt, dann ist es ‚zurückbiegen'. Über Einzelheiten muss man schweigen, *weil man darüber in zu großen Zorn geraten müsste*, sagt Walser. Womit ich nun woanders für Sie weiterschreibe."

„‚Unsäglich'– das ist so ein Wort. Und dann gibt es noch Kleists Aufsatz
ÜBER DIE ALLMÄHLICHE VERFERTIGUNG DER GEDANKEN BEIM REDEN."

„Endlich sind die Referate vorüber, und ich kann endlich für Sie schreiben. In der Nacht vor dem Referat – im Grunde hatte ich noch gar nichts – habe ich von Ihnen geträumt. Und das Schreiben fiel mir dann so leicht. Geträumt habe ich von Ihnen, von Ihrer Schwester, die ich fürchterlich beneidete. Manchmal erwische ich nun Traumfetzen, sie sind wie ein Ausweis, in dem steht, dass ich nicht völlig wertlos bin: Nicht zu träumen – dafür fühle ich mich schuldig. Ja, ich bin schuld daran, weil ich mich täglich selbst totmache. Diese gottverdammte Trinkerei. Ich kann damit überleben, aber sie lässt mich nicht leben."

„Am Vortag vor dem Referat, am Morgen nach der Stunde bei Ihnen, war es ein wirkliches Bedürfnis, abends nichts zu trinken, nur zu arbeiten. Ich freute mich so sehr darauf, sah plötzlich alle Möglichkeiten, die darin liegen, vor mir: Für Sie über Robert Walser schreiben – ist das etwa kein warmes, schönes Nest? Wenn nur morgens schon Abend gewesen wäre! Aber dazwischen lag ein langer, deprimierender Tag. Und ich wollte nichts als diesen ganzen Tag vergessen."

„Ich habe mich da in eine Verzweiflung hineingeschrieben und möchte nur mehr schreien. Und alles wegstoßen. Wegstoßen – weil es ja doch nichts hilft. Ich muss mir wieder weh tun, auf diese fürchterliche Art, indem ich alles, woran ich glaube, was ich festhalte, diese Traumfetzen, Sie und mich, wie dreckige Abwaschfetzen behandle und mit äußerster Gemeinheit, in dem Gefühl, das Letzte, das wertlos Widerwärtigste zu sein, im Dreck dahinvegetieren lasse.

Gaskammern sind entsetzlich, aber noch entsetzlicher ist es, neben ihnen im KZ gehalten zu werden. Man überlebt es doch nur, weil man an das Draußen und an seine Kraft glaubt. Auf diesen Glauben zielen die stärksten Angriffe. Entscheidend ist, ob man sie aushält. Hungern ist dagegen ein Kinderspiel."

„Obwohl Wochenende ist, obwohl draußen die Sonne scheint, obwohl ich mich allein fühle, habe ich keine Lust hinauszugehen, unter Menschen, in die Sonne. Es ist die Angst, hilflos meiner Zerstörung zusehen zu müssen, anderen völlig ausgeliefert zu sein, die im Namen der Krankheit und mit dem Vorwand, mir helfen zu wollen, zu müssen, absoluten Zugriff auf mich haben. Sie sind das eigentliche Übel, sie sind der Grund der Angst, nicht die Krankheit, die ja nur die Folge dieser krankmachenden Menschen ist. Was lag, was liegt näher, als meine Zerstörung selbst in die Hand zu nehmen, dem Ganzen ein winziges Stück Ich abzugewinnen …Gerade schreibe ich das Referat ‚für Sie‘ und habe dabei das Gefühl, mit Windmühlen zu kämpfen.“

„Langes Wochenende. Die meiste Zeit verbringe ich damit, eine fürchterliche Traurigkeit, das Gefühl absoluter Sinn- und Wertlosigkeit niederzukämpfen. Und ich weiß, es hängt mit Ihnen zusammen, und mit der Dissertation und mit dem Trinken.
Diese Dissertation – was ist sie denn schon. Sie ist mir schon wie ein fauler Apfel im Mund. Niemand will sie, niemand wird sie je lesen.
Dr. Eisinger, ich möchte so gerne leben, aber alles scheint sich verschworen zu haben gegen mich. Und ich selbst am meisten. Alles Schöne sehe ich nur, und kann es nicht mit den Händen berühren.“

„Also, Sie haben mir gesagt, dass der Hinweis auf 10 Schilling den 1 Schilling, den ich Ihnen zeige, nicht abwertet. Ich glaubte es Ihnen. Doch ein böser Rest war da. Es war das Gefühl, keine gemeinsame Sprache mit Ihnen gefunden zu haben. Gemeinsame Sprache – das ist ein Gefühl von Vertrautheit. Eine Luft, in der beide atmen können. Nicht jeder dieselbe und doch die gleiche Luft.
Der böse Rest war da, bis ich soeben 10 und 1 schrieb. Da musste ich an Ihren Schwager, den Mathematikprofessor denken, der Ihnen offensichtlich – und Sie machten dabei das Fenster zu, als Sie davon erzählten –, nennen wir es ‚Kopfzerbrechen‘ bereitet. Und bei 10 und 1 – das macht 11 – dachte ich an besagten Professor. Ich will nicht 1 oder 10, ich will 1 und 10. Das wollte ich Ihnen sagen, und auch Sie mir. Oder nicht?“

„Sie sagen viele schöne Dinge und Worte. Aber die schönste Weise etwas zu erzählen haben Sie dann, wenn Sie von Ihrem Buben reden.
Ich weiß sehr gut, dass man Worte empfinden kann. Dieses wirklich körperliche

Verhältnis, das ich zu Worten habe, ist einerseits sehr schön, andererseits oft nicht mehr zu ertragen.

Wenn Sie von Ihrem Buben erzählen, stehe ich neben Ihnen und wir schauen ihm zu. Und ich fühle mich so aufgehoben in der Liebe, die in Ihren Worten liegt. Und dann ist der Satz, das Erzählen zu Ende, und es ist nur mehr kalt um mich.

Ist Ihnen aufgefallen wie nüchtern, wie Thema wechselnd meine Worte nach Ihren Erzählungen über Ihren Buben sind? Sie sind es, damit ich der Kälte, dem Ausgeschlossensein entgehe. Was ich freilich nicht tue. Es ist zwecklos und dumm. Umso mehr, als ich Ihnen womöglich zu verstehen gebe, dass mich das nicht interessiert. Und das steigert die Kälte und Verzweiflung nur noch mehr.

Der von seinen Teufeln gequälte Mensch rächt sich eben besinnungslos an seinem Nächsten.*

Nein, so will ich das nicht stehen lassen und schreibe es hier nochmals auf:

Es ist so schön, wenn Sie von Ihrem Buben erzählen.

Und das ist keine Übertreibung, Herr Kafka."

„Kennen Sie meine Wochenend-Position?

Ich sitze unbeweglich in einem Schalensessel und starre das Chaos rund um mich an. Meine Geschichts- und Philosophielehrerin hatte schon recht mit ihrem ‚Bach ist ein Gott‘. Der konzertiert nämlich gerade brandenburgisch. Und Sie haben mir Bach ‚geschenkt‘. Ohne mir eine Platte oder sonst was in die Hand zu drük-ken. Sie haben ihn mir mit zwei kleinen Worten geschenkt: ‚Einfach hören‘."

„A.A.: ‚Haben Sie sich nie gefragt, ob ich in Sie verliebt bin? Ist ja vom therapeu-tischen Standpunkt durchaus möglich.‘

Dr. E. (mit entsprechendem Gesichtsausdruck): ‚Sind Sie's?

Da Sie die Frage gebracht haben, müssen Sie zumindest darüber nachgedacht haben.‘

A.A.: ‚Natürlich bin ich's nicht. Ich denke, damit, dass das einmal in extenso durchgespielt wurde, habe ich der therapeutischen Mathematik meine Schuldigkeit getan. Und ich werde mich tunlichst vor einem zweiten Mal hüten, ganz besonders bei Ihnen. Es ist schon schwer genug.' (Schweigen)

Dr. E.: ‚Was ist schwer genug?'

A.A.: ‚Ach, lassen wir das.'

Dr. E.: ‚Nein, jetzt bin ich lästig. Ich hab ja nicht damit angefangen. Also, was ist schwer genug?' (Beugt sich dabei entschlossen nach vorn, rückt die Brille näher an die Augen, Ellbogen auf die Knie gestützt, Hände vor dem Kinn ineinander verschränkt)

A.A.: (Versinkt immer weiter nach hinten in den Sessel, eine Hand stützt den Kopf, die andere ist dem einen Fuß behilflich, sich mit dem Knöchel auf das andere Knie zu legen) ‚Es ist schwer genug auszuhalten, was Sie auch ohne Verliebtsein für mich bedeuten. Und außerdem geht das zehnmal tiefer als irgendein Verliebtsein, ja. Irgendwie kann man das gar nicht sagen, nur zeigen. Und weil da so wenig und so schlechte Möglichkeiten sind, ist es so schwer --- Wir sehen uns Dienstag.'

Dr. E. (Tiefer Blick, der mit einem Sprung in den Terminkalender etwas irritiert-hektisch wirkt. Schweigen) ‚Dienstag.' (Macht beim Hinausgehen das Fenster auf)."

„Gerade höre ich jenes Stück, von dem ich immer glaubte, es sei von Albinoni. Es ist also von Bach, und zu seiner Musik habe ich die Figur für Dr. Drosthof gemacht, das Gesicht mit dem roten, schreienden Mund und den schwarzen Augen. Bevor ich da den Dialog A.A. und Dr. E. aufschrieb, bin ich lange dagesessen und wollte eigentlich nur weinen, weinen wie damals, aber ich habe es nicht zugelassen, weil ich Ihnen doch etwas sagen wollte."

„Es ist nach der Stunde bei Ihnen, in der wir über ‚Wochenende' und das Referat gesprochen oder auch, zumindest ich, geschwiegen haben.
Ich habe Ihnen dieses Brief-Buch hier verschwiegen, bewusst, obwohl ich es Ihnen am liebsten gleich in die Hand gedrückt hätte. Aber es kam mir so vor, als

würde ich uns, falls ich es erwähnte, um etwas berauben.

Jetzt erscheint es mir dumm. Dieses ‚Etwas‘ ist ja nicht an dieses Buch gebunden. Wozu die Heimlichkeit darüber. Sie verhüllt ganz ungewollt das ‚Was‘.“

„Hier taucht langsam, aber sicher in mir das Gefühl auf, auf Eis zu gehen. ‚Wenn's dem Esel zu wohl ist, geht er aufs Eis tanzen.‘ – So ein Sprichwort! Es ist wie mit dem ‚vierten Kapitel‘ [Anspielung auf Franz Kafka DAS SCHLOSS]. Ich fühle mich ganz nahe dran, es zu sagen, und weiß, es ist das, was ich sagen will, aber es bleibt mir im Hals stecken. ‚Es kann nicht sein, was nicht sein darf.‘ Das ist doch Ihr Satz. Es geht nicht darum, ob ich die Gründe dafür zum Teufel schicken kann oder nicht, sondern darum, ob ich es darf, können tu ich's ja. Nicht darum, ob ich es sagen kann, sondern darum, ob ich es sagen darf. Nicht darum, ob ich leben kann, sondern darum, ob ich leben darf.“

„Ich mag Streichkonzerte und ich liebe Glenn Gould. Rein zufällig entdeckte ich gestern in der Bücherei eine Aufnahme der Konzerte für Klavier und Streicher, von Bach natürlich. Und wenn nun ‚mein Apple‘ – so wird er wahrscheinlich heißen – neben mir stünde, auf meinen Knien dieses Buch und rund um mich Bücher. Nur Ingeborg Bachmann dürfte da stehen, Franz Kafka, Robert Walser (ich denke, seine Fremdheit würde sich mit der Zeit legen) und dann schon fast naturgemäß Thomas Bernhard, und dazwischen halt ein etwas kleinerer Haufen Bücher, und um all das herum diese Musik – ich wäre der glücklichste Mensch. Übertreibung?“

„Auf die Gefahr hin, mich langsam, aber sicher lächerlich zu machen, starte ich einen weiteren Versuch zum ‚vierten Kapitel‘. Dabei fällt mir ein, es gibt ein Stück von Anzengruber, wenn ich nicht irre DAS VIERTE GEBOT. ‚Du sollst Vater und Mutter ehren‘, so lautet es doch.

Kein Problem, wenn es etwas zu ehren gibt …“

Hier hören die fotokopierten Blätter aus einem der ‚Brief-Bücher‘ auf, die Almuth an ihren Therapeuten, den Psychiater Dr. Viktor Eisinger, geschrieben hat.

6. März 93

„Ja, es war gut, endlich mit Dr. Eisinger über mein Schreiben, meine Briefe an ihn, zu reden.

Eigentlich kann ich mich kaum erinnern, was wir geredet haben, aber es muss etwas Wesentliches gewesen sein, denn das Bedrohliche ist weg.

Und irgendwann haben wir uns angeschaut. Und es war das erste Mal in meinem Leben, einem Menschen in die Augen zu schauen, ohne Spiel, ohne das Spiel Man-schaut-sich-in-die-Augen.

Es geht mir seit Tagen nicht aus dem Sinn. Es war, als hätte ich ein wirkliches Stückchen Brot bekommen. Und nun bricht der grenzenlose Hunger hervor. Und die Sehnsucht ist wirklich so gewaltig, dass ich sie nur ansatzweise leben lassen darf, weil sie mich sonst überschwemmt und in ein grenzenloses Nichts stürzt. Wenn ich das ganze einsame Elend reden lasse oder ließe, es gäbe nur zwei Lösungen: Wahnsinn oder Schluss.

Nicht verhungert und nicht gesättigt, sich nicht ganz erinnern und es doch nicht vergessen. Nein, das ergibt kein laues Gemisch, es droht den Menschen zu zerreißen.

Nicht frei und nicht gefangen – solchen Menschen wird ein lebenslanger Prozess gemacht. Aber die Anklage bleibt im Dunkeln. Sie ist dem Menschen abhandengekommen? Nicht die Anklage selbst, aber ihr Grund.“

22./23. März 93

„Der Ansturm ist wieder losgebrochen, versucht alles zu zerstören.

Nun, viel ist es nicht mehr, was sich ihm entgegenstellt. Nur das Schreiben an Dr. Eisinger bietet noch Widerstand. Das Schreiben an ihn ist überlebenswichtig. Es ist das Einzige, was mich noch an der Oberfläche hält.

Oft denke ich daran, wie ich mich meinem jetzigen Leben entziehen könnte, eine leere und gefühllose Hülle zurücklassend. Mein Chef könnte mir dann sagen, was er will, aalglatt gleite ich ihm aus der Hand. So ließe sich dieses ganze Büro ertragen. Ich müsste unempfindlich gegen diesen Menschen werden, aber schon der kleinste Gedanke an ihn bringt mich auf."

6. April 93

„Nun, es ist immerhin eine Erholung, dass ich gestern einige Seiten für das Referat schreiben konnte, zeitweise sogar mit diesem besonderen Glücksgefühl."

TEIL II

An diesem 6. April 1993 enden die sporadischen Tagebucheintragungen. In den folgenden zwei Jahren schreibt Almuth offenbar nur ‚Brief-Bücher' für Dr. Eisinger, über die wir erst 1995 aus Almuths Korrespondenz mit Lucy, ihrer Salzburger Freundin, erfahren, der sie weit mehr anvertrauen wird, als sie ihren Therapeuten Eisinger und Clarin jemals von sich preiszugeben gewillt war.

Anfang des Jahres 1995 wird sie abermals für acht Wochen auf der Psychosomatischen Station 6B der Universitätsklinik im AKH der Stadt Wien stationär behandelt. Dort begegnet sie Lucy. Eine Tänzerin, die ebenfalls schwer suchtkrank ist, zwei Jahre jünger als Almuth. Binnen kurzer Zeit verbindet die beiden eine enge Freundschaft, als hätte jede in der anderen das Geschöpf gefunden, das sie als ihresgleichen erkennt und anerkennt. Sie teilen das Grauen, das sich in ihrem Körper ausbreitet, und zugleich den Triumph, die Euphorie, ihrem geschundenen Körper wiederum ein paar Gramm abgetrotzt zu haben.

Sieben Jahre lang, bis ins Jahr 2002, werden die Briefe an Lucy Almuths Tagebuch ersetzen. Nach sieben Jahren beschließen die Freundinnen im gegenseitigen Einvernehmen die Rückgabe ihrer Briefe, als hätten sie aufgehört, Wege aus der Trostlosigkeit zu suchen. Die Freundschaft erkaltet.

Erhalten geblieben sind allein Almuths Briefe vom Beginn der Korrespondenz, von März bis November 1995.

„Briefe schreiben heißt, sich vor den Gespenstern entblößen"

Wien, 21. März 95

„Meine liebe Lucy! Vielen, vielen Dank für Deine Briefe, das Foto und die CD. So etwas liegt tatsächlich ungehört bei Dir herum??

Ich denke sehr oft an Dich. Es war während der 8 Wochen auf 6B eine so liebe und vertraute Gewohnheit, Dich in Gängen und Zimmern herum,rasen' zu sehen. Von mir kann ich Dir leider wenig Gutes berichten. Ich bin ganz tief unten und weiß nicht, wie ich da wieder herauskommen soll. In meiner Verzweiflung zerschneide ich mir sogar die Hand – Symptomverschiebung. Und damit nicht genug, jetzt kommt meine Mutter noch dazu. Mein Bruder hat sie bestohlen und angeblich – aber ich trau's ihm zu – bedroht. Sie sollte ihm das Losungswort eines Sparbuchs verraten. Schuld sei ich, weil ich das Geld, das sie mir geben wollte, nicht angenommen hab.

Mein Arm tut mir weh. Ein paar Schnitte mehr.

Dr. Eisinger, mein Therapeut, war gestern ziemlich wütend, als ich ihm davon erzählte. Wenn das so weitergeht, wisse er nicht, was er tun soll.

Nun muss ich mit der Angst herumlaufen, den Menschen, der mir am meisten bedeutet, mit meiner Selbstzerstörung vor den Kopf zu stoßen und zu verlieren – und schneide trotzdem mit einer aberwitzigen Lust weiter, sodass mir vor mir selbst angst wird.

Warum ich das so unerbittlich tun muss? Ich begreife es nicht.

Eigentlich wundert es mich, dass man mich frei herumlaufen lässt und nicht längst hinter Gittern verwahrt hat.

Abgesehen von diesem Ich-Brief – Kafkas BRIEFE AN MILENA solltest Du unbedingt auf Deine Leseliste stellen, unbedingt!

Bis zum nächsten Brief ganz liebe Grüße von einer, die weiß, wie

schwer und leicht das ist: Lass es Dir gut gehen! – Almuth"

„Liebe Lucy!

Mein Brief hat Dich betroffen gemacht?

Ich aber bin wütend auf all die Menschen, die Dir ihr Unverständnis und ihren Hass so lange und so nachträglich eingepflanzt haben, bis sie Wurzeln schlagen konnten und nun aus Dir selber wachsen. Darum denke ich mir – aber da sage ich Dir sicher nichts Neues –, Du solltest so rasch wie möglich weg von Deinen Eltern und von Salzburg.

Ich will Dir keine Moralpredigt halten, ich erzähle Dir nur einige Gedanken, die in den letzten Tagen bei mir gezündet haben. Zum Beispiel: Täglich essen. In Florians Café, anfangs, gab es eine ordentliche Fehlzündung. Aber dann konnte ich nicht länger übersehen, wie rührend besorgt Florian um mich ist. Er, bzw. sein Koch, kocht mir ganz vortrefflich, er isst gegen seine Gewohnheit mittags mit mir, kauft mir Vitamintabletten und freut sich, wenn ich bei ihm bin, und sagt mir, dass er sich um mich sorgt, weil er mich gern hat.

Die BRIEFE AN MILENA kennst Du also nicht? Vielleicht ist es ein trauriges Buch. Vielleicht. Aber diese Briefe sind so wunderschön und in ihrer Schönheit so unverwüstlich – sie haben es sogar überstanden, Thema meiner Diplomarbeit zu sein, das heißt, ich liebe sie nach jahrelanger germanistischer Zerpflückung noch immer oder noch mehr. Bitte nimm sie gut auf, nicht meinetwegen, sondern Deinet- und ihretwegen, sie verdienen es, und vergiss das große Trotzdem nicht – bis zu ihrer letzten Zeile.

Alles Liebe und bis bald – Almuth"

„Meine liebe Lucy!

Unser Briefwechsel ist mir eine große Freude, oder ich könnte auch sagen ein großes Bedürfnis geworden.

Was ich gerade in Deinem Brief gelesen habe, macht mich ganz vergnügt: Du weißt noch, wie Leben geht, das Talent zur Lebenskünstlerin hast Du, aber nur Übung macht den Meister. Und ich antworte Dir mit meiner Symptomatik, die von meinem Onkel Doktor Eisinger weiterbehandelt wird. Gestern Abend war ich nahe daran, dieses pulsierende Etwas an der Innenseite meines Unterarms durchzuschneiden. Aber die Lust morgen, i.e. heute wieder aufzustehen und weiterzulaufen, auch wenn es mehr gestolpert als gelaufen ist, war einfach größer.

Und auch Du musst diese Eigenschaft haben. Sonst hättest Du unter den beschissenen Umständen, unter denen Du leben musst, schon längst aufgegeben.

‚Mein Florian' – ja, das ist genau der mit Buttersemmel, Schokolade und Torten. Es gäbe so viele Geschichten über ihn zu erzählen ---

Während sein Vater ihm beigebracht hat, dass nichts Schlimmes passiert, wenn er sich von überholten Abhängigkeiten löst, und damit meinte er ab einem bestimmten Zeitpunkt auch die Abhängigkeit des Kindes von seinen Eltern, haben meine Eltern in mir den Glauben gezüchtet, dass jede Unabhängigkeit von ihnen für mich im totalen Untergang, in meiner totalen Auslöschung endet. Und dieses diffuse, aber manchmal allmächtige Gefühl, ganz und gar ausgelöscht zu werden, taucht regelmäßig auf, sobald ich mich von alten, überholten Verhaltensweisen lösen will."

7. April 95

„Liebe Lucy, nach Beendigung meines vorigen Briefteils ging ich ins Bett, nahm noch Passedan-Tropfen, die mir Florian in seiner rührenden Fürsorge gegen meine Angstanfälle gekauft hatte: Er sagte, immer für dann, wenn der ‚Wurm' kommt. Am nächsten Tag war ich an meine Wohnung gefesselt. Mein Onkel Doktor hatte mir nämlich eine besondere TRISTAN UND ISOLDE-Aufnahme geborgt: Ich hatte sie ihm zu Weihnachten geschenkt und sollte sie nun bis Donnerstag dreimal aufnehmen. Für Florian zweimal und einmal für mich. Das sind etwa 15 Stunden. 15 Stunden an meine Wohnung gefesselt. Also griff ich zu meinem altbewährten Mittel, zu einem Achtel Wein. Alleine in meiner Wohnung bleibt es aber nicht dabei, es folgt ein zweites und dann noch eines … Kurz, am Mittwochnachmittag und Abend war ich der Welt abhandengekommen und mir die Welt.

Dann kam der Donnerstag, mit einer Stunde bei meinem Onkel Doktor.

Außerdem war ich zu meinem Hausarzt bestellt, der mir Xanor gegen die Angst verschrieb. Das ist ein Valium-ähnliches Präparat, wegen der Suchtgefahr von mir mit höchster Vorsicht zu genießen. Aber ich fühle mich dadurch sicherer vor meinen Angstanfällen.

Und damit bin ich bei Deinem zweiten Brief. Es stimmt mich traurig, dass Du Dir bezüglich Essen rein gar nichts gönnen kannst. Ein Apfel und ein Joghurt. Wenn ich lese, dass Du dieses Nichts von einem Apfel und einem Joghurt wieder erbrechen musst, kommt mir das vor, als würde ein Richter mit dem Hammer vor Dir auf den Tisch schlagen und ‚Todesstrafe' sagen. Und trotzdem verstehe ich nichts besser, als dass Du erbrichst.

Was Du über Deinen Alkoholkonsum schreibst, das kam mir vor, als würde ich meine eigene Geschichte lesen.

Ach Lucy, dass 1 Stunde Therapie in der Woche, in dem Gefühl nicht verstanden zu werden, nur ein Tropfen auf dem heißen Stein ist, auch das kann ich Dir sehr gut nachempfinden. Ich möchte Dir an dieser Stelle ein Zitat aus einer Erzählung von Paulus Hochgatterer aufschreiben, bezüglich des ‚Nicht-verstanden-Werdens':

Verzweiflung heißt, sich von den anderen nicht verstanden zu fühlen. Sich von den anderen nicht verstanden zu fühlen heißt, von den anderen nicht verstanden zu werden. Es gibt nur eine subjektive Wahrheit.

Wenn der Wäschestrick der Mutter reißt, heißt das nicht, dass einen der Wäschestrick der Mutter nicht versteht. Wenn einen der Puffer der Lok von den Geleisen stößt, heißt das nicht, dass der Lokführer geistesgegenwärtig oder die Lokomotive menschenfreundlich war, sondern alle miteinander bar jeden Verständnisses. Für einen, der sich verstanden fühlen muss, wahrscheinlich ein rechtes Kreuz.

Hat nicht den Schaden, den er möchte, sondern nur den Spott der gebrochenen unwesentlichen Knochen. Nicht einmal der rechte Arm ist es. Wer sich von den anderen verstanden fühlen muss, kommt mit sich allein nicht aus…14.20 Uhr

Ja, das Alleinsein – womit ich auch das Allein-Fühlen meine, wenn man unter Menschen ist. Dieser bittere Rest, der immer bleibt.

Nun sollte ich Deine Geduld mit diesem Riesenbrief nicht länger strapazieren.

Zur Post muss ich ja auch noch – ich hoffe, Du weißt, wie gerne ich das tue. Ganz, ganz liebe Grüße – Almuth"

Wien, 12. April 95

„Meine liebe Lucy!

Es ist drei viertel acht Uhr morgens, und gerade habe ich Deinen Brief gelesen zum Frühstück. Sucht nach Briefen – von Kafka kannte ich das.

Die Sucht, selbst Briefe zu schreiben, ist mir freilich nichts Neues. Mein lieber Onkel Doktor könnte Dir ganze Bücher als Beweis vorlegen – falls er sie nicht weggeworfen hat.

Es freut mich wirklich, obwohl ich es gar nicht anders erwarten konnte, dass Dir die BRIEFE AN MILENA gefallen. Wie Du sie in Deinem Brief zitierst – es sind genau einige der Stellen, die sich ganz tief in mich eingegraben haben, zum Beispiel *einer liegt im Schmutz und Gestank …*

Weißt Du, dass ich einmal eine Dissertation über den ‚Schmutz bei Kafka' schreiben wollte? Allerdings kam mir da meine Tuberkulose dazwischen. Du siehst, ich habe mir Kafka nicht nur zu Herzen, sondern auch zur Lunge genommen, und dann wollte mich mein Professor nicht mehr betreuen, und ein anderer wollte Kafka nicht als Thema akzeptieren – womit ich dann bei Robert Walser gelandet bin, aber diese Dissertation habe ich schon vor zwei Jahren zu Grabe getragen.

Nun bin ich schon wieder in eine Sucht verfallen – sie heißt Kafka. Gerade stand ich vom Computer auf, und da fiel mein Blick auf den Buchdeckel des HUNGERKÜNSTLERs. Da Du die Erzählung unbedingt kennen solltest, habe ich große Lust, sie für Dich abzutippen."

Donnerstag, 13. April 95

„Ich sitze im Café Landtmann, es ist 9.00 Uhr früh.

Nachdem ich gestern den HUNGERKÜNSTLER fertig getippt hatte, musste ich wirklich fluchtartig meine Wohnung verlassen.

Was die endlose Kafka-Sekundärliteratur unterdessen über seine ‚Magersucht' erforscht hat, ist für diejenigen, die nicht magersüchtig sind, vielleicht eine Bereicherung. Wer sich allerdings auf die Kunst des Hungerns versteht, dem springen seine Symptome sofort ins Auge – in allem, was er geschrieben hat. Und der HUNGERKÜNSTLER – findest Du nicht, dass nur, wer magersüchtig ist, eine solche Geschichte schreiben kann? Noch dazu, wo zu seiner Zeit von Magersucht keine Rede war!

Angenommen, Du bist durch den HUNGERKÜNSTLER auf den Geschmack gekommen – oder ist das nicht ‚die Speise, die Dir schmeckt'? – dann könnte ich Dir auch den PROZESS empfehlen. Mit dem SCHLOSS ist für mich eine ganz besondere Situation verbunden, die sich nach meinen germanistischen Arbeiten über dieses Buch ‚wacker' am Leben, sprich in der Erinnerung hält. Ich habe DAS SCHLOSS zum ersten Mal mit 16 Jahren zu lesen angefangen, und zwar auf dem Flug von München nach Kanada. Ich besuchte mit meiner Großmutter deren Schwester, 80 Jahre alt. Ich konnte nirgends alleine hin, ich aß und aß und aß und wurde ganz objektiv schrecklich dick.

Um beim Essen zu bleiben. Es ist jetzt schon halb 12 Uhr und ich werde wohl zu Toast und Salat mit Florian fahren. Du musst ihn unbedingt kennenlernen und natürlich auch sein Café.

14.00 Uhr. Jetzt sitze ich im Clinicum und warte auf einen kleinen Schwarzen. Es ist das reale Vorbild für ein Café, das in dem Roman ÜBER DIE CHIRUR-GIE von Paulus Hochgatterer eine Rolle spielt.

Bis bald und alles Liebe – Almuth"

Wien, Ostersonntag 95

„Meine liebe Lucy!

Vielen, vielen Dank für Deine beiden Briefe. Plötzlich klopfte es an meiner Tür und ich fragte mich verärgert, ob ich denn beim Zustand meiner Wohnung die Tür überhaupt öffnen könne. Aber dann streckte mir eine Hand das Kuvert entgegen, ich nahm es ihr schnell weg, verriegelte die Tür und war besänftigt.

Am Samstag plante ich durchaus, einen Großteil des Tages Dir zu widmen, aber schon kroch wieder die Angst in mir hoch und dann die Angst vor der Angst. Ich hatte Angst, in meiner Wohnung zu sein, und Angst, nach draußen zu gehen, Angst vor der Wirkung aller Tabletten: Den heutigen Morgen hab ich großteils damit verbracht, die Wirkung der gestrigen Mittel ‚auszuleben'. Die wegwerfbaren Reste der Samstag-Orgie konnte ich auch noch beseitigen …

Mit Deinen beiden Briefen fuhr ich in den 1. Bezirk. Und wieder fällt mir auf, wie wenig wir – trotz 8 Wochen 6B – voneinander wissen. Von Deinen Angstattacken hab ich erst durch Deine Briefe erfahren. Ist es, wie bei mir, eine unbestimmte, körperliche Angst, die sich an beliebigen Dingen festmachen kann? Nur an das Zunehmen klammert sie sich mit nervtötender Zähigkeit. Dass sie immer stärker wird, je mehr ich ‚zu leben' versuche, bringt mich an den Rand der Verzweiflung.

Das Schlimme für mich ist: Ich kenne den Grund für diese Angst und sie verschwindet trotzdem nicht. Würde ich mich so aufführen, wie mir in dieser Angst zumute ist, man sperrte mich stante pede in eine Gummizelle. Und vor diesem Einsperren habe ich wieder solche schreckliche Angst, weil ich dann keine Möglichkeit mehr hätte, mich und die Angst in mir zu betäuben. So verschlingt sich diese Angst in die entlegensten Bereiche meines Lebens und zieht dann die Schlinge zu, sodass ich, durchaus körperlich, keine Luft mehr bekomme.

Eine weit verzweigte, tief verschlungene Angelegenheit, die in der einfachen und banalen Tatsache wurzelt, dass mein Vater immer wieder mit mir geschlafen hat. Sein Samen ist herrlich aufgegangen, hat kräftige Wurzeln geschlagen und treibt die schönsten Blüten.

Das Ergebnis ist die verrückte und lächerliche Pflanze, die ich nun darstelle. Objektiv weiß ich freilich, dass ich nicht verrückt und lächerlich bin, gefühlsmäßig aber nicht.

So schwierig wird ‚die Geschichte mit meinem Vater', wie ich sie aus Verzweiflung zynisch zu nennen pflege, dadurch, dass ich bis zu meinem ersten Turnus auf 6B vor 5 Jahren keinerlei Erinnerung daran hatte.

Bis dahin war mein Vater nur mein armer, toter ‚lieber Papa', dem ich – im Gegensatz zu meiner Mutter – wirklich etwas bedeutet hatte.

Insofern werde ich das Gefühl nicht los, die gemeinste Lügnerin der Welt zu sein, die einen guten Menschen beschuldigt, um für ihre eigene Schlechtigkeit einen Vorwand zu haben. Dieses Gefühl ist – mit kräftiger Unterstützung durch meinen Onkel Doktor – mit der Zeit schwächer geworden. Inzwischen tauchen die Erinnerungen auf, die mir ‚beweisen‘, dass ‚es‘ mein Vater getan hat. Was dadurch in mir immer mehr Raum einnimmt, ist eine abgrundtiefe Verletzt- und Zerstörtheit. Also zerstöre ich weiter, was noch von mir übrig ist. Plötzlich ist mir, als würde mich ein Schwall überschütten und unter Wasser drücken, und schon läuft die Zerstörungsmaschinerie.

Aber ich danke Dir, dass ich Dir das hier aufschreiben konnte, und Du mir zuhörst. Ich darf Dir doch von meiner ‚Vatergeschichte‘ erzählen, und Du glaubst doch nicht, dass ich sie nur erfinde, um einen Vorwand dafür zu haben, dass ich ‚eigentlich mit Freuden‘ fresse und kotze?

Weißt Du, bei mir hat das Aufschreiben einen beträchtlichen Knacks, allerdings wider Erwarten nicht durch das Germanistikstudium, das habe ich relativ unbeschadet überstanden. Mit der Feder in der Hand oder am Computer bin ich am meisten so, wie ich eigentlich bin. Dass darüber erst recht die Zensur verhängt zu werden droht, wird Dich kaum überraschen. Beim Schreiben rutscht mir leicht die Wahrheit heraus, vor allem in Bezug auf meinen Vater, von dem mir doch Schweigepflicht auferlegt worden war. Vielleicht kannst Du Dir vorstellen, dass mir, abgesehen von der Schweigepflicht, solche ‚rausgerutschten Wahrheiten‘ auch entsetzliche Angst machen. Ich meine damit nicht nur die Angst, wegen des ‚Ausplauderns‘ bestraft zu werden, sondern auch die Angst, weil alles wieder so lebendig vor mir steht. Plötzlich bin ich dann wieder in der Situation von damals, mit der Angst von damals – und weiß mir keine Hilfe. Schreiben tut weh. Seltsamerweise meide ich diesen Schmerz, wohingegen es mir problemlos gelingt, meine Unterarme in eine Narbenlandschaft zu verwandeln.

Ach ja, um es nicht zu vergessen. Habe ich Dir schon erzählt, dass ich meinem Onkel Doktor ganze Brief-Bücher geschrieben habe? Zwar konnte ich mit der Tatsache, von ihm niemals eine Antwort zu bekommen, irgendwie umgehen, wenn er sich aber an irgendetwas, das ich ihm geschrieben hatte, nicht erinnerte und ich merkte das in den Stunden, war ich so verletzt, das hat eine so tiefe Wunde verursacht, die noch immer offen ist und ständig eitert, dass ich ihm nicht mehr schreiben kann.

An einem so schmerzlichen Punkt flüchte ich mich wohl besser ins Kino …"

„Meine liebe Lucy! Von zu Hause bin ich natürlich auch heute wieder geflüchtet. Zum einen wollte ich Dir ja unbedingt weiterschreiben. Zum anderen habe ich durch das, was ich Dir gestern schrieb, Mut bekommen und wieder mehr Vertrauen zu meinen Sätzen. So hab ich mich heute früh an den Computer gesetzt und eine Szene meiner ‚Vater-Geschichte' in die Tasten geklopft (das war wohl eher mein Herz). Danach war es freilich angebracht, den Tatort meiner unverfrorenen Anschuldigungen schleunigst zu verlassen. Beschleunigend auf meine Flucht in die sichere Welt wirkte auch meine Telefon-Phobie. Leute mit Handys sind mir absolut unverständlich Das Gefühl, jederzeit abrufbar sein zu müssen – ein altes, altes Gefühl – seit ich zurückdenken kann …

Bei diesem Hass auf Telefone kannst Du Dir vorstellen, wie unglücklich ich als ‚Sekretärin' sein muss. Ich wollte das nie werden. Schließlich bin ich's doch. Sekretärin, im Büro, das war übrigens immer der Beruf, der meiner Mutter gut für mich erschien. Bücher hielt man in meiner Kindheit für Geldverschwendung.

Es wäre sicher eine sehr therapeutische, lebensbejahende Tat, mir meine Brötchen auf andere Weise zu verdienen. Siehst Du, aber irgendwie wuchert da die Überzeugung in mir, dass ich zu nichts anderem tauge.

Apropos Mutter: Ich könnte mich überwinden, am Freitag Richtung Innsbruck zu fahren, um auf der Rückreise, wahrscheinlich mit total ruinierten Nerven, in Salzburg zu halten. Sag ja, dann fahr ich.

Weißt Du, ich denke, ich sollte nicht so einfach auf das Geld, das von meiner Mutter zu holen ist, verzichten. Es wäre ohnehin nur zugunsten meines kriminellen Bruders. Denn meine Mutter lässt das Geld lieber auf der Bank verschimmeln, als dass sie Gebrauch davon macht, und ehe es verschimmelt, klaut es mein Bruder.

Bisher habe ich immer nur bezahlt. Denkst Du nicht auch, dass ich eine sonderbare Hure bin: nicht nur, dass ich mich ‚verkauft' habe, ohne etwas dafür zu bekommen, ich zahle auch noch lebenslänglich dafür, im wahrsten Sinne des

Wortes, mit dem eigenen Körper.

Wegen Innsbruck warte ich erst einmal Deine Pläne ab, hoffe aber auf baldiges Wiedersehen mit Dir!

Alles Liebe – Almuth"

„Liebe Lucy! Ich sitze im Café Bräunerhof. Muss es Dir einmal zeigen, es war ein Stammlokal von Thomas Bernhard. Ich habe heute schon die Amtsärztin hinter mir. Konnte ihr glaubhaft machen, dass ich arbeitsunfähig bin. Schwer fiel es mir nicht, dieses Glaubhaft-Machen nach dem gestrigen Abend, oder besser, nach dem gestrigen Tag.

Begonnen hat alles mit der Vater-Szene, die ich für meinen Onkel Doktor auf-geschrieben hatte. Ich saß vormittags auf dem Bett, mit ungeheuer viel Angst, dachte an das, was ich geschrieben und was sich in meiner Kindheit und Jugend abgespielt hatte.

Plötzlich erinnerte ich mich an eine Szene: Ich war etwa 12 Jahre. Ich liege auf meiner Couch, mein Bruder hält mich fest, drückt mich hinunter, verschließt mir mit der Hand den Mund und droht: ‚Wenn du nicht still bist, bring ich dich um!' Einer meines Cousins macht sich über mich her.

Nun, trotz all meiner Selbstzweifel wusste ich gestern, das ist wirklich geschehen. Du kannst Dir vorstellen, wie sehr mich die Angst packte.

Also rein mit einem Xanor in meinen Blutkreislauf und raus aus der Wohnung.

In der Therapiestunde bei meinem Onkel Doktor erzählte ich ihm von der Sache mit meinem Bruder und dem Cousin. Er fragte, ob mein Bruder mich ‚verkauft' hat. Nach der Stunde ging ich zu Florian ins Café, und schon auf dem Weg dort-hin begann die Frage in mir zu arbeiten und plötzlich brach die ganze Ernied-rigung aus mir heraus. Natürlich hat mein Bruder Geld dafür verlangt, dass an-dere mit mir schlafen konnten, der hat doch noch nie etwas ‚umsonst' getan, achtet doch immer nur auf seinen Vorteil. Und dann kam wieder dieses Gefühl der Erniedrigung in mir hoch – ich nenne es ‚Abwaschfetzen-Gefühl'. Und ich stopfte noch ein Paar Diätwürstel, Kartoffelbrei, zwei Semmeln und ein Tortino mit Joghurt in mich, plus anschließender möglichst restloser Beförderung in den Kübel. Um mir die Bestätigung zu geben, dass ich wirklich nicht mehr wert bin als ein Abwaschfetzen.

Heute Morgen habe ich Deine Briefe richtig, sprich nüchtern gelesen: ‚Die reine Ursache bin nämlich einzig und allein ich.‘ Und schon wieder sträuben sich meine Haare. Ja, Lucy, das wissen wir beide, dass wir das jetzt alles ‚selber besorgen‘. Ich bin aber fest überzeugt, dass man Deinen Satz umändern muss in ‚Die reine Ursache bin nämlich einzig und allein ich geworden‘.

Ich weiß ja fast nichts über Deinen Unfall, aber zuvor muss etwas geschehen sein, etwas außerhalb von Dir, das die ‚wirkliche Ursache‘ war. So wie gestern bei mir. Natürlich habe ich dafür gesorgt, dass ich mir mit dem Anfall und seinen Folgen wie ein Abwaschfetzen vorkommen muss, die wirkliche Ursache war aber mein Bruder, der mich wie ein Stück Dreck verkauft hatte. Die destruktive Einstellung, von der Du sprichst, hat ihren Ursprung nicht in unserem Inneren, sie wurde von außen in uns hineingetragen und freilich – das muss man eingestehen –, wir tragen sie weiter.

Zu Deiner ‚bösen Feindin‘ Nacht. Versuch es einmal von der Seite zu sehen: Nicht Du lässt Dich nicht schlafen, sondern – wer auch immer es war – hat Dich nicht schlafen lassen, und nun kannst Du es nicht mehr. Wenn Du Dir keine Vorwürfe machst, vielleicht kommt dann der Schlaf, und aus der bösen Feindin wird eine Freundin. Ich halte mehr vom Pazifismus als vom Krieg.“

20. April 95

„Gestern wollte ich an meinen Brief noch etwas anfügen. Wenn ich auf mein Leben zurückblicke, dann habe ich fast ausschließlich durch Worte überlebt. Und ich muss meine Beziehung zu Worten durchaus als ‚körperlich‘ bezeichnen. Wenn ich einen Satz lese, dann tue ich das mit meinem ganzen Körper. Sehr oft glaube ich auch, was ich gelesen habe, körperlich nicht auszuhalten, beispielsweise Robert Walser, über den ich meine Dissertation schreiben wollte. Insofern bin ich an Walser auch körperlich gescheitert. Entweder man liebt ihn und wird süchtig oder man hält ihn nicht aus (wie beispielsweise Doktor Eisinger, mein

174

Onkel Doktor). Nun, ich verstehe seine Texte gewissermaßen ‚im Traum‘, ähnlich wie Kafka. Ein Germanist freilich muss es zustande bringen, zum Text Abstand zu halten. Aber da ich ohnehin so ziemlich zum ganzen Leben Abstand halte, bin ich lieber keine Germanistin und halte mit Büchern ein Stückchen Leben in der Hand.

Bücher können mir ganz gewaltig im Magen liegen, wenn ich zum Beispiel an den Roman ÜBER DIE CHIRURGIE von Hochgatterer denke. Als er erschien, war ich richtiggehend krank davon. Zu einem großen Teil liegt es an der Einsamkeit, die in diesem Buch herrscht. Ein anderes Buch mit langer ‚Verdauungszeit‘ war DIE WAND von Marlene Haushofer. Dann VERSTÖRUNG von Thomas Bernhard.

Vielleicht kannst Du Dir vorstellen, wie schrecklich es für mich ist, nicht lesen zu können. Fühle mich irgendwie auch zu schmutzig für diese schönen Dinge, so als würde ich sie durch mein Lesen beflecken.

Und mit der Musik geht es mir nicht viel anders. Da habe ich diese neue Stereoanlage, aber so ziemlich alle CDs sind noch in derselben Tasche, in der ich sie von 6B nach Hause getragen habe.

Mahler liebe ich, manchmal ganz wahnsinnig. DAS LIED VON DER ERDE hatte ich via Walkman einmal auf der Baumgartner Höhe im Ohr. Es war ein wunderschöner Sommertag und ich ging dort oben spazieren. Vielleicht weißt Du, dass dort oben eine psychiatrische Anstalt ist, in der eine Otto-Wagner-Kirche steht. Die habe ich mir angeschaut, und um nicht um die ganze Anlage herumgehen zu müssen, kroch ich durch ein Loch im Zaun, der die Anstalt vom anschließenden Park abtrennt. Dort gingen Leute spazieren und haben mich höchst seltsam angeschaut, als sei ich eine ‚entsprungene Irre‘. Wenn die wüssten, wie gern ich mich einsperren ließe.

Schon so lange war ich auch nicht mehr in der Oper. Mein Onkel Doktor meint immer, dass ich mir Lesen und Musik aus selbstdestruktiven Gründen versage. Doch selbst an guten Tagen ist es kaum möglich, weil ich mich vor innerer Unruhe nicht darauf konzentrieren kann. Ja, Bücher und Musik sind ein unerschöpfliches Gesprächsthema für mich. Ganze Bücher habe ich auf diese Weise meinem Onkel Doktor vollgeschrieben und ihm einfach erzählt, was dieses Buch mit jenem und dann auch noch mit dieser Musik zu tun hat, die dann wieder etwas mit jener Aufnahme gemeinsam hat, die mich an wieder ein anderes Buch erinnert, damals als ich ihm noch schreiben konnte.

13.00 Uhr – nun denke ich an unser heutiges Telefonat. Ich bin so dankbar, das nächste Wochenende mit Dir verbringen zu können. Jetzt mache ich aber mit diesen ‚Herzensergießungen‘ wirklich Schluss. Das droht ja jedes Kuvert zu sprengen. Alles Liebe – Almuth"

Wien, Samstag , 22. April 95

„Meine liebe Lucy!

Es ist 9.00 Uhr morgens. Wenn ich lese, wie Du leben musst, musst!! nicht willst!! Mich macht das so wütend, dass ich am liebsten alles zerschlagen möchte. Natürlich ist das kein selbstloses und reines Mitgefühl, da brauche ich nichts zu beschönigen, meine eigene Situation mischt da kräftig mit. Und wie immer ‚stolpere‘ ich in Deinen Briefen über jene Stellen, in denen Du Dich beschimpfst.

Lucy, weinen darfst Du über Dich und unendlich traurig sein, aber nicht Dich beschimpfen. Das verdienen andere als Du, beispielsweise Dein Vater. Mir wird ganz kalt, wenn ich daran denke, dass Du unter einem Dach mit ihm leben musst.

Liebe Lucy, ich maße mir an, Dir einen Rat zu geben: Es wäre an Deinem Vater, den Gegenbeweis anzutreten, und nicht an Dir, den konkreten Missbrauch zu beweisen. Das tust Du ohnehin, indem Du mit Deinem Körper und dem miserablen Leben zeigst, wie sehr man Dich zerstört hat.

Deine Angst! Diese Bilder! Dass Deine Mutter nachbohrt!!! (meine leugnet alles!) – das reicht vollkommen. Und wenn Du an die Bilder denkst, frisst und kotzt Du deshalb!

Ich sage Dir da nur, was ich mir immer mit kräftiger Unterstützung meines Onkel Doktor vor Augen halte, und trotzdem – so könntest Du einwenden – fresse und speibe ich weiter. Ja, je mehr an Erinnerung und Gewissheit, dass es passiert ist, hochkommt, desto mehr hänge ich überm Kübel.

Abb. 3: Schattenbild

Du hast gerade angerufen und nun fällt es mir entsetzlich schwer, diesen Brief fortzusetzen. Ich kann vorerst nicht darüber schreiben, sondern muss erst ausprobieren, wie tief die Rasierklingen, die ich gestern gekauft habe, schneiden. Obwohl ich eigentlich nicht will und fürchterliche Angst davor habe. Noch finde ich allerdings die Kraft, mich hier am Computer zu halten, und schreibe also doch weiter. Die Anstrengung, mich nicht zu schneiden, hat mich aber sehr müde gemacht. Und trotzdem hoffe ich, es noch vor 12.00 Uhr in ein Geschäft zu schaffen, um ein Buch zu kaufen, in dem ich meine Briefe an meinen Onkel Doktor doch wieder fortsetzen kann."

Sonntag, 23. April 95

„Liebe Lucy!
Stell Dir vor, nun habe ich tatsächlich ‚gearbeitet', sprich 23 Seiten der Diplomarbeit meines Bekannten korrigiert. Wieder so eine typische Almuth-Arbeit: sage ich auch noch ‚nein, nein, ich will kein Geld!'. Egal, es hat mich zumindest an diesem Sonntagvormittag beschäftigt und mir geholfen, die Zeit sinnvoller zu verbringen als den gestrigen Nachmittag: Absturz, mehr muss ich nicht schreiben. Ich hab mich also gar nicht erst mit Durchhalteparolen gequält. 90 mg Tolvon, ein erschöpfter Halbschlaf. Heute fühle ich mich einfach schrecklich erschöpft und müde. Ein bisschen weniger Blut fließt auch durch meine Adern, ich konnte nämlich feststellen, dass Rasierklingen wirklich besser als Stanley-Messer schneiden. Trübe, trübe Aussichten also an diesem wunderschönen Sonntag. Könntest Du mir nicht versprechen, diesen Brief an die Psychiatrie weiterzuleiten?? Vielleicht wird dann mein Wunsch, irgendwo sicher verwahrt zu werden, endlich Wirklichkeit.
Bis bald, und alles Liebe – Almuth"

Wien, 25. April 1995

„Meine liebe Lucy!
Gerade hast Du angerufen, und dann kam auch schon Dein Expressbrief. Da hast Du Dir also an mir ein ‚Vorbild' genommen und wirst zur Säuferin.

Stell Dir vor, Sonntag und Montag hab ich doch in aller Würde überstanden. Irgendwie hat mir dabei auch die Diplomarbeit, die ich korrigiere, geholfen. Die Arbeit handelt von einer Sprache, die sich in den Minen Südafrikas entwickelt hat, ein schreckliches Gemisch, durch das sich aber Inder, Weiße, Afrikaner verschiedener Stämme verständigen können. Was sich da anhand einer Sprache an sozialen Spannungen auftut, ist wirklich phantastisch.

Und in dieser guten Phase hab ich es auch geschafft, den Telefonhörer in die Hand zu nehmen und meine Freundin Carol anzurufen. Wir haben ausgemacht, dass ich Anfang Juni mit ihr, ihrem Freund und dessen Mutter nach Prag fahre. Wir werden einen Riesenblumenstrauß an Kafkas Grab niederlegen.

Carol hat auch Germanistik studiert. Vielleicht hast Du sie auf 6B gesehen, sie war die Einzige, die mich besucht hat.

Gegenwärtig sitze ich im Clinicum und will Dir noch schreiben, dass ich den Traum von heute Nacht, in dem Du eine der Personen warst, jetzt Doktor Eisinger erzählen werde."

Mittwoch, 26. April 95

„Ja, meine liebe Lucy, heute Morgen wäre ich beinahe in die Ambulanz von 6B gefahren, aber mir fiel nichts anderes ein als: Ich kann nicht mehr, das ich als Begründung hätte sagen können.

Bitte ruf mich Samstagvormittag an, wann Dein Zug in Wien ankommt. Selbstverständlich hole ich Dich ab.

Alles Liebe – Almuth"

Wien, Sonntag, 30. April 95

„Meine liebe Lucy!

Den gestrigen Tag hätten wir beide also doch recht anständig überstanden, findest Du nicht? Warum ich dann so abrupt aufgebrochen bin, lag weniger an meinem Alkoholspiegel als viel mehr daran, dass ich mir plötzlich gegenüber den Leuten von unserem Turnus auf 6B so minderwertig vorgekommen bin, weil ich eben in den zwei Monaten nach der Entlassung nichts geschafft habe, weil ich nichts anderes vorzuweisen habe als einen großen Scherbenhaufen. Dabei fällt mir ein – ich wollte Dir das schon gestern sagen, als wir über dieses Thema sprachen: Ungefähr mit 16 Jahren bin ich monatelang mit dem ganz plastischen Gefühl herumgelaufen, das Innere meines Brustkastens sei nichts als ein großer Schutthaufen. Insofern war es mir ein tröstlicher Gedanke, als ich dann Tuberkulose hatte. Endlich zeigte sich die wirkliche Verletzung, eine blutende Wunde in der Brust. Denn das Gepolter des Schutthaufens, wenn ich ging, konnte ja nur ich hören, das Blut aus meiner Lunge war aber für alle sichtbar. Merkwürdig oder eher bezeichnend war auch der Verlauf meiner Tuberkulose. Anfangs spuckte ich überhaupt nichts aus, schon gar nicht Blut, und man musste mich narkotisieren und mir in die Lunge fahren, um mir die Tuberkulose nachzuweisen. Als ich dann begriff, dass nicht ich schuld an der Krankheit war (anfangs haben mich diese Schuldgefühle nahe an den Selbstmord gebracht), sondern dass sie nur ein Ausdruck für die seelische Verletzung war, die man mir zugefügt hatte , ja, da spuckte ich auch Blut. Diese Tuberkulose-Geschichte war eine sehr schmerzliche, aber wertvolle Erfahrung. Man behandelt dich wirklich wie den letzten Dreck und lässt Dich zu jeder passenden und unpassenden Gelegenheit spüren, welche Macht man über Dich hat."

Dienstag, 2. Mai 95

„Meine liebe Lucy!

Nach den letzten Worten am Sonntag begann ich mich in mein altes Dissertationsthema ‚Der Schmutz bei Kafka' zu vertiefen. Und dann habe ich einen Plan gefasst: Ich möchte zumindest einen kleinen Aufsatz über den ‚Schmutz bei Kafka' schreiben, das Thema fasziniert mich, was bei meiner Symptomatik allerdings nicht verwunderlich ist.

Weißt Du, ich habe so vieles in meinem Leben ungenützt liegen lassen, dieses Thema soll den Haufen nicht auch noch vergrößern. Genau genommen drängt es mich, über den Schmutz zu reden, ich sehe darin eine Chance, in irgendeiner Weise aufzuarbeiten, dass es mir derzeit so ‚dreckig' geht. Und wie sich bei meinen geistigen Stolperübungen gezeigt hat, wird das nicht ohne beispielhafte Begleitaktionen abgehen …

Im Zuge meiner Forschungen bin ich auf eine Stelle in Christian Enzensberger GRÖSSERER VERSUCH ÜBER DEN SCHMUTZ gestoßen, die ich Dir abschreiben will, weil sie zu unserem Gespräch über das Ausgestoßen-Minderwertigsein passt: *... mit der Begründung, er sei ja ein solcher und solcher, könne der Angehörige der Mehrheit ihm gegenüber als Machthaber auftreten.*

Genau das war deutlich zu spüren, als ich Tuberkulose hatte.

Diese Art der Beschmutzung dringe besonders tief in die Person ein, weil sie nicht vom Vorwurf eines fehlerhaften Verhaltens, sondern eines fehlerhaften Seins begleitet sei ... Er begreife sich dann selbst als Schmutz und verstehe es, wenn man ihn als Ungeziefer bezeichne und behandle, ja er sei sogar so weit zu bringen, bei der Vertilgung von Seinesgleichen mitzuhelfen."

„Meine liebe Lucy!

Die Angst schüttelt ganz gewaltig an mir.

Und vor dem Bearbeiten meiner Arme graut mir auch, also flüchte ich mich zu Dir und diesem Brief.

Noch eine kleine Anmerkung zu unserem gestrigen Gespräch über ‚Vaterliebe‘. Ich habe dem meinen einmal fiktive Briefe geschrieben, und eine Stelle daraus hört sich so an:

‚Aber ich kann mich nicht denken ohne Dich. Du hattest mich so lange Zeit meines Lebens in Deiner Hand. Oder soll ich sagen in Deiner Gewalt. Ich kann nichts ohne Dich, das habe ich gründlichst begriffen. Strahlen jetzt Deine Augen? Oder ist es nur die glänzende Nässe der Würmer, die sich nun dort winden, wo damals und immer alle Furcht der Welt für mich lag?‘

Ich mache genau das, was er mir beigebracht hat: auf mich einhauen. Und wenn ich das so geschrieben sehe, dann steigt in mir aus Verzweiflung die Lust hoch, es gleich wieder zu tun. Stattdessen schaue ich mit dem Begriff ‚Vater‘ zu meinem Bücherregal und sehe dort MALINA von Ingeborg Bachmann stehen. Ach Lucy, wenn Du das Buch nicht kennst, das musst Du unbedingt lesen. Ich kann es wieder einmal nicht lassen, Dich mit 2 Stellen daraus zu bombardieren:

Mein Vater steht neben mir und zieht seine Hand von meiner Schulter zurück, denn
der Totengräber ist zu uns getreten. Mein Vater sieht befehlend den alten Mann an.
Der Totengräber wendet sich furchtsam, nach diesem Blick meines Vaters, zu mir. Er
will reden, bewegt aber lange nur stumm die Lippen, und ich höre erst seinen letz-
ten Satz:
Das ist der Friedhof der ermordeten Töchter…
Und:
‚Meine Mutter … ich weiß jetzt auch, dass sie alles weiß, Blutschande, es war Blut-
schande … ich fange zu schreien an, ja, es war das, er war es, es war Blutschande
… Ich schreie, aber es hört mich niemand … es ist nur mein Mund aufgerissen …
und in dieser Anstrengung, bei diesem trockenen offenen Mund, kommt es wieder, ich
weiß, ich werde wahnsinnig und um nicht wahnsinnig zu werden, spucke ich mei-
nem Vater ins Gesicht …

Ich konnte mich nicht bremsen. Und fast möchte ich Dich inständig bitten, das
Obige unbedingt, wenn es nur irgendwie geht, zu lesen.

Als ich damals diese Sommerwochen mit MALINA verlebte, hatte ich nicht den
blassesten Schimmer einer Erinnerung an meine eigene Geschichte – und doch
las ich das Buch, als erzählte mir jemand aus meinem Leben.

Und weil ich gerade bei all dem bin, was ich Dir aufdränge. Ich hoffe, Du magst
Bachs Weihnachtsoratorium. Die Musik ist so beruhigend, sie lässt einen die
Angst ein wenig vergessen, womit wir wieder bei unserer ‚alten Freundin‘ angelangt wären, und ich werde wohl in den sauren Apfel beißen oder bei Florian in
einen Toast mit Salat, und anschließend voll Genuss in ein Schwedenplatz-Eis
und den bitteren Geschmack des schlechten Gewissens dabei mit Wein hinunter-
spülen, anstatt mich hier in meiner Wohnung niederzutrinken.“

Dienstag, 9.Mai 95, 13.00 Uhr

„Meine liebe Lucy!
Nur in Kürze, weil ich bald zu meinem Onkel Doktor muss. Und weil ich kaum
in der Verfassung bin, zu schreiben: Völlig fertig saß ich heute Vormittag drei

Stunden im Wartezimmer meines Hausarztes – jedenfalls bin ich weiterhin im Krankenstand. Und noch immer zittere ich – die Wahnsinnswirkung der gestrigen 60 Stück Dulcolax. Kurz: Ich bin ganz, ganz tief unten.

Aber nun hör Dir statt meiner Elegien lieber die Aufnahmen an. Ich hoffe, sie gefallen Dir.

Alles Liebe und bis bald – Almuth"

„Meine liebe Lucy!

Es ist zwar erst 6.00 Uhr morgens, aber die Angst treibt mich zu Dir. Mal abwarten, ob das Xanor, das ich bereits geschluckt habe, irgendeine Wirkung zeigt. Dieser Angstanfall heute Morgen ist ja zu erwarten gewesen: Carol hat schon die Zimmer in Prag bestellt – und ich weiß doch gar nicht, ob ich mir das überhaupt leisten kann. Zu Deinem gestrigen Brief. Deine Trauer über das nicht gelebte Leben kenne ich sehr gut. Nur halte ich es nicht für sinnvoll, ihr nachzuhängen. Als Beweis dessen, dass auch unzulängliche Mittel zur Rettung dienen können, Kafkas kurze Geschichte DAS SCHWEIGEN DER SIRENEN. Liebe Lucy, wir sollten mit unserer Angst in ähnlicher Weise umgehen. Das wäre eine heldenhafte Tat, und wir bräuchten natürlich die Kraft, daran zu glauben."

„Wieder ist es 6.00 Uhr morgens und fast ist es schon zu einer lieben Gewohnheit geworden, Dir um diese Zeit zu schreiben:

Gestern Vormittag habe ich also der Realität meiner Finanzen ins Gesicht gesehen – es war ein fürchterlicher Anblick. Ich lag die halbe Nacht wach, drehte verzweifelte Gedanken in meinem Kopf – und zerschnitt mir die Hand.

Mein Plan: Ich werde den peinlichen Gang zum Dorotheum tun und schauen, ob ich eine Kette (sie wurde mir von meiner Mutter geschenkt und gefällt mir überhaupt nicht) in Geld verwandeln kann. Ja, Lucy, mit solchen Gedanken schien mir – nicht nur einmal – ein kräftiger Schnitt in die Pulsadern die einzige Lösung. Und wenn ich Dir das nun wieder so aufschreibe, dann spüre ich eine große, unendliche Lust, mich auf meine Beine zu stellen, in die Arme meines Onkel Doktors, um endlich in Sicherheit zu sein. Nein, nein, Lucy, da musst Du nicht erschrecken, das In-den-Therapeuten-Verliebtsein habe ich bei meinem ersten Drecksdoktor (er war wirklich das Unfähigste und Mieseste, was ich jemals erlebt habe) gründlich durchgespielt, davon bin ich restlos geheilt. Ich meine das bildlich: mein Onkel Doktor als alles Lebens- und Liebenswerte.

Nun ist in mir wieder diese schreckliche Sehnsucht nach dem Leben aufgewacht, und über die Sehnsucht kriecht die Traurigkeit und Verzweiflung und die Angst lauert schon in einer Ecke. Bei der Speiberei von heute Nacht tauchte immerzu der Befehl auf ,Du darfst nicht'. Nun, dass ich nichts von mir hergeben darf, das hat man mir frühzeitig eingebläut. Ich war ein richtiges Speib-Baby und hab meiner Mutter reichlich oft alles, womit sie mich fütterte, ins Gesicht zurückgespieben. Speib-Babys sollen angeblich glückliche Menschen werden, hat mir einmal jemand gesagt.

Dann wurde es meiner Mutter zu viel und mit Hilfe irgendwelcher Medikamente haben sie mich dazu gebracht, nicht mehr zu speiben. Oder wenn Du so willst, kein glücklicher Mensch zu werden.

Und so ging's mit meiner Erziehung weiter. Schiss ich, war's nicht recht – also brachte man mir die Verstopfung bei. Wenn ich allerdings ein zu ,gehorsames' Kind war, rückte man mir mit einem Einlauf zu Leibe.

Und lachen und reden sollte ich auch nicht.

Was für eine Hölle bei uns zu Hause los war, wenn meine Mutter erfuhr, dass ich irgendjemandem etwas aus unserer Familie erzählt hatte, und sei's das Banalste gewesen! Nun, wahrscheinlich war, was ich von mir gab, wirklich nicht dazu angetan, unsere Familie in ein positives Licht zu rücken.

Überhaupt spielt Reden und Schweigen eine ganz große Rolle in meinem Leben. Womit ich in meiner Geschwätzigkeit bei Tosca angelangt bin.

Am meisten fasziniert mich in dieser Oper die Folterszene. Draußen stehen Scarpia und Tosca, drinnen wird Mario gefoltert und Scarpia singt: ,Tosca, parlate!' Sie beteuert, nichts zu wissen.

Freilich identifiziere ich mich mit Tosca, aber komischerweise ist für mich der böse Scarpia mein lieber Onkel Doktor, der von mir meine Vatergeschichten hören will. Gleichzeitig aber ist der böse Scarpia auch mein böser Vater, der mir immer Schweigen befohlen hat, ganz im Gegensatz zur Oper.

Übrigens habe ich bei einer Aufführung, in der ich ziemlich weit oben saß, den starken Mann, der Tosca hinter den Kulissen auffängt, zu Gesicht bekommen. So etwas haut einem die tragischsten Gefühle zusammen!

Ich denke, das ist kein schlechter Schluss für diesen Brief, damit er nicht gar so sehr aus dem Grab geschrieben klingt! Alles Liebe – Almuth"

Wien, Dienstag, 23. Mai 95

„Meine liebe Lucy!

10.30 Uhr, Café Diglas. Vielen Dank für Dein Verständnis, dass ich solange nichts von mir hören ließ. Aber auf Innsbruck folgte ein absoluter geistiger Stillstand oder Schockzustand, wenn Du so willst. Wie mein Onkel Doktor neulich zu mir sagte: In meiner Situation hätte ‚man' sich schon längst umbringen müssen. Und tatsächlich erschien mir in den letzten Tagen die einzige Lösung darin, den ‚entscheidenden Schnitt' zu tun.

Am Freitag war ich zum ersten Mal bei dem Neurologen, zu dem mich mein Onkel Doktor verwies. Nach dem ersten Eindruck zu urteilen ist er sehr nett. Er verschrieb mir für tagsüber ein weiteres, ‚aktivierendes' Antidepressivum, Seropram. Nach 4 Tagen ist es natürlich zu früh, um von ‚Wirkung' zu sprechen. Dieser Arzt warnte mich auch vor meinem Xanor (Deine Lexatonil) plus Alkohol. Damit sagte er mir nichts Neues, die ‚rühmliche' Wirkung dieser Kombination hatte ich erst vor kurzem in Innsbruck unter Beweis gestellt. Ich denke mit Schrecken daran und habe zu allem Überfluss meiner Mutter gegenüber ein schlechtes Gewissen. Um bei dieser ‚Tante' zu bleiben: Am Mittwoch rief sie mich an. Fragte, wie es mir gehe. Ich war gerade aus einem fürchterlichen Traum aufgewacht und gab zur Antwort: ‚Sehr schlecht.' Darauf sie: ‚Na, es geht schon, gell!' Muss ich Dir noch mehr sagen? Ich glaube, selbst wenn man ihr mit einem Prügel auf den Kopf haut, sie begreift nichts. Natürlich musste ich ihr zum x-ten Mal versprechen, sie sofort anzurufen, wenn ich ,etwas' (sie sagt niemals Geld) brauche. Ende der Muttergeschichte.

Samstag traf ich mich in ziemlich katastrophaler Verfassung mit Florian zum Frühstück. Er machte mir klar, dass ich selbst nicht aus dieser beschissenen Situation herauswill. Nun, kein Geheimnis für mich, ebenso wenig für Dich. Florian ist aber ein viel zu guter Psychologe, um nicht zu wissen, dass man sich zu diesem ,Herauswollen' nicht zwingen kann.

Seine Mutter – sollte ich es nicht erwähnt haben, sie hat das KZ überlebt – ließ mir ausrichten ,ein Bekannter von ihr war Arzt im KZ, und seine Aufgabe bestand darin, die Kinder, die ins Gas geschickt wurden, ein letztes Mal zu berühren – die letzte menschliche Berührung, auch für seine eigenen Kinder. Er konnte nicht mehr tun, konnte sie nicht retten'.

Diese Geschichte war als Warnung vor meinem Vertrauen in Ärzte gedacht.

Ich sagte Florian, ich wisse sehr wohl, dass nur ich selbst und kein Arzt mir helfen könne. Die Geschichte gab mir aber doch sehr zu denken.“

Donnerstag, 25. Mai 95

„Meine liebe Lucy!

5.15 Uhr morgens. Gerade habe ich beim Frühstück (wahrlich früh) Deinen letzten Brief gelesen. Ich bin Dir dankbar dafür.

Gestern wachte ich wie von der Tarantel gestochen auf, so als würde ich nach einem Mord plötzlich zur Besinnung kommen. Das morgendliche Seropram tat dann ein Übriges, meine Unruhe zu verstärken. Die Angst schlich herum wie ein wildes Tier, das auf seine Beute lauert. Wie immer am ,Tag danach' gesellte sich zu den anderen Bestien auch die Ratte Hunger.

Unter Aufbietung aller meiner guten Geister schaffte ich die Flucht aus meiner Wohnung, und plötzlich packte mich die Angst mit aller Gewalt und ich rannte panisch zu Florian.

Dort war ziemlich viel los wegen des schönen Wetters und des Fußballspiels. Also half ich der Kellnerin, wurde sozusagen im Service eingeschult. Stell Dir vor, ich kann servieren – mit vorheriger sorgfältiger Bedeckung meiner zerschnittenen

Unterarme, Bier zapfen, Melange machen, mit dem Eingießen von Achterln hatte ich aufgrund meiner Übung nicht die geringsten Schwierigkeiten. Ja, mir goss ich auch ein, fünfmal bis nach 16.00 Uhr.

Ich fuhr dann heim und konnte trotz 90 mg Tolvon nicht einschlafen. Xanor wollte ich wegen der Wirkung mit Alkohol nicht nehmen, wollte nicht noch mehr auf mich einhauen.

Ja, Schubumkehr wäre angesagt. Dass Hungern aufs Hirn schlägt, hatte mir schon der P. auf 6B prophezeit. Soll sich allerdings mit zunehmendem Gewicht wieder bessern. Sein Wort in Gottes Ohr! Almuth"

Wien, Montag, 29. Mai 95

„Meine liebe Lucy!

Wahrscheinlich wird das kein langer Brief.

Eigentlich wollte ich Dir nur Folgendes schreiben – weil Du vielleicht der einzige Mensch bist, dem ich das sagen kann und der es versteht: Ich überlege ernsthaft, ob ich dieser ganzen Quälerei nicht ein endgültiges Ende setzen soll. Mir geht die Kraft und die Hoffnung aus, vom Geld gar nicht zu reden!"

Dienstag, 30. Mai 95

„Meine liebe Lucy!

Nach dem gestrigen schwarzen Brief ist wohl ein neuer angesagt. Heute sieht für mich die Welt schon wieder etwas sonniger aus, vor allem weil ich um 15.00 Uhr eine Stunde bei meinem Onkel Doktor habe.

Allerdings ist dieses übermächtige Gefühl in mir, nicht da zu sein, nichts mitzubekommen. Dieser Stillstand in meinem Kopf quält mich am meisten. Dass ich keine Musik hören kann, keine Zeile lesen, überhaupt nur fähig bin zu denken, wann ich wo das erste Achtel trinke und was ich nachher alles schlucken soll, um nichts mehr mitzukriegen.

Eine Frage, auf die ich noch keine rechte Antwort gefunden habe: Weshalb es in den letzten zwei Jahren mit mir so bergab ging? Weshalb und wo hat's da geknackst? Zu sagen bei der 50-Kilo-Grenze, wäre zu einfach. Vielleicht stimmt es aber doch. Vielleicht bin ich zu nahe ans Leben gekommen, ans normale Gewicht, an die Erinnerung, was mir mit meinem Vater passiert war.

Lucy, Du hast doch Lyrik gern, nicht wahr? Ich bin ein richtiger Prosamensch, mag eigentlich nur Bachmann-Gedichte. Für Lyrik fehlt mir wohl das Taktgefühl. Meine beiden Bachmann-Lieblingsgedichte:
BETRUNKENER ABEND und DUNKLES ZU SAGEN.

DUNKLES ZU SAGEN habe ich übrigens als Vorwort meiner Diplomarbeit über die BRIEFE AN MILENA vorangestellt, oder war's am Schluss? Ich weiß es nicht mehr, jedenfalls finde ich dieses Gedicht die schönste und beste Zusammenfassung der Briefe, die man sich denken kann.

Ja, und weil ich nun schon einmal bei Gedichten bin: Mein Onkel Doktor schenkte mir einmal zu Weihnachten von der Japanerin Ito Hiromi den Gedichtband MUTTER TÖTEN. Hier aus dem Gedicht VATERS GEBÄRMUTTER oder EINE LANDKARTE: *Das ist der Raum, wo in alle möglichen Gläser/ alle möglichen Körperteile hineingestopft sind/ ... Schau, das ist der Arm meines Vaters, sagen/ Die Männer und zeigen auf einen verschrumpelten Arm/ Das ist Vaters Haut/ Die Männer zeigen auf eine Haut mit Hautkrankheit/ Das ist Vaters Magen/ Die Männer zeigen auf ein Magengeschwür/ Das ist Vaters Hoden/ Die Männer zeigen auf einen Hoden mit Elefantenhaut/... Das sind wir, die wir vom Vater geboren wurden/ Und sie zeigen auf Föten mit Wasserköpfen/ Und das bist Du/ Und sie zeigen auf einen Brustkrebs/ Und das ist Vaters Gebärmutter/ Sagen die Männer und zeigen auf eine Gebärmutter mit Zähnen/ Im Fleisch verborgen/... Nichts als Sentimentalität, denke ich/ Aber ich schweige/Ich entfalte die Landkarte und möchte irgendwo hingehen aber/ Überall auf der Karte erhebt sich Vater/... Jederzeit, überall erhebt er sich auf der Landkarte/ Sogar aus dem Glas heraus wird er wieder lebendig/... Wird er sich sofort erheben/ Mich züchtigen/Wie er es zigmal, hundertmal getan hat/Seine Adern schwellen an/ Vater oder Bruder/...*

Und aus dem Gedicht ERWARTUNG: *So prächtig entwickelt hat sich die Tochter/ Dass sie schon künftig misshandelt werden kann/ Ich lass mich nicht umbringen/ Stechen die Worte der Tochter auf die Mutter ein/ Pass du bloß auf/ Schlagen die Worte der Mutter die Tochter zu Boden/ Die Tochter hat eine kleine Schwester/ Dies Kind kann noch nicht sprechen/ Tagtäglich beobachtet/ Es Massaker und Morde in Worten/ Zwischen Mutter und Schwester in Erwartung/ Euch werd ich's zeigen.*

Ja, Lucy, was sagst Du dazu?

Und weil es uns beide betrifft, schreibe ich Dir noch aus Hiromis Prosatext MUTTER TÖTEN*, dass Magersucht aus der Verweigerung herrührt, erwachsen zu werden und Widerstand gegen die Mutter bedeutet, weiß ich aus Büchern. So ärgerlich es ist, mit dieser Interpretation offenbar wissentlich der Psychologie in die Falle zu laufen, doch während der fünf Jahre meiner Magersucht beschattete ich meine Mutter konsequent – ich hatte es einzig und allein auf sie abgesehen und verpasste ihr Schlag für Schlag … Ich glaube nämlich, als ich um die zwanzig bis Mitte zwanzig war, wollte ich aus tiefstem Herzen meine Mutter töten … Vor einigen Jahren schrieb ich* ÜBER TERRITORIEN*, darin das Gedicht* KANAKA TÖTEN*, das vom Töten meiner eben erst geborenen Tochter handelt. Als ich* ÜBER TERRITORIEN *schrieb, ahnte ich überhaupt nichts von meinem Tötungswunsch gegenüber meiner Mutter. Ich hatte lediglich in Büchern gelesen, dass Magersucht dem Bestreben entspringt, die Mutter abzulehnen. Doch eigentlich hätte ich nicht gedacht, dass dies einer so einschneidenden Wirklichkeit entspräche. Eigentlich hatte ich es auf meinen Vater abgesehen. Die Existenz dieses Vaters aber, den ich nicht wie die Mutter bis zur Mordabsicht hassen konnte, der mir vielmehr unendlich lieb und kindheitsvertraut war, wurde mir, seit ich Männer hatte, in höchstem Maße unangenehm.*

14.00 Clinicum-Café

Also, was sagst Du zu MUTTER TÖTEN? Als ich die Geschichte abschrieb, wurde mir so richtig bewusst oder vielmehr, ich spürte so richtig, dass ich meine Mutter wirklich am liebsten töten möchte, wenn nicht realiter, so doch in irgendeiner Form. Da fällt mir übrigens eine Szene ein, in der ich das beinahe wirklich getan hätte (etwas übertrieben ausgedrückt: Ich habe sogar Gewissensbisse, wenn ich ein Insekt kille). Die Szene: Mein Vater war gerade erst 2, 3 Tage gestorben, meine Mutter lag auf der Couch und weinte entweder oder schlief (ich weiß nicht mehr), ich saß auf dem Sofasessel und plötzlich überkam mich ein derartiger Drang und eine fast übermächtige Lust, auf sie einzuschlagen … bis ---

Ich verließ fluchtartig das Zimmer, sonst hätte ich mich vielleicht nicht beherrschen können und wirklich auf sie eingeprügelt. Heute, beim Abschreiben, stieg wieder diese Hass in mir auf; ja – ich möchte meine Mutter töten, damit ich leben kann.

Allerdings sehe ich im ‚Muttermord‘ nicht die endgültige Lösung für mein Elendsleben. Irgendwie passt die Geschichte MUTTER TÖTEN nicht ganz auf mich und auch nicht auf Dich. Bei MUTTER TÖTEN sind fünf Jahre Magersucht, bei uns 15 Jahre und mehr. Der Unterschied liegt beim Vater: *Die Existenz dieses Vaters aber, den ich nicht wie die Mutter bis zur Mordabsicht hassen konnte, der mir vielmehr unendlich lieb und kindheitsvertraut war, wurde mir, seit ich Männer hatte, in höchstem Maße unangenehm.* Bei diesen Sätzen leuchtete das Warnlicht auf. Warum wurde ihr der ‚liebe Vater‘ unangenehm, als sie Männer hatte? So wie es in der Geschichte steht, ist es absurd, wie überhaupt das ganze Ende der Geschichte.

16.00 Uhr Café beim Schwedenplatz. Zurück zur Hiromi-Prosa. Mich erinnert das sehr an meine mathematischen Beweise. In der Oberstufe besuchte ich die Mathematik-Olympiade, das ist ein österreichischer Wettbewerb, bei dem es darum geht, mathematische Beweise zu führen, etwa zu zeigen, dass x + das + das x das ist. Kurz gesagt, Schüler bekommen Aufgaben auf Universitätsniveau gestellt. Mit meinem neusprachlichen Niveau hatte ich natürlich eine denkbar schlechte Ausgangsbasis, trotz Einser in Mathematik. Und doch war ich immer stolz, wenn es mir gelang, eine Gleichung oder eine Ungleichung hinzubiegen und so lange umzuformen, bis ich schreiben konnte: *Quod erat demonstrandum.* Um die Sache zu einem Ende zu bringen: In der Hiromi-Geschichte gibt es ein ‚missing link‘, eine fehlende und doch anwesende Verbindung: den Vater.

Ich denke weiter, aber weiterschreiben kann ich nicht.“

Wien, Mittwoch, 31. Mai 95

„Meine liebe Lucy!

Meinen Zustand am gestrigen frühen Abend habe ich Dir ja geschildert. Ich kam nach Hause und begann gleich Deinen Brief zu ‚verschlingen‘, aber er blieb mir im Halse stecken. Für alle Fälle, damit es 100%-ig ausgesprochen wird: Bitte gib mir nicht – so wie ich Dir nicht – die Schuld für die Abstürze. Gestern sagte mein Onkel Doktor, als ich ihm von unserem gemeinsamen Absturz am Samstag erzählte: ,Besser gemeinsam als einsam.'

Was ich Dir über MUTTER TÖTEN schrieb gestern Abend, hat mich fürchterlich aufgewühlt, und ich reagierte mich dementsprechend ab. Die Waage liefert den Beweis: nicht einmal mehr 37 Kilo. Das Gewicht hat mich erschreckt. Und so wie ich nun dasitze, weiß ich nicht, ob ich noch vor der ,Rutschn' stehe oder schon rutsche …

Heute Morgen hatte ich Lust, Musik zu hören, FIDELIO, und gleich für Dich aufzunehmen. Bitte betrachte die Aufnahme als Geschenk!

Nun ist endgültig Schluss mit diesem Riesenbrief. Deine Almuth"

Wien, Dienstag, 6. Juni 95

„Meine liebe Lucy!

6.30 morgens, und ich unterbreche meine Arbeit am Computer, um mich ein wenig bei Dir zu erholen. Am Samstagmorgen kam mir der Gedanke, endlich in meinen Tagebüchern nach der Stelle mit meiner ,Wunde' zu suchen. Wie sehr es mich aufwühlte, was sich da vor 8 bis 10 Jahren abgespielt hat, habe ich Dir ja am Telefon erzählt: Zu jener Zeit hatte ich nicht die blasseste Ahnung von der Geschichte mit meinem Vater, für mich war er nur der liebe Papa, der gestorben war und an dessen Tod ich mir die Schuld gab, weil ich ihn verlassen hatte. Und nun lese ich 10 Jahre später meine Träume, in denen die ganze Geschichte so unmissverständlich steht, dass es mir den Atem verschlägt. Schlimm auch mein damaliger Therapeut: Ich erzählte ihm die Träume, er aber hat mich einer derartigen Gehirnwäsche unterzogen. Ein kleines Beispiel, 10. September 88: Gestern hatte ich einen wunderschönen Traum, der mich ganz traurig aufwachen ließ. Jemand sagte mir, Papa liege im Sterben. Ich ging gleich in die Klinik. Als mich Papa sah, sagte er: Nun ist mein Madl da, jetzt wird alles wieder gut. Dann küsste er mich mit seinem Mund, in dem keine Zähne waren. Es war ein verschlingend-saugender Kuss. Erst ekelte mir etwas, bis mir Gabriel (mein damaliger Therapeut) und was er sagte, einfiel: dass man sich nämlich, wovor man sich ekelt, eigentlich wünscht.

Nach dieser Eintragung gibt es nur noch fünf, sechs Seiten, bald darauf habe ich nach und nach aufgehört, Tagebuch zu schreiben.

Es ging bergab und bergab. Und schließlich landete ich auf 6B.

Und nun habe ich einen Therapeuten, der ganz anders ist, und hänge dennoch überm Kübel und schleppe mich mit beinahe 36 Kilo durch die Welt. Hätte ich doch schon damals alles ‚gewusst‘. Nun ‚weiß‘ ich – und laufe noch immer als Gerippe herum. Aber *wenn einem Menschen auf Erden nicht zu helfen ist...* (Kafka).

Als ich nun am Samstagmorgen über meinen Träumen saß, wer rief da an? Richtig, meine Mutter. Natürlich wollte sie wissen, wie es mir gehe, und da ich ihr sagte ‚schlecht‘, stellte sie zum x-ten Mal die blöde Frage: Warum? Dann kamen die guten Ratschläge: ein bisschen mehr essen, und ob ich nicht zu einem Doktor in Innsbruck gehen wolle, die seien so gut. Und ich musste ihr wieder versprechen, sie sofort anzurufen, wenn ich etwas brauche. Ich fragte: ‚Was soll ich brauchen?‘ Entsprechend ausweichend ihre Antwort: ‚Ja, wenn du etwas brauchst, dann musst du es mir sofort sagen, versprichst du mir das, versprichst du mir das?‘ Ich habe es versprochen.

Von heute aus gesehen weiß ich auch, dass mein Vater für mich die Hölle war und ist – zugleich aber auch der Himmel, das macht es eben so verdammt schwierig. Zu Himmel und Hölle fällt mir ein Zitat aus einer Rede von Paul Celan ein, die ich nicht abschreiben, sondern nur aus dem Gedächtnis aufschreiben kann: *Wer auf dem Kopf geht, meine Damen und Herren, wer auf dem Kopf geht, der hat den Himmel als Abgrund unter sich.* Oder als Hölle, das weiß ich eben nicht. Du siehst, wie mit meiner Vater-Geschichte komme ich auch mit diesem Zitat zu keinem Ende. Dabei wünsche ich mir so sehr ein Ende, aber ich weiß nicht, ob es Tod heißen muss oder Leben heißen darf. Und mir die Erlaubnis zum Leben zu geben, kommt mir gefühlsmäßig wie ein Todesurteil vor. Kannst Du das verstehen, Lucy?

Dabei bin ich momentan so leer im Kopf. Nur, im Zusammenhang mit meinem früheren Therapeuten denke ich an Bachmanns Roman DER FALL FRANZA. Geradezu verschlungen habe ich den damals, obwohl es ein sehr, sehr trauriges Buch ist. Weil es mir mit dem Therapeuten damals und auch mit meinem ehemaligen Freund so ging, hier eine kleine Stelle:

Wann hat es angefangen? Man meint, nicht mit dem Anfang. Aber zuletzt weiß man: im Anfang. Da warnt dich etwas, und schon hörst du nicht zu, schiebst ein Gefühl, das du nachher für dein erstes ausgibst, vor ein wirklich erstes. Gewarnt bist du. Durch eine Kopfhaltung, durch eine Handbewegung, durch eine Stimme, in der etwas fahl ist … und wenn sie aggressiv ist, dann hörst du etwas Kühnes … der Schwindel ist vollkommen, du brauchst dich nicht betrügen, der Betrug zeugt neuen Betrug. Nichts warnt dich mehr, das Signal wird nur einmal gegeben. Wenn du mit dem anderen zum ersten Mal in einem Raum bist, und es dir befiehlt, hab acht, hab acht …

Lucy, was ich sagen will: Genau die Situation, die Bachmann beschreibt, inszeniere ich mir ständig selbst. Und dabei ist es nicht einmal so, dass ich es nicht sehe (wie im Text) – ich sehe sehr wohl und tue es trotzdem. Auf das Warum finde ich einfach keine Antwort.

Alles Liebe – und ich freue mich irrsinnig, Dich am Samstag wiederzusehen! – Deine Almuth"

Wien, Dienstag, 13. Juni 95

„Meine liebe Lucy

14.00 Uhr und ich sitze im Schmohl, um die Zeit bis zu meinem Onkel Doktor lebendig zu halten. Den Vormittag habe ich als ‚reiche Erbin‘ mit einem Bücherkauf verbracht. Thomas Bernhards FROST.

Beim Mittagessen mit Florian wurde mir bewusst, wie langweilig ich geworden bin. Dass alle meine Interessen sich darauf konzentrieren, mich abzutöten, worüber soll ich mich mit den Menschen unterhalten? Ich kann ihnen nur das trostlose Schweigen entgegenbringen, das in meinem Leben herrscht.

Die Zeit nach Deinem lieben Besuch war so schlimm, dass mir beinah alles gleichgültig ist. Ob ich in Wien oder Prag bin, es macht kaum einen Unterschied. Und trotz aller Angst setze ich meine Hoffnung in Prag. In diesem positiven Sinne mache ich mich vorerst auf zu meinem Onkel Doktor."

Wien, Mittwoch, 14. Juni 95

„Meine liebe Lucy!

5.30 Uhr im Bett, mit der x-ten Zigarette.

Obwohl ich seit drei viertel 3 Uhr wach bin, gestern einen ganz normalen Esstag hatte, und inklusive Taxi 1.000,- Schilling unters Volk brachte, und obwohl ich um 8.00 Uhr zu dieser fürchterlichen Amtsärztin muss, bin ich sehr guter Dinge. Und das kam so: Ich habe heute Morgen endlich wieder begonnen, meinem Onkel Doktor zu schreiben. Du kannst Dir nicht – oder vielleicht doch – vorstellen, wie glücklich mich das macht. Und ich habe das ,Problem' Prag gelöst. Ich fahre einfach morgen früh weg, komme am Sonntagabend wieder zurück und bringe vier bis fünf Kilo mehr mit nach Hause. Dazwischen werde ich mit Carol und den anderen Prag genießen. Du siehst, mich hat wieder der Lebensmut gepackt. Zu meinen Zunehm-Plänen: Ich würde diesen Weg ja gerne mit Dir gemeinsam gehen. Aber wenn es gemeinsam nicht möglich ist, dann ist einsam immer noch besser als gar nicht.

Könnte ich Dir nur etwas Wärme ins grausliche Salzburg ,beamen', so wie in Raumschiff Enterprise!

Nun mache ich aber vorerst einen kleinen Umweg über die Bank. Ohne diese Biegung ist in Kafkas schöner Stadt nämlich kein Fortkommen.

Ich schreibe Dir auf alle Fälle von dort, zumindest eine Karte.

Alles Liebe und ein Bussi – Almuth"

Wien, 20. Juni 95

„Meine liebe Lucy!

Es ist jetzt 16.00 Uhr. Gerade hat die Stunde bei meinem Onkel Doktor mit der Nachricht von Veras Tod geendet. die mich betroffen und bestürzt macht.

Zugleich packt mich die Angst, weil auch Dein letzter Brief so verzweifelt war, das Wort ‚Selbstmord‘ schiebt sich Hilfe schreiend und warnend vor mich, und die Zahl 29,8 Kilo in unserem heutigen Telefonat stößt mir in den Rücken.

Dazu kann ich nur eines sagen: Bevor Du aufgibst, hör nicht auf, an meine Tür zu klopfen. Sollte ich auch noch so betrunken sein, wenn Du ernstlich klopfst, werde ich selbst im Vollrausch öffnen …

Ich habe jetzt entsetzliche Angst vor ‚daheim‘, werde deshalb mein fünftes, eigentlich sechstes, Achtel bestellen und meinen ‚langen‘ Tag beenden. Jedes Ende ist besser als der Anfang des gestrigen Tages, der niemals begann. Jedenfalls danke ich Dir, den Abend mit Dir verbracht haben zu dürfen.

Alles Liebe – Deine Almuth“

Donnerstag, 22. Juni 95

„Meine liebe Lucy!

Der Verlauf des gestrigen Tages: Nachdem ich beim Hausarzt weiterhin krankgeschrieben war, machte ich mich auf zur Bank. Ja, nun bin ich ‚reiche Erbin‘, meine Mutter hat mir tatsächlich die ganzen 70.000.- Schilling überwiesen. Den Polster von 40.000.- habe ich bitter nötig (mit 30.000.- war ja das Konto überzogen, und dieses Geld ist, nie gesehen, weg).

Übrigens, in Prag habe ich meinen ersten Wodka getrunken, auf Ljuba Welitsch, die säuft sich nämlich täglich damit nieder. Er ist wirklich gut, aber es besteht keine Gefahr, dass ich Wodka-süchtig werde.

Gerade habe ich daran gedacht, dass Du derzeit nicht lesen kannst. Weil aber diese Zeiten kommen und gehen, brauchst Du Dir gar nichts zu denken, wenn Kafkas VERWANDLUNG vorerst bei Dir liegen bleibt.

Ein Bussi und bis Sonntag! Ich freue mich schon riesig!

Deine Almuth“

Wien, Dienstag, 4. Juli 95

„Meine liebe Lucy!

Nach unserem Telefongespräch heute Morgen kam mir meine Schreibhemmung einfach unsinnig und dämlich vor. Jetzt, um 7.00 Uhr, nutze ich die Gunst der

Stunde, setze mich an den Computer und tue, was so lange nicht möglich war.

Ich habe Dir ja heute früh erzählt, was würde ich tun, wenn mein Vater noch lebte? Mich umbringen? Warum ich mich nicht tatsächlich umgebracht habe, sondern nur fast, dafür aber ständig? Weil da eben auch der Hass gegen ihn in mir ist, das Unverständnis dafür, was er mir angetan hat, schließlich mein Lebenswille, auch wenn der gegen null tendierte.

Vor dieser Frage stehe ich nun: Leben oder nicht leben?

Meinen Vater mehr hassen oder mehr lieben?

Mein Leben leben oder es ihm opfern?

Ich halte es für sehr, sehr wichtig, mir diese Frage in dieser Prägnanz zu stellen, mir klarzumachen, dass es da keinen Mittelweg gibt.

Ein fauler Kompromiss führt nur zu dem, was ich bisher praktiziert habe: langsames, aber sicheres Sterben, zumindest seelisch.

Wenn ich wie gestern und vorgestern Essen bestelle, neige ich auf die Lebens-Seite.

Wenn ich dazu Xanor schlucke und schließlich wieder über dem Kübel hänge, geht die Todes-Waagschale nach unten.

Einmal bin ich voll Wut auf meinen Vater und will mir das bisschen restliche Leben nicht auch noch versauen lassen.

Dann kommt wieder die Liebe zu ihm in mir hoch, ich denke, das darf ich ihm doch nicht antun, ich bin schuld, nicht er.

Irgendwie, Lucy, spüre ich aber ganz tief unten in mir, dass ich ins Rutschen komme, mich auf der LEBENS-Rutschn befinde.

Ich spüre das mit so viel Angst, so viel Unsicherheit und mit so viel leiser Hoffnung. Da fällt mir eine Stelle aus der SALOME ein: ... *und das Geheimnis der Liebe ist größer als das Geheimnis des Todes.*

Ich weiß nämlich nicht mehr, ob ich meinen Vater tatsächlich liebe.

Ja, vielleicht das Bild, das ich mir von ihm gemacht habe, aber was hat das mit seiner wirklichen Person zu tun?

Und wie kann man jemanden lieben, der einen selbst nur als Bild liebt: als das liebe, kleine, dünne, hilfsbedürftige ‚Madl‘?

Ich habe Dir von der Sendung erzählt, in der es um Hörigkeit ging. Gestern habe ich mir das Buch MIT MIR NICHT MEHR von der Journalistin Constanze Elsner gekauft, die als Gast in der Sendung war. Ich habe es bisher nur durchgeblättert. In jedem Fall gibt es mir die Möglichkeit, über gewisse Ereignisse in meinem Leben nachzudenken. *Die Frau, die Gefahr läuft, in die Gewalt eines Minusmannes zu gelangen, ist die Frau, die bereit ist, sich zu verbiegen. Die Frau, die alles tut, damit er glücklich sei. Die Frau hingegen, der ein solcher Mann nicht gefährlich werden kann, ist die Frau, die sagt, >Wenn Du meinst, **mich verändern** zu müssen, was willst Du dann mit mir<?*

… Glauben Sie allen Ernstes, dass irgendwer einen Menschen, den er wie eine Marionette tanzen lassen kann, auch nur im geringsten respektiert?

*Glauben Sie ferner, dass Liebe ohne Respekt machbar ist? Oder ohne jede Achtung vor dem Anderen? Sie ist es nicht. Und dass **er Sie** nicht respektiert und folglich auch gar nicht lieben **kann,** erfahren Sie immer öfter …*

Das Buch trägt zwar den Untertitel ,Gewalt in der Partnerschaft', ich glaube aber, dass die geschilderten Mechanismen auf jede Art Beziehung anzuwenden sind.

Das ist doch ein rechter Schluss für diesen Ich-Brief, mit dem ich Dich da wieder einmal beworfen habe!

Bussi, Bussi, und hoffentlich sehen wir uns bald mit mehr Fleisch auf den Knochen wieder. Alles Liebe, Deine Almuth"

Mittwoch, 19. Juli 95

„Meine liebe Lucy!

Es ist jetzt kurz nach 5.00 Uhr, und ich war wieder die ganze Nacht wach – ab 24.00 Uhr, und nachdem ich mich gestern ab 5.00 Uhr abends mit Wein und Tolvon ins Out befördert hatte. Symptomatik pur.

,Symptomatik' – Lucy, da hast Du mir ein herrliches Wort für unser Treiben geschenkt, das ich früher aktiv nie gebrauchte. Es fasst alles so trefflich zusammen, und was es genau heißt, das wissen nur Eingeweihte.

Mir erschien in den letzten Tagen die einzige Lösung – außer dem entscheidenden Schnitt – darin zu liegen, mich nochmals auf 6B anzumelden. Dort glaube ich aber nichts Positives erreichen zu können. Was nur deshalb stimmt, weil ich selbst so fest daran glaube …"

„Meine liebe Lucy!

7.30 Uhr morgens. Was hältst Du davon, wenn Du im Herbst, parallel zu den Therapien auf 6B, eine Computer-Therapie bei mir erhältst? Es würde uns beiden bestimmt Spaß machen.

Zum gestrigen Tag: Nachdem wir miteinander gesprochen hatten, fiel mir plötzlich ein, dass Du gesagt hattest, Du wärest am liebsten tot. Und wie hilflos – wenn auch mit viel Verständnis – ich reagiert hab. Dazu meine vorgestrige Nacht: Da wurde ich fast ohnmächtig und erkannte mit einem Mal ganz klar und brutal, wie ich mit meinem Leben spiele. Mich packte die Panik, dass ich sterbend in meiner Wohnung liege, und da ist niemand, der mich retten kann. Tatsächlich geht es mir denkbar dreckig. Zur Gewichtskontrolle bei der Amtsärztin am Dienstag tauchte ich mit freien Oberarmen auf, damit sie sich nicht von meinem runden Gesicht täuschen lässt. Den zerschnittenen Unterarm versteckte ich auch nicht unterm Tisch, und bei dem Anblick verzog sie angewidert das Gesicht. Jedenfalls konnte ich sie von meiner Krankheit überzeugen – mehr als ich eigentlich vorhatte. Denn ich war schon darauf eingestellt, dass sie sagt, Schluss mit dem Krankenstand.

Zu meinen ‚zerschnipselten' Unterarmen eine Szene in der Bahnhofsapotheke, nachdem wir uns am Freitag getrennt hatten. Ich ging also dort hinein, kein Mensch drin und aus dem Nebenraum kommt zu meinem Entsetzen ein junger Mann. Ich hasse es besonders, bei jungen Apothekern Abführmittel zu kaufen, sie liefern nämlich meistens irgendeinen Kommentar dazu. Und im Sommer schießen die männlichen Wesen, wahrscheinlich Ferialpraktikanten, in den Giftzentralen wie Schwammerln aus dem Boden. Als mir der junge Mann meine 75 Dulcolax kommentarlos gab, atmete ich schon auf, langte über den Ladentisch und wollte sie samt Geld möglichst rasch in meine Tasche befördern. Dabei sah er meinen Unterarm und sagte spontan: ‚Mein Gott, wer hat Sie denn so vergraust, habn'S a Katz oder so?'

Meine Antwort, mit gesenktem Blick: ‚Nein, ich leb allein.' Ich glaube, die Szene spricht für sich. Aber ist ‚vergraust' nicht ein verdammt treffender Ausdruck, um meinen Unterarm zu beschreiben?

Die Kafka-Stelle: Nach unserem gestrigen Telefongespräch – ich hörte, wie schlecht es Dir ging – hatte ich nur wenig Lust, sie Dir zu schicken. Gefunden hab ich trotzdem etwas. Vorerst eine Kostprobe, um Dich auf den Geschmack zu bringen:

Derjenige, der mit dem Leben nicht lebendig fertig wird, braucht die eine Hand, um die Verzweiflung über sein Schicksal ein wenig abzuwehren – es geschieht sehr unvoll-kommen – mit der anderen Hand aber kann er eintragen, was er unter den Trüm-mern sieht, denn er sieht anderes und mehr als die anderen, er ist doch tot zu Leb-zeiten und der eigentlich Überlebende. Wobei vorausgesetzt ist, dass er nicht beide Hände und mehr als er hat, zum Kampf mit der Verzweiflung braucht. (Tagebuch-stelle 19.Oktober 1921)

Und wieder fällt mir ein, dass man dem lieben Kafka nicht allzu sehr in die Falle laufen und niemals sein ‚*großes Trotzdem*' vergessen darf.

Deine ‚Zerschlagenheit': Lucy, ich glaube, wir brauchen uns beide nichts vorzu-machen. Die Waage plaudert's aus.

Schön, dass in Dir das Thomas-Bernhard-Fieber ausgebrochen ist. Schüre es nur ordentlich. Es freut mich, wenn Du wieder an etwas Freude hast. Ein Ausspruch von meinem Onkel Doktor zu Deinem Wunsch, Du hättest mit 17 Jahren Dei-nen Salzburg-Hass beschreiben können wie er: ‚Der Thomas Bernhard sitzt da unten in seinem Loch und schimpft und schimpft - - - aber es geht ihm gut dabei.' Stimmt doch, oder?

Alles Liebe. Deine Almuth"

Wien, Samstag, 22. Juli 95

„Meine liebe Lucy!

Dieses Verlangen, das ich fast immer habe, wenn ich einmal meinen Magen gesund fühle, Vorstellungen von schrecklichen Wagnissen mit Speisen in mir zu häufen. Besonders vor Selchereien befriedige ich dieses Verlangen. Sehe ich eine Wurst, die ein Zettel als eine alte Hauswurst anzeigt, beiße ich in meiner Einbildung mit ganzem Gebiss hinein und schlucke rasch, regelmäßig und rücksichtslos, wie eine Maschine. Die Verzweiflung, welche diese Tat selbst in der Vorstellung zur sofortigen Folge hat, steigert meine Eile. Die langen Schwarten von Rippenfleisch stoße ich ungebissen in den Mund und ziehe sie dann von hinten, den Magen und die Därme durchreißend, wieder heraus. Schmutzige Greislerläden esse ich vollständig leer. Fülle mich mit Heringen, Gurken und allen schlechten, alten, scharfen Speisen an. Bonbons werden aus ihren Blechtöpfen wie Hagel in mich geschüttet. Ich genieße dadurch nicht nur meinen gesunden Zustand, sondern auch ein Leiden, das ohne Schmerzen ist und gleich vorbeigeht.

Nun Lucy, kommt Dir mein Stil sonderbar vor? Das Obige stammt auch – leider und Gott sei Dank – nicht aus meiner Feder, sondern von unserem Leidensgenossen Kafka (Tagebuchstelle 30. Oktober 1911). Leider – weil ich es natürlich nie so schön sagen könnte.

Ich habe Dir die Stelle abgeschrieben, damit Du siehst, dass es gar nicht nötig ist, seine Tagebücher, die ich Dir geschickt habe, für 6B ‚als Guthaben‘ aufzusparen. Wenn Du Lust, Laune und Geist dafür hast, lies sie einfach gleich. Es gibt noch zwei Bände davon.

Untergekommen ist mir folgende Stelle, als ich heute Morgen um 5.00 Uhr – ich bin seit 1.00 Uhr wach – mich wieder auf die Suche nach jener anderen Stelle machte. Ich hab sie gefunden. Schließlich läuft alles darauf hinaus, was Kafka da am 3. August 1914 notiert: *Ein schmerzhaftes Wort: wie du es wolltest, so hast du es. Man steht an der Wand, schmerzhaft festgedrückt, senkt furchtsam den Blick, um die Hand zu sehen, die drückt, und erkennt mit einem neuen Schmerz, der den alten vergessen macht, die eigene verkrümmte Hand, die mit einer Kraft, die sie für gute Arbeit niemals hatte, dich hält.*

So viel zu unserem hausgemachten Elend. Nun wissen wir ja beide, dass solche Selbstbeschuldigungen einen nicht weiterbringen. Was hilft also? Banal ausgedrückt: Essen. Kafka weiß das natürlich in seinen Tagebüchern von 1920 viel schöner zu sagen: *Du musst den Kopf durch die Wand stoßen. Sie zu durchstoßen ist nicht schwer. Denn sie ist aus dünnem Papier. Schwer aber ist es, sich dadurch nicht täuschen zu lassen, dass es auf dem Papier schon äußerst täuschend aufgemalt ist, wie du die Wand durchstößt. Es verführt dich zu sagen: Durchstoße ich sie nicht fortwährend?*

Und so viel zu unserer eintönig wiederkehrenden Klage, wir würden es immer wieder versuchen und doch immer wieder scheitern. So viel auch zu unserem Stolz auf ‚symptomfreie‘ Tage, an denen wir uns doch nur durch die Stunden hungern. Und zu Symptomen noch die folgende Tagebuchstelle vom 23.1.1922: *Habe M. von der Nacht erzählt, ungenügend. Symptome nimm hin, klage nicht über Symptome, steige in das Leiden hinab.*

Und mit einer Tagebuchstelle vom 21.7.1913 beende ich für heute die kafka-eske Untermalung dessen, was wir beide täglich an den eigenen Knochen erfahren. *Dieser Flaschenzug im Innern. Ein Häkchen rückt vorwärts, irgendwo im Verborgenen, man weiß es kaum im ersten Augenblick, und schon ist der ganze Apparat in Bewegung. Einer unfassbaren Macht unterworfen, so wie die Uhr der Zeit unterworfen scheint, knackt es hier und dort und alle Ketten rasseln eine nach der andern ihr vorgeschriebenes Stück herab.*

Bei mir beginnt es derzeit recht unüberhörbar zu knacken. In gewissem Sinne rasselt's bei mir sogar schon.

Nun ist glücklicherweise, halb 9 Uhr, Dein Brief gekommen. Und dazu sehe ich folgende Kafka-Tagebuch-Eintragung vom 21. Juli 1913 vor mir aufgeschlagen: *Nicht verzweifeln, auch darüber nicht, dass du nicht verzweifelst. Wenn schon alles zu Ende scheint, kommen doch noch neue Kräfte angerückt, das bedeutet eben, dass du lebst. Kommen sie nicht, dann ist hier alles zu Ende, aber endgültig.*

Nun habe ich Deinen Brief zu lesen begonnen und seltsamerweise steht da schon nach wenigen Zeilen das Wort ‚Verzweiflung‘. Bei 29 Kilo. Verdammt, Lucy, ich habe Angst um Dich. Ich habe nicht Angst um Dich, weil Du 29 Kilo wiegst. Sondern ich habe Angst – vielmehr, es tut mir weh –, weil ich weiß, dass dadurch der Weg zurück, wenn Du ihn gehen willst, wieder härter und länger geworden ist. Was nun vielleicht auch nicht stimmt, denn wenn man will, bekommt man

Siebenmeilenstiefel. Aber ich glaube, mit jedem Kilo entfernt man sich weiter von der Möglichkeit zu wollen, am Ende fehlt einem die nötige Kraft.

Ich werde nie Deinen Ausbruch bei einer Visite auf 6B vergessen, bei der Du so verzweifelt, voll Hass und Lebensmut zugleich geschrien hast: ‚Ich habe 12 Kilo zugenommen, ich KANN nicht mehr, ich lass mir die Sonde nicht mehr geben!'

Ich würde Dich gern auf meine 36 Kilo heben und Dir den Weg dorthin ersparen. Es ist auch mit 36 Kilo noch hart genug. Eigentlich härter, als ich es meinem größten Feind – nicht einmal meinem verbrecherischen Bruder – wünschen würde.

Bitte entschuldige, dass ich von Deinem Brief abgeschweift bin. Ich werde, je weiter ich mich mit dem Alkoholspiegel von Deinem Brief entferne, immer durstiger und durstiger …“

Dienstag, 25. Juli 95

„Meine liebe Lucy!

Nach zweieinhalb Tagen beginne ich mich also der Welt wieder zurückzugeben, denn ich war ihr wirklich abhandengekommen.

Gestern, Montag, wachte ich auf wie ein einziger Schmerz. Das klingt reichlich pathetisch, aber es war wirklich so. Diesem Schmerz gegenüber fühlte ich mich so ohnmächtig, er machte mich dumpf verzweifelt. Gegen Mittag schluckte ich, wie schon am Sonntag, eine ganze 75er-Packung Abführmittel. Die Hälfte der Nacht verbrachte ich damit, mich krampfartig zu übergeben.

Zu meiner Fressattacke zuvor: Am Wochenende und gestern fanden sich in meinem Kühlschrank Frankfurter Würstel. Ich mag sie sehr gern, und da ich mich ohnehin schon genug quälte, dachte ich an Dich, zerbiss sie und spuckte sie wieder aus. Irgendwie kam ich mir dabei reichlich pervers vor, aber lieber pervers mit geringerer – als weniger pervers mit größerer – Qual. Die Frage, ob Ausspucken weniger pervers als Speiben ist, ist ohnehin selbst pervers. Pervers ist das ganze Verhalten.

Dabei fällt mir ein, was ich neulich in meinem Rausch auf eine Serviette geschrieben hatte, damit ich ja nicht vergesse, es Dir zu sagen: Es gibt so viele

Wortverbindungen mit ‚Missbrauch‘: Zigaretten-, Alkohol-, Drogen- etc. Von Essens-Missbrauch spricht niemand. Das Problem Täter – Opfer ist schrecklich diffizil und es kann mit beiden Begriffen ein schrecklicher Missbrauch getrieben werden. Wendet man das auf Kinder an, spricht man also von Kindesmissbrauch. Dann können also die Kinder in den Verdacht geraten , selber ‚Täter‘, zumindest ‚Verführer‘ zu sein. Mich bringt dieses Thema derart durcheinander und innerlich auf 180, dass ich am liebsten auf die Straße laufen und brüllen möchte. Doch bevor ich an der Unmöglichkeit das zu tun ersticke, komme ich lieber zum Ersticken selbst: Wer ständig etwas in den Mund gesteckt bekommt, das er nicht will – im konkreten und bildlichen Sinne –, muss das Gefühl, zu ersticken, bekommen.

So mit 11, 12 Jahren hatte ich schrecklichen Husten, und zwar immer nur in der Nacht. Ich glaubte wirklich zu ersticken, durfte aber nicht husten, weil alle schon ganz böse auf mich waren. Das nächste Mal hatte ich solchen Husten nach dem ersten langen Aufenthalt auf 6B. Ich nahm zu, der Job machte mir wahnsinnige Freude, nur dieser fürchterliche Husten. Dann, zu Weihnachten, ging die schöne Zeit in die Brüche, und gleich nach Silvester 89 kam die Tuberkulose. Ich möchte Dir kommentarlos abschreiben, was ich während der Tuberkulose im Krankenhaus las:

Mein Körper wird von gewaltigen, unwillkürlichen Krämpfen geschüttelt – mein Unterleib zieht sich zusammen, meine Beine werden schlaff. Meine Schultern ziehen sich knackend hoch bis zu den Ohren, meine Arme pressen sich an den Leib, die Handgelenke auswärts gedreht wie Hühnerflügel, mein Kopf neigt sich so weit in den Nakken, dass ich Angst bekomme, es könnte mir das Genick brechen, mein Mund öffnet sich weit, immer weiter, und ich beginne zu würgen und zu schluchzen und kann ihn nicht schließen.

Nichts an diesen Spasmen ist zufällig. Es sind die Krämpfe eines Kindes, das durch den Mund vergewaltigt wird. Die Frau, die hier erzählt, was mit ihr geschah, als sie sich Jahre später an den Inzest mit ihrem Vater erinnerte, litt als Kind unter Erstickungsanfällen, die mit einem Keuchhusten begannen, war schließlich magersüchtig und verbrannte sich die Haut mit Zigaretten.

Ich glaube, das genügt als Kommentar. Lucy, die lange Nacht zehrt, und mehr noch das, was ich Dir da aufgeschrieben habe. Ein Bussi für Lucy! Almuth."

Sonntag, 30. Juli 95

„Meine liebe Lucy!

Drei viertel 9 Uhr und seit Stunden liege ich in meinem dreckigen Bett. Der Film, den ich um 4.30 Uhr mit Faszination? Befriedigung? verfolgte, war von der argen Sorte, in der nur Gewalt herrscht. Menschen von Gewehren und Pistolen durchlöchert, in die Luft gesprengt etc. Und ich sah zu – mit einer tiefen Befriedigung, war gefesselt von dieser ‚nach außen‘ gerichteten Aggressivität, von den Figuren, die nur sich und ihre Interessen kennen und sie ‚bis aufs Messer‘ durchsetzen. Mir war, als würde man mir meine Erlösung von mir selbst vorspielen, und bei jedem Schuss schoss und stach ich mit.

Du siehst Lucy, so weit ist es mit meiner kranken Psyche gekommen. Die Gewalt, die da in dem Film gezeigt wurde, entspricht durchaus der Gewalt, mit der ich tagtäglich gegen mich selbst vorgehe. Ich glaube, ich bin diese Gewalt, die ich mir Tag für Tag antue, schon so gewöhnt, dass ich ihre Größenordnung gar nicht mehr wahrnehme – ebenso wie ich als Kind die Gewalt in meiner Familie für normal und mir zustehend hielt.

Aber – so ohnmächtig gegen mich selbst geworden zu sein, dass ich mir nur in der Illusion eines so argen Films Erleichterung verschaffen kann, das ist sehr, sehr schlimm. Lucy, ich kenne mich selbst nicht mehr, ich kenne mich wirklich selbst nicht mehr.

Will ich darüber nicht verzweifelt verstummen, kann ich's nur mit Kafka sagen: *Die systematische Zerstörung meiner selbst im Laufe der Jahre ist erstaunlich, es war ein langsam sich entwickelnder Dammbruch, eine Aktion voll Absicht. Der Geist, der das vollbracht hat, muss jetzt Triumphe feiern; warum lässt er mich daran nicht teilnehmen? Aber vielleicht ist er mit seiner Absicht noch nicht zuende und kann deshalb an nichts anderes denken.* (Tagebücher, 16. Oktober 1921). Noch vor zwei Jahren dachte ich, ich hätte den Kampf gegen diesen ‚Geist‘ gewonnen. Doch dann nahm der den Kampf mit neuen Kräften wieder auf, die ich ihm wahrscheinlich ohne es zu merken zugeschanzt hatte. Zunächst das Ende meiner ‚Doktor-Laufbahn‘ …“

„Meine liebe Lucy!

Schon vorgestern schrieb ich Dir eine ganze Seite über das Ende meiner ‚Doktor-Laufbahn‘. Ich beginne nochmals von vorn.

Zunächst war das erste Referat zu meiner Doktorarbeit zugleich das ‚vorbereitende‘ Ende meines Doktors. In diesem ersten Referat wagte ich in Andeutungen zu sagen, eine Geschichte von Robert Walser sei die Umsetzung von Nietzsches GEBURT DER TRAGÖDIE. Bei dem Vergleich war zwar für mich alles klar, aber was man nicht von mir hören wollte – der Vergleich mit Nietzsche –, war umso leichter vom Tisch zu fegen, als ich mich aus Angst mit Andeutungen begnügte, keine ‚Beweise‘ vorbringen konnte, die mit den sanktionierten Mitteln ohnehin nicht mehr zu führen gewesen wären. Nach dem Referat war entschieden: Wenn ich die Arbeit schriebe, dann nur so, dass ich aussprach und bewies, was zu sagen mir wichtig war, eben der Vergleich mit Nietzsche. Beim zweiten – und letzten – Referat setzte ich das zumindest teilweise durch. Ich sprach über eine Geschichte von Walser, WORTE ÜBER MOZARTS ZAUBERFLÖTE, und es gelang mir, schlüssig zu beweisen, dass der Text, der scheinbar nicht das Geringste mit Mozarts ZAUBERFLÖTE zu tun hat, dies sehr wohl tut. Man war darüber zwar hellstens empört, einen schlüssigen Gegenbeweis konnte mir aber niemand liefern. Im zweiten Teil des Referats, es ging um Walsers SAUL UND DAVID, verließ mich der Mut. Walsers Text erforderte an der entscheidenden Stelle einen entscheidenden Sprung. Ich fürchtete aber, wenn ich den machte, würde ich vollends für verrückt gehalten und ausgelacht werden. Also sagte ich, ich ‚käme hier nicht weiter‘. Für alle ein gefundenes Fressen: Dass ich nicht weiterkäme, dass ich scheiterte, das war doch der beste Beweis dafür, dass ich auf dem falschen Weg war. Ich wusste zwar, ich war nicht auf dem falschen Weg, mich hatte nur der Mut verlassen. Die Angst, lächerlich zu wirken, hatte mich wieder einmal in die Knie gezwungen. Anstatt an mir selbst, habe ich mich an der Meinung anderer orientiert. Mein Scheitern hatte ich selbst zugegeben. Und die Kritik, die genau dort einhakte, und gegen die ich nichts vorbringen konnte, fraß ordentlich an den Resten meines Selbstbewusstseins. Spätestens im Sommer 93 musste ich feststellen, dass mich mein Mut zu mir selbst verlassen hatte, ich fühlte mich zu dumm, die Arbeit selbst nur für mich zu schreiben. Und von jenem Sommer an ging's nur mehr bergab.

Ich hatte mir die Regeln der andern – oder was ich dafür hielt – so sehr zu meinen eigenen gemacht, dass ich gar nicht mehr spürte, was ich eigentlich dachte, sondern nur mehr die Unfähigkeit, den Regeln zu entsprechen.

Ich dachte über etwas nach, und im selben Atemzug dachte ich, das ist lächerlich, das ist ohne Beweise, das kann man nicht sagen.

Es gibt eine Geschichte von Robert Walser FÜR DIE KATZ, sie endet folgendermaßen: *Alles, was geleistet wird, erhält zuerst sie (die Katz); sie lässt sich's schmecken, und nur, was trotz ihr fortlebt, weiterwirkt, ist unsterblich.*

Siehst Du, Lucy, und wir Hungerkünstlerinnen hungern den ganzen Tag, um ja nicht zu essen. Aber es ist für die Katz. Denn was passiert? In Wirklichkeit essen wir den ganzen Tag, denken und tun nichts anderes.

Und nun bleibe ich gleich beim Hungern und komme zu Deinem Brief, in dem Du schreibst, Du könntest Dich nicht zum Zunehmen zwingen. Natürlich kann man sich nicht zwingen. Wer wüsste das besser als ich.

Möglich, dass ich heute wieder Ikarus spiele und der Absturz schon bald beginnt.

So, nun mag ich nicht mehr Worte machen, sondern werde diesen Brief verpakken und eiligst zur Post bringen. Mitgeschickt seien je ein lieber Gedanke und ein mit dicker Feder präsentiertes Bussi. Deine Almuth"

Wien, Samstag, 5. August 95

„Meine liebe Lucy!

Zu Deinen Worten bei unserem gestrigen Telefonat. Der Stachel des Schönen, von dem Du sprichst, der uns im Fleische stecken bleibt. Ich sitze da, traurig, hilflos und trotzdem mit Bewunderung, denn Dein Durchhaltevermögen spricht von so viel Kraft. Ich kann diese Kraft derzeit nirgendwo in mir finden.

Für Deine Thomas-Bernhard-Begeisterung hege ich einen liebevollen Wunsch. Damals, 1989/90, als mein geliebter Kurz-Therapeut Dr. Drosthof nur 5 Monate nach 6B nach Deutschland musste, kam der schwierige Wechsel zu meinem Onkel Doktor. Der tolle Job im Verlag ging flöten und sie sperrten mich wegen Tuberkulose ein … Damals konnte ich natürlich kaum lesen, schon gar nicht Thomas Bernhard, gegen den ich geradezu einen Widerwillen hegte. Mein Onkel Doktor zitierte ihn mir aber mit dem Bernhardschen Wort ‚Lebenskrankheit‘. Da ist der Funke übergesprungen. Ich las gierig und dabei ging es mir besser und besser. Für Dich wünsche ich halt, dass es auch Dir so passiert. Kann leider den lieben Gott nicht um Erfüllung bitten, denn an den Herrn glaube ich nicht. *Mein Vater ist zum Theater gegangen. Gott ist eine Vorstellung.* (MALINA)

Du schreibst von der Stelle, in der Bernhard berichtet, dass er kein Sputum zusammenbrachte. Die Szene ist mir noch gut in Erinnerung. Natürlich wollten sie auch von mir Sputum, aber da kam nichts. Dann griffen sie zu effektiveren Mitteln, um mir meine Krankheit nachzuweisen. Gaben mir eine Narkose, aus der sie mich mit Schlägen ins Gesicht aufweckten – das gehört zum Schlimmsten, was ich jemals erlebt habe: Jemand schlägt mich, und ich kann nicht einmal sagen, er soll aufhören, aus meinem Mund kommen keine Worte. Sie fuhren mir mit einer Sonde in die Lungen und holten sich ihren ‚Beweis‘ selbst. Sicher haben sie nicht gewusst, dass meine Wunde in der Lunge nur eine METASTASE war und was für einen ‚Beweis‘ sie da zutage förderten. Lucy, entschuldige, das ist so ein Zwang, ständig muss ich von meinen Metastasen reden, der eigentliche Krebs will mir nicht aus dem Mund kommen.

Ebenso zwanghaft muss ich Dir jetzt nochmals die ‚dazugehörige‘ Stelle aus MALINA abschreiben. Fast möchte ich Dich darum bitten, das heißt alles in mir schreit, Lucy, bitte lies es noch einmal:

Mein Vater ist zufällig noch einmal nach Hause gekommen. Meine Mutter hat drei Blumen in der Hand, es sind die Blumen für mein Leben … und sie wirft die erste vor meinen Vater hin, ehe er sich uns nähern kann … Ich weiß, dass sie recht hat, ich weiß auch, dass sie alles weiß, Blutschande, es war Blutschande … ich sehe meinen Vater in meiner Todesangst an … er stampft auf allen drei Blumen herum, wie er oft aufgestampft hat in der Wut, er tritt und trampelt darauf, als gälte es, drei Wanzen zu zertreten, soviel geht ihn mein Leben noch an … Ja, es war das, er war es, es war Blutschande.

Lucy, ich habe Dir ‚Details' zu Herman Burger versprochen, apropos tot sein: Burger ist ein Schweizer Gegenwartsschriftsteller. Er schrieb, analog zu Wittgensteins TRACTATUS, ebenso viele Sätze zum oder für den Selbstmord. Mein Onkel Doktor empfahl mir – in einer höchst depressiven Phase – das Buch zu lesen. Burger versucht darin, einen derart von der Notwendigkeit des Selbstmords zu überzeugen, dass beim Leser, selbst wenn er mit Selbstmordgedanken herumläuft, der Lebenswille ausbricht – und sei's nur, um sich gegen Burgers Indoktrinierung zu wehren. Wäre dem nicht so, hätte es mir mein Onkel Doktor wohl kaum empfohlen.

Dementsprechend schadenfroh lachte er auch, als ich in der nächsten Stunde ordentlich über Burger und über den ‚Schmarren', den er da geschrieben hatte, schimpfte. Man muss meinen Onkel Doktor kennen, um zu wissen, dass man ihm unmöglich böse sein kann. Man lacht einfach über seinen ‚gemeinen Trick' mit. In meiner Wut sagte ich, ‚wenn der Herr Burger schon so vom Selbstmord überzeugt ist, dann soll er sich doch umbringen'.

Ich war sehr erschüttert, als mir mein Onkel Doktor erzählte, was ich nicht gewusst hatte. Burger brachte sich wirklich um, aber nicht, nachdem er seine Aufzeichnungen über den Selbstmord beendet hatte, er schrieb noch einen Roman, und dann …"

Mittwoch, 9. August 95

„Meine liebe Lucy!
Momentan, 5.40 Uhr, regnet es draußen. Aber dass, wie Du schreibst, der Herbst gekommen ist, muss man nicht befürchten. Dich macht das Sommerende melancholisch – ich hasse den Sommer, die heißen Tage, die drohenden Gewitter, spätestens seit dem Sommer in meinem 12. Lebensjahr, in dem bei mir die Angst zu sterben ausbrach. Sommer – das ist die Zeit, in der ich mich hilflos ausgeliefert fühle. Frag mich nicht, WEM. Jahr für Jahr nichts als Qual, die es zu überstehen

galt, bis endlich, endlich, der September kam. Dann kann ich aufatmen, dann öffnen wieder Orte, wo ich mich ein wenig in Sicherheit fühlen darf. Im Sommer bin ich völlig nackt, jederzeit ‚greifbar‘, ausgesetzt und ‚begrapschbar‘. Ich habe im Sommer-Überstehen schon 20 Jahre Übung. Zu meinem Verhältnis zum Sommer ein Gedicht von Celan: *Du darfst mich getrost/ mit Schnee bewirten:/ sooft ich Schulter an Schulter/ mit dem Maulbeerbaum schritt durch den Sommer/ schrie sein jüngstes/ Blatt…*

Donnerstag, 10. August 95

„Liebe Lucy!

5.30 Uhr, und seit dem Aufwachen um 4.00 Uhr habe ich mich etwas stabilisiert, denn noch vor kurzer Zeit fragte ich mich ernsthaft, weshalb nehme ich nicht all meinen Mut zusammen, beiße die Zähne zusammen und tue den entscheidenden Schnitt.

Jetzt garantiert mir mein Hausarzt-Termin um 11.00 Uhr, dass die ‚Tragik‘ nicht schon um 8.00 Uhr früh beginnt. Es geht mir dreckig und doch habe ich zugenommen und mit jedem Kilo rückt das Ende des Krankenstandes näher. Entweder es kommt zu einer raschen, entscheidenden Wendung zum Besseren, oder ich lande endgültig im Out. Womit ich weder die Gosse, Innsbruck, 6B, auch nicht das Grab meine, sondern die reine Psychiatrie. Baumgartner Höhe, vollgepumpt mit Tabletten, hilflos ausgeliefert irgendwelchen Irrenärzten, total abgeschnitten von allen Menschen, die mir etwas bedeuten: von Dir, von Carol, von meinem Onkel Doktor. Abgeschnitten von Büchern und Musik, von dem bisschen Leben, das mir geblieben ist.

Weil ich oben schrieb, ich würde nicht die Gosse fürchten, möchte ich Dir etwas erzählen, was ich wirklich nur Dir sage, weil Du weißt, wie tief man sinken kann. Du weißt, wie das gemeint ist, und wirst mich nicht falsch verstehen.

Es hat sich vorgestern ereignet. Ich wachte um 17.00 Uhr benebelt auf und wankte in die Küche. Mein Fuß musste irgendwie eingeschlafen sein, er gab gefühllos unter mir nach, ich knickte um und fiel hin. Vor der Dusche stand der Kübel, voll mit der mittäglichen Speiberei.

Nein, Lucy, nichts beschönigen. So war's: Ich wachte auf, ging in die Küche und entleerte im Kübel meine Blase. Ich war total benebelt, mein Fuß tatsächlich eingeschlafen. Ich wollte mich in die Höhe hieven, aber mein Fuß gab nach. In halber Höhe kippte ich um, fiel auf den Boden – und riss den mit Speibe und Urin gefüllten Kübel mit. Sein Inhalt ergoss sich über mich und den gesamten Küchenboden. Dass der alles andere als eben ist, trug dazu bei, die Schweinerei in sämtliche Ecken rinnen zu lassen. Ich lag mittendrin. Hatte nur Socken und die Unterhose an. Glücklicherweise stand nichts Wichtiges am Boden, meine schwarze Tasche hing am Kleiderständer. Die Mühe, das alles wieder zu beseitigen …

Lucy, entschuldige, dass ich Dir so ungustiöse Dinge schreibe, aber ich musste das beichten.

Um Dich zumindest auch mit etwas Lustigem zu erfreuen: Beim Herumblättern kamen mir Morgensterns GALGENLIEDER unter und darin das folgende Gedicht DIE WAAGE. *Korfen glückt die Konstruierung einer/ musikalischen Personenwaage/ Pfund für Pfund mit Glockenspielansage.// Jeder Leib wird durch sein Lied bestimmt/ selbst der kleinste Mensch, anitzt geboren/ silberglöckig seine Last vernimmt.// Nur v.Korf entsendet keine Weise/ als (man weiß) nichtexistent im Sinn/ abwägbarer bürgerlicher Kreise.*

In diesem Sinne, Lucy, liebe Grüße und viele Bussi – Almuth"

Wien, Freitag, 11. August 95

„Liebe Lucy!

In aller Frühe, halb 5.00 Uhr, flüchte ich mich zu Dir.

Zunächst, damit ich es nicht wieder vergesse: Du schriebst, Du wolltest Dir die Übertragung von LE NOZZE DI FIGARO ansehen, warst dann aber nicht in der Verfassung. Du hast wirklich nichts versäumt. Mittelmäßige bis geradezu unerträglich scheußliche Stimmen (Gräfin), widerliche Inszenierung, ständig kugelten die Personen am Boden herum.

Dafür sah ich – wenn ich mich recht erinnere, am selben Tag – den Film AMADEUS von Miloš Forman. Der Film hat seine Oscars wirklich verdient. Kennst

Du übrigens die unerträglich kitschige Verfilmung von Mozarts Leben mit Oskar Werner? Ich liebe Oskar Werner, aber dieser Film ist, als würde man in einem fort mit Mozartkugeln gemästet.

Zum gestrigen Tag: Nach dem Hausarzt pilgerte ich noch zur Apotheke, kehrte um 12.00 Uhr in meine Klause zurück und lieferte mir einen glimpflichen Anfall. Danach schluckte ich mit einem Viertel Wein 90 mg Tolvon und 2 Xanor. Diese Mischung hatte ich mir bisher verboten. Als ich meinem Hausarzt aber gestern von meiner ‚Schlaflosigkeit‘ erzählte – in der Hoffnung, er werde mir Schlaftabletten verschreiben –, meinte er, ob die Xanor nicht helfen? Ich antwortete, ich hätte Bedenken, sie gemeinsam mit den Tolvon zu nehmen. Er: ‚Das können Sie durchaus.‘ Er hat ja recht, besser mischen als noch ein Gift mehr.

Beim Neurologen Dr. G. hätte ich schon letzte Woche einen Termin vereinbaren sollen. Aber weshalb zu ihm gehen? Um wieder zu hören, dass ich nicht trinken und keine Xanor nehmen sollte?

Und da ich nun schon einmal dabei bin, Dir vorzujammern, weil es gerade vor wenigen Minuten wieder passiert ist: Lässt Du Dich auch von bestimmten ‚kleinen‘ Dingen quälen? Ich zum Beispiel ertrage täglich um 6.00 Uhr früh die Bundeshymne im Fernsehen. Früher, als ich noch bei meinen Eltern lebte, wurde sie immer zum Sendeschluss gespielt. Mein Vater, der meist schlafend auf der Wohnzimmercouch lag, wachte automatisch auf, weckte mich auf meinem Polstersessel und schickte mich – zu den Klängen der Bundeshymne – ins Bett. Ich hab nie verstanden, weshalb er so böse war. Meist gebrauchte er die Worte: ‚Jetz schaust aber, dass d’ ins Bett kommst!‘ Und ich schlich wie ein geprügelter Hund in mein Zimmer.

Nun ziehe ich mir die Bundeshymne täglich rein und damit die Erinnerung an die Szenen mit meinem Vater. Und weil Du gerade vorhin am Telefon sagtest, Du wärest seit 4.00 Uhr wach, eine kleine Aufmunterung aus dem Morgenstern-Gedicht DIE ZEIT. *Es gibt ein sehr probates Mittel/ die Zeit zu halten am Schlawittel./ Man nimmt die Taschenuhr zur Hand/ Und folgt dem Zeiger unverwandt…/ Jedoch verträumst du dich ein Weilchen/ so rückt das züchtigliche Veilchen/ mit Beinen wie der Vogel Strauß/ und heimlich wie ein Puma aus …"*

„Meine liebe Freundin! (durch dieses Wort kann ich Dich ein wenig näher zu mir holen!)

Heute habe ich es mittels 120 mg Tolvon und 1 Xanor tatsächlich geschafft, bis 6.00 Uhr zu schlafen. Die Nikotinsucht lässt sich jedoch selbst in der ärgsten Betäubung nicht abstellen, und so zündete ich mir mehrmals eine Zigarette an. Die eine fiel mir auf die Brust, die andere dämpfte ich neben dem Aschenbecher auf dem Leintuch aus. Kurz, ich neigte wieder einmal zur Selbstentzündung, schreckte aber glücklicherweise rechtzeitig aus meiner Beduselung auf.

Wozu mir einfällt: Sollte ich schon einmal gelebt haben, wurde ich – darüber bin ich mir sicher – als Hexe verbrannt.

Dazu ein kleines Zitat aus Bachelards PSYCHOANALYSE DES FEUERS. Eine sehr interessante Abhandlung, die Dir sicher auch gefallen würde: *Insbesondere kann das Unbewusste nicht zugestehen, dass eine so charakteristische und wundersame Eigenschaft wie die Brennbarkeit völlig verschwindet. Daraus folgt also, wer Alkohol trinkt, kann verbrennen wie Alkohol.*

Nun, den Alkohol nahm ich gestern schon um halb 8 Uhr zu mir, bald nach unserem Telefonat, über das ich sehr glücklich war. Bald folgte der erste, harmlose Fressanfall und mit 2 Xanor schlief ich ein, war dann aber nach zwei Stunden, so gegen 13.00 Uhr, wieder wach und so verzweifelt über das frühe Trinken, dass die Fresserei und Trinkerei von neuem begann, und zwar diesmal auf abscheuliche Weise.

Währenddessen kam Dein Expressbrief. Der Postler klopfte, ich konnte ihm aber nicht öffnen. Hernach nichts wie zum Postkasten und Deinen Brief holen. Ich war so hungrig danach! …"

„Meine liebe Lucy!

Nur so viel: Als ich Deinen Expressbrief las, hörte ich Deine Stimme wie vom Friedhof und hätte Dich so gerne von dort weggeführt. Liebe Lucy, Du musst mir gegenüber nichts beschönigen. Und auch wenn Du mir schreibst, Du wärest am liebsten tot, höre ich nicht auf, weil ich Dich lieb habe, nach dem Leben in Dir zu suchen.

Dein Traum hat auch mich sehr beeindruckt. Ich glaube überhaupt, das ist ein Teil unserer Krankheit: Nur im Traum finden wir einen entsprechenden Ausdruck für das, was in uns vorgeht. Ja, vielleicht spricht auch unser Körper, aber je dünner, desto stummer wird auch er. Wenn wir uns dann an so einen Traum erinnern, können wir ihn zwar in Worte fassen, aber leben können wir ihn nicht, können unser wirkliches Ich nicht leben.

Nie fühle ich mich meinen Symptomen so hilflos ausgeliefert wie nach solchen besonderen Träumen. Im Wachen habe ich keine andere Sprache als Fressen und Speiben oder Schlaf, um diese Gefühle, die wie eine Vergewaltigung über mich hereinbrechen, nicht ertragen zu müssen.

Es ist noch nicht einmal halb 8 Uhr, und das Weinglas steht schon wieder vor mir, und ich proste dem fröhlichen Untergang entgegen. Dabei sage ich, ab morgen ist Schluss …

Von gestern Abend haftet heute an der Wand eine Notiz: ‚Narben im Nachhinein‘. Ich hatte wieder einmal meinen frisch zerschnittenen Unterarm betrachtet und musste feststellen, dass die Schnitte während des Schneidens zwar schmerzen, aber gar nicht arg aussehen. Am nächsten Tag jedoch stellen sie sich als wahre Klüfte heraus, die dann nach Wochen wild nach oben wuchern …“

„Meine liebe Lucy,

Heute morgens um 5.00 Uhr kam mir beim Frühstück die Idee, endlich wieder in die Stadt zu fahren und Dir vom Diglas aus zu schreiben. Doch sind nun, kurz vor 6.00 Uhr, schon alle meine Kräfte verbraucht, und dabei habe ich mittels Überdosierung, 150 mg Tolvon und 2 Xanor, an die 12 Stunden geschlafen. Ich träumte von meinem Bruder, der meinen Computer auf die hinterlistigste Weise angezapft und ihn für meinen Gebrauch versaut hatte. Mein Vater putzte nach der Arbeit an einem Ort, wo Computerfachleute eine Ausstellung veranstalteten. Zu ‚Fachmann‘ fällt mir natürlich mein Onkel Doktor ein, durch ihn bin ich ja erst darauf gekommen, mich zu erinnern, dass mein Bruder mich verkauft hat, an einen meiner Cousins. Im Traum wende ich mich voll Hass gegen meinen Bruder und zugleich mit einer Hoffnung zu dem Vertrauen erweckenden Fachmann: Wenn ich ihm offen und deutlich das Beweisstück zeige, es ihm mit all meiner Empörung unter seine Augen halte, dann wird er sehen, was für eine Schweinerei mein Bruder begangen hat, dann wird er sich rückhaltlos auf meine Seite stellen. Weißt Du, bisher hatte ich mich mit dem absoluten Hass auf meinen Bruder zufriedengegeben. In der Beziehung zu meinem Vater bin ich derart in Mitleidsliebe, Wut, Angst, Pflicht, Schuld und Scham verstrickt, dass mir für mein ‚System‘ und für die Suche nach Hilfe bei einem Fachmann einfach keine Kraft übrig bleibt.

Schon wenn ich mir in den Stunden bei meinem Onkel Doktor meinen Vater vorstelle, bin ich wie erschlagen. Worin bestünde nun die Lösung dieses gordischen Knotens aus Mitleidsliebe, Angst, Pflicht, Schuld, Scham und ohnmächtiger Wut? Ja, wenn ein ‚Fachmann‘, sozusagen außer Dienst, unentgeltlich, sich mir zuliebe meines ‚Systems‘ annähme. Ich verstehe gut, das ist zu viel verlangt, das kann ich von einem Fachmann nicht erwarten …

Zu dem Traum: In Wirklichkeit geht meine Mutter putzen und mein Vater liegt im Grab. Ein Onkel ist doch der Bruder des Vaters oder der Mutter. Weshalb nenne ich Dr. Eisinger meinen ONKEL Doktor? Bemerkenswert …“

Dienstag, 15. August 95

„Meine liebe Lucy,

Welcher Unterschied besteht jetzt zwischen mir und meinem Computer? Nicht mehr als ein traumhafter!

Zum Abschluss dieses Briefes nur ein kleiner Zustandsbericht. Es ist 7.00 Uhr morgens. Ich habe die ganze Nacht kein Auge zugemacht.

Nebst dem Geschlucke von 3 Achteln – zu dieser Zeit – die allerliebsten Grüße – Deine Almuth“

„Meine liebe Lucy!

12.30 Uhr, Café Schmohl. Es ist nicht meine Leistung, heute zu dieser Zeit aus meinem Folterbett gefunden zu haben. Mein Onkel Doktor ist nämlich wieder zurück, um 15.00 Uhr habe ich die erste Stunde – so lange muss ich also nüchtern bleiben.

Heute, das erste Mal seit Deiner Abreise, zeigt sich der Himmel nicht von seiner Dauerregenseite. Nur 19 ° in der Sonne. Eigentlich ein idealer Herbsttag, wie ich sie liebe.

Die letzte Woche war besonders schlimm, aber wahrscheinlich kam mir das nur so vor, weil die Zeit zuvor mit Dir so anders war. Du bist der einzige Mensch, mit dem ich trotz meiner ‚Totmacherei‘ leben kann.

Auch gestern war ein fürchterlicher Tag. Wie die Verkörperung einer Alkoholikerin stand ich schon um halb 8 Uhr vor dem Billa im strömenden Regen und hätte die Tür am liebsten aufgebrochen.

Schon wieder mache ich mich mit meinen Geschichten so breit, und eigentlich wollte ich Dir sagen, was mich wahnsinnig gefreut hat, das waren die letzten Worte in Deinem Brief: 29,2 Kilo. Am allerwichtigsten, dass Du die Rutschn wieder nach oben zu krabbeln beginnst!!! Ich will mich auch über 0,2 Kilo mehr Wärme in Deinem Körper freuen. Und auch Dein Bernhard-Hunger hat mich erfreut.

Für meinen Onkel Doktor habe ich schon einige meiner ungermanistischen Gedanken aufgeschrieben. Doch dann lastet wieder mein literarisches Minderwertigkeitsgefühl tonnenschwer auf mir: Was ich sage – was ich zu erkennen glaube –, alles Unsinn.

So bleibt für mich keine andere Identifikation als: Trinkerin, Fresserin, die sich durch Alkohol- und Tablettenmissbrauch um den Rest ihres bisschens funktionierender, germanistisch begabter Hirnzellen bringt. Da aber dieses bisschen an germanistischer Begabung das Einzige ist, an das ich in mir glaube und das mir die Überlebensration an Wertgefühl liefert, sozusagen meine Selbstbewusstseins-Sonde ist, höre ich nicht auf, mit aller Kraft, die ich aufbringen kann, an diesem

Glauben festzuhalten.

Lucy, es ist ein verdammt harter Überlebenskampf, den ich da kämpfe.

Schon ist es halb 3.00 Uhr. Danke, Lucy, dass Du mir über die nervenaufreibende Wartezeit bis zur Stunde bei Dr. Eisinger geholfen hast. Und damit Du nicht länger glauben musst, ich schreibe Dir nicht mehr, eiligst mit diesem Brief zur Post. Als Briefschluss ein Bussi – Deine Almuth"

Wien, Dienstag, 12. September 95

„Meine liebe Lucy!

Ich freue mich aufrichtig über Dein bisschen mehr Gewicht, ich muss mich einfach über das Plus an mehr Lucy freuen, obwohl ich auch Deinen Unmut darüber, was die Waage anzeigt, mitfühlen kann.

Als ich las, dass Du bereits Deinen Koffer für 6B packst, wurde mir erst bewusst, wie bald das schon ist. In meinem ständigen Kampf mit der Zeit lebe ich völlig außerhalb jeder Zeit. Ich werde nach besten Kräften versuchen, Dir das Zunehmen erträglicher zu machen. Für den einen Samstag habe ich schon IL TROVATORE in der Oper eingeplant. Vorher könnten wir uns noch in den ‚Arsch der Oper' setzen. Für solche Ausdrücke möchte ich Thomas Bernhard am liebsten umarmen.

Ach Lucy, könnte ich meinen gordischen Knoten Alkohol mit einem Hieb durchhauen. Doch abgesehen davon, dass ich nicht Alexander der Große bin – mein gordischer Knoten Alkohol ist noch dazu auf gordische Weise mit meinem zweiten gordischen Knoten, den Abführmitteln, verknüpft. Rational lässt sich dieses unsägliche Gewirr leicht lösen – aber gefühlsmäßig verstricke ich mich beim Aufdröseln nur noch mehr, und die Schlinge zieht sich fester und fester um meinen Hals.

Nach der zweiten Zahnarztsitzung letzten Donnerstag blutete ich stark. Und pervers, wie ich bin, habe ich das unheimlich genossen. Ständig zu bluten, das war wie eine Erlösung. Am nächsten Tag sehnte ich mich so sehr nach dieser blutenden Erleichterung, dass ich mir gleich wieder in den Unterarm schnitt. Aber das Getröpfel, das ich dadurch produzierte, reizte nur meine Sehnsucht, anstatt sie zu stillen.

Ich glaube, ich habe sehr viel ‚Herzblut' auszuspucken. Damit hätte ich ein herrliches Thema für die heutige Therapiestunde, aber ich werde zwanghaft versuchen, die ‚Wunde zu stopfen' mit ‚das schaffe ich schon', ‚so schlimm ist das nicht', um mir nachher per Dulcolax eine trügerische Abfuhrlösung zu erkaufen. Ich wünschte, es wäre anders. Und auch Dir wünschte ich Dein Leben ganz anders. Von Herzen alles Liebe. Almuth"

Wien, Mittwoch, 13. September 95

„Meine liebe Lucy!

Kurz nach halb 6 Uhr, und bevor ich auf dumme Gedanken komme, setze ich mich lieber gleich nach dem Frühstück an den Computer und erzähle Dir den Traum, den ich von Dir hatte:

Es war in Wien. Insgesamt um mich herum eine unsichere und bedrohliche Situation. Du warst da, völlig abgemagert, nur mehr ein Skelett, das auf einer durchsichtigen, dünnen Folie wie ein Scherenschnitt ausgeschnitten lag. Du gabst auf und übergabst Dich mir. Ich dachte verzweifelt, wie ich Dich in Sicherheit bringen könnte, damit man Dich nicht umbringt. Ich fürchtete auch, man würde mich des Mordes bezichtigen.

Dann war ich in einem Ballettsaal. Ein Lehrer gab dort Tanzunterricht. Mir erschien er hübsch, jung, blond, doch er verwandelte sich in einen sehnigen, dunkelhaarigen, älteren Mann. Einer, auf den die Frauen fliegen. Ich dachte, wenn ich mich von dem Mordverdacht befreien und Dich in Sicherheit bringen könnte – hier ist der Ort. In der Hoffnung, Dich als Ballettschülerin müsste dieser Tanzlehrer doch verstehen, zeigte ich Dich ihm. Es war eine Art Opferhandlung, indem ich das papierene Skelett, das Du warst, vor ihm ausbreitete, sodass eine Art V entstand. Die Spitze zu den Schülerinnen im Hintergrund, die beiden Schenkel zu dem Lehrer gerichtet. Im Aussehen wie breit gemachte Beine. Aber wie ich das Ganze vor mir sah, begriff ich, dass das Opfer vergeblich war. Der Tanzlehrer wollte nicht verstehen. Du warst für alle sichtbar. Ich konnte nichts zu meiner Entlastung vorbringen und gab auf. Ende des Traums …"

„Meine liebe Lucy!

12.30 Uhr Schmohl. Ich will Dir noch erzählen, was sich heute nachts in „Schie-jok täglich"* abspielte. Es ging darin um Menschen, die mit dem Jenseits Kontakt haben. Eingeladen war Lotte Ingrisch, sie ist die Frau des Komponisten Gott-fried von Einem, dem ich übrigens bei unserem Opernwettbewerb als Jurymit-glied persönlich begegnen konnte. Lotte Ingrisch ist Schriftstellerin. Sie behaup-tet mit dem Jenseits in Verbindung zu sein und hat ein Buch geschrieben, das ihr von ihrem verstorbenen Freund, dem Journalisten Jörg Mauthe, von ‚drüben‘ diktiert wurde.

Sie erzählte, wie dieses Diktat vor sich gegangen sei. Mittels einer Mischung aus drei Viertellitern Wein und der ‚doppelten Menge‘ Schlafmittel – sie sagte nicht, welche und wie viele – habe sie sich in einen tranceartigen Zustand versetzt und zu schreiben begonnen. Will sagen, ihre Finger tippten in die Schreibmaschine, was sie dann als Jörg Mauthes Botschaften aus dem Jenseits in Buchform heraus-gab.

Nun, ich weiß nicht, ob da wirklich Jörg Mauthe durch sie sprach, aber ich glaube ihr die Geschichte. Dass nicht SIE schrieb, sondern dass ES sie schrieb. Auch mir ist das bei meinen ‚Geschichten von meinem Vater‘ passiert und hat mich zutiefst erschreckt. Plötzlich steht da ein Wort, ein Satz, Sätze, die völlig un-vorhersehbar waren. Du weißt nicht, woher sie kommen und weshalb du sie ge-schrieben hast. Du weißt nur, dass deine Hand sie geschrieben, deine Finger ge-tippt haben. Und ohne dass du es erklären könntest, weißt du, dass sie wahr sind. Verstehst Du, was ich meine? Ich hatte zuvor keine Erinnerung an die ‚Geschich-ten von meinem Vater‘, aber ich wusste plötzlich mit Entsetzen, dass es so war, wie ich es geschrieben hatte.

Es bewegt mich unheimlich. Und ich fürchte mich auch davor, mir so aus der Hand zu geraten. Deshalb halte ich mich auch vor dem Schreiben über meinen Vater zurück, weil ich nicht weiß, wie ich mit dem, was ‚ohne‘ mich, aber ‚mit‘ mir entstanden ist, umgehen soll. Obwohl mir mein Verstand sagt, dass ich als Kind für die Realität, die mir mein Vater aufzwang, nicht verantwortlich, sprich nicht schuldig war. Mein Gefühl sagt mir das Gegenteil.

Ich wollte, ich könnte mich mit dem Selbstbewusstsein der Lotte Ingrisch vor mich selbst hinstellen und sagen: ‚So war es.' Was ich an ihr bewundere, ist nicht nur, wie sie für ihr ‚so war es' eintrat, sondern auch für die Art und Weise, wie sie zu ihrem Buch gekommen ist. Sie erzählte von den 3 Vierteln Wein und der doppelten Menge Schlaftabletten so ernst und leicht zugleich, als würde sie sagen: ‚Ich habe Wasser getrunken.'

Warum kann ich für meinen Weg zu ‚meinem Jenseits' nicht auch so eintreten? Warum mache ich seit Jahren meinen ‚allerersten Weg' zur Geschichte mit meinem Vater herunter? Mit ‚allererstem Weg' meine ich meine Träume. Weshalb tue ich sie als krankhafte Phantasien ab? Gibt es eine deutlichere Sprache als ein ‚V' wie breit gemachte Beine? Dass ich mir dann erst recht meine ‚Geschichte mit meinem Vater' abspenstig mache, kannst Du Dir vorstellen.

Freilich, es gibt da auch eine Lotte-Ingrisch-Almuth, die von ihren Worten überzeugt ist, aber sie ist fast noch dünner und schwächer als ein papierenes Skelett.

Nur eines noch, wohl das Wichtigste: DANKE für die Zeit, Lucy, die ich mit Dir verbringen durfte!!! Deine Almuth"

Wien, Freitag, 16. September 95

„Meine liebe Lucy!

8.30 Uhr. Völlig durchnässt im Café Westend. Draußen schüttet es in Strömen – und meinen Schirm hat das Schmohl verschluckt.

Um 10.00 Uhr habe ich eine Sitzung bei meinem Neurologen, Dr. G. Ich gehe mit höchst gemischten Gefühlen hin. Am liebsten würde ich ihn um eine ‚Wunderpille' anbetteln und weiß doch, dass es die nicht gibt. Auch wenn Dr. Eisinger gestern zu mir sagte: ‚Ja, dann betrinken Sie sich halt' – weil das bis jetzt meine Wunderpille war –, aber nicht einmal das will mehr funktionieren. Ich schütte den Wein geradezu gewaltsam in mich hinein, besonders morgens, ich spüre dabei nur bitteres Gift, das in mein Blut rinnt, und alles wird von dem Gefühl überwogen: Es hilft nichts. So trinke ich weiter, um zu vergessen, dass das Trinken nichts hilft.

Auf den Punkt gebracht: Ich kann nicht mit und ich kann nicht ohne. So war es auch gestern. Ich stand neben mir und sah mich, wie ich den Alkohol in mich zwang, und dann stellte ich mir vor, wie ich nachher noch die Dulcolax nachstopfen würde. Doch wie soll ich meine unaushaltbaren Gefühle anders aushalten?

Kurz vor 11.00 Uhr im Café Westend – zum ersten Achtel, das ich jetzt nach der Stunde beim Dr. G. unbedingt brauche. Warum mich die Sitzungen bei ihm so viel Kraft kosten: Vielleicht weil ich ihm immer etwas ‚Unerklärliches‘ erklären will und erwarte, dass er mir die Erlaubnis zur absoluten Selbstzerstörung gibt?

So saß ich vorhin vor ihm und versuchte ihm zu ‚beweisen‘, dass ich mich nicht umbringen kann, und dabei hoffte ich inständig, er würde mir nicht glauben und ausrufen: ‚Sie sind selbstmordgefährdet! Schlucken Sie die und die Mittel, die werden Sie vor sich selbst bewahren.‘

Innerlich ist meine Stimmung auf Gewitter umgeschlagen. Ich habe Angst, ich habe Hunger, ich bin zugleich randvoll und gähnend leer, ich will schlafen und es graut mir vor dem Schlaf.

Seit gestern bei meinem Onkel Doktor ist mir aber klar, dass es sinnlos ist, mich gegen all diese widersprüchlichen Gefühle zu wehren. Sie werden nicht eher ruhen, als bis sie zu Tode ausgelebt sind.

Wenn ich mehr an Dich und weniger an mich denken würde, schriebe ich Dir solche Zustände nicht.

Abschließend noch eine Frage oder eine Bitte: Die Briefe an Dich sind die einzigen ‚Dokumente‘ aus der ‚sprachlosen‘ Phase, die ich derzeit durchlebe. ES GIBT KEIN TAGEBUCH WIE FRÜHER: Aber – und darüber täusche ich mich nicht – meine Briefe sind über lange Strecken so egoistisch, das heißt, eigentlich sind sie nichts anderes als Tagebucheintragungen, die aber ohne Dich niemals zustande gekommen wären.

Glaubst Du, Du könntest sie mir einmal zum Kopieren borgen???

Könnte ich nachlesen, wie sehr ich in den Briefen an Dich leben durfte – durch Dich –, ich käme mir nicht so schrecklich tot vor.

Ganz zum Schluss nutze ich die leer gelassene Rückseite, um Dir von Herzen alles Liebe zu schicken und nochmals zu betonen, wie sehr ich mich darauf freue, wenn Du in Wien bist. Deine Almuth"

„Meine liebe Lucy!

Es ist kurz nach 4.00 Uhr morgens und ich sitze in meinem Bett, noch ziemlich verschreckt von den Träumen, und damit bin ich bei Deinem letzten Express-Brief, dem Verzweiflungs-Brief. Was Du schreibst – es sind im wahrsten Sinne Worte ÜBER die Verzweiflung. Verstehst Du, was ich damit meine? Wenn man sie schreiben kann, ist man tatsächlich ‚noch nicht verzweifelt'. Die Zustände, die solchen Worten vorausgehen, die sind freilich fürchterlich, verlieren durchs Schreiben aber ihre letzte Unerbittlichkeit. Am besten dazu ein Tagebuch-Zitat von Kafka aus dem Jahr 1922: *Merkwürdiger, geheimnisvoller, vielleicht gefährlicher, vielleicht erlösender Trost des Schreibens. Das Herausspringen aus der Totschlägerreihe, Tat-Beobachtung … indem eine höhere Art der Beobachtung geschaffen wird, eine höhere, keine schärfere, und je höher sie ist, je unerreichbarer von der >Reihe< aus, desto unabhängiger wird sie, desto mehr eigenen Gesetzen der Bewegung folgend …*

Du schreibst, für Wien hast Du die beiden Kafka-Bücher eingepackt. Bitte, Lucy, fühl Dich ja nicht verpflichtet sie zu lesen, weil sie ein Geschenk von mir sind. Jedes Buch hat seine Zeit. Als Du von Wien wegfuhrst, hab ich mir doch dieses dicke Günter Grass-Buch, 400,- Schilling, gekauft, und obwohl ich es damals am liebsten verschlungen hätte, liegt es seit vielen Tagen unberührt am Fernseher. Wenn ich, wie am vergangenen Wochenende, noch so verzweifle, die Anwesenheit des Buches lässt nicht zu, dass ich verzweifelt bin.

Nun geht mir die Tinte nicht nur sprichwörtlich aus. Mit dem letzten ‚Saft': Alles Liebe und ein 44-Kilo-Bussi! Deine Almuth"

„Meine liebe Lucy!

Im Schmohl. Soeben hab ich mich gefragt, wie es für Dich ist, dass 6B immer näher kommt?

Nachdem ich gestern den Brief an Dich eingeworfen hatte, war nur Nacht um mich. Nach dem Aufwachen, total depressiv, wartete ich, bis es 10.00 Uhr und damit Zeit für meinen Hausarzt wurde. Eines ist neu: Ich glaube, ich habe gar nicht mehr die Wahl zwischen Zu-nehmen und Nicht-Zunehmen. Denn ich kann nicht mehr hungern. Ich schaffe es einfach nicht mehr, nichts bzw. weniger zu essen. Ich muss meinen Hunger stillen! Der Hungerkünstlerin ist ihr Talent zur Hungerkunst abhandengekommen. Mein Onkel Doktor würde sagen: ‚Gut so, herrlich!'

Ja, und nach dem Hausarzt war ich heute endlich beim Friseur. Ein Typ schnipselte eine volle Stunde sorgsam an mir herum, ohne zu reden, und er hat wirklich einen tollen Schnitt hingelegt.

Noch etwas mehr als eine Stunde bis zu meinem Onkel Doktor. Übrigens hat mich Dr. Eisinger am Ende der Dienstag-Stunde ordentlich geschockt. Er fragte mich, wie sicher ich mir seiner sei. Ich musste zunächst einmal schlucken, um irgendwie die Fassung zu behalten, aber er hatte nur gemeint, ob ich mir seiner so sicher sei, ihm so weit vertrauen würde, dass ich mich auf die Couch legen könnte. Ich sitze ihm nämlich immer gegenüber. Ich vertraue ihm, nur liegen, davor gerate ich in Panik. Es hat nichts mit ihm zu tun. Aber bei der Vorstellung, auf dem Rücken zu liegen, drehe ich schlichtweg durch … Ich muss aufhören, daran zu denken: flach auf dem Rücken – ich schreie und schreie um Hilfe, aber es kommt kein Ton aus meiner Kehle. Immer wieder dieses Gefühl, zu ersticken. Heute, nach der Therapie, sehe ich mich schon im nächsten Café große Schlucke Wein in meinen Magen und eine Zigarette nach der anderen in meine Lungen zwingen – mit Gewalt –, so wie mein Vater sein Ding in meinen Mund steckte: ‚Lutsch mal, es ist gut'. Aber es war NICHT gut, ebenso wenig wie das Zuviel an Wein und Rauch, das ich mir nun selbst ‚besorge'.

Lucy, ich weiß nicht, schon bei meinem Hausarzt ist mir heute dieses starke Bedürfnis aufgefallen, Menschen, an denen mir etwas liegt und denen ich vertraue, von der ‚Geschichte mit meinem Vater' zu erzählen. Vielleicht gehen bei mir das Nicht-mehr-hungern-Können und das Nicht-mehr-schweigen-Können Hand in Hand.

Im Burgtheater findet ein 24-Stunden-Literaturtag statt (mitzuhören in Ö3): Da könnte ich hingehen nach meinem Frühstück um Mitternacht – ich werde mir heute noch das Programm besorgen …"

Dienstag, 26. September 95

„Meine liebe Lucy!

Obwohl der vorangehende Brief schon etwas veraltet ist, schicke ich ihn Dir doch. Zumindest erscheint er mir interessanter als ein Bericht darüber, was sich zwischen Donnerstag und heute abgespielt hat.

Heute, seit 3.00 Uhr früh, dachte ich nur mehr an Selbstmord. Aus meinem Wein-Xanor-Dämmerzustand schreckte ich plötzlich hoch und ‚verzierte' mit dem Messer meine Unterarme. Eine Weile sah ich zu, wie das Blut rann, und fragte mich verzweifelt, wie tief ich denn noch schneiden müsste, um diese verdammten Arterien zu treffen. Weshalb liegen sie so tief im Fleisch. Pervers, wie ich bin, ging es mir danach besser.

Nun lese ich Deinen Brief: Vor den Abenden auf 6B musst Du nicht solche Angst haben. Das Rohypnol kannst Du sicher schon vor 22.00 Uhr bekommen. Auch ich habe mir immer schon um 20.00 Uhr meine Tolvon (damals mein totsicheres Schlafmittel) geholt und sie wurden mir anstandslos gegeben.

Was aus unserem Briefwechsel wird, wenn Du auf 6B bist? Von mir aus gesehen, weshalb sollten wir uns denn nicht schreiben? Was täte ich ohne Dich in meinen grauen Morgenstunden? Zu diesen Unzeiten bist Du meine einzige Stütze. Und um 3.00 Uhr früh bist Du auf 6B genauso weit entfernt, als wärest Du in Salzburg.

So oft schon hat mich nur das Schreiben an Dich aus der nackten Verzweiflung gerettet. Dafür will ich Dir ein großes DANKE sagen!!!

Nach dem heutigen Vormittag habe ich mir vorgenommen, meinem Onkel Doktor diese nackten Verzweiflungssituationen zu schildern. Als Hilfeschrei. Vielleicht habe ich mich auch deshalb heute wieder geschnitten – um etwas zum Vorzeigen zu haben. Denn ‚ansehen' kann man mir jetzt, mit meinen mittlerweile 45 Kilo nicht mehr, wie schlecht es mir geht. Lucy, es muss bald eine Entscheidung fallen. Nun muss ich Schluss machen. Alles Liebe und Bussi und … und … und … Deine Almuth"

„Meine liebe Lucy!

Bewaffnet mit einem Xanor im Magen und einem Achtel Wein neben mir, flüchte ich mich in meiner Verzweiflung, jetzt um halb 6 Uhr morgens, zu Dir.

Dr. Eisinger hat mir – zu Recht – gründlich den Kopf gewaschen wegen meiner Schnitzelei. Aber ich wusste eben wieder einmal nicht, wie ich anders mit meinen Gefühlen umgehen sollte. Seine Kopfwäsche hat mich aus der Lethargie gerüttelt. Und ich begann mich wenigstens mit dem Gedanken zu befassen, ‚in die Welt zurückzukehren'.

Dabei kam mir eine Idee: Wenn ich Florian fragen würde, ob ich seiner Kellnerin tagsüber einige Stunden aushelfen kann. Ich würde natürlich kein Geld dafür verlangen. Mir geht es darum, aus meiner Wohnung und unter Leute zu kommen. Irgendwo eine Struktur zu finden, an der ich mich anhalten kann.

Der zweite Gedanke: Ich könnte auf diese Weise servieren lernen und mit Florians Protektion vielleicht irgendwo einen Kellnerinnen-Job auftreiben.

Das waren gestern meine Zukunftspläne, die ich am Wochenende mit Florian bei einem Frühstück besprechen möchte. Angenehm wäre auch, dass ich nicht von heute auf morgen in die totale Arbeits-Zwangsstruktur geriete, quasi nicht plötzlich vom Nordpol in die Sahara versetzt würde.

Zum Schluss möchte ich Dir noch einmal sagen, wie sehr ich mich auf Dich freue. Meine gesamte Bernhard-Sammlung sowie alle anderen Bücher in meinem Regal stehen Dir zur Verfügung, ebenso natürlich die CDs. Es gibt nur drei Menschen, die ich so nah an mich heranlasse: Dr. Eisinger, Carol und Dich. Am liebsten würde ich die drei Namen ineinanderschreiben, denn zwischen ihnen besteht keine Hierarchie.

Alles Liebe und noch mehr! Deine Almuth

P.S. Mein Onkel Doktor sagte gestern: ‚Von mir aus trinken Sie einen oder zwei Liter Wein, wenn Sie nur ein Fenster zur Welt aufstoßen'."

„Meine liebe Lucy!

Die ganze Geschichte mit 6B tut mir aufrichtig leid. Ich verstehe Deine Entscheidung geradezu körperlich, auch wenn ich sie mit dem Herzen, das Dich lieb hat, nicht gutheißen kann. Ich habe um Dich dieselbe Angst wie um mich. Ich hatte mich schon so sehr auf die gemeinsame Zeit mit Dir gefreut und mag meine Enttäuschung nicht verbergen.

Nach Deinem Anruf heute musste ich immerzu daran denken, wie ich Dir helfen könnte, mit Deinem ständigen Hunger umzugehen. Und dabei nagte dieselbe Ratte in meinem Magen. Also gab ich ihr etwas zu futtern und horchte dann ganz genau hin. Der Hunger war noch immer da, aber nicht Hunger nach Essen, sondern nach Liebe, nach Zärtlichkeit. Ein so großer Hunger, wie ihn der Magen niemals haben könnte. Freilich habe ich mit meinen 46 Kilo leicht reden, und irgendwie war mir das Zunehmen auch leicht. Obwohl, der Beschluss dazu wurde ohne mich gefasst. Ich glaube, er war von der Art, wie ihn Kafka in den ersten Briefen an Milena bezüglich seiner Tuberkulose beschreibt: *Diese Verhandlungen zwischen Gehirn und Lunge müssen fürchterlich gewesen sein.* Nun ist die Tuberkulose eine Krankheit und 10 Kilo mehr bezeichnet man als Gesundheit.

15.00 Uhr, ich sitze im Schmohl, schon lange bei einem Achtel Rot. Und ich habe Nierenschmerzen – wohl auch eine Folge der gestrigen Dulcolax-Dosis. Möglicherweise ist es aber ‚nur‘ der Darm, den ich mir wieder bis aufs Blut durchgeputzt habe.

Angesichts der Nierenschmerzen taucht wieder die Angst auf: Ist es schon zu spät? Habe ich meinen Körper schon zuschanden geritten?

Ich halte den Mund, sonst müsste ich schreien – und ‚schreien darf man nicht‘. ‚Schreien darf man nicht‘, das ist ein Satz, der immer wieder – meinetwegen aus meinem Unterbewusstsein – auftaucht. Gestern wurde er zum Titel einer Geschichte, nur folgte auf den Titel nicht einmal der Ansatz einer Geschichte, denn schrei**b**en darf man nicht.

Liebe Lucy, ich hoffe so sehr, dass Du bald den Sprung auf die Rutschn nach oben schaffst!!! Mit diesem Wunsch und einem Bussi mach ich Schluss für heute!

Deine Almuth"

Wien, Freitag, 6. Oktober 95

„Meine liebe Lucy!

In meiner Panik flüchte ich mich vor dem Würger Existenzangst jetzt kurz vor 6.00 Uhr zu Dir und dem Computer. Wie meine finanzielle Situation aussieht, habe ich Dir ja gestern berichtet. Ich weiß auch gar nicht, ob ich Dir erzählt habe, dass mir ein Eckzahn ausgebrochen ist. Zu meinem Zahnarzt zu gehen und ihn wieder um ‚Bastelarbeit' zu bitten, beziehungsweise einzugestehen, dass ich das Geld für den nötigen Zahnersatz nicht habe, davor schäme ich mich unendlich. Doch irgendetwas muss geschehen, schon wegen des Jobs – wer nimmt denn jemanden, der sich vorstellt mit einem fehlenden Vorderzahn.

Du siehst, nach der kurzen Erholungsphase der letzten drei Tage sitze ich wieder ganz tief in meinem schwarzen Loch … und spüre nichts als Angst, Angst … Und aus Angst schreibe ich Dir eine Stelle aus Rilkes AUFZEICHNUNGEN DES MALTE LAURIDS BRIGGE ab. Der Roman war Gegenstand meiner ersten Vorlesung in Germanistik und ist ein Buch, das ich zu meinen ersten entscheidenden zähle. *Ich liege in meinem Bett … und mein Tag, den nichts unterbricht, ist wie ein Zifferblatt ohne Zeiger … alle verlorenen Ängste sind wieder da. Die Angst, dass ein kleiner Wollfaden, der aus dem Saum der Decke heraussteht, hart sei, hart und scharf wie eine stählerne Nadel. Die Angst, dass dieser kleine Knopf meines Nachthemdes größer sei als mein Kopf, groß und schwer … die Angst, dass ich mich verraten könnte und alles das sagen könnte, wovor ich mich fürchte, und die Angst, dass ich nichts sagen könnte, weil alles unsagbar ist, – und die anderen Ängste … die Ängste.*

Ach Lucy, momentan bin ich so verzweifelt, dass mir nichts Besseres einfällt, als die Zeit beim Neurologen so schnell wie möglich hinter mich zu bringen – und dann besinnungslos auf mich einzuschlagen.

11.15 Uhr. Café Westend. Die Stunde bei Dr. G. war geradezu angenehm, langsam wird er mir vertrauter. Er meinte, ich sei auf dem Wege der Besserung, dass dadurch aber die Selbstmordgefahr steige. Wenn ich mir selbst nicht mehr zutraue, dass ich nicht springe, solle ich ihn anrufen, und er werde dafür sorgen, dass ich in einem Spital – etwa in 6B – aufgenommen werde. Das gibt mir ziemliche Sicherheit, denn ich will doch nicht sterben.

Liebe Lucy, Du spürst doch, worüber mir das Schreiben an Dich heute hinweggeholfen hat? Ich kann nur ein kleines Dankeschön *tun,* indem ich den Brief sogleich einwerfe. Ich lege eine Telefonwertkarte bei, damit Du mich jederzeit hören kannst. Und ich umarme Dich mit der ganzen Kraft meiner 46 Kilo – Deine Almuth"

Wien, Montag, 9. Oktober 95

„Liebe, liebe Lucy!

Wie Du auch an meinen beiden letzten Briefen siehst, ich bin derzeit in einer Hypochondrie-Phase, und sie ist nicht die erste in meinem Leben.

Diese Angst tauchte zum ersten Mal mit 12 Jahren auf als Angst, ganz einfach zu sterben. Als Angst vor Krebs in den Knien, die mir damals, wohl infolge des Wachstums, reichlich weh taten. Zu den *Knien* eine Stelle aus der Erzählung DER AUFENTHALT von Paulus Hochgatterer: *Es gibt eine physiognomische Sprache, die weitaus mehr zu sagen hat als die Sprechsprache. Zum Beispiel die Sprache der Knie. Hier sind zwei Drittel der Patienten Alkoholiker. Das heißt, zwei Drittel der Patienten sagen mit ihrer Sprechsprache nichts. Sie produzieren Sprechblasen, in denen sich Bäng! und Ächz! und Zeig's ihm! überkugeln.*

Daneben haben sie ein Gesicht, das aufgedunsen ist von Scham und blau von nicht ausgeatmeter Angst. Sie haben einen Kugelbauch und unterhalb des Bauches nichts als ein provisorisches Gehgestell. Man sollte sie in Kinderwagen setzen.

Sie haben Knie, die spindelförmige Auftreibungen sind. Man erwartet ein Quietschen, wenn sie gehen. Gustav sagt: sie sind Roboter, arme Roboter, denn sie wissen nicht, wer sie gebaut hat.

Entsprechen diese garstigen Sätze nicht der Wahrheit? Das frage ich – beim zweiten Achtel um 7.00 Uhr früh – eher mich selbst als Dich.

Lucy, wieder kann ich nur danke ‚tun'. Ich drucke den Brief plus Adresse aus und trag ihn weg. Alles Liebe – Almuth"

„Meine liebe Lucy!

12.45 Uhr im Schmohl. Der Grund meiner Verzweiflung: das fehlende Geld für den Zahnersatz. Nun habe ich oben drei sichtbare Zahnlücken und kein Geld, um sie aufzufüllen. In meiner Not wagte ich mich heute vormittags ins Dorotheum, wo ich das bisschen Schmuck, das ich besitze, zu verpfänden versuchte. Da es aber keine österreichische Prägung hat, musste ich den Ort meiner Hoffnungen mit leeren Händen verlassen.

Dann fragte ich in einer Bank wegen eines Kredits – 5.000,- Schilling sind aber zu wenig für einen Kredit. Also versuchte ich bei der Post meinen Kontokreditrahmen um 5.000,- zu erhöhen. Da ich kein Gehaltskonto besitze, ging auch das nicht. Nach all diesen demütigenden und nutzlosen Wegen hätte ich mich am liebsten gleich sinnlos betrunken – wäre um 15.00 Uhr nicht die Stunde bei meinem Onkel Doktor.

Jetzt zittere ich derart, dass mir die Tasse aus der Hand zu fallen droht. Liegt's am Herannahen der Therapiestunde? Ich weiß nicht. Ich weiß nur eines: Wenn ich einen Wunsch frei hätte, dann, dass es nach der Stunde mit einem Schlag Nacht über mir wird. Aber dem wird wohl kaum so sein. Als einziger Lichtblick bleibt mir die Hoffnung, dass ich mich morgen wieder ein wenig am Schreiben an Dich erfreuen kann.

Alles Liebe, ich umarme Dich – Deine Almuth"

„Meine liebe Lucy!

Es ist jetzt halb 5 Uhr früh und bis zu meinem ‚Dienstantritt' um 8.00 Uhr habe ich noch ein wenig Zeit, dir zu schreiben.

Dass ich den Plan bei Florian in die Realität umgesetzt habe, erzählte ich Dir ja am Telefon. Nun hat es also den Anschein, als wäre ich der Welt zurückgegeben. Ich kenne diese Situation nur zu gut: Almuth spielt wieder einmal die Rolle im Film ‚Ich schaffe es schon'.

Diese Rolle sieht so aus: In Florians Café agiere ich wie ein Roboter, lächle freundlich – soweit das mein schadhaftes Gebiss zulässt – und während ich abwasche, Melange mache und serviere, denke ich nur eines: Es hat keinen Sinn, ich muss mich umbringen.

Von diesen Selbstmordgedanken bin ich geradezu besessen. Typisch ist auch, dass sich die Arbeit ungünstig auf mein Gewicht auswirkt, ein Kilo ist schon wieder weg. Wozu soll ich essen, wenn ich ‚beschäftigt‘ bin? Doch selbst wenn ich normal esse – das heißt, was ich mir gönnen kann –, es kommt nach zwei bis drei Stunden wieder hoch.

So also lebe ich (Kafka), und an diesem kurzen Brief kannst Du ermessen, wie still es derzeit in mir geworden ist – trotzdem begleiten Dich von Herzen meine besten Wünsche. Alles Liebe – Deine Almuth“

Wien, 18. Oktober 95

„Meine liebe Lucy!

Während ich Deinen Brief las, wurde ich das Gefühl nicht los, Du willst mir mit aller Gewalt etwas beweisen, woran Du selbst nicht glaubst: dass es in Dir ‚nein‘ schreit zum Leben. Vielleicht glaubst Du es, ich kann es nicht, muss aber unbedingt betonen: Ich verstehe Dich verdammt, verdammt gut.

Du fragst, was Du tun sollst, damit Du willst. Und ich fange an, durch die Art, wie ich auf Dich reagiere, langsam zu kapieren, wie ich mich in Gedanken zu Dir verhalte. Ich, die ich Deine Situation doch allzu deutlich an der eigenen Haut erfahre. Wo bleibt mein Verständnis?

Auch gestern, als ich von meinem Onkel Doktor nach Hause fuhr, musste ich daran denken.

Während der Stunde bei ihm wunderte ich mich, dass er, je weiter ich ‚ins Leben vordringe‘, umso sanfter wird, während er, wenn ich besonders hart gegen mich vorgehe, ziemlich garstig gegen mich ist und mir das Verständnis, nach dem ich lechze, nicht geben will oder kann.

Verstehst Du, was ich meine?

Gestern wurde mir mein absurdes Verhalten so richtig bewusst: Ich wünsche mir nichts sehnlicher als Liebe und Anerkennung – und setze alles daran, das

Gegenteil zu bekommen. Freilich taucht da sofort der Gedanke auf: Verkaufe ich mich nicht, wenn ich der Umwelt begegne, wie sie es gern hätte? Mir kommt es so vor, als wäre ich eine Nutte, die am Strich steht, aber sobald ein Freier sich nähert, verschwindet sie im Haustor – um nicht als Nutte zu gelten.

Vielleicht ist es so besser gesagt: Ich bin wie ein Verkäufer, der den Leuten das Produkt ‚Ich verkaufe nicht' verkauft. Er würde zwar gern eine Gegenleistung dafür bekommen, aber da er ja nicht verkauft, erhält er nichts als ‚ich kaufe nicht'.

Liebe Lucy, ich hab Dich hoffentlich nicht allzu sehr genervt. Wenn ja, schreib's der Tatsache zu, dass es jetzt 2.00 Uhr nachts ist.

Um meinem eintönigen Leben in dieser Nacht ein paar angenehme Stunden abzuzwingen, bin ich wieder bei Kafka, dessen Tagebücher ich vorhin durchgeblättert habe, und bei Deinem Brief, der neben mir liegt und in dem ich lese: ‚Zwingen kann ich mich eh schon nicht mehr, aber wehren tu ich mich nach wie vor mit Händen und Füßen, und das verursacht Schmerzen'. Ich stelle Deinen Worten Kafkas Worte ganz einfach gegenüber: 18.1.1922. *Zwinge dich zu nichts, aber sei nicht unglücklich darüber, dass du dich nicht zwingst oder darüber, dass du, wenn du es tun solltest, dich zwingen müsstest. Und wenn du dich nicht zwingst, umlaufe nicht immerfort lüstern die Möglichkeiten des Zwanges.*

Die Möglichkeiten lüstern umlaufen – ja, das ist es, was ich mit dem Verkäufer, beziehungsweise der Nutte, gemeint habe. Mir ist vor mir zum Kotzen, wenn ich immer wieder ‚Möglichkeiten lüstern umlaufe'. Weil ich aus Feigheit nicht offen sagen kann, was ich will. Das bekomme ich wieder aufs Deutlichste zu spüren, seit ich bei Florian bin:

Ich dachte, ich hätte aus meinen Erfahrungen gelernt, und nun habe ich mich flugs wieder in die alte Situation katapultiert: Ich arbeite – verkaufe mich, wenn Du so willst – für nichts, ja sogar für weniger als nichts, ich zahle noch drauf, will mir kaum mal einen Kaffee aufs Haus machen, trinke höchstens ein Achtel – für 6 Stunden Servieren. Und betone dabei immer wieder, dass dieses Nichts alles ist, was ich will und brauche. Nun will ich Florians Geld durch mein ‚aufgezwungenes' Arbeiten wirklich nicht, würde es allerdings dringender brauchen denn je. Natürlich ist Florian kein Ausbeuter, und ich merke, wie unangenehm ihm die ganze Geschichte ist. Aber was soll er sagen, wenn ich ihm stets beteure, dass ich nichts will?

Speiübel wird mir, wenn ich mir zuschaue, wie ich re-agiere! Aber dieses ‚Mir-noch-einen-Schilling-umhängen-damit-mich-jemand-nimmt‘ ist ein verdammter körperlicher Reflex bei mir, gegen den ich mich nicht wehren kann. Er passiert einfach. Ach Lucy, wie oft warne ich mich: Tu das nicht! Sag das nicht! – und noch während ich meiner Warnung zuhöre, hab ich's schon getan und gesagt. So treibe ich mich Wort um Wort und Schilling um Schilling in den Ruin. Und denke jedes Mal, es ist ja nur diesmal, nur eine Kleinigkeit.

Ich glaube kaum, dass ich an der Situation in Florians Café noch etwas ändern kann, dazu habe ich sie zu falsch angefangen. Selbst wenn ich anderswo schlecht bezahlt werde, ist das noch immer mehr als das Nichts in Florians Café, so gern ich dort bin und so lieb ich Florian habe.

Zur Erklärung, wie ich auf dieses monströse Wort ‚Mir-noch-einen-Schilling-um-den-Hals-hängen-damit-mich-jemand-nimmt‘ komme: Meine Eltern sagten immer zu mir: ‚Ich – sie sprachen nie von WIR – verkaufe dich und muss dir noch einen Schilling um den Hals hängen, damit dich jemand nimmt.‘

Du siehst, die perfekte Methode, in mir ein Selbstwertgefühl aufkommen zu lassen.

Apropos Selbstwertgefühl: Florian gegenüber ist meines unter dem Gefrierpunkt. Am Sonntag beim Frühstück und auch gestern hat er so viel davon gesprochen, wie wichtig die äußere Erscheinung ist – während ich vor ihm saß und hinter einem zusammengepressten und verzweifelten Lächeln meine Zahnlücken zu verbergen versuchte.

Gestern, nach dem ersten abendlichen Viertel, wollte ich ihm schon einen Brief schreiben: Glücklicherweise finden meine Alkoholbriefe selten den Weg zum Papier, ich ließ die Sache bleiben und rief stattdessen endlich den Zahnarzt wegen eines Termins an. Was bleibt mir anderes übrig als der Schritt nach vorn oder der endgültige Sprung nach dorthin, wo es unwiederbringlich nicht mehr weitergeht, der Sprung vom Mönchsberg?

Vorerst habe ich mich für den Schritt nach vorn entschieden, wo's eh nichts zu verlieren gibt außer dem Leben und meinem Ruf als Hungerkünstlerin. Den begann Florian gestern anzuzweifeln, als er mich fragte, ob ich, was ich in der Nacht esse, wieder erbreche. ,Es soll so etwas geben.' Und mit dem Hinweis auf die Nacht konnte ich mich aus der Situation herausschwindeln, denn tatsächlich erbreche ich ja nicht ,willentlich' in der Nacht.

Und einmal mehr umschlich ich lüstern die Möglichkeit, mich endlich zu zwingen, zu meiner Bulimie zu stehen. Aber ich betrachte das Speiben – mir selbst gegenüber – als das absolut größte Verbrechen. Darauf steht nicht die Todesstrafe, sondern lebenslange Folter.

4.15 Uhr und mich haben meine Lebensgeister verlassen, als würde draußen nicht der Morgen, sondern die Nacht dämmern. Fixtermine sind Donnerstag 16.00 Uhr mein Onkel Doktor, Freitag 11.00 Uhr der Neurologe und 17.30 Uhr Zahnarzt. In der Zwischenzeit Florian. Manchmal komme ich mir vor wie ein Duracell-Batterien-Clown, dessen Batterie wochenlang leer war und von einer geheimen Macht plötzlich gegen eine neue ausgetauscht wurde.

Wenn Dir der Brief etwas alkoholisiert vorkommt, so sind daran keine Promille schuld, nur die ,Droge Schreiben'. In diesem Sinne möchte ich schließen mit einem frommen Wunsch, oder nenne es das Gute-Nacht-Gebet eines kleinen Kindes: ,Lieber …, lass bald einen Brief von Lucy kommen!' Alles Liebe – Deine Almuth"

Wien, Donnerstag 19. Oktober 95

„Meine liebe Lucy!

14.30 Uhr Im Schmohl. Nach dem Ende meines letzten Briefes ging es blitzartig bergab. Heute Morgen ließ ich mir endlich Blut abzapfen. Danach zu Florian. Schon im Bus tauchte ein Bedürfnis auf, das ich – wenn auch selten – doch allzu gut kenne, und das ich fürchte: das Bedürfnis mich irgendwo hinunterzustürzen. Nicht zu springen, sondern mich zu stürzen. Kopf voran … Insofern meide ich derzeit alle U-Bahnen, nicht weil ich mich vor den Zügen fürchte, sondern vor dem ,kurzen' Sturz…"

„Liebe Lucy!

Weil der vorangehende Brief geschrieben wurde, will ich ihn Dir auch schicken.

In Stichworten meine Lage:

- Ich weiß nicht mehr weiter, denke nur an Selbstmord.
- Bei Florian war ich seit Donnerstag nicht mehr.
- In der Tasche habe ich eine Überweisung meines Hausarztes auf 6B.

Wird man mich aufnehmen? Will ich aufgenommen werden?

Alles Liebe. Deine Almuth"

„Meine liebe Lucy!

Neulich, an der Straßenbahnstation, hab ich zufällig die Anna von 6B getroffen. Ich war erschrocken über ihr ‚verschwundenes' Gesicht, das auf 6B noch so schön herzförmig war.

Eine merkwürdige Sache, auch mit meinem Gesicht. In früheren Zeiten – ich nahm immer mehr und mehr ab, konnte kaum mehr gehen, aber mein Gesicht blühte. Nur in den letzten zwei Hungerjahren geriet es immer mehr zu einem Totenschädel. Und jetzt, wo ich nicht 37, sondern 47 Kilo wiege, merkt man mir das im Gesicht kaum an. Liegt es am Alter, beziehungsweise an 33 Jahren Elend und Qual?

Zu Deiner Unterarm-Verziererei. Glaube mir, nichts kann ich besser nachempfinden als das berauschende Orgasmus-Gefühl, von dem Du schreibst. Die Sache hat aber etwas von einer schieflaufenden Beziehung. Anfangs ist man verliebt, da stellt sich der Orgasmus ein, doch mit der Zeit funkt's einfach nicht mehr, der Effekt bleibt aus und schließlich hat man nichts als hässliche Narben, die, wie meine, noch Monate später widerlich jucken. Ich will es ja selbst noch nicht glauben, aber mein Onkel Doktor hat recht: ‚All diese Selbstschädigungen rechnen sich nicht'. Übrigens , ‚rechnet sich nicht', bzw. ‚rechnet sich', ist ein Ausdruck, den ich unheimlich liebe …"

„Liebe Lucy!

Die Uhr zeigt 1.45 Uhr, nachts. Das Frühstück habe ich bereits hinter mir.

Ich fühle mich heute von meinem Onkel Doktor total ins Eck gedrängt: Umbringen darf ich mich nicht, ich muss hinaus in die Welt, in die ich nicht will. Diese Welt lastet wie ein riesiger Felsblock auf mir – die Welt, das ist Florian, das ist auch Carol, meine liebe Carol, von der ich nur Gutes zu erwarten habe. ‚Die Welt' – ich fürchte mich so sehr davor, stoße sie deshalb ganz grundlos von mir, fürchte mich aber noch mehr, dass die Welt von meinen Zurückweisungen genug hat und schließlich im gerechtfertigten Gegenstoß mich zurückweist. Frage mich wieder ganz ernsthaft, weshalb ich mich noch weiter durch dieses Leben quälen soll? Weil ich ein paar Menschen – es sind nicht einmal eine Handvoll – die kurze Traurigkeit nicht antun will, vielmehr die Enttäuschung, dass sie mich nicht ‚retten' konnten? Das sind verdammt mickrige Gründe …"

„Meine liebe Lucy!

Im Schmohl. In meiner Not und vor der Zeit flüchte ich mich jetzt, eine Stunde vor meinem Onkel Doktor, zu Dir.

Am liebsten würde ich losplärren wie ein kleines Kind. Ich beginne zunächst mit gestern. Mein Besuch bei der Amtsärztin verlief wider Erwarten gut. Ich war durch diese Visite wieder so am Ende, dass ich zitterte und stotterte … bin also weiterhin mit Krankengeld versorgt.

Ach Lucy, es graut mir schon jetzt davor, nach der Stunde bei meinem Onkel Doktor überhaupt noch einen Schritt zu gehen. Am liebsten würde ich auf der Stelle tot umfallen. Bloß nichts mehr spüren …

Und wenn ich jetzt meine schwarzen Zeilen sein lasse, habe ich Dir gar nichts zu berichten, bis auf die Schlagzeile, die ich in der Zeitung meines Tischnachbarn lese: ‚Jeder Zehnte grillt im Solarium.' Aber auch dieser Satz wird Dich nicht froh stimmen können, es sei denn, Du zählst inzwischen wieder zu diesen ‚Zehnten'! Ich wünsche es Dir so sehr --- Und vorerst alles Liebe. Deine Almuth"

„Meine liebe Lucy! Den Brief vom 31. Oktober schicke ich Dir trotz ‚Vertagung‘, vor allem aber, weil er mit einem Wunsch endet, der nicht ins Leere hinein geschrieben sein soll.

Ich habe Dir ja am Telefon erzählt, dass ich mich durch EIN WEITES FELD von Günter Grass gearbeitet habe. Und ich schaue schon lüstern auf andere ungelesene Bücher in meiner Wohnung.

Als ich gestern mit Carol im Café Daun beisammensaß – plötzlich waren drei Stunden wie im Flug vergangen. Das Leben sprang von ihr auf mich über, und ich war klug genug, mich nicht davonzuschleichen. Ich erhielt, wie Ingeborg Bachmann schreibt, *Injektionen von Wirklichkeit.*

Als mir Carol gestern von ihrem Job erzählte und ich sah, wie entschlossen sie ihr Leben zu meistern versucht, da kam ich mir wirklich lächerlich vor. Wobei dieses Mich-lächerlich-Fühlen von ganz anderer Qualität war, als ich das sonst empfinde. Meistens komme ich mir minderwertig und schlecht vor. Gestern war es etwa so, wie wenn man sich an die Stirn schlägt, weil man plötzlich kapiert, was für ein Idiot man ist, und dann geht man daran, die Sache zu ändern.

Zugegeben, es ist leichter, über Änderungsabsichten zu schreiben, als sie durchzuführen. Und der Hamster beginnt wieder im Radl zu rennen, immer an derselben Stelle, bis zur Erschöpfung. Ich komme mir dabei vor wie DAS MONDSCHAF von Christian Morgenstern. *Das Mondschaf sagt sich selbst gut Nacht / das heißt es wurde überdacht/ von seinem eignen Denker:/ Der übergibt dies alles sich/ mit einem kurzen Federstrich / als seinem eignen Henker...*“

„Meine liebe Lucy!

3.45 Uhr. Draußen wütet der eisige Sturm. Und ich muss sagen, so grauslich dieses Wetter ist, meiner Seele tut es gut. Nun will ich Dir erzählen, was ich gestern tat, als ich aufgehört hatte, Dir zu schreiben. Ich begann herauszusuchen, was sich in meinem Computer versteckt, was ich unter mehr oder weniger rätselhaften Überschriften irgendwann in die Tasten getippt hatte. Da gibt es einen

Ordner, der den Namen DISS (Dissertation) trägt. Darin befinden sich die spärlichen Überreste meiner Doktorarbeit. In meinem Kopf hämmerte es. Hast du nichts Besseres zu tun, als dir deine Niederlage nochmals vor Augen zu führen? Ich sah mir an, was ich damals geschrieben hatte, konkret mein letztes Referat ÜBER DIE MUSIK, das das Ende meiner Germanistenkarriere bedeutet hatte. Und wieder musste ich mir eingestehen, das ist kein Unsinn.

Zugegeben – zum Zuhören und für jemanden, dem die Texte, die ich behandelte, nicht bekannt oder geläufig waren –, etwas befremdend und zu viel Information auf einmal. Aber wenn man meinen Gedanken folgen wollte, dann war das durchaus kein Unsinn.

Seltsamerweise fiel mir beim Lesen des Referats der Grass-Roman ein, den ich gerade beendet habe, und wie sehr man Grass angefeindet hat wegen seiner Art und Weise, wie er mit den Fontane-Texten umging. Ich kann nicht nachvollziehen, weshalb man ihn derart kritisiert. Das heißt, ich könnte sehr wohl, denn ich kenne ja dieses Germanisten-Pack und seine nichts als das eigene System stützenden VORschriften. Jedenfalls hilft mir diese Einsicht, mich nicht in heilloser Selbstkritik zu zerfleischen.

Nun zu einem anderen ‚gefährlichen‘ Ordner, in dem meine eigenen Geschichten gesammelt sind. Darin fand ich auch ein paar interessante Traum-Aufzeichnungen, an die ich mich nicht mehr im Detail erinnern konnte, und den Titel EINE FRAGE DER IDENTIFIKATION. Die Geschichte muss im Frühjahr 1993 entstanden sein. Beim Lesen musste ich immer wieder an Dich denken, weil es darin um einen Brieföffner geht und ums Schneiden. Nun, ich denke auch heute, dass die Geschichte nicht verrückter beziehungsweise ridiküler ist als so manches, was ich Dir ‚briefvertraut‘ (Zitat Grass/Fontane) ins Haus liefere. Deshalb schicke ich sie Dir ganz einfach mit, diese FRAGE DER IDENTIFIKATION.

Liebe Lucy, können Dich viele liebe mitgeschickte Bussi für diese Ich-Sucht ein klein wenig entschädigen? Ich will es zumindest versuchen. Alles Liebe für Dich! Deine Almuth"

„Meine liebe Lucy! Bitte entschuldige, ich beginne diesen Brief aus purer Zeit-verzweiflung, weil ich nicht weiß, wie ich die halbe Stunde bis zu meinem Onkel Doktor überstehen soll. Fünf Minuten vor 16.00 Uhr, ich sitze im Schmohl – um 5 Zähne ärmer und eine 5.000-Schilling-Prothese reicher.

Nun werde ich mir endlich ohne Zahnlücke zulächeln und mich auf den Weg über die Brücke machen ... "

Freitag, 10. November 95

„Meine liebe Lucy!

Ich setze also fort, wo ich gestern aufgehört habe.

Es ist jetzt kurz vor halb 6 Uhr früh. Seit 3.00 Uhr bin ich wach. Die Zeit hab ich mit Frühstücken und dem Aushalten von Angst verbracht.

Die Angst wühlt sich wie eine Ratte in meinen Bauch.

Ich versuche, möglichst wenig daran zu denken, sonst liegt die Versuchung, der Welt für heute abhandenzukommen, wieder gefährlich nah."

Dienstag, 14. November 95

„Meine liebe Lucy!

Zuallererst vielen, vielen Dank für die Dunhill!

Ich sitze völlig ‚nervenpleite' im Schmohl, alleine mit meiner Zeitverzweiflung. Seit 4.00 Uhr früh las ich von Thomas Bernhard ein paar Seiten FROST und stellte mir immer und immer die Frage ohne Antwort: Weshalb mache ich nicht endlich Schluss mit dieser Lebensqual? Nun sitze ich die restliche Stunde bis zu meinem Onkel Doktor ab und frage mich: Hat eine Therapie Sinn, die ich mit meinen letzten Kräften dem Tag abkämpfe? Mein Kopf kommt mir vor wie ein Atomkern, eine unendlich dichte Masse, konzentriert auf kleinstem Raum – bis es ihn in einer gigantischen Explosion in Stücke reißt. Wie viele Liter Wein, Xanor und Dulcolax werde ich noch nachschütten, wie viele endlose Stunden gegen die Zeit kämpfen müssen, bis das endlich alles zerbirst. Dieses Kopf-Elend. Aber jetzt sollte ich Dich nicht länger anlamentieren.

Der Zeiger rückt auf 16.00 Uhr. ‚Zwölf Stunden Gefühle aushalten‘, wie Du es nennst. Bald hat die Qual ihr Ende erreicht – nur noch 30 Minuten! …“

Donnerstag, 16. November 95

„Liebe Lucy!

Und nur noch ein paar Zeilen, damit diese Briefe endlich den Weg zur Post finden.

Der gestrige Tag war schlimm. Ich bin – wenige Stunden ausgenommen – bis heute 3.00 Uhr früh weggekippt, obwohl ich ‚nur‘ 3 Xanor und die üblichen 90 mg Tolvon schluckte. Das hat mich maßlos erschreckt. Dazu wachte ich aus einem ganz fürchterlichen Traum auf, von einer kleinen Katze, die man lebendig in heißem Öl briet, und ich streute Mehl auf sie, um die Brandwunden zu lindern.

Das schreckliche Gefühl dieses Traums steigerte sich zu einer Panikattacke, ich hätte am liebsten geschrien. Aber heute steht Florians Café auf dem Tagesprogramm.

Meine Lektüre von Bernhards FROST hab ich vorerst unterbrochen und bin zu Paul Auster DIE ERFINDUNG DER EINSAMKEIT gewechselt. Das Buch handelt von einem Mann, der über seinen toten Vater zu schreiben versucht, und da las ich gestern eine Stelle, die mir in Bezug auf meine ‚Wunde‘, die ‚Vater-Geschichte‘, aus der Seele sprach: *Langsam begreife ich die Absurdität der Aufgabe, die ich mir gestellt habe. Ich habe das Gefühl, ich versuche irgendwo hinzugelangen, als wüsste ich, was ich sagen wollte, aber je weiter ich gehe, umso stärker wird meine Überzeugung, dass der Weg zu meinem Ziel gar nicht existiert. Ich muss ihn mir selbst bahnen, und das bedeutet, dass ich mir nie sicher sein kann, wo ich mich eigentlich befinde … Und selbst wenn mir wirklich ein kleiner Fortschritt gelingt, bin ich noch längst nicht überzeugt, dass er mich dorthin bringen wird, worauf ich zuzusteuern glaube … Noch nie bin ich mir der Kluft zwischen Denken und Schreiben so bewusst gewesen… und dass ich, wenn der Augenblick kommt, wo ich das eine wirklich Wichtige sagen muss, es nicht werde sagen können. Es hat eine Wunde gegeben, und jetzt erkenne ich, sie ist sehr tief. Anstatt mich, wie ich angenommen hatte, zu heilen, hat das Schreiben diese Wunde offengehalten.*

Mir wurde klar wie noch nie, weshalb ich so oft beim Schreiben ‚abstürze‘. Auch jetzt ist meine Wunde wieder ganz weit aufgeklafft – und ich würde sie am liebsten mit viel, viel Wein zuschütten.

Mittlerweile ist es 6.00 Uhr geworden, und ich bin unentschlossen, was ich tun soll. Alles Liebe für Dich! Almuth“

„Meine liebe Lucy!

Hoffentlich ist ein Bleistiftbrief nicht zu schwer leserlich – aber ich habe momentan ein unwiderstehliches Bedürfnis, mit dem guten alten Blei zu schreiben. Es ist jetzt 1.00 Uhr nachts, und meine Beine fühlen sich bleiern an, weil ich von halb 9 Uhr früh bis 6.00 Uhr abends bei Florian Kellnerin spielte. Und alles lief prächtig. Gegen 20.00 Uhr kam ich nach Hause und schluckte meine 90 mg Tolvon. Um Mitternacht war schon wieder Tagwache. Als ‚Frühstück‘ verschlang ich dann Deinen Brief vom Mittwoch mit der gebührenden Aufmerksamkeit. Lucy, ich gratuliere Dir und freue mich so sehr: 32, 4 Kilo!

Du sprichst von der Sehnsucht, Dich einfach hinfallen zu lassen. O ja, diese Sehnsucht kenne ich auch, und jedes Mal verfluche ich meine Beine, die einfach nicht unter mir nachgeben wollen. Was Du über Deinen Selbstmord schreibst, hat mich sehr beruhigt. Ja, beruhigt. Bei den Selbstmordarten gibt es nämlich eine Steigerung hin zur wirklichen ‚Tat‘, und die verläuft von Tabletten über Pulsadern hin zum Springen.

Als ich von Deiner Angst las, durch einen misslungenen Tabletten-Selbstmord lebenslänglich gelähmt zu sein, fiel mir meine ersehnte Gehstörung auf 6B ein und eben dieselbe Angst, abhängig in die Hände anderer zu geraten.

Köstlich fand ich – ich hoffe, Du verstehst mich recht –, dass Du unterhalb der Humboldtterrasse gehen musstest! Das hat etwas von der Köstlichkeit des Folgenden. Koste es, und solltest Du nicht aufhören können, dann verschlinge es ganz. Keine Angst!!!

Frohgemut schob ich mir den langen Lauf der Smith & Wesson in den Mund, bis die

Mündung sachte mein Gaumenzäpfchen berührte, und drückte ab. Durch den Druck wurden mir beide Trommelfelle von innen nach außen zerfetzt. Die Kugel durchschlug die Schädelbasis, drang durch den unteren Kleinhirnpol, den Hirnstamm und die Calcarinarinde und zertrümmerte das Hinterhauptbein. Sie zerstörte eine der Kerzenleuchten von meinem Wohnzimmerluster und blieb in der Zimmerdecke stecken. Selbst auf der Eingangstür, das heißt, in einer Entfernung von gut vier Metern, fanden sich feine Blutspritzer.

Da ich nicht putzen wollte, ließ ich mir ein Vollbad mit einer großen Menge FA-Duschbad ein, so dass ein Berg Schaum entstand, der beinahe so fest war wie Eischnee. Ich legte mich in die Wanne und schnitt mir mit dem Okuliermesser, mit dem ich sonst die Bäume im Obstgarten meines Landhauses zu veredeln pflege, die Pulsadern auf. Dies funktioniert übrigens, entgegen allen Gerüchten, bei einiger Beherztheit ganz leicht, und nur diejenigen, die überleben, weil sie zu wenig tief schneiden oder bald gefunden werden, ärgern sich nachher über unnötig durchtrennte Sehnen und Nerven. Als ich die Unterarme mit den beiden sprudelnden Quellen untertauchte, färbte sich der Schaum kräftig rosa, exakt in der Farbe der Blüten jenes Hortensienbusches, der draußen auf dem Land neben der Hofeinfahrt des Nachbarhauses wächst.

Ich trocknete mich ab, goss ein Glas von einem 86er Pinot noir aus dem Seewinkel ein und holte aus der Speisekammer zwei Packungen Temesta 25 Milligramm und zwei Packungen Saroten 50 Milligramm. Den ganzen Imbiss nahm ich gemächlich im Schlafzimmer zu mir. Dann legte ich mich aufs Bett und faltete die Hände vor dem Bauch. Selig schlummerte ich ein …

Nachdem ich mir mehrmals die Hände gewaschen hatte, begab ich mich zur U-Bahn. Ich hatte keinen Fahrschein bei mir, fuhr daher schwarz und erfreute mich an den blöden Gesichtern der Menschen. In der Trafik am Stock-im-Eisen-Platz kaufte ich eine der schicken Architektur-Zeitschriften und schloss mich einer italienischen Reisegruppe an. Ich zahlte zähneknirschend die Gebühr für den Aufzug, und fuhr, eingekeilt zwischen zwei italienischen Ärschen, den Turm des Stephansdoms empor. Ich warf noch einen Blick auf die Pummerin und kletterte über die Brüstung. Ich schleuderte die Architekturzeitschrift gegen das Haas-Haus und sprang nach …

Ich stieg am Franz Josephs-Bahnhof in einen Zug, widerstand der Versuchung, den-
selben in Heiligenstadt schon wieder zu verlassen, um mich vor die U-Bahn zu wer-
fen und erfreute mich an der Fahrt durch die heitere Landschaft. In Krems ging ich
den Bahndamm entlang ein Stück nach Westen und legte mich vor einer netten, blau-
weißen Garnitur der Donauuferbahn auf die Schienen. Aufgrund der Spurweite war
es entgegen meiner Erwartung nicht möglich, mir zugleich Füße und Kopf abtrennen
zu lassen. Ich entschied mich für den Kopf …

Meiner notorischen Unordnung war es zuzuschreiben, dass ich den Schraubenschlüs-
sel der Größe siebzehn erst nach längerem Suchen fand. Ich demontierte den Blatt-
schutz meiner Rolltischkreissäge und warf den Motor an. Ich senkte Brust und Bauch
auf das rotierende Sägeblatt, was man vielleicht als eine Art Holzhacker-Harakiri be-
zeichnen kann. Jedenfalls führte es zu einer beträchtlichen Besudelung der Scheunen-
wand…

Obwohl ich bereits ziemlich erschöpft war, dichtete ich Fenster und Türen meiner
Wohnung mit einem breiten Verpackungsklebestreifen ab. Ich löste im letzten Rest des
86er Pinot noir aus dem Seewinkel zwei Tabletten Rohypnol auf, trank aus, drehte
das Gas auf und legte mich zur Ruhe.

Als suizidales Gesamtkunstwerk entschlummerte ich diesem erfolgreichen Tag.

Nun, hat's Dir gefallen, Lucy?

Ich kann durchaus verstehen, wenn Dir meine Zitate schon zum Hals heraus-
hängen. Jedenfalls – wer zitiert, muss auch seine Quelle angeben, das ist oberste
Germanisten-Pflicht. Der Text ist aus Kapitel *XXX – dynamischer Abschiedsbrief*
in Hochgatterers Roman ÜBER DIE CHIRURGIE.

Für mich nähert sich mein ‚Tag' mittlerweile der ‚Mittagszeit', das heißt, es ist
jetzt drei viertel 4 Uhr.

Und nun bin ich unentschlossen, was ich mit diesem Brief tun soll. Ich kann
nicht ‚von Dir lassen', nachdem Du mich so vertraut durch diese lange Nacht begleitet hast. Obwohl ich anderthalb Xanor geschluckt und 3 Achteln getrunken
habe, werde ich immer munterer."

Sonntag, 19. November 95

„Meine liebe Lucy

Es ist kurz vor 5.00 Uhr morgens, und ich bin gerade dabei, meine letzte Flasche Chianti zu leeren und die letzten Xanor zu vernichten. Was immer Du von diesen ‚letzten Dingen' halten magst, mehr Zeilen sind in meinem momentanen ‚Endzeit-Zustand' nicht möglich. Hat aber nichts mit Selbstmordgedanken zu tun, sondern mit meinem festen Entschluss, dass ich diesen Brief noch heute durch die windige Kälte zur Post bringen will. Deshalb von Herzen alles Liebe!
Deine Almuth
P.S. Dass Dir meine seltsame Literaturproduktion gefallen hat, freut mich ehrlich!"

Wien, Mittwoch, 22. November 95

„Meine liebe Lucy!

Da ich mir gestern wieder Xanor-Entzug verordnete, sitze ich nun schon seit 3.00 Uhr nachts am Computer, aber ob es wirklich am Xanor-Entzug liegt – ich bin mir nicht sicher. Zumal ich oft auch bei 3 Xanor plus Tolvon putzmunter bleibe. Ich war gestern wieder den ganzen Tag bei Florian, weil ich um drei viertel sechs noch Therapie hatte. Nach der Therapie las ich Deinen Wochenendbrief. Dazu ein paar Antworten:

Zu Thomas Bernhard gibt es so viel zu sagen, das möchte ich mir gern für ein baldiges – wirkliches – literarisches Gespräch mit Dir aufheben. Nur so viel: DER UNTERGEHER ist absolut zu empfehlen! Als literarische Ergänzung zu dem Thema ‚Zufall ist nur ein Name für ein unbekanntes Gesetz' rate ich Dir Paul Auster DIE MUSIK DES ZUFALLS.

Ja, und dann das Schwingen des Pendels. Macht mir ebenso wie Dir große Angst. Meine Qual besteht darin, dass in mir eine Glocke mit einem gewaltigen Pendel schwingt und ich dazu verurteilt bin, der Glockenturm zu sein. Natürlich bin ich nicht dazu verurteilt, ich verurteile mich selbst dazu."

„Liebe Lucy!

Schon am Mittwoch wollte ich Dir sagen, was Du mir von Claudines Leberversagen geschrieben hast, bestürzt mich wirklich tief, obschon auch aus egoistischen Gründen. Es ist nämlich die Leber, mit der man mir immer gedroht hat, wenn ich nicht ‚endlich vernünftig‘ würde. Vernünftig hieß nichts trinken, mehr essen. In meiner Tuberkulosezeit musste ich ständig zur Leberwert-Kontrolle, aufgrund der Hammer-Tabletten, die ich zu schlucken hatte. Nun, meine Leber und ich haben tapfer durchgehalten, gemeinsam, und wie sich in der jüngsten Blutkontrolle zeigte, weist meine Leber geradezu Baby-Werte auf, trotz allem. Dass die Leber ein lebenswichtiges Organ ist, zeigt sich doch auch in den Mythen, die sich darum gebildet haben. Du kennst sicher das Märchen SCHNEEWITTCHEN, das aufgrund meiner Robert-Walser-Arbeit eine ungeheure Bedeutung für mich hat. Es gibt von ihm nämlich ein SCHNEEWITTCHEN-Dramolett, ich muss es Dir einmal zu lesen geben. In dem Märchen heißt es: *Da rief die Königin einen Jäger und sprach: Bring das Kind hinaus in den Wald, ich will’s nicht mehr vor meinen Augen sehen. Du sollst es töten und mir Lunge und Leber zum Wahrzeichen mitbringen.* Der Jäger gehorcht, lässt aber Schneewittchen im Wald laufen. Er tötet einen Frischling statt seiner und bringt der Königin Lunge und Leber als Wahrzeichen mit.

Liebe Lucy, ich denke mit Freude daran, dass Du schon nächste Woche für zwei lange Monate nur zwei U-Bahnstationen von mir entfernt wohnen wirst. Ich kann es förmlich nur *jeden zweiten Augenblick glauben.* Hoffentlich erfüllt sich unser Wunsch, dass 6B diesmal für Dich wirklich das Sprungbrett in ein besseres Leben bedeutet.

Den ganzen Morgen schon grüble ich darüber nach, warum plötzlich etwas geht, das vorher bei aller Gewalt nicht ging? Und weshalb falle ich dann, ebenso unmotiviert, in die tiefste Depression und Selbstzerstörungswut zurück? Unmotiviertheit, Undurchschaubarkeit, ja, das war die Atmosphäre, in der ich aufgewachsen bin. Ist das eine Erklärung?

Ich kann nur sagen, dass ich mich in dieser ständigen Unsicherheit ‚zu Hause‘

fühle – aber wer weiß, ob das wirklich ich bin? Um mich aus der Geschichte EINE ART IDENTIFIKATION selbst zu zitieren: *Insofern kann die Ursache der Blutvergiftung, die binnen kürzester Zeit eintrat und für ihn letal verlief, nicht angegeben werden.*

Es ist erst viertel sechs, aber ich habe schon weit über zehn Zigaretten geraucht, und meine Lunge hängt mir schwer zwischen den Rippen. In diesem Sinne werde ich mich nun von meinem Computer zurückziehen, der die Gier nach Zigaretten geradezu herausfordert. Manchmal habe ich beinahe Angst vor ihm, weil ich es geschafft habe, ihn wie alles in meinem Leben zu einem Instrument der Selbstzerstörung umzufunktionieren …"

25. November 95

„Liebe Lucy!
Zum Abschluss dieses Briefes noch ein paar handgeschriebene Zeilen aus dem Café Daun in der Alser Straße, wo ich nun auf Carol warte.
Ich hoffe sehr, dass Deine positive Phase nicht ins Schleudern gerät, dass sie zumindest hält bis zu Deiner Aufnahme in 6B. Dann ist wohl vorerst Dein größter Sprung ‚in freier Wildbahn' gelungen. Bitte halte durch! Nur Du bist für Dich wichtig! Aber wahrscheinlich messe ich mir mit solchen Ratschlägen zu viel Bedeutung zu --- besser ich halte den Mund.
Alles Liebe und bis ganz, ganz bald. Deine Almuth"

„Liebe Lucy!
Wieder ein Bleistiftbrief. Es ist jetzt 2.00 Uhr morgens, mein Frühstück habe ich soeben beendet, und noch koste ich die Erleichterung aus, dass sich mein Gewicht bei 48 Kilo einzupendeln scheint. Zumindest bin ich jetzt schon einige Tage attackenfrei, und das kommt meinem Selbstbewusstsein nicht wenig zugute.
Dir, Lucy, die sich mit keiner erreichten Leistung zufriedengeben will, muss ich sagen, mach Dir wegen des Rohypnol keine unnötigen Vorwürfe, und mir werfe gleichzeitig vor, dass ich nicht weiß, wie ich die Ratte Hunger mit der Menge, die

ich mir gönnen kann, in Schach halten soll.

Dass es aber den Lichtblick Deiner Ankunft gibt, der eine lange Sonnenschein-Zeit sprich ‚Lucy-in-Wien-Zeit' einleitet! Kopfzerbrechen bereitet mir nur Weihnachten, auch im Zusammenhang mit meinem Onkel Doktor. Wir beschenken uns nämlich jedes Jahr und für heuer hab ich einen Plan, der meinem Mich-blöd-und-lächerlich-Fühlen einen idealen Nährboden bietet: Mir kam die Idee, ihm als Weihnachtsgeschenk einige kleine Aufsätze zu schreiben. Ich denke, er würde sich darüber freuen, weil in einem solchen kleinen Text sicherlich mehr von meiner Lebendigkeit steckt als in einem gekauften Buch, und es entstünde etwas, das ich einigermaßen vertreten kann …

Die Hungerratte gerät langsam außer Kontrolle. So bitte ich Dich um noch ein wenig Geduld mit mir. Vielleicht gelingt mir doch der eine oder andere Satz, den ich unterschreiben könnte – Leider nein – also keine Sätze, die ich mit meinem Namen unterschreiben kann. – Alles Liebe. Deine Almuth"

Der ‚Bleistiftbrief' vom 25. November ist der letzte in der Mappe ‚Briefe an Lucy' vom Frühjahr bis zum Spätherbst 1995, die Almuth anstelle eines Tagebuchs schrieb und die sie sich von Lucy als ‚Dokumente der sprachlosen Phase' zum Kopieren ausgeborgt hatte. Die beiden setzen ihre Korrespondenz fort bis ins Jahr 2002. Nur einmal, von August bis September 1996, scheint die Briefverbindung unterbrochen, aber die spärlichen Aufzeichnungen aus diesen zwei Sommermonaten werden von Almuth geringschätzig als eine ‚Bilanz von Banalitäten' abgetan. Über die folgenden Jahre gibt es keine Aufzeichnungen. Erst als 2002 die Freundschaft mit Lucy endet, weil „da kein Gespräch mehr ist, nur noch Monologe", nimmt Almuth das Tagebuchschreiben wieder auf. Sie ist unterdessen, der Literatur ganz fern, im Büro einer Wiener Finanzfirma angestellt. Und es wurde ihr die Sachverwalterschaft über ihre an Demenz erkrankte Mutter übertragen.

Genug von Hunger, Kälte, Blässe und Einsamkeit?

„17.10 Uhr. Café Weinwurm. Ich habe mich entschlossen, wieder ein Tagebuch zu führen.

Warum? Weil ich den Tag, so banal er auch sein mag, aufschreiben muss.

Das wurde durch die Briefe an Lucy zur Gewohnheit. Aber in unsere Beziehung hat sich eine Hohlheit eingenistet, die ganz offen zu Tage liegt, wenn wir uns treffen – wie vergangenen Sonntag.

Wir wissen nichts miteinander anzufangen.

Da ist keine Berührung mehr, nicht einmal schriftlich.

Und so kam es mir in der letzten Zeit vor, als würde ich nur zu mir selbst reden – was mich nicht weiter gestört, sogar befriedigt hat.

Aber dann ‚meine Tage‘ fortzuschicken, ins Leere --- ich wurde das Gefühl des Verlusts nicht los.

Übrigens kann und darf ich das Schreiben schon allein wegen meiner Schreibgerätesammlung nicht lassen. Derzeit ist diese Sucht recht arg. Allein in den letzten 4 Wochen habe ich sicher an die 400,- € für diverse Lamys ausgegeben. Der letzte Tatort war Dienstag in Innsbruck, als Mutter und Gericht hinter mir lagen. Nach der Innsbrucker Stille, in der ich das Gefühl nicht loswurde, meine Mutter anzuschreien, tat mir Julias lautstarke Anwesenheit hier im Büro fast körperlich weh. Na ja, that's MARBENT. Meine Gage ist nicht schlecht.“

Montag, 1. Juli 2002

„17.45 Uhr Café Melange. Uff, das war ein ganz schön mühsamer Tag.

Besonders bis Mittag war ich so schwach, dass allein das Sitzen an die Grenzen meiner Kraft ging. Da brauche ich mir nichts vorzumachen. Und die Fotos, die mir Lucy von meinem Stopp in Salzburg schickte, belegen es: Ich schaue nicht besser aus als sie. Wie auch, mit 36 Kilo!!“

Dienstag, 2. Juli 2002

„17.15 Uhr Café Weinwurm. Also heute muss ich mir nicht vorwerfen, nichts gearbeitet zu haben. Der Boss gebärdete sich unleidlich, wollte die Homepage noch vor dem Urlaub fertig haben, und ich revanchierte mich, indem ich während der Arbeitszeit ins Schreibwarengeschäft schlich und ein weiteres gutes Stück erstand.

Die Sucht ist bodenlos!

Bin so froh, im Tagebuch einen Ort zu haben, wo ich das aussprechen kann. Lucy oder Dr. Eisinger gegenüber wage ich das Ausmaß dieser Sucht nicht einzugestehen. Besonders Lucy gegenüber, weil ich da an meine Schulden bei ihr erinnert werde, obwohl ich die eh schon in bar oder in Sachwerten zurückgezahlt habe, auch in dieser Tragtasche voller CDs.

Trotzdem, trotzdem – sie war da, als niemand da war, und ich glaube es ihr schlecht zu danken, vor allem gegenwärtig, wo ich dem Tagebuch den Vorzug vor Briefen gebe."

Mittwoch, 3. Juli 2002

„Schön, wieder auf einen ‚erfüllenden' Tag im Büro zurückblicken zu können. Die Homepage beschäftigte mich, um 15.30 Uhr fuhr ich mit Gregor im Cabrio zur Consulting Firma und natürlich dauerte alles länger als geplant.

Zu erwähnen bleibt von diesem Mittwoch noch der Traum, mit dem ich aufwachte: Mein Vater hatte die Sparbücher ‚eingezogen' und verteilte neue mit geringerem Wert. Ich erhielt mehrere Bücher, fühlte mich jedoch um die Differenz zu den alten betrogen.

Seltsamerweise sahen die neuen Sparbücher aus wie die einzeln verpackten Slipeinlagen, die ich gegenwärtig verwende.

Mein Bruder und meine Mutter waren auch da, waren aber ‚ausgeschaltet'. Sie krank, unzurechnungsfähig, er im Gefängnis."

Donnerstag, 4. Juli 2002

„18.45 Uhr. Café Melange nach der Therapie

Ich erzählte Dr. Eisinger von meinem schlechten Gewissen gegenüber meiner Mutter und der Nachbarin, die sich um sie kümmert. Er sagte dazu: ‚Wahrscheinlich

Abb. 4: Schreibgeräte im Nachlass von Almuth Anders

befriedigt es die Frau, sich als >heilige Pflegerin< der Mutter zu fühlen, selbstlos kein Geld zu nehmen und dafür Ihr schlechtes Gewissen als Lohn zu bekommen.'

Ich solle das Spiel möglichst theatralisch mitspielen. So funktioniert eben eine Symbiose. Man nimmt und gibt, man investiert zugleich echtes Gefühl und Theatralik.

Zweiter Schwerpunkt der Stunde: der Sparbuch-Slipeinlagen-Traum.

Ja, mein Vater hat mich um so vieles betrogen. Und die Blasenschwäche – laut Dr. Eisinger ein Symptom bei sexuell missbrauchten Kindern. Slipeinlagen verwende ich erst seit der Tuberkulose und seitdem aus Gewohnheit. Und ‚Gewohnheit' war schließlich auch ‚die Geschichte mit meinem Vater'."

16. Juli 2002

„17.45 Uhr. Café Melange. Ich habe soeben 500,- € in eine neue Brille investiert. Sie ist eckig, und ich sehe wohl etwas streng aus. Aber ich will auch etwas strenger mit der Welt umgehen, wohlgemerkt mit der Welt, nicht mit dem Leben. Gearbeitet habe ich nix, dafür knappe 20 Seiten Peter Härtling. Moderat halte ich mich bei den Tabletten. Kein zusätzliches Dominal, maximal 3 Xanor."

Freitag, 19. Juli 2002

„14.55 Uhr. Café Melange. Ein komischer Tag, an dem ich mich nicht nur einmal über mich wundern musste. Aufgewacht bin ich kurz nach 5.00 Uhr, stieg auf die Waage. Zwischen 35 etwas und 37 konnte ich's mir aussuchen. Da fasste ich den Entschluss, das Ding auf den Mist zu werfen. Packte das digitale Ding nebst meinem alten analogen Gegenstück in einen Sack, verließ um 7.00 Uhr das Haus und warf beim Sondermüll gegenüber der Post in der Ayrenhofgasse die Dinger ins Altmetall.

Um 9.00 Uhr war ich im Büro, 14.15 Uhr schaltete ich den Anrufbeantworter ein … und morgen geht es um 5.00 Uhr nach Innsbruck."

„12.30 Uhr Konditorei Murauer.

Schon im Zug graute mir davor, dass ich nach der langen Fahrt in V. noch kilo-
weise Lebensmittel für meine Mutter ankarren sollte. Gleichzeitig drückte mich
aber das schlechte Gewissen: ‚Da kommt sie einmal im Monat aus Wien und
bleibt nicht mal zwei Stunden bei ihrer Mutter.'

Und ich sagte nein. Ich bin laut Gerichtsbeschluss nicht verpflichtet, persönlich
für sie zu sorgen. Geld ist genug da. Und wenn sie nicht mehr selbst einkaufen
kann, wird eben jemand angestellt."

„14.00 Uhr, Konditorei Murauer. Zurück aus V. Nachdem ich am Bahnhof Brot
für meine Mutter und Blumen fürs Grab meines Vaters besorgt hatte.

Am Grab steckten tatsächlich noch die Rosen, die ich vor vier Wochen in die
Vase gegeben hatte. Dann zu meiner Mutter, die mir schon auf der Stiege mit ‚Ich
habe keine Äpfel, ich muss Äpfel kaufen' entgegenkam. Als sie über Hitze klagte,
konnte ich sie zu einem ‚riechbar' notwendigen Bad bewegen. Mit der frischen
Unterwäsche, die ich ihr hinlegte, klappte es nicht. Sie zog die alte an und warf
die neue in die Schmutzwäsche. Dann kochte sie sich bereits gekochte Wurstnu-
deln. Während ich dasaß, sie beobachtete – was geht noch, was nicht –, drückte
mich immer schwerer das Gewissen. Ich sollte etwas tun. Aber was? Um 12.00
Uhr stahl ich mich davon."

„17.05 Uhr, Café Weinwurm. Nein, auf den gestrigen Montag in V. bin ich nicht
stolz: Von 8 Uhr an erledigte ich zwar eine Mutter-Geschichte nach der anderen,
bezahlte Schulden, die meine Mutter bei der Gärtnerin gemacht hatte, fütterte
den Wellensittich, reinigte den Käfig und putzte das total verdreckte Klo ... Um
10.20 Uhr nach Innsbruck. 11.30 Uhr endlich Richtung Wien.

Schon vor Salzburg die Angst, 4 Stunden mit nur drei Vierteln auskommen
zu müssen. Also marschierte ich zum Speisewagen und nahm noch ein Viertel

Tokaier und warf ein zweites Xanor ein.

Ab da besteht die Heimreise aus Erinnerungslöchern."

„17.10 Uhr. Café Weinwurm

Diese ‚Absturz-Reise' vom Montag – warum war das so stark, was war so stark? Ja, das muss ich festhalten: Wie ich nach dem Grabbesuch bei meinem Vater in der Kirche gesessen bin, verspürte ich einen Anflug von echter Trauer um ihn. Heute früh beim Gericht in Innsbruck angerufen wegen der Kosten des Sachverwalter-Verfahrens für meine Mutter."

„17.20 Uhr. Café Weinwurm. Eigentlich wollte ich ja heute mit dem neuen schönen Tagebuch beginnen, das ich gestern vor der Therapie erworben hatte. Was sagte Dr. Eisinger gestern, als ich ihm meine Touren in Innsbruck – Grabbesuch, Einkäufe für die Mutter – schilderte und mich selbst fragte, warum ich tue, was ich tue: ‚Sie drehen die Rollen um, tun, was man für Sie nicht getan hat, und können sich deshalb auch selbst Gutes tun'."

„17.45 Uhr, Café Weinwurm. Nun habe ich diese goldene Lamy um 105,- € und kann kaum schreiben, so zittere ich. Ist's die Aufregung oder der Alk?

Im Büro meckerte und nörgelte Gregor drauflos, und ich stellte mit freudigem Stolz fest, dass ich mich vom Big Boss nicht mehr beeindrucken lasse."

„18.40 Uhr, Café Melange. Ein erschöpfender Tag. Daran ist vor allem die ‚Lamy Lady' schuld, die sich nun im Gegenwert von 195,- € in meine Sammlung eingereiht hat. Wirklich ein edles Stück.

Dass ich mir den Genuss auf jeden Fall gönnen kann, war Bestandteil der Stunde vorhin bei Dr. Eisinger – die letzte vor seinem Urlaub. Im Moment agiere ich, wie mir scheint, über Schreibgeräte etwas Wichtiges aus."

Montag, 5. August 2002

„Und noch immer kein Lamy-Ende? Was soll ich sagen? Dass es so nicht weitergehen darf? Dass das das letzte Mal war? Dass ich das Geld einsparen werde? ... Hilft eh alles nix.

Die Urkunde meiner Sachverwalterschaft über meine Mutter vom Gericht abgeholt. Kann ich mir einrahmen.

Im Büro Antwortnotizen zu Lucys jüngstem Brief --- und das Wochenende? *Comme d'habitude* Giftsumme moderat: maximal 10 Achteln, 3 Xanor, 90 mg Tolvon, 1 Dominal. Ein Stück Zahn blieb auf der Strecke, fühlbar glücklicherweise vorerst nur mit der Zunge, kein sichtbarer Schaden."

Freitag, 9. August 2002

„17.10 Uhr. Café Weinwurm. Die Statistik zum gestrigen Tag: Dreier-Attacke, 11 Achtel, 90 mg Tolvon, 3 Xanor, 2 Dominal. Summa summarum ein verschwendeter Tag. Insofern ging ich heute fast gern ins Büro und genoss das literarische Frühstück mit zwei Kurzgeschichten in bester Updike-Qualität.

Die nicht geschriebenen Briefe an Lucy drohten zu einer Leiche im Keller zu werden. Dem sollte ich vorbeugen, indem ich eindeutig klarstelle, dass nur mehr gelegentlich Briefe von mir zu erwarten sind."

Montag, 12. August 2002

„Schon um 8.00 Uhr im Büro, wo ich erst einmal die am Mittwoch und Freitag liegen gebliebene Post anging. Dann Telefonate. Meine Mutter wird also mit Medikamenten versorgt."

Donnerstag, 22. August 2002

„17.00 Uhr, Café Weinwurm

Heute früh im Büro zuerst die E-Mails vom Big Boss sortiert, dann die Gerichtskosten für meine Sachverwalterschaft gezahlt – vom Konto meiner Mutter, versteht sich.

Nach dem Büro anderthalb Stunden im Swatch-Shop. 2 neue Uhren, 90 €. Die Diagnose ‚Kaufsucht' lässt sich nicht länger leugnen."

„Alle Lucy-Briefe wanderten ins Altpapier. Es tut gut, zu sehen und zu fühlen, dass sie nicht länger den kargen Platz in meiner Wohnung behindern.

Sonst ist nichts mehr anzumerken vom Sonntag: Giftdosis: 3½ Xanor, anderthalb Dominal, 10 Achtel."

„17.05 Uhr, Café Weinwurm

Also heute brauche ich mir nicht vorzuwerfen, ich hätte nichts gearbeitet. Ich ‚hackelte' gute 8 Stunden: Hunderte von Adressen, dazu der innerliche Stress, die Angst, nicht zu schaffen, was mir Big Boss für die Zeit seines Urlaubs aufgetragen hat.

Am Morgen Hürlimanns Novelle DAS GARTENHAUS beendet. Ich denke in diesem Zusammenhang an meine Mutter: Sie altert im Zeitraffertempo, ihr Alzheimer beschleunigt rasant das Verschwinden all dessen, was früher wichtig war. ‚Vom Nachschub abgeschnitten', nennt es Hürlimann."

„Morgens um 7.00 Uhr war ich schon im Weinwurm. Der Ehrgeiz und die Angst trieben mich ins Büro. Die Sortierung von Gregors E-Mails sowie das Update von ASF [Advanced System Format]-Homepage und ASF-Präsentation stehen noch aus.

Ab 16.40 Uhr ein Dreieinhalb-Stunden-Zahnarzt-Marathon.

Der Zahntechniker zementierte den Druckknopf neu ein."

„Gestern von Dr. J. bis Freitag krankgeschrieben.

2.30 Uhr. Ein Anruf von Lucy weckte mich gestern ca. 20.30 Uhr. Sie hatte wieder eine Operation. Zuerst war ich mir nicht sicher, dass sie es ist, ihre Stimme klang so fremd. Wie soll ich mich Lucy gegenüber verhalten? Ihre Mutter anrufen? "

Freitag, 6. September 2002

„Heute nach dem Frühstück rief Lucy an. Eine gute halbe Stunde minutiös ihre Krankheitsgeschichte. Ich hörte geduldig zu, teils aus Interesse, aus Mitleid und als Tribut dafür, dass ich nicht schreibe, ihre Briefe höchstens überfliege und alle alten weggeworfen habe."

Montag, 9. September 2002

„17.10 Uhr Café Weinwurm

In das heutige Bürodasein bugsierte ich mich gestern mittels 4 Xanor, 2 Dominal, 90 mg Tolvon und 12 Achtel Wein. Entsprechend zittrig war ich heute in der Früh unterwegs.

Lucy rief zeitig wieder an. Mühsames Zuhören. Immerhin schaffte ich es, ihr ein Gute-Besserung-Billet zu schicken."

Mittwoch, 11. September 2002

„17.10 Uhr Café Weinwurm. Ein durchaus erfreulicher Tag … Erkundigte mich bei der Post wegen der Umleitung der Briefe an meine Mutter zu mir. Regeln werde ich das am kommenden Montag, den ich mir mit Gregors Einverständnis freinehmen kann. Fazit: Ich habe heute ‚die Kurve aus der Depression gekratzt'."

Donnerstag, 12. September 2002

„18.15 Uhr, Café Melange. Komme soeben aus einer früher angesetzten Therapiestunde bei Dr. Eisinger. Wir haben den August Revue passieren lassen. Genauere Angaben verschwieg ich."

Innsbruck, Samstag, 14. September 2002

„11.30 Uhr, Konditorei Murauer. Schon wie ich um 3.00 Uhr früh aufgewacht bin, war mir klar, dass ich nach fünfeinhalb Stunden Bahnfahrt heute nicht nach V. fahren und dass ich mich von meiner Mutter fernhalten werde. Ich versuchte etwas zu finden, das mich an Innsbruck freut. Aber was tun in dieser Stadt, das nicht mit meiner Mutter zusammenhängt? Und morgen – länger als drei Stunden halte ich es bei ihr nicht aus."

Innsbruck, Sonntag, 15. September 2002

„14.50 Uhr Konditorei Murauer. Ich lechze nach dem ersten Schluck.

Kurz vor 9.00 Uhr fuhr ich zum Bahnhof, kaufte dort Brot, Milch, Äpfel für meine Mutter und Blumen fürs Grab, anschließend ging's nach V.

Ja, der Zustand meiner Mutter hat sich entschieden verschlechtert.

Auf Fragen, die nicht mit Ja oder Nein zu beantworten sind, reagiert sie nur mit hilflosem Schweigen und nervösem Atmen. Sie geht ständig hin und her, mich nahm sie dabei gar nicht wahr. Vielleicht ist das der idealste Zustand, jedenfalls schien es ihr dabei besser zu gehen als am Vormittag, wo sie in ihren endlosen Gedankenschleifen hin und her schlingerte. Sie noch länger zu beobachten und mir ein Bild über ihren kritischen Zustand am Nachmittag zu machen, fehlte mir die Energie. Ich wundere mich ohnehin, dass ich es so lange ausgehalten habe.

Für morgen: Bank, Sozialsprengel, Post, Krankenkasse, Antrag auf Erhöhung des Pflegegeldes, Apotheke, Grab."

Innsbruck, Montag, 16. September 2002

„13.30 Uhr Konditorei Murauer. Alles ist erledigt: Medikamentennachschub von Aricept, Risperdal, das Gespräch mit der Nachbarin, die Einkäufe, Bank, Post, Grab …

Abendliches Kochen? Soll meine Mutter doch kochen, wenn es sie freut und der Herd ausgeschaltet ist. Und der gefährliche Heizstrahler? Den habe ich im Keller verstaut als eine ‚Leiche', die meine Mutter zwar ausgraben, aber nicht mehr zum Leben erwecken kann. Fazit aus diesem Besuch: Solange meine Mutter in ihren Gedankenschleifen nicht zu ihrem Schaden aneckt, besteht kein Grund zu ernsthafter Sorge. Dr. Jonas: ‚Lassen Sie sie gehen'."

„15.00 Uhr, Café Weinwurm. Habe ein schlechtes Gewissen wegen meiner totalen Untätigkeit im Büro. Ich beschäftigte mich im Internet mit Nachforschungen über Alzheimerkranke. Laut Website befindet sich meine Mutter im mittleren Stadium der Krankheit. Weglaufen, Aggression, Inkontinenz, und im Endstadium Nicht-mehr-schlucken-Können stehen noch aus.
Daraufhin rief ich Lucy an, erreichte nur ihre Mutter, die mir ihr Leid klagte. Lucys Zustand ist ernst. Ihr Körper macht trotz aller psychischen Stärke nicht mehr mit. So wie der Geist meiner Mutter trotz körperlicher ‚Unverwüstlichkeit‘ seinen Dienst versagt.“

„17.19 Uhr, Café Weinwurm. Im Büro – Big Boss verschaffte mir ein bisschen ‚Arbeit‘: 4 Faxe und ein Telefonat! Dabei kam ich mir wie ein selbstzufriedener, gewissenloser Tagedieb vor, der sich darüber amüsiert, wie leicht die Welt übers Ohr zu hauen ist.“

„17.25 Uhr, Café Weinwurm. Dr. Eisinger hat die Stunde wegen Terminkollision abgesagt. Ich hätte ihm gern den seltsamen Traum von heute früh erzählt: Ich schneide die Kapuze meines nicht mehr vorhandenen Mantels in Stücke und werfe sie ins Klo meiner Mutter. Habe Angst, es damit zu verstopfen. Tatsächlich kommt, als ich die Spülung drücke, etwas hoch, mir entgegen. Zu meiner Überraschung ist es mein Bruder in Lebensgröße.
Als Dr. Eisinger mittags anrief, war ich gerade darin vertieft, via Internet ein Hotel für Gregor in Mailand zu finden.“

„17.05 Uhr, Café Weinwurm. Immerhin hab ich heute bis 13.30 etwas für mein Gehalt getan. Klickte mich durch den Begriff ‚Pensionsinvestmentfonds‘. Mit anderen Worten, ich betrieb stupende ‚Beschäftigungstherapie‘.
Noch eine Anmerkung zum Rest des gestrigen Abends. Im Beisl am Schottentor sah ich einen wirklich ganz schnuckeligen Typen. Dass ich Männer um mich als

Männer wahrnehme, kommt ja wirklich selten vor, und noch seltener, dass mich einer ‚anspricht‘ – wohlgemerkt im übertragenen Sinne, denn dass ich angesprochen werde, passiert so gut wie nie. Der Typ hatte große Ähnlichkeit mit Dr. Eisinger – das genügte schon, um mein unterdrücktes Herz höherschlagen zu lassen.“

„18.40 Uhr, Café Melange
Im Büro musste ich meine ganze Aufmerksamkeit auf statistische Daten und Charts konzentrieren. Zugegeben, Gregors miese Laune forderte dazu heraus, er machte meine Kollegin auf perfide Weise herunter – mit Anspielung auf ihr Gehalt.“

Kein Wunder, dass die Kaufsucht wie ein hungriger Geier tagaus, tagein über den trostlosen Bürostunden kreist. ‚Füllfedersucht‘ aus Trostbedürfnis, nicht, oder Trostbedürfnis?‘, wie Almuth sich fragen wird.

„Café Weinwurm. Gegenwärtig leide ich wohl mehr an Füllfeder- als an Magersucht, nur kann von Leiden keine Rede sein. Das höchste der Gefühle – im negativen Sinne – ist ein schlechtes Gewissen!
Meine Legasthenie im Büro – Abwehr gegen Gregor: In einem Fax mit seinen Daten war prompt die Handynummer falsch. Inzwischen betrachte ich derartige Patzer als ‚attestierte Krankheit‘. Sonst nur Charts produziert, am Plakat für die Messe gebastelt. So vergingen die acht Stunden recht quallos.“

„16.30 Uhr Café Weinwurm
Seit kurz vor 9.00 im Büro. Bis 15.00 Uhr Update der Marktübersicht, denn ich spiele die Betriebsame.
Morgen nach 9.00 Uhr könnte ich mich wegen der Messe-Klamotten umschauen,

verspüre allerdings nicht die geringste Lust dazu."

„6.00 Uhr. Aus meinen gestrigen guten Vorsätzen wurde nichts. Ich schlief mit 60 mg Tolvon und 1 Dominal bis kurz nach 2.00 Uhr, gönnte mir ein Frühstück und ein bisschen Körperkontakt: Schaltete die Stereoanlage ein, kuschelte mich in der Phantasie an Dr. Eisinger, und es sangen Martha Mödl und Wolfgang Windgassen TRISTAN UND ISOLDE.

Im Grunde bin ich sehr, sehr glücklich über den Ohrenschmaus und vor allem über die Leichtigkeit und Unbefangenheit, mit der es mir gelang – ah, was heißt ‚gelingen‘, es passierte einfach –, Dr. Eisinger in meine Wohnung zu holen."

Wie um zu zeigen, dass sich hinter der Harmlosigkeit das Schreckliche verbirgt.

„Der gestrige Sonntag ist rasch zusammengefasst. Die üblichen drei ‚Durchgänge‘, 90 mg Tolvon, 2 Dominal, 4 Xanor, 10 Achteln. Die Giftmenge verhalf mir zu einem fast 24-stündigen Koma. Also direkt von daheim ins Büro. Buchhaltung, das Plakat, und schließlich das Internet nach Indexfonds, ETFs [Exchange Traded Funds] etc. durchsucht. Der Tag verging also zügig."

„Gestern hätte ich gern diesen Traum zu Papier gebracht: Ich war in Innsbruck, glaubte meine Eltern ‚entsorgt‘ ... Ich hätte also ruhig nach Wien fahren können. Aber mit einem Mal waren die beiden zurück, mit einer zerstückelten Leiche im Koffer. Ich sah das rohe Fleisch und ein langes gebogenes Messer. Was tun? Meine Eltern decken? Man würde mich verantwortlich machen, meine Eltern waren ja nicht mehr zurechnungsfähig. Ärger. Wut ...

Im Büro Gregors typische Hektik. Schließlich Therapie: Dr. Eisinger seinen

‚Besuch' bei mir in der Wohnung geschildert, und vor allem den gestrigen Traum."

„2.40 Uhr. Nachtrag zum Samstag: Nach dem Frühstück bei strömendem Regen zum Schöps: Eine Stunde später kam ich mit einer schwarzen Levis 501, einem schwarzen Sakko, einer schwarzen Lederjacke und einem blau-weißen Pulli heraus. Ein ‚Messebeitrag' zu meinen arg dezimierten und verlotterten Alltagsklamotten. So endete der gefürchtete Kleiderstress."

„17.55 Uhr Café Weinwurm – endlich nach der Messe-Zwangspause! Kurz vor 17.00 Uhr schnurstracks zum Frick. Nahm die KAFKA-Biographie für mich und die GÜNDERODE für Lucy mit. Zuvor im Büro Gregor wieder einmal die furchtbar dringenden Pensions-Investment-Fonds-Unterlagen vorgelegt. Es war sehr befriedigend, seiner Stressmacherei mit vollendeten Tatsachen contra geben zu können."

„War das ein arbeitsreicher Tag, für den ich mich schon vorweg am Morgen mit 2 neuen Lamy Safari Füllfedern und einem Lamy Typo Druckbleistift belohnt hatte! Schreibgeräte-Sucht oder Trostbedürfnis?
Kurz nach 17.00 Uhr, ich war schon im Hinausgehen, rief Gregor nach den Klagschriften der VAIÖ [Vereinigung ausländischer Investmentgesellschaften in Österreich]. Das Gesuchte fand sich in seinem Schreibtisch."

„18.45 Uhr ehemaliges Schmohl. Ich kann mit diesem Mittwoch zufrieden sein. Zunächst widmete ich mich Gregors ‚Liste', und wieder schlug die Legasthenie zu – ich habe links und rechts verwechselt. Legasthenie als Abwehrhaltung. Schließlich wollte ich mich ans langwierige Einscannen der VAIÖ-Klagschriften machen und entdeckte per Zufall, dass sie bereits als Word-Dokumente abgespeichert sind. Na, wer hatte sie wohl gemailt bekommen? Wer hatte sie abgelegt? Wer hat alles vergessen? Gregor, wer sonst!"

Montag, 28. Oktober 2002

„Sollte ich stolz sein auf das Wochenende? Und den heutigen Tag?
Mein Spiegelbild bietet keinen guten Anblick."

Dienstag, 29. Oktober 2002

„Morgen fahre ich also in die Hoamat. Vorbei an Salzburg und an Lucy. Auf keinen Fall plane ich nach der Ankunft in Innsbruck meine Mutter zu sehen."

Innsbruck, Mittwoch, 30. Oktober 2002

„Die Fahrt in die Berge wäre geschafft. In Salzburg dachte ich etwas wehmütig an Lucy, war jedoch froh, nicht aussteigen zu müssen.
Hab den Tag nicht zum Grabbesuch genutzt und ebenso wenig für die Erledigung von Mutter-Angelegenheiten. Kaufte bei C&A mit der Bancomat-Karte meiner Mutter, was sie in Hülle und Fülle besitzt, woran es mir jedoch mangelt. Ja, ja, ich beschönige nichts, bekenne mich zum ‚Ausnutzen' meiner Sachverwalterschaft. Aber ich nehme meiner Mutter nichts weg – wäre auch schwer, bei dem Überfluss an Geld. Keine Frage, was davon übrig wäre, hätte mein Bruder es in die Finger bekommen."

Innsbruck, Freitag, 1. November 2002

„11.55 Uhr, Café Central, in dem man sich fast wie in Wien fühlt.
Arge Depression. Allein der Gedanke an V. knüppelt mich nieder. Deshalb strich ich für heute die Fahrt zur Mutter. Buchte stattdessen noch eine Hotelnacht."

Innsbruck, Samstag, 2. November 2002

„Hilfe! Mein Magen ist eine brennende geballte Faust. So einfach lässt sich das nicht auf die Symptomatik schieben. Mir liegt das Mutter-Problem gewaltig und geballt im Magen. Sie war heute ganz schlecht beisammen. Klagen über Klagen wegen ihres Zustands am Abend. Nun hat auch die Inkontinenz begonnen. Sie muss in ein Heim, bald, sehr bald. Aber – wie sie ans Heim gewöhnen? Ich kann nicht länger den Kopf einziehen."

Wien, Montag, 4. November 2002

„17.10 Uhr, Café Weinwurm. Im Büro per Internet recherchiert über Heimpflege. Gut zu wissen, dass es auch ‚in den Bergen' solche Einrichtungen gibt.

Und dann rief ich Lucy an, zunächst bei ihrer Mutter, schließlich erreichte ich sie in ihrer Wohnung. Sie klagte, dass sie mir ‚nicht schreiben' könne. Wer verstünde das besser als ich? Trotzdem bin ich gekränkt, fühle mich bestraft. Vor allem dadurch, dass Lucy mir den Telefonhörer geradezu aufgelegt hat, fast ohne Kommentar. Aber was soll man tun, wenn man sich auseinanderlebt? Sich an Rituale halten, die nichts mehr hergeben?"

Wien, Dienstag, 5. November 2002

„17.35 Uhr, Café Weinwurm. Den ROMAN EINES SCHICKSALLOSEN von Imre Kertész erstanden!

Ich erhielt Antwort vom Sozialdienst Tirol auf mein gestriges Mail. Man verwies mich auf den Sozialsprengel in V. Nie will ich die Worte der verständnisvollen Ärztin in der Innsbrucker Psychiatrie vergessen: ‚Überlassen Sie das dem Sozialsprengel'."

„Langsam geniere ich mich schon vor meinem eigenen Tagebuch"

Mittwoch, 6. November 2002

„18.50 Uhr, Café Vienna. Am Nachmittag spürte ich wieder diesen ‚besonderen Geschmack' im Mund, und der verlangte nach einer goldenen Pelikan. Noch bin ich im Zweifel, ob sie die 108,- € wert ist, aber ich musste sie einfach noch vor der Therapie haben.

Es gäbe so viel vom heutigen Tag zu sagen, aber für den Rest des Abends werde ich mich wohl besser Kertész' ROMAN EINES SCHICKSALLOSEN widmen."

Donnerstag, 7. November 2002

„17.10 Café Weinwurm. Dr. Eisinger bestärkte mich in meinem Plan, ‚Pflegeengel' für meine Mutter anzustellen. Aber naturgemäß kommt mir meine Obrigkeitsangst in die Quere: Wird mir das Gericht die Kosten von monatlich ca. 1.000 € erlauben?"

Freitag, 8. November 2002

„15.15 Uhr, Café Weinwurm. Der heutige Bürotag: Frühschluss! Wochenende! Zwischendurch rief ich beim Gericht an und erkundigte mich über das Procedere einer Genehmigung des Zugriffs auf die Sparbücher meiner Mutter für die Kosten der Pflegeperson(en)."

Montag, 11. November 2002

„13.55 Uhr, Café Weinwurm. Langsam geniere ich mich schon vor meinem eigenen Tagebuch wegen dieser Sucht, meiner Schreibgeräte-Unersättlichkeit. So lief ich vorhin im strömenden Regen hin und her zwischen einer Lamy Lady Rollerball und einem gelben Faber Castell. Es wurde ein Faber Castell. Preis 150,- €. Und ich muss sagen, dass er mich sehr, sehr glücklich macht!"

Dienstag, 12. November 2002

„17.40 Uhr, Café Weinwurm

Ich muss morgen Dr. Eisinger unbedingt das ganze Ausmaß meiner Schreibgeräte-Sucht gestehen, die auszuufern droht.

So hob ich heute 700,- € vom Sparbuch ab und gab gleich 225,- € für eine Faber Castell Füllfeder aus. Seit ich über Mutters Sparbuch verfüge, habe ich gute 4.350,- € verbraucht. Eine stolze Leistung bei meinem nicht geringen Gehalt.

Wenn mir diese blaue Faber Castell nur nicht ein gar so gutes Gefühl gäbe! Dieses Versprechen, dass meine Sehnsucht nicht damit gestillt ist …

Ja, es ist der Hunger nach ‚nochmals‘, nicht der Hunger nach ‚mehr‘.“

13. November 2002 Mittwoch

„18.40 Uhr, Café Vienna. Es fällt nicht gerade leicht, jetzt – nachdem ich meine Schreibgeräte-Sucht zum Thema der Therapie gemacht habe –, den neuen, heute erstandenen Pelikan Rollerball aus dem ebenfalls heute erstandenen, ledernen Etui zu nehmen und unbeschwert damit zu schreiben.

Dr. Eisingers abschließender Rat, der mir – als Resümee der sexuellen Komponente meiner Sucht – gar nicht, wie er meinte, als blöde Idee vorkommt: Ich solle ein, zwei Lieblingsstücke mit ins Bett nehmen. Na, ich werde wohl nicht mit Lamy, Pelikan & Co. schlafen, aber mich mehr mit meinem Schatz beschäftigen. Vorerst fasse ich ins Auge, pro Monat nicht mehr als ein bescheidenes gutes Stück. Im Sucht-Notfall müssen halt Minen und Patronen herhalten.“

Sonntag, 17. November 2002

„9.30 Uhr, Café Monarchie. Nun, das ist mal ein anderer Sonntag. Zu verdanken habe ich ihn der Tatsache, dass ich heute bis 5.00 Uhr im Koma lag, obwohl ich gestern ‚nur‘ 90 mg Tolvon, 1 Dominal und 3 Xanor über den Tag verteilt geschluckt hatte. Nach dem Frühstück den Dreck des gestrigen Tages entfernt. Es bereitet mir immer noch Grauen, wie ich mich über die Schüssel beugte, stellte ich mir meine unsauber gewordene Mutter vor. Und im Gegensatz zur Beschwörung der ‚Geschichte mit meinem Vater‘ kam es mir tatsächlich hoch, als ich daran dachte, wie meine Mutter in der Nacht ins Bett macht. Sie, die … Und nun so … *je ne peux plus.*“

Donnerstag, 21. November 2002

„18.45 Uhr, Café Weinwurm. Heute – ein ganz passabler Tag. Ich tat sogar etwas, das der Arbeit nahekommt: ‚Eagle Mini'-Buchhaltung, Fahrpläne für Gregors Reise nach Deutschland, BRD-Datenbank … Eine Nachricht aus der Verwaltung des Seniorenheims: Meine Mutter sei noch zu agil, obschon eindeutig höchst verwirrt. Hauptsorge sei der Widerwille meiner Mutter gegen Körperpflege!"

Innsbruck, Sonntag, 24. November 2002

„12.40 Uhr, Konditorei Murauer
Die Nacht verbrachte ich mit Packen, 5.30 Uhr zum Westbahnhof, stimmte im dortigen Wahlkartenbüro für die Grünen. Die Zugfahrt verlief okay. Nun übermannt mich die Müdigkeit."

Innsbruck – Wien, Dienstag 26. November 2002

„Im Speisewagen. Das Xanor, das ich bereits eingeworfen habe, und das 1. Achtel tun langsam ihre Wirkung.
Aufgewacht bin ich kurz nach 5.00 Uhr aus einem verstörenden Traum. Wieder einmal sollte ich in einer Opernaufführung mitspielen, ohne singen zu können. Mir fehlte die Stimme von Martha Mödl. Dann sollte ich eine Dissertation über sie schreiben und stand vor der Wahl über Fidelio oder ihre Lieder moderner Komponisten. Doch ich verstand da wie dort nichts von der Musik. Als ‚Text-Mensch' wollte ich mich für Fidelio entscheiden, hätte aber auch etwas über die Lieder zu sagen gehabt. Würde das genügen für eine Diss in Musik?"

Freitag, 29. November 2002

„17.10 Uhr, Café Weinwurm. Heute nach dem Frühstück kam mir ohne Vorwand und ohne Schmerzen urplötzlich die Hämorrhoide aus dem After. Ich kann nicht umhin, darin psychische Ursachen zu sehen. Besorgte mir in der Apotheke bei einer sehr verständnisvollen Apothekerin Zäpfchen und Salbe mit Haifischöl … und der Haifisch, der hat Zähne, und die hat er im Gesicht … Ich bin gespannt, wohin dieses Thema in der nächsten Stunde bei Dr. Eisinger führt.

Carol rief an. Am Sonntag um 11.00 Uhr liest Kertész im Burgtheater. Wenn ich Samstagnacht halbwegs in den Morgen hinein schlafe, stehen meine Karten nicht schlecht. *On verra …*"

Sonntag, 1. Dezember 2002

„Aus der Kertész-Lesung und einem Treffen mit Carol wird heute leider nichts. Zweifellos zurückzuführen auf die 3 Xanor und die 11 Achteln gestern."

Mittwoch, 4. Dezember 2002

„8 Stunden Marbent – ich bin so untätig, dass mir der Name der Firma, die mein Gehalt bezahlt, ein Fremdwort ist. Am Computer werkeln – auch eine Art, nichts zu arbeiten. Ich legte Lucia Popp ein, kopierte mir Schönbergs GURRELIEDER, die auch Dr. Eisinger gefallen könnten."

Donnerstag, 5. Dezember 2002

„17.10 Uhr, Café Weinwurm. Der heutige Tag. Aufgewacht bin ich mit diesem Traum: Ich befand mich am Brenner, geriet dort in ein Bordell. Angeboten wurde Sado und Auspeitschen, und ich hoffte, nicht zuletzt wegen meines unansehnlichen, unweiblichen Körpers und meines Greisinnen-Mundes, nicht mit einem Typen aufs Zimmer geschickt zu werden. Zuhälter war ein sympathischer, Vertrauen erweckender Kerl, an seinen Absichten ließ er jedoch keinen Zweifel. Ich wurde zu einem ältlichen, fetten Sexpsychopathen verurteilt, dem selbst ich nicht zu minder war. Da brachen Rottweiler ein und es blieb offen, ob das meine Chance zur Flucht war oder ob auch ich ihr Opfer würde ---
Leider ließ ich mich auch heute wieder von der Schreibgeräte-Sucht ergreifen. Eine Lamy Lady und als Drüberstreuer ein Etui, zusammen 240,- €."

Freitag, 6. Dezember 2002

„15.30 Uhr, Café Weinwurm. Im Büro in Windeseile Gregors Aufträge erledigt – ein Beweis mehr, dass mein Arbeitspensum für eine Stundenkraft ausreicht. Frustrierend, aber wahr und gut bezahlt.

In der Nationalbibliothek gibt es eine Ausstellung ‚Vom Griffel zum Kultobjekt‘ über die Entwicklung der Schreibkultur. Wenn morgen nicht alle meine Lebensgeister versagen, will ich mir die Ausstellung um 10.00 Uhr anschauen.“

Dienstag, 10. Dezember 2002

„17.10 Uhr, Café Weinwurm. Erstaunlich, wie ich Tag für Tag mit Nichtstun mein Geld verdiene. Meine Schuld ist es nicht. Ich wüsste mir bei Gott einen erfüllenderen Job … und sollte mir ihn auch suchen.“

Mittwoch, 11. Dezember 2002

„18.40 Uhr, Café Weinwurm. Rief nachmittags den Pflegeengel Michael an. Er betreut meine Mutter und kennt sie mittlerweile besser als ich. Sie hat ihn akzeptiert, lässt sich von ihm baden und hat ihn offenbar ins Herz geschlossen. Wahrscheinlich darf sie sich erst jetzt, im Zustand der Demenz, ihr Bedürfnis nach Nähe und menschlicher Wärme gestatten.

Ein kleiner Brief von Lucy, mit deutlichen Vorwürfen. An einen nicht antwortenden Adressaten könne sie nicht schreiben. Genau. Da ist kein Gespräch mehr, nur noch Monologe.“

Donnerstag, 12. Dezember 2002

„7.45 Uhr. Es wäre nur anständig, Lucy reinen Wein einzuschenken. Nicht von ‚Schreibblockade‘ zu reden, sondern von den fehlenden Gemeinsamkeiten und dieser Parallelkommunikation, in der es keine Berührung mehr gibt. Jedenfalls kommt die KAFKA-Biographie für Lucy als Weihnachtsgeschenk nicht mehr in Frage.“

Freitag, 13. Dezember 2002

„17.30 Uhr, Café Weinwurm. Im Büro tat ich sogar etwas für mein Gehalt. Und via Internet gab ich mich meiner Sucht nach einem roten Pelikan hin.

Es wurde ein 400 Souverän Druckbleistift um 85,- €."

„Wegen Weihnachten die Angst, wie jedes Mal, vor der letzten Therapiestunde des Jahres. Jetzt erscheint es mir richtig, meine ,Probleme mit der letzten Stunde vor Weihnachten' zum Thema der letzten Stunde vor Weihnachten zu machen. In gewisser Hinsicht die beste Methode, ins offene Messer zu laufen …"

„17.20 Uhr Café Weinwurm. Das Schreiben fällt mir nicht leicht. Ich zittere. Als Nachbeben von 4 Xanor, 2 Dominal und den üblichen 90 mg Tolvon. So viel habe ich schon lange nicht mehr geschluckt. Aber anders war es nicht möglich, mich durch 26 Stunden Koma zu bringen.

Ja, und meine Schreibgeräte-Sucht. Es bedrückt mich, dass ich Dr. Eisinger anlüge, ihm etwas vormache, ihm gegenüber unehrlich bin, indem ich meine Sucht herunterspiele, sie beschönige, das wahre Ausmaß nicht zugebe. Auch wenn ich genau weiß und durchschaue, dass alles nur eine Inszenierung ist. Ich mache mir über meine Rolle in diesem Theaterstück alles und nichts vor.

Im Büro habe ich auch heute, trotz Gregors Anwesenheit, nichts gearbeitet."

„17.05 Uhr Café Weinwurm. Nachbemerkungen zu gestern. Das Geschenk von Dr. Eisinger hat mich ganz seltsam erfreut. Der neue Ford. Und Lieder, viele mir unbekannte Lieder, gesungen von Elisabeth Schwarzkopf.

Zu Hause schaffte ich es endlich, Lucys Weihnachtsgeschenke zu verpacken – DIE GÜNDERODE von Christa Wolf und Hubert von Goisern, mit einem kurzen Brief. Faktum ist: Wir haben uns auseinandergelebt."

„3.40 Uhr. Gestern Mittag rief Pflegeengel Michael an. Meine Mutter wurde aus der Chirurgie in die Psychiatrie verlegt. Und dort wird sie vorerst zur Einstellung auf die Medikamente bleiben.

Schuldgefühle wegen des Hotels, auf das ich trotz der ‚freien' Elternwohnung nicht verzichten mag. Aber mir graut vor der Atmosphäre dieser Wohnung. Auch ohne die Mutter. Vor allem graut mir vor dem Dreck meiner Mutter. Ekel ist es nicht. Es geht um etwas Klebriges, Riechendes, das an mir picken bleibt. Nicht wegzukriegen."

Innsbruck, Dienstag, 24. Dezember 2002

„12.00 Uhr, Konditorei Murauer. Gegen 9.00 Uhr fuhr ich wohl oder übel Richtung Klinik. Fand nach einigem Umherirren in der Psychiatrie die Station meiner Mutter und sah sie schon auf einem Stuhl im Gang. Sie redete nicht, erkannte mich auch nicht.

Offenbar steht sie unter starken Beruhigungsmitteln. Es ist deprimierend, sie so zu sehen, zugleich ist sie mir fremder denn je.

Ich fragte die Schwester, was meine Mutter braucht. Nachthemden und Unterhosen. Jammervoll der Blick in ihren Schrank dort: ein bisschen Wäsche und warmes Zeug, aber dann diese fürchterlichen dreckigen Turnschuhe und ihr Mantel in einem Plastiksack.

Neben meiner Mutter im Gang lag eine ‚wache' alte Frau mit Katheter.

Das wird auch das Schicksal meiner Mutter sein."

Innsbruck, Mittwoch, 25. Dezember 2002

„Café Central. Nicht einmal 3 Stunden war ich gestern bei meiner Mutter, am Grab meines Vaters überhaupt nicht, auch nicht in der Wohnung, gemeldet habe ich mich weder bei den Pflegeengeln noch bei der Gendarmerie.

Heute früh fuhr ich halt, nachdem ich vorsorglich für morgen die Hotelrechnung bezahlt hatte, zur Klinik. Beim Betreten der Psychiatrie versuchte ich mir die Station ‚Nr. 6 akut' zu merken.

Im Gegensatz zu gestern fand ich meine Mutter sehr unruhig vor, wenn auch ‚tatunfähig', da sie im Stuhl angebunden war. Als die Schwester ihr etwas später die Medikamente gab, wusste ich, weshalb sie gestern so friedlich wirkte. Nach etwa

20 Minuten schlief sie tief und fest. Ich saß da, wie an einem Grab. Konnte sie nicht einmal etwas besser aufsetzen. Schließlich wollte ich nur weg."

„8.55 Uhr. Soeben habe ich mir ganze 3 Stifterln zu je einem Viertel aus dem Speisewagen geholt, mit 3 Bechern, wegen der Optik, versteht sich. Und auch 1 Xanor beginnt in meinem Blut zu zirkulieren.

Hab nachgedacht über Julias ungeduldiges, Carols bedrücktes und Dr. Eisingers – na sagen wir professionelles – Verhalten, wenn ich ihnen mit meinen Mutter-Problemen komme. Und jetzt schlägt der Alk-Xanor-Hammer unüberhörbar zu."

„9.20 Uhr, Café Korb – ich wäre ja lieber ins Weinwurm gegangen, geniere mich jedoch vor Herrn Franz, in aller Frühe zu trinken. Die erhoffte Überraschung: doppeltes Gehalt. Schuldgefühle gegenüber MARBENT habe ich nicht. Außerdem hatte Gregor bei der Einstellung nach einem Jahr 30.000,- Schilling Gehalt versprochen. Und natürlich war davon bisher keine Rede."

„Carols Weihnachtsgeschenk, DAS LEBEN IST SCHÖN auf DVD. Nun kann ich den Laptop als Fernseher nützen und komme an Dinge, die ich auf normalem Wege wegen der Symptomatik meiden muss: Kino, Oper. LA VITA È BELLA – ein toller Film. Obwohl er mir irgendwie unwahrscheinlich vorkommt."

„14.50 Büro: Mir ist noch ganz schwindlig von dem, was ich da heute in der Mittagspause getan habe. Der Abstecher zum Weidler, wo ich eine Caran d'Ache aus Rosenholz um 375,- € erstand. Bei Gramola dann 2 DVDs, MACBETH und COSÌ FAN TUTTE und eine 1 CD DIE FRAU OHNE SCHATTEN."

„Heute, an Silvester, Resümee über das vergangene Jahr. Es wird eingehen als das Jahr meiner Schreibgeräte und der Muttergeschichte, meiner Sachverwalterschaft und der Pflegeengel.

Und noch ein paar wichtige Fakten des Jahres 2002:

- Eingeschlafen ist der Briefwechsels mit Lucy – stattdessen die Tagebücher wieder aufgenommen
- 52 Wochen Nichtstun im Büro
- Laptop
- Relativ stabile Symptomatik
- Dr. Eisinger und Carol, beide die Grundvoraussetzung, dass ich das alles schaffte und auch Freude am Leben hatte.“

Die Widersprüche bäumen sich höher und höher

Wien, Mittwoch, 1. Jänner 2003

„2.00 Uhr. Ich begieße das neue Jahr extrem früh und mache mir Sorgen, wie ich den Sprung in den morgigen Arbeitstag schaffen soll.

Um 0.30 Uhr sah ich mir ein Stück der MACBETH-DVD an, wirklich wundervoll. Zampieri und Bruson – Happy New Year!“

Donnerstag, 2. Jänner 2003

„Robbe nervlich am Zahnfleisch. Nichts will helfen. Kein Alk- und kein Konsumrausch, kein Absturz. Gestern waren es übrigens ganze 4, dazu 12 Achteln.“

Sonntag, 5. Jänner 2003

„Ich bekomme wieder Lust, Lucy zu schreiben. Vielleicht waren/sind unsere Symptomatik-Berichte eine Art Code für etwas, das wir anders nicht formulieren können.“

Abb. 5: Schreibgeräte im Nachlass von Almuth Anders

Vielleicht hätte sich der Horror ihrer ritualisierten „condition salaud", der „schweinischen Lebensweise", der sie beide so ausweglos unterworfen waren, im Austausch der ‚Symptomatik-Berichte' gemindert.

Montag, 6. Jänner 2003

„5.10 Uhr, Café Rundfunk. Ich schäme mich schon, dass mich der Alkohol in aller Herrgottsfrühe durchs eiskalte Wien in ein Beisl treibt. ‚Zu Tisch' bat ich gestern wie üblich drei Mal.

Nachwehen dieser Schlemmereien gab es zum Glück keine.

Ich greife wieder zu meinem edlen Rosenholz-Caran d'Ache, wobei mir das absurde Missverhältnis zwischen meiner Sammlung und meinem sonstigen Leben zu Bewusstsein kommt."

Dienstag, 7. Jänner 2003

„Café Weinwurm. Der erste Bürotag ist geschafft! In der Früh saß ich hier in düsteren Gedanken, dass ich heute die Mutterangelegenheit angehen sollte. Anruf beim Gericht. Die Abgabe meines Sachverwalterberichts zum Glück erst im Juli."

Mittwoch, 8. Jänner 2003

„Café Vienna. Es hat gutgetan, heute mein Herz bei Dr. Eisinger auszuschütten. Bisher konnte ich ja niemandem so richtig erzählen, wie das mit meiner Mutter ist. Er versteht das Verstörende und Absurde daran, und er glaubt, dass ich das alles schaffe und dass es mir wieder besser gehen wird."

Samstag, 11. Jänner 2003

„5.00 Uhr. Eigentlich erübrigt es sich, zu erwähnen, dass neben mir bereits das Weinglas steht, das 2. Achtel. Zusammen mit dem gestrigen Abend-Absturz mute ich meinem Körper ganz schön was zu, doch irgendwie habe ich das Gefühl, dass es wieder aufwärtsgeht. Schön, wenn Dr. Eisinger Recht behalten würde."

„17.35 Uhr Café Weinwurm. Kaum zu glauben! Da heb ich heute 300,- € vom Bancomat ab, um mich mit einem Rosenholzbleistift zu beglücken, verzichte dann aber auf mein ‚falsches Suchtverhalten‘. Warum? Ich bekam heute Nach

mittag eine Aufgabe. Gregor hatte unabsichtlich ein von ihm erstelltes Diagramm gelöscht und wollte, dass ich es nachbastle. Herz, was willst du mehr?“

„18.50 Café Vienna. Was für ein Tag! Im Grunde muss ich ihn verdammt gut nennen. Zunächst Feinschliff des gestrigen Diagramms, für das sich Gregor übrigens sehr bedankte. Anschließend der Auftrag zu einem zweiten Diagramm. Wie gestern, Herz, was willst du mehr? Als ich heute am Ende der Therapiestunde Dr. Eisinger die KAFKA-Biographie schenkte, wollte er protestieren, aber ich hatte eine unwiderlegliche Antwort: ‚Wer, wenn nicht ich, soll Ihnen die KAFKA-Biographie schenken?‘“

„17.25 Uhr Café Weinwurm. Der heutige Tag begann mit einem Traum. Es ging um das Hin- und Hergleiten zwischen Leben und Tod mittels eines Metalls. Leicht war's nicht, aber irgendwie schaffte ich es, in beiden Welten zu leben und jeder etwas abzugewinnen.
Weil Gregor mir wieder mit Kastln und Linien zu tun gab, war auch dieser Tag eine wahre Erholung.“

„Café Weinwurm. Heute Morgen ein Anruf aus dem Seniorenheim.
Meine Mutter hat ab 31. Jänner einen Heimplatz dort! Mir kamen zunächst lauter die Freude und Erleichterung erstickende Sorgen. Ist es wirklich wahr? Wird man die Mutter im Heim behalten?“

273

„Café Weinwurm. Im Büro den Anruf eines Handy-Anbieters abgewehrt, der den Aufenthalt meines Bruders auszuforschen versuchte.

Ich erklärte dem Mann: ‚Mein Bruder ist ein rotes Tuch für mich. Und Sie sind selbst schuld, wenn Sie seine Angaben nicht überprüfen. Wenn ich wüsste, wo mein Bruder ist, ich würde es Ihnen sofort sagen‘.“

„Nach dem Büro im Buchladen John Bergers Roman „**G.**“ abgeholt.

Heute entfällt die Therapie. Also kein Gespräch mit Dr. Eisinger über den Traum von heute Nacht: Meine Mutter kommt aus der Klinik, verwandelt in ein Kind, das man nicht aus den Augen lassen darf, weil es in ständiger Gefahr ist, zu stürzen, oder ein Feuer anstecken könnte. Ich wurde überwacht, damit ich gut für sie sorge, im Gefühl einer Zwickmühle zwischen Verpflichtung und Gleichgültigkeit. Der Sprache dieses Traums ist nichts hinzuzufügen.“

„17.20 Uhr, Café Weinwurm. Das schlimme Wochenende warf seine Schatten, und Innsbruck tut es auch. Selbstverständlich spielt Geld bei meinen Befürchtungen eine zentrale Rolle. Und wie reagiere ich auf die Geldängste? Naturgemäß mit einem Stich ins Wespennest. Heute war es eine Waterman Carène in schlichtem Schwarz und Gold. Bleibt zu hoffen, dass das 149,- € teure Stück keine Probleme macht.“

„17.20 Uhr, Café Weinwurm. Wie nur, wie soll ich der Schreibgeräte-Sucht Herr werden? Heute führte die pure Langeweile zur Tat. Also ging ich um 14.00 Uhr zur Bank, hob weitere 500,- € vom Sparbuch ab. Es musste unbedingt ein Lamy Accent Lack Bleistift sein, und statt Prozenten, als kleines Extra, ein Griffstück, das immerhin 6,50 € kosten würde.“

„18.20 Uhr, Café Vienna. Jetzt nach dem Gespräch mit Dr. Eisinger geht es mir entschieden besser – endlich ein offenes und verständnisvolles Ohr für meine Muttersorgen. Allerdings auch ein hellhöriges für die in Nebensätzen eingestandenen Schreibgeräte-Eskapaden. Auch vor der Therapiestunde war's wieder eine graue Pelikan 200, um 55, - €.

Hauptereignis des Tages: Die Mutter ist in Hall auf die Warteliste gesetzt."

„Café Rundfunk. Mit dieser Ortsangabe ist zugleich gesagt, dass aus Innsbruck heute nichts wird.

Diesmal wehrt sich mein Körper mit Grippegefühlen, nicht bloß meine Psyche."

„Höchst unangenehm der Traum, mit dem ich gegen 4.00 Uhr aufwachte: Ich sollte wieder in einer Opernaufführung mitwirken, zum Glück nur in einer Nebenrolle. Der Regisseur war Professor W., er sah aber aus wie mein Vater. Ich stand in seiner Gunst, sonst hätte ich angesichts meiner fehlenden Ausbildung und des Mangels an Talent nicht auftreten dürfen. Ich rutschte auf der steilen Bühne haltlos hin und her und kam den Hauptdarstellern in die Quere. Trotzdem beförderte W. mich in die Meisterklasse, wo die Kollegen feindlich reagierten und ich mich überfordert fühlte.Dieser Traum reichte aus, auch heute den Gedanken an die Fahrt nach Innsbruck ad acta zu legen."

„3.30 Uhr. Je mehr ich mich unter dem Innsbruck-Stress winde, umso unmöglicher wird die Fahrt."

„6.00 Uhr. Aus der Fahrt nach Innsbruck wird heute wieder nichts.

Es ist nicht so, dass ich nicht könnte, ich will einfach nicht – so lautet die

Wahrheit. Ich male mir schlimme Zustände meiner Leber, meiner Bauchspeicheldrüse, meines Herzens und Magens und meiner Lunge aus. Ich erwarte eben eine Bestrafung für meine Weigerung, nach Innsbruck zu fahren."

Freitag, 7. Februar 2003

„6.20 Uhr, Achtel Nr. 2, ich bringe es einfach auch morgen nicht fertig, die Fahrt nach Innsbruck anzutreten, mich nach Lust und Laune in der elterlichen Wohnung umzusehen, meine Mutter zu besuchen.
Übrigens träumte ich heute Nacht, ich wäre in der Wohnung und fände eine Art Testament."

Montag, 10. Februar 2003

„17.54 Uhr Café Weinwurm. Der Sprung aus dem Wochenend-Sumpf wäre heute also geglückt, wenn auch mit viel Zittern."

Dienstag, 11. Februar 2003

„17.20 Uhr Café Weinwurm. Ich komme gerade vom Weidler – ein Caran d'Ache Roller Ecridor, um sparsame 87,- €. Ich musste so einen Roller haben und war immerhin vernünftig genug, auf Rosenholz oder gar Carboneinlagen zu verzichten. Freilich, Dr. Eisinger, darüber müssen wir reden!"

Mittwoch, 12. Februar 2003

„18.35 Uhr Café Vienna. Und wieder hat es verdammt gutgetan, mit Dr. Eisinger zu reden: Auch über meine Mutter, über meinen Wunsch, sie wäre weg, sprechen zu können, ist eine Erleichterung. Ich bekam so etwas wie eine mitfühlende und mahnende Absolution."

Sonntag, 16. Februar 2003

„2.50 Uhr. Immerhin die ALPENSAGA Teil 5 gesehen, eine beeindruckende Schilderung des Jahres 1938. Angesichts des Films stellte ich mir die Frage, was ich tun würde – nicht was ich getan hätte – unter Hitler. Allein die Vorstellung macht mir ungeheure Angst, und ich kann nicht umhin anzunehmen, dass ich aus lauter Angst mich feige ducken würde. Nicht gerade mitmachen, aber auch keinen Widerstand leisten."

„17.15 Uhr, Café Weinwurm. ‚Darüber müssen wir unbedingt reden' – mit anderen Worten: eine Lamy persona erstanden, 180,- € mit 10 % Rabatt. Schlechtes Gewissen? Gar kein schlechtes Gewissen, sondern nur Angst, dass mir das Geld einmal bitter fehlen wird.

In derselben Haltung begegne ich dem Missbrauch an meinem Körper. Nicht Reue, vielmehr Angst vor Reue. Angst und TB-Hypochondrie: Wäre es nicht ein makabrer Witz des Schicksals, würde ich jetzt, mit der Muttergeschichte am Hals, kaserniert werden?"

„18.30 Uhr, Café Vienna. Ein denkwürdiger Tag! Schaute heute Vormittag in die Immobilien-Inserate und entdeckte eine Wohnung am Schwedenplatz. Nicht billig, aber auch nicht allzu teuer. 390,- €, 31 m², Neubau. Machte sogleich einen Besichtigungstermin um 16.00 Uhr aus. Freilich habe ich Bedenken, einen übereilten Entschluss zu treffen. Werde Dr. Eisingers Rat annehmen und mit Carol darüber sprechen."

„15.15 Uhr, Café Weinwurm. Gestern, als ich nach Hause kam, waren in meiner Bude 13 °C. Ein Steinchen mehr in der Waagschale für den Schwedenplatz. Ich bekundete also mein eindeutiges Interesse und vereinbarte den Vertragsabschluss für Dienstag 17.00 Uhr."

„10.50 Uhr, Konditorei Murauer. Eine gute Tochter würde nicht tun, was ich tue. Sich noch vor Mittag in aller Öffentlichkeit betrinken, anstatt ihre Mutter in der Psychiatrie zu besuchen. Meine Entschuldigung – die Wahrheit: Ich habe kein Bedürfnis sie zu sehen. Mich interessiert allein ihr klinischer Zustand, weil der mich direkt betrifft. Sie ist meine Mutter, und deshalb kümmere ich mich, dass sie versorgt ist. Aber *meine* Mutter ist sie nicht. Da ist keine Liebe, und deshalb sorge ich mich nicht um sie, schon gar nicht liebevoll.

Heute die Elternwohnung durchforstet nach Wertsachen. Fand ein bisschen Schmuck und alles in allem 500 €, die ich natürlich als Körberlgeld einsackelte. Hernach sortierte ich die Kleider aus, die ich gebrauchen kann, immerhin eine Kleiderstange voll.

Da ich wusste, wie sehr mich der Besuch in der Psychiatrie belasten würde, verzichtete ich darauf und auf den Besuch an Vaters Grab auch."

Innsbruck – Wien, Montag, 24. Februar 2003

„10.50 Uhr Speisewagen, nach Attnang-Puchheim. Im Vergleich zu Weihnachten befinde ich mich auf dieser Zugfahrt geradezu in Hochstimmung. 1 Xanor erübrigt sich, wenn ich auch früher als geplant mit dem Trinken begann, vornehmlich aus Lust am Genuss.

Alles ist gut verlaufen. Mit der Räumung der Wohnung wird eine Firma beauftragt. Bei den Millionen Schilling auf dem Konto meiner Mutter wäre es blöd, mir große Arbeit anzutun. Vorher werde ich noch ein bisschen Bettwäsche, Handtücher und das eine oder andere Stück aussortieren, dann kann Julia sich holen, was ihr für den Flohmarkt geeignet erscheint, dann der Tandler.

Und damit Schlussstrich unter die Wohnung meiner Eltern."

Dienstag, 25. Februar 2003

„17.30 Uhr, Café Weinwurm. Es ist vollbracht. Habe vorhin den vorläufigen Mietvertrag unterschrieben. Ich tue den Schritt, klug wird man ohnehin erst im Nachhinein. Im Moment überwiegt die Freude."

Donnerstag, 27. Februar 2003

„17.35 Uhr Café Weinwurm. Etwa das ‚Ende' meiner Schreibgerätesucht? Nichts dergleichen!. Ich wollte mir etwas schenken zum 40. Geburtstag, und es wurde eine um 50 % reduzierte goldene Pelikan Level, 94,- €.

Heute rief der Verwalter des Pflegeheims Hall an um meine Zustimmung zur Verlegung meiner Mutter ins Heim. Das Wichtigste: Man betreut sie bis zum Tod, weitere Verlegungen sind nicht vorgesehen.

Morgen feiere ich mit Carol."

„8.00 Uhr, Café Weinwurm. Ich bin also 40 geworden. Und ich schreibe nüchtern, was ich schon seit Ewigkeiten nicht getan habe.

Latent ist die Depression. Und ich vergälle mir unsinnigerweise die Freude an der neuen Wohnung. Immerhin habe ich doch 130.000,- Schilling zur Verfügung.

In der Früh rief Lucy an, um zu gratulieren, berichtete wie ein Wasserfall von ihrer Symptomatik. Ich musste darum kämpfen, auch mal zu Wort zu kommen, und wie ich endlich die Neuigkeit von meiner Wohnung am Schwedenplatz dazwischengezwängt hatte, zeigte sie keinerlei Mitfreude wie Carol, Dr. Eisinger oder Julia. Mit ihr gibt es kein Miteinander, höchstens ein Nebeneinander. Meist nur ihre Monologe."

Der Alk-Xanor-Tolvon-Dominal-Praxiten-Hammer schlägt unüberhörbar zu

Mittwoch, 5. März 2003

„18.40 Uhr Café Vienna. Dr. Eisinger in die Hand versprochen: Ich werde mir bei der Maklerin einen Schlüssel organisieren und mir die Wohnung anschauen, bevor ich den endgültigen Vertrag unterschreibe. Termin Mittwoch 12.00 Uhr. Es tut sich was in meinem Leben!"

Donnerstag, 6. März 2003

„17.10 Uhr, Café Weinwurm. Trotz Dr. Eisingers Rat, mir die neue Wohnung anzuschauen, kann ich aus dem Maklervertrag nicht mehr raus, will vor allem nichts so sehr wie in die Wohnung hinein. Sollte etwas defekt sein, kann ich reklamieren."

Innsbruck, Dienstag, 11. März 2003

„So eine Idiotin! Bin in den falschen Zug eingestiegen und merkte es erst, als der sich in Bewegung setzte. Zum Glück kam ich noch aus dem Waggon, bevor die ‚Steirische Thermenregion' in Fahrt war, sonst wäre ich in Graz gelandet. Ich nehme es mit Humor, und so schieße ich mir hier während der Wartezeit 1 Viertel plus 1 Xanor in die Adern, um die Qual von fünfeinhalb Stunden Bahnfahrt Richtung Wien nicht zu spüren."

Wien, Mittwoch, 12. März 2003

„18.15 Uhr, Café Vienna. Nun bin ich also in der neuen Wohnung! Wie sich das anfühlt? Seltsam. Und immer noch unsicher, ob ich das Richtige getan habe. Ich habe mich von Kategorie D auf B verbessert. Almuth, vergiss die Lucy-Illusion einer perfekten Wohnung."

Freitag, 14. März 2003

„17.00 Uhr Café Weinwurm. Endlich Wochenende. Dabei kann ich mich absolut

nicht beklagen, dass die vergangenen Tage langsam vergangen wären, nicht zuletzt wegen der neuen Wohnung. Auch den heutigen Tag verbringe ich damit, sie
in der Phantasie einzurichten."

Samstag, 15. März 2003

„11.00 Uhr, Ikea-Restaurant. Ich habe meinen Traumschreibtisch gefunden.
Schön klassisch mit zwei seitlichen Schränken – und groß!
Über die restlichen Möbel bin ich mir ebenfalls im Klaren."

Montag, 17. März 2003

„10.00 Uhr Café Westend. Zeitig in der Früh fuhr ich zu Joka, was ich wollte,
wusste ich eh, Modell 124. Der Verkäufer bot das Bett als Schauraumstück plus
Fauteuil für 1.900,- € an. Besonders freut mich das Fauteuil, so bin ich nicht nur
‚ans Bett gefesselt'."

Freitag, 21. März 2003

„15.00 Uhr, Café Weinwurm. Heute gegen 14.30 Uhr, nach dem Büro, habe ich
4.000,- € vom Sparbuch abgehoben. 3.200,- € bei Ikea für Lieferung und Montage. 800,- für die Waschmaschine. Dazu kommen 600,- € für den Umzug."

Samstag, 29. März 2003

„7.15 Uhr. Nach dem Aufwachen um 2.00 Uhr bin ich meinem Kühlschrank mit
Scheuerlappen und Putzmittel zu Leibe gerückt. Ich will von Anfang an die neue
Wohnung nicht verdrecken lassen.
Will sagen: kein Putzfimmel wie meine Mutter – nur ein bisschen Sauberkeit."

Samstag, 5. April 2003

„Die 460,- € gestern für die Montage der Schraubkünstler haben sich ausgezahlt.
Ich hätte Monate dazu gebraucht! Die Männer von Ikea schafften es in 6 Stunden. Über die 44,- € Trinkgeld haben sie sich hoffentlich gefreut."

„9.30 Uhr. Das Rätsel der Schwäche ist gelöst. Ich komme soeben von Dr. J.,
der mich auf die Waage stellte. 33 Kilo. So wenig wog ich nur 1989 , als ich
ins AKH auf 6B kam. Natürlich bin ich geschockt, aber auch auf ‚anorektische
Weise' stolz."

„7.30 Uhr, Café Weinwurm. Meine Gedanken kreisen um Dr. Eisingers
‚Schauen'S, dass Sie zumindest 2 Kilo zulegen'. Ich wünschte, ich könnte mir ein
paar Kilo auf die Knochen zaubern. Mir graust ja selbst vor meinem Gerippe und
dem Totenschädel. Und keine Lust, mich in meiner neuen Wohnung zu betrinken. In gewisser Hinsicht graut mir davor, die Wohnung ‚symptomatisch' einzu-
weihen."

„17.05 Uhr, Café Weinwurm. Wach bin ich seit 4.00 Uhr, trotz der Erschöpfung, und habe schon vor Bürobeginn fünf Stunden in der Wohnung gearbeitet.
Nun sind alle CDs an ihrem Platz, desgleichen alle Kleider im Kasten. Die theo-
retische Literatur und die Klassiker, Kafka, Bachmann, Bernhard, Robert Walser,
Stifter, Haushofer im Bücherregal neben dem Bett. Der frei gewordene Platz ist
dann für Schnitzler und Handke. Solange noch andere wichtige Bücher, Ransmayr, Härtling, Kinder, Kain, und die Computer zu transportieren sind, ist es gescheiter, ich schlafe in meiner alten Bude, obwohl – am liebsten würde ich dort
alles stehen und liegen lassen."

„7.45 Uhr Café Weinwurm. Gestern Abend ereilte mich wieder mein Oster-
Zahn-Pech. Bange Frage, ob der neue Druckknopf nochmal einzementiert werden kann. Auch die untere Prothese hätte Behandlung nötig, doch für alles zusammen ist gerade jetzt kein Geld vorhanden. Ein Grund mehr, Kristall und
Zinn und Silberbesteck aus der Wohnung meiner Mutter zu verscherbeln. Bin eh

nicht scharf auf Silber.“

„1.20 Uhr – während CASABLANCA läuft. Mi dispiace, aber das Treffen mit Carol werde ich wohl absagen müssen: Der Alkohol-Auftakt zu Beginn des Tages, und so entferne ich mich von einem menschenwürdigen Tag.“

Dienstag, 22. April 2003

„18.50 Uhr, Café Vienna. Mit der Giftmenge 90 mg Tolvon, 4 Xanor, 2 Dominal, 12 Achtel – den Sprung vom Ostermontag in die Arbeitswoche geschafft!“

Freitag, 25. April 2003

„15.35 Uhr Café Vienna. Gestern, vor Büroschluss, rückte Gregor damit heraus, dass wir im Sommer in ein neues Büro im 19. Bezirk übersiedeln – ein Grund mehr, mich noch bzw. schon während der Wohnungsaktion wegen eines neuen Jobs umzusehen.“

Samstag, 26. April 2003

„10.45 Uhr Anmerkung zum gestrigen Abend: Als ich meinen Rieseneinkauf beim Spar hinter der Kasse hatte, sagte eine Kassiererin zur anderen: ‚Normal is des neet, normal is des neet‘. Ob sie damit die Diskrepanz zwischen meinem Aussehen und den vielen Lebensmitteln meinte? Ich weiß nicht, nehme es aber an.“

Montag, 28. April 2003

„14.45 Uhr Café Weinwurm.
Der gestrige Sonntag liegt mir noch im Magen, obwohl er eher moderat verlief mit 3 Attacken, 11 Achteln, maximal 3 Xanor, 1 Dominal und 90 mg Tolvon.“

Dienstag, 29. April 2003

„15.10 Uhr Café Weinwurm. Fühle mich ziemlich im Eck. Je mehr sich die Sparbücher und das Konto dem Nullpunkt nähern, und ich mir weitere Ausgaben verbiete, umso mehr Geld lasse ich in den Geschäften und im Café. Bei Gramola kam ich mit Bartók, 1 Doppel-CD und einer DVD wieder heraus. Außerdem bestellte ich heute das UPC Triple Pack – Internet + TV + Telefon. 200,- und dann monatlich 70,- €. Das lässt sich leisten, ich bräuchte nur 7 Tage aufs Café zu verzichten, doch allein bei der Vorstellung schnürt es mir die Kehle zu. Hat mich in meiner alten Bude der Dreck in die Cafés getrieben, so ist es jetzt die Angst vor der Beschmutzung der neuen Wohnung."

Samstag, 3. Mai 2003

„1.10 Uhr. Ich bin gerade mal eine Stunde wach und schon wieder am Saufen – aus Verzweiflung über den gestrigen Tag, der von totalen Entgleisungen geprägt war. Das Ganze verteilt auf – sage und schreibe – 5 Attacken. Noch schlimmer die Alk-Menge, auf die ich es brachte, fast 3 Flaschen, also mehr als 2 Liter."

Sonntag, 4. Mai 2003

„1.00 Uhr. Es ist eher Schwäche als Müdigkeit, die mir zu schaffen macht.
Mit meinen Eskapaden produzierte ich den ersten Zigaretten-Unfall in der neuen Wohnung. Ein Brandfleck auf dem Tuch, auf dem ich am Fußboden meine Fressereien abhalte. Nicht auszudenken, wie Couch und Sofa in Kürze verschandelt wären, wenn ich sie dort stattfinden ließe."

Dienstag, 6. Mai 2003

„14.40 Büro: Aufgewacht bin ich heute um 4.00 Uhr mit einem wenig erbaulichen Traum. Ich befand mich in einem Hotel in Italien. Mir fielen alle Zähne aus und zerschellten im Porzellanwaschbecken. Entsprechend zittrig saß ich nach diesem Traum beim Frühstück im Weinwurm, froh, Herrn Franz als Stütze zu haben. Im Büro blieb mir der Fondskongress erspart. Dafür begann ich auf Gregors ‚Befehl' mit der Verpackung des Computers für seine Übersiedlung nach Frankfurt.
Dabei schrammte ich mir die Hand blutig. Für eine Firma, die mir keine entsprechende Arbeit geboten hat und mich demnächst kündigen wird, rühre ich keinen Finger mehr, schon gar keinen blutigen."

„17.10 Uhr, Café Weinwurm. Nach den letzten Zeilen gestern begann ich in meinem Alkohol-Dusel MARBENT auf absurde Weise zu bestehlen: Klopapier, Servietten, WC-Frische, Küchenrolle, eine Flasche Wein, ein Weinglas und die Faber-Castell-Schachtel, die mir schon lange ins Auge stach.

Warum ich das tat, ja geradezu zwanghaft tun musste, ist mir nicht ganz klar. Wahrscheinlich aus Rache, weil ich eigentlich nicht mehr daran zweifle, dass ich gekündigt werde, und weil Gregor nicht mit der Sprache herausrückt."

Wie sie in einem Anfall von „Stehlsucht", im Bewusstsein des Unrechts, diesen „Diebstahl am Arbeitsplatz" verübt, ganz gleich, ob strafrechtlich relevant oder nicht. Ihren Sinn bekommt die Bereicherung als Revanche, ähnlich befriedigend wie die widerrechtliche Aneignung, der „Diebstahl" am Konto der Mutter.

Freitag, 9. Mai 2003

„5.10 Uhr. Ich spiele mit dem Gedanken, das Büro sausen zu lassen, werde es aber nicht tun, weil ich gespannt bin, ob Gregor heute die Kündigung ausspricht."

Sonntag, 11. Mai 2003

„Gestern war es ganz arg mit der Symptomatik. 5 Abstürze, 2½ Liter Wein!"

Montag, 12. Mai 2003

„10.00 Uhr, Café Diglas. Auch gestern keine Rede davon, mich ‚in den Griff' zu bekommen. Insgesamt 4 Abstürze, 2 Liter Wein, 2 Xanor, 90 mg Tolvon und 2 Dominal.

Heute Morgen beim Herrn Franz packte mich eine unmäßige Angstwelle, und ich bestellte – sehr zu seiner Verwunderung – ein Achtel Weiß, mit dem ich 1 Xanor hinunterspülte. Das erleichterte den Weg ins Büro."

„Café Diglas. Wie, wie nur, soll ich zu einer gewissen Stabilität zurückfinden? Eines ist sicher: Wenn ich nicht baldigst den Sprung schaffe, gehe ich unter."

„7.20 Uhr. Oh Gott, war das ein schlimmer Tag gestern!
5 Absturzkrisen und 2 Liter Wein! Wenn ich nur den wirklichen Grund kennen würde, weshalb die Symptomatik so aus dem Ruder läuft. Ich bin psychisch schlichtweg am Sand. Dr. Eisinger anrufen? Nun, da ich mitten in der Krise stecke, wäre es bloß eine Belastung mehr – für mich und für ihn."

„3.26 Uhr. Sah eine Reportage über das Warschauer Ghetto. Die verhungerten Körper, so dünn, so weiß und doch noch schwer – und dann der Anblick meiner Knochen im Spiegel. So grausam bin ich zu mir selbst. Eigentlich habe ich kein Recht dazu."

„22.20 Uhr. Die Zeit zwischen 15.00 und 17.15 Uhr – Ängste, Verzweiflung. Dann der peinliche Gang auf die Straße. Ich schäme mich für mein Aussehen. Ich weiß, dass mich so, wie ich aussehe, nur ein Blinder einstellen wird und ich etwas zulegen muss, will ich einen neuen Job bekommen und die neue Wohnung behalten.
Um 20.15 Uhr ein recht guter Film mit Di Caprio über einen Drogenabhängigen in New York. Wirklich abschreckend die Szenen des körperlichen Entzugs."

„14.10 Uhr Café Weinwurm. Heute früh depressiv vor dem Bildschirm im Büro, bis zur Zeitverzweiflung um 12.00 Uhr. Ich bin aus dem Büro geflüchtet, hielt es einfach nicht mehr aus.
Beim Frick das Buch zu dem Film DER PIANIST und 2 x Robert Walser, DER

GEHÜLFE und DER RÄUBER, abgeholt. Wie nur wieder herauskommen aus der Depression?"

„10.00 Café Diglas. Heute zeitig in der Früh zu Dr. J. Der war entsetzt über mein Aussehen und überwies mich auf die Psychiatrie im AKH. Ich bin also im Krankenstand, eine Arbeitsunfähigkeits-Bestätigung für die letzte Woche gab er mir auch. Trotzdem fuhr ich anschließend ins Büro, erledigte die Anrufe wegen Gregors leidiger Anlageberater-Ausbildung. Kurzfristig bin ich die erdrückendsten Probleme los, bestehen bleibt mein körperlicher Zustand. Station 6B kommt freilich nicht in Frage. Aber etwas muss ich unternehmen.

Dr. Eisinger anrufen? Ich mag ihn nicht belasten und sein Vertrauen in meine Stärke nicht untergraben. Dieses Vertrauen brauche ich."

Samstag, 31. Mai 2003

„7.05 Uhr, Schweden-Espresso. Sehr, sehr schlimm, auch der gestrige Tag. Soeben die Eintragungen des vergangenen Monats überblättert. Alles hat begonnen, als die neue Wohnung fertig war. Dazu die öden Bürotage, und schließlich der Auftakt zum Totalabsturz."

Montag, 2. Juni 2003

„5.46 Uhr. Gestern habe ich mich wieder übertroffen: … denn sie wissen nicht, was sie tun … Das soll keine Entschuldigung, nur eine Erklärung für das Ausufern der Symptomatik sein."

Dienstag, 3. Juni 2003

„9.00 Uhr Espresso beim Franz-Josephs-Bahnhof.

Gestern war's verdammt arg. Und dazu dieses Zittern. Dr. J. schickt mich zur Blutuntersuchung. Was soll schon anderes herauskommen als miserable Leberwerte. Hauptsache, ich bin weiterhin krankgeschrieben."

„Heute ist Papa 18 Jahre tot.

4.30 Uhr. Soll ich wieder übers Zittern schreiben?"

Auf diese Eintragung folgen etliche leer gelassene Tagebuchblätter ‚für spätere Rekapitulationsversuche‘. Dazu gehört die nirgends erwähnte Kündigung des – als gutbezahlter, geisttötender Müßiggang erlebten – Arbeitsverhältnisses in dem MARBENT-Büro.

Pfingstsonntag, 8. Juni 2003

„14.15 Uhr. Mein Gott, was für ein elendes Leben."

Mittwoch, 11. Juni 2003

„7.00 Uhr Schweden-Espresso. Und wieder zwei Tage nichts geschrieben, weil der Pfingstmontag die absolute Katastrophe war. Großeinkauf in der Nacht bei der Tankstelle, konnte aber meine Bancomat-Karte nicht finden, wurde panisch, dachte, ich hätte sie verloren, schaute ins Stiegenhaus, Zugluft, peng war die Tür zu. Heulend stand ich am Schwedenplatz und wartete auf den Schlüsseldienst, der zum Glück nach einer halben Stunde kam.

In einer Minute war die Tür wieder offen, aber es kostete 150,- €, die ich notgedrungen vom Konto meiner Mutter abhob.

Gestern durchwachte Nacht, mit verzweifelten Tränen. Existenz- und Todesängste."

Samstag, 14. Juni 2003

„11.00 Uhr, Café Clinicum. Was ich jetzt tue, ist nicht gut und wohl verboten. Ich befinde mich auf der Internen im AKH, und das kam so:

Mittwoch holte ich mir den Blutbefund beim Labor ab. Wie zu erwarten, waren die Leberwerte alles andere als gut. Vorerst blieb ich ruhig, fuhr zur Bank, um die letzten 1000 € vom Sparbuch abzuheben. Schon dort konnte ich das Losungswort nur mehr zittrig hinschreiben.

Im Café Rundfunk, wie ich mir eine Zigarette anzünden wollte, zitterte ich am ganzen Körper und meine Hände verkrampften sich spastisch. In meiner Not bat ich den Kellner, die Rettung zu rufen. Man brachte mich auf die Schock-Ambulanz hier im AKH. Trotz der Infusionen dauerte es Stunden, bis sich mein Körper beruhigt hatte.

Schließlich erhielt ich ein Bett auf der Internen. Ich bekomme Beruhigungsmittel, kann aufstehen. Heute nun ist Wochenende, und ohne körperliche Notwendigkeit beschloss ich, eine Mittagsattacke zu liefern.

Der reinste Wahnsinn, was ich da betreibe!!"

Sonntag, 15. Juni 2003

„11.00 Uhr Café Clinicum. Obwohl ich mich gestern mit der Eskapade gar nicht wohlfühlte und heute deswegen unter argen Schuldgefühlen, Depressionen und Ängsten leide, praktiziere ich das Gleiche heute wieder. Warum, weiß ich nicht. Die Waage zeigte heute 39,5 Kilo.

Um es offen zuzugeben, irgendwie gefällt es mir trotz allem hier in der geschützten Spitalsatmosphäre. Niemand nimmt Anstoß an meiner Gewichtszunahme. Meine Bettnachbarin ist eine sehr liebe, 85-jährige Ungarin. Sehr religiös, doch ohne Bekehrungsmanie."

Montag, 16. Juni 2003

„10.30 Uhr Café Clinicum. Heute geht es mir gar nicht gut. Wieder ein leichtes Zittern und eine abnorme Schwäche. Man will einen Leber-Ultraschall machen – von mir aus. Im Grunde will ich hier nicht mehr weg."

Dienstag, 17. Juni 2003

„10.05 Uhr, Café Clinicum. Ich zittere wieder wie Espenlaub. An den Elektrolyten kann's nicht liegen, die sind laut Ärztin wieder in Ordnung. Sie meint, ich solle bis Montag bleiben. Aber wie mich erholen, bei diesen Entgleisungen? Zumindest die Waage zeigte heute einen Rückgang auf 38,4 Kilo. Das beruhigt und auch die Praxiten beruhigen."

„9.30 Uhr Café Clinicum. Heute früh ging ich zur Sozialarbeiterin. Ich bin so verzweifelt. Um 13.00 Uhr folgt eine Knochendichte-Messung. Die wollte ich selbst."

Teil III

‚Ich dreh mich und dreh mich im Kreis …'

„11.45 Uhr Café Clinicum – wieder die reinste Zitterpartie.

Heute war ich um 9.00 Uhr bei der Sozialarbeiterin. Der Psychologische Sozialdienst wird mir ‚unter die Arme greifen'.

Hernach wartete ich die Visite ab: Leberzirrhose habe ich noch keine, nur eine Fibrose. Und ich darf länger als bis Montag im AKH bleiben.

Am Nachmittag dann ein totaler psychischer Crash."

„11.00 Uhr, Café Clinicum. Zum Glück hält sich das Zittern heute in Grenzen. Mittags gab es einen herrlichen Fisch in Kräutersauce, und Kartoffeln. Danach 1 Praxiten. Die nette mich betreuende Ärztin, deren Namen ich leider nicht weiß, bot mir gestern an, mir ‚eine Schiene' Richtung Alkoholentzug zu legen …"

„11.00 Uhr, Café Clinicum. Meine ganze Hoffnung richtet sich auf die Beraterin vom Psychologischen Sozialdienst, die morgen um 9.00 Uhr kommt. Wenn ich mit ihrer und nebenher mit Hilfe der Ärztin ein paar Dinge ins Rollen bringen könnte …

Übrigens hat man schon seit Tagen das Xanor abgesetzt. Für den Notfall liegt noch eines in meinem Schrank. Bin gespannt, was für eine Sucht ich mir mit den Praxiten eingehandelt habe."

„11.00 Uhr Café Clinicum. Aufgewacht bin ich heute um 4.30 Uhr mit der Angst, heute entlassen zu werden. Die Visite, der dunkelhaarige Arzt, vor dem ich mich so gefürchtet hatte, entpuppte sich als nett und feinfühlend. Er klärte mich auf über den Knochendichtebefund, der nicht gut ist. Ich werde Tabletten schlucken müssen."

Dienstag, 24. Juni 2003

„12.40 Uhr, Café Clinicum. Heute in der Früh Zitteranfall. Dann mit der Beraterin zum Psychologischen Sozialdienst. Frau L. ‚zwang' mich, ein paar wichtige Telefonate zu führen. Hausverwaltung, Räumung der alten Wohnung etc. "

Donnerstag, 26. Juni 2003

„11.30 Café Clinicum. Zum ersten Mal seit 14 Tagen verstoße ich hier nicht gegen das Alkoholverbot für Patienten, weil ich seit gestern entlassen bin. Zurückgekehrt ins AKH bin ich heute nur, weil ich Bücher in die Bibliothek zurückbringen muss, die gestern geschlossen war.
Heute in der Früh, kurz nach 6.00 Uhr, war ich bereits in der alten Wohnung. Bereitete die Räumung vor. Um 9.00 Uhr der Räumungsdienst, innerhalb einer Stunde war alles draußen. Erschöpft hierher ins AKH, warmer Händedruck einer der Schwestern, die mich betreut hatten."

Dienstag, 1. Juli 2003

„7.00 Uhr, Schweden-Espresso. Meine alte Bude ist geräumt! Trotz ‚Lebensbaum' – der Name des Räumungsdienstes – gab es noch Tonnen zu entsorgen. Und eine ganze Fuhre an Dingen, die ich behalten will. Die transportierte ich heute per Taxi in die neue Wohnung, wo es aussieht, als hätte eine Bombe eingeschlagen."

Donnerstag, 3. Juli 2003

„Um 7.30 Uhr Fahrt zu Dr. Eisinger. Auf dem Rückweg kam ich zufällig bei einer AMS- [Arbeitsmarkt Service]Stelle vorbei und erkundigte mich wegen des Krankenstandes. Die Tage werden mir angerechnet.

Bei Dr. J. Ich gestand ihm, dass ich bis zu 2 Liter trinke. Nehme mir jetzt vor, zunächst 1 Achtel weniger zu trinken. Selbstbetrug einer Alkoholikerin!"

Donnerstag, 10. Juli 2003

„12.05 Uhr Café Admiral in Floridsdorf. Zu mehr als ein paar Bleistiftnotizen reicht es nicht, da sich wieder die Angst ausbreitet und mir die Kehle zuzuschnüren beginnt. Das waren heute auch meine Worte zu Dr. J. und zu Dr. Eisinger: ‚Ich habe sehr viel Angst'. Themen der heutigen Therapiestunde : die Muttergeschichte – mein Alkoholismus –, die Ursachen meines gegenwärtigen Zustandes – keine unmittelbare Lösung in Sicht."

Montag, 14. Juli 2003

„4.35 Uhr. Ich dreh mich und dreh mich im Kreis, im Kreis … Um nicht so weit zu ‚sinken' wie in der alten Wohnung, nicht nur am Boden zu essen, sondern sogar dort zu schreiben, habe ich es immerhin geschafft, mich an meinen geliebten Schreibtisch zu setzen."

Mittwoch, 16. Juli 2003

„6.50 Uhr, Schweden-Espresso. Als ich gestern nach ‚nur' 12 Achteln um 14.00 Uhr aufwachte, drehte es mich dermaßen … Trotzdem versuchte ich zur Post zu gehen, musste aber auf halbem Weg umkehren und schaffte es gerade noch zurück in die Wohnung, sonst wäre ich auf der Straße zusammengeklappt.
Glaubte immer wieder, den Notarzt anrufen zu müssen. Angst, Verzweiflung. Ringelspiel im Hirn, mal war mir heiß, mal fror ich, in der Nacht kam Übelkeit dazu. Erbrach von selbst, sinnigerweise bei einem Film über eine Magersüchtige."

Freitag, 18. Juli 2003

„12.10 Uhr Café Clinicum. Na super, ich wurde gerade aus der Notaufnahme im AKH entlassen, wo man meine Elektrolyte wieder in Ordnung brachte. Und bin doch – naturgemäß – nicht viel gescheiter geworden, sondern schnurstracks hierher zum ersten Viertel gelaufen."

Der Entlassung aus der Notaufnahme an diesem 18. Juli 2003 folgte wohl alsbald die erneute Einweisung ins AKH, da sie sich nicht ‚stark genug‘ fühlte für ein Leben ‚draußen‘.

Wien – Innsbruck, Donnerstag, 14. August 2003

„8.00 Uhr Speisewagen. Vorerst, was sich an den letzten Tagen ereignet hat: Ich klickte die Niedermeyer-Homepage an und fand dort ein verlockendes Angebot. Ein Canon um 149 €. Drucker, Scanner und Kopierer in einem. Ich brauchte wirklich einen funktionierenden Drucker, und meinen hoffentlich zahl- und erfolgreichen Bewerbungen steht nun nichts im Wege. Klar, dass ich statt Mittwoch erst heute nach Innsbruck fahren würde.“

Wien, Samstag, 23. August 2003

„11.15 Uhr, Café Diglas. Um die Tage in Innsbruck und die Heimfahrt zusammenzufassen, warte ich auf viel Schreibenergie. Um 8.00 Uhr auf der Post das Arbeitslosengeld für die 3 Tage im Juli abgeholt – bekomme 28,50 € pro Tag, das muss sich irgendwie ausgehen, es muss!

Aufgewacht bin ich gestern Abend gegen 20.00 Uhr und machte mich nach dem ‚Frühstück‘ über alles her, was noch aus meiner alten Bude stammt. Alle Fotos und meine ‚gesammelten Werke‘: Seminararbeiten über Kafka, Diplomarbeit, Referate zu Robert Walser, Vorstudien zum ‚Schmutz bei Kafka‘. 3 meiner eigenen Geschichten, Träume, pro memoria zu meinem Vater.

Um 9.00 Uhr zum Frisör. Die Haare sehr kurz, dunkelrot-braun, super, 97,- €. Für mein Selbstbewusstsein und die Bewerbungen unumgänglich. Und ich genieße es.“

Dienstag, 26. August 2003

„8.45 Uhr, Schweden-Espresso. Gestern fuhr ich mit der 24-Stunden-Karte zur Opernpassage, um in die Kamera zu lächeln. Zurück in meiner Wohnung verbrachte ich etliche Stunden mit der Gestaltung der aktuellen Bewerbungsunterlagen.

Das große Paket aus Innsbruck – wahrlich absurd! Ein beträchtlicher Teil des Inhalts ist von Fleckenspray durchtränkt. All diese von meiner Mutter gekauften Vorhänge als ‚Blickschützer'– zum Teil noch in ihrer Originalverpackung – ersäufe ich in einem gebrauchten Fleckenentferner ..."

Dienstag, 9. September 2003

„9.10 Uhr Schwedenespresso. Da sich im STANDARD keine einzige in Frage kommende Stellenanzeige fand, griff ich den KURIER, las die Anzeigen durch und verfasste 10 Bewerbungen. Als alle E-Mails draußen waren, packte ich den gelben Postzettel für die Arbeitslose, ging zur Post und zahlte dann den Betrag auf meinem Konto ein.

Jetzt sehe ich zwei Männern zu, wie die an den Spielautomaten vor mir einen 10-€-Schein nach dem anderen hineinstopfen. So schnell kann ich gar nicht schauen, wie ihr Guthaben wieder auf null steht. Dagegen sind meine Einkäufe bei Spar und die Ausflüge zur Tankstelle geradezu harmlos - - -"

Dienstag, 23. September 2003

„19.30 Uhr. Die Zeitungen durchforstet und 1 Bewerbung abgeschickt – immerhin ein interessantes Angebot bei Vienna Symphonic Library.

Aber spätestens, als ich die Weinflasche in den Kühlschrank stellte, überfiel es mich: egal, dass ich durch das jetzige Besäufnis den gestrigen moderaten Tag zunichtemache – egal dass sich dadurch der morgige Mittwoch erst recht vor mir aufbäumt –, egal dass ich einen weiteren Schritt in den Sumpf tue - - - egal - - - egal - - - Freilich ist es mir nicht egal, und ich trinke, damit es mir egal wird."

Mittwoch, 24. September 2003

„9.00 Uhr, Schweden-Espresso. Es war ja vorhersehbar, dass ich nicht durchhalten würde, schon wie ich aus dem Dominal-Koma aufgewacht bin. Praxiten habe ich keine mehr, aber noch genug Xanor, denn ich glaube kaum, dass ich es morgen oder gar übermorgen zu Dr. J. schaffen werde. Mir scheint, dass ich nicht einmal im Juni so weit unten war wie jetzt.

Dazu kommen meine Existenzängste, die stark und nicht unberechtigt sind. Wenn ich versuche, das ‚Erbe‘ meiner Mutter in Bares umzusetzen, hoffe ich, dass möglichst viel für mich drin ist. Zumindest für die Persianerjacke müsste ich doch ein bisschen was bekommen.“

„18.00 Uhr, Schweden-Espresso. Aus irgendeinem Grund bin ich wütend auf Dr. Eisinger. Als ich gestern – oder heute – neben dem Klo kauerte, bereitete es mir eine gewisse Befriedigung, mir vorzustellen, dass er seine Frau betrügt. Dabei spielte seine Frau keinerlei Rolle, ich wollte nur, dass er etwas tut, wofür er sich schuldig fühlt. Dass er spürt, wie es ist, etwas ändern zu sollen, es aber nicht tut. Ich selbst habe so genug davon, mich für die Versauung meines Lebens bzw. für mein versautes Leben auch noch schuldig zu fühlen.
Ein Satz aus einem Film heute Nacht: ‚Wenn das mein Leben ist, dann ist es das eben‘. Gelänge mir diese Einstellung, dann wäre ich zumindest die Schuldgefühle los.“

Was nach dieser kläglichen Bekundung ihres Lebensgefühls in den Monaten Oktober und November geschah, ist in keinem Tagebuch verzeichnet. War es eine Einweisung ins AKH, für acht Wochen, in denen sie ‚zumindest halbherzig auf einen Neubeginn gehofft‘ hatte?

„1.40 Uhr. Tja, das stellt nicht unbedingt den Neubeginn dar, den ich mir – zumindest halbherzig – erhoffte. Gestern Anruf bei der Gebietskrankenkasse: Zum Glück ist die Prothese genehmigt. Sie kostet nur 700 €, wovon ich 175 € zu zahlen habe. Als Dankeschön werde ich Dr. R. aus meiner Vitrine – und obwohl ich mich schwer davon trenne – Stewart O’Nans DAS GLÜCK DER ANDEREN schenken. Ich wüsste keinen Arzt, dem dieses Buch besser entspräche.
Auch für Dr. Eisinger und für Carol werde ich zu meinen Depots greifen müssen. Für Carol die Achatkette, die ich in der Mutter-Wohnung fand.

Erkenne mit schlechtem Gewissen, dass ich diese Woche noch keine Bewerbung abgeschickt habe, obwohl ich mit Sehnsucht an einen Job denke.

18.15 Uhr. Soeben meine Sprachbox abgehört: Eine Nachricht von Fonds professionell, wo ich mich als Assistentin für Layout, Text und Organisation beworben habe. Eigentlich der Job für mich. Ich rief gleich zurück, trotz der späten, aber für Redaktionen normalen Uhrzeit, und bekam für nächsten Donnerstag 18.00 Uhr einen Vorstellungstermin. Von heute aus gesehen erscheint es mir ein Leichtes, hinzugehen."

„Weil es schwerer ist, mich durch den Tag zu bringen, als durch die Nacht"

Sonntag, 7. Dezember 2003

„2.14 Uhr: Drüben, über dem Kanal, glitzert ein Weihnachtsbaum. Mir ist weniger weihnachtlich zumute denn je. Ich weiß nur, das sind die ersten Weihnachten ohne Schuldgefühle, dass ich meine Mutter nicht besuche. Rein praktisch ist es unmöglich. Außerdem wäre es nichts als Theater, wenn ich nach einem Dreivierteljahr auftauchen und die liebevolle Tochter spielen würde."

Dienstag, 9. Dezember 2003 Dienstag

„9. 25 Uhr Schweden-Espresso. Eine verdammt wohltuende Stunde bei Dr. Eisinger. Thema die absolute Herzlosigkeit meiner Mutter bei Schmerzen und dass ich heute Morgen vom Konto meiner Mutter 4.500 € auf mein Konto überwiesen habe. Ich bin es leid, zu bangen, in ständiger Angst vor der Gosse, die mir die letzte Kraft raubt."

Mittwoch, 10. Dezember 2003

„4.00 Uhr. Morgen Nachmittag um 1800 Uhr das Vorstellungsgespräch bei Fonds professionell. Der Job wäre super. Wer, wenn nicht ich, ist für Graphik, Text und Organisation geeignet?

Gestern wieder Polanskis PIANIST angesehen. Besonders beeindruckt hat mich diesmal, wie der fast verhungerte Szpilman gierig jeden Brocken in den Mund schaufelt. Nein, ‚schaufeln' ist das falsche Wort, eigentlich gibt es dafür kein Wort, für diese Handbewegung, für das Gefühl dabei, das ich sehr gut nachempfinden kann. Eingeprägt hat sich mir vor allem auch Szpilmans Bitte: ‚Hätten Sie vielleicht ein Stück Brot für mich?'

Etwas Ähnliches sagte ich im Juli auf der Notaufnahme.

Der Drang nach Brot, nach Mischbrot, nicht nach Schwarzbrot oder Weißbrot, war so stark. Dazu Leberstreichwurst – die beiden Dinge, die ich mit sechzehn Jahren vormittags in mich hineinschaufelte, eh ich Schi fahren ging und dann Ovid übersetzte.

Gestern schmeckte mir die Scheibe Brot, gekaut und ausgespuckt, bei weitem nicht so gut wie auf der Notaufnahme. Wie auch? Vor einem halben Jahr, im Juli, war es auch ein Geschenk an Dr. Eisinger, ebenso wie – lange ist's her – auf seiner Station der Schweinsbraten."

Donnerstag, 11. Dezember 2003

„18.50 Uhr, Café Vienna. Ich habe mich vorhin bei Fonds professionell vorgestellt. Und mich dabei als ‚nicht sehr in Frage kommend' gefühlt.

Nicht nur, dass ich mich beim Excel extrem dämlich anstellte, bei einer Prozentrechnung, die zugegebenermaßen wirklich nicht meine Sache ist. Immerhin, sie wollen zwei Leute einstellen, eine Person mit graphischem und eine mit journalistischem Schwerpunkt. Vielleicht habe ich doch eine Chance.

Morgen 8.45 Uhr Arbeitsamt, 9.30 Uhr Passamt. Hernach möchte ich für Dr. Eisinger als Weihnachtsgeschenk jene Jazz-CD suchen, die vom Standard empfohlen wurde."

Freitag, 12. Dezember 2003

„11.40 Uhr. Ja, ich habe sogar etwas geleistet. Arbeitsamt, wo ich von dem gestrigen Vorstellungsgespräch erzählte.

Auf dem Passamt wurde aus dem Personalausweis ein Pass. So steht mir wenigstens die ganze Welt offen – ha! ha!

Weiter ging's in die Mariahilfer Straße zum Virgin Megastore und ich erstand JOURNEY TO THE DAWN für Dr. Eisinger."

„9.50 Uhr. Ich komme soeben von Dr. Eisinger. Es war eine gute und ergiebige Stunde, die ich gerne anders nützen würde, als ich es jetzt tue."

„8.00 Uhr. Die letzten beiden Tage tat sich derart viel auf der symbolischen Ebene, dass ich gar nicht weiß, wo ich anfangen soll. Also setze ich an bei der Stunde mit Dr. Eisinger. Er fragte, ob mich meine Mutter gestillt hat. Ich antwortete, ich kann mir nicht vorstellen, dass mich meine Mutter gestillt hat, dass sie mir überhaupt etwas von sich geben wollte. Und so drehte sich die Stunde weiter um diese kaltherzige, außer Wut keine Emotionen zeigende Mutter. Wut und Ablehnung – das war es, was ich von ihr bekam. In unterdrückter Form und umso konzentrierter. Die Mutter, die ihrem Kind in 5 Minuten eine 250-Gramm-Flasche in den Magen stopft, woraufhin das Kind der Mutter alles entgegenspeibt. Mir fallen dazu ihre Worte ein: ‚Wenn da nur ein Bröckerl drin war, hat sie schon gekotzt'. Schau her, was für eine gute, feinfühlige Mutter! Sich zu sorgen, dass da kein ‚Bröckerl' drin war. Sie hatte ja keine Ahnung, kalt, wie sie war, welchen Brocken ich an ihr zu schlucken hatte."

Diese „Bröckerln" gemahnen an die „schwarze Milch der Frühe" als Bild der extremsten Form, in der eine Mutter, zum Schein gewissenhaft, in Wahrheit kalt und rücksichtslos „die lebendige Seele des Säuglings vernichtet"*.

„4.15 Uhr. Soeben hat Lucy angerufen. Während wir plauderten, las ich mir im Kalender, der neben mir lag, die Namenstage durch. Welchen Namen würde ich einer Tochter und welchen einem Sohn geben? Für die Tochter kristallisierte sich Martha heraus. Der Name für einen Sohn wäre Viktor, weil er an sich schön und so positiv besetzt ist."

„6.00 Uhr. Der Dienstag ist noch immer nicht fertig erzählt. Dazu fiel mir gestern ein, dass ich in meiner alten Wohnung in vielerlei Hinsicht nach der Drohung meiner Mutter gelebt hatte: ,Ruf/hol den/die – ja/bloß – nicht ins Haus'! Mein Gott, was wurde sie böse, wenn ich mal ohne zu fragen – erlaubt wurde es so gut wie niemals – eine Freundin oder einen Freund in die Wohnung ließ. Auf der anderen Seite waren da Häuser und Menschen, die mich einließen, doch auch das verbot mir meine Mutter: ,Geh dort ja nicht hin'!

Meine Mutter herrschte dank einer Wohnung mit Türen ohne Schlüssel. Ich gebrauche ,herrschen', um ihre Art zu gehen, ihre Blicke, ihre Unberechenbarkeit, ihre Willkür, eben SIE auf einen bezeichnenden Nenner zu bringen. Zwischen Herrin und Herrscherin besteht zwar eine Nähe, aber, um mit Dr. Eisinger zu sprechen, die ,Gestimmtheit' und nicht zuletzt deren Folgen und Auswirkungen sind andere."

„9.40, Café Schmohl. Nach der Stunde mit Dr. Eisinger, und obwohl ich vor ihm behauptet habe, ich hätte kein Problem mit dem Alleinsein, konnte ich jetzt nicht nach Hause gehen. Ich fürchtete mich, nicht vor der Wohnung, da wäre ich sogar ganz gern, aber vor dem ungemachten Bett, den Speibklamotten, dem Weinglas - - - damit wollte ich nicht allein sein. Aber auch hier bin ich unübersehbar – allein."

„4.30 Uhr. Zeitig bin ich dran an diesem Heiligen Abend.

Dr. Eisingers Geschenk steht an den Benjamini, meinen Weihnachtsbaum, gelehnt. (Das schönste Geschenk hat er mir ja schon bereitet, indem er mich bat, auf die leere Karte meinen Namen zu schreiben.) Um 23.00 Uhr fand ich in der ARD eine TOSCA-Verfilmung, kombiniert aus Opernaufführung mit Filmeffekten, Studioaufnahmen und Szenen von Rom. Die Besetzung: Antonio Pap pano, Covent Garden Orchester –Angela Gheorghiu, Tosca –Roberto Alagna, Cavaradossi – Ruggero Raimondi – Scarpia."

„Mein Heiliger Abend.

0.20 Uhr. Kurz vor Mitternacht zündete ich eine Kerze an und öffnete Dr. Eisingers Geschenk. Eine wirkliche Überraschung: Ford Madox Ford (1873 – 1939) MANCHE TUN ES NICHT. Noch nie von ihm gehört. Und eine neue CD von Rubén González, die nun läuft – gut wie immer fürs Ohr und für die Seele. Madox Ford – ein Stil, den ich blind unter Tausenden heraushören würde? Bei aller Klasse – nur mit Fragezeichen. Wie überhaupt die Übersetzungen. Bei welchen Schriftstellern ist es der Fall? Ein paar Sätze, und ich weiß, wer sie geschrieben hat. Es gibt nur wenige. Mit Sicherheit Robert Walser, Kafka, Jonke, Kain, selbstverständlich Bernhard. Grass und Härtling, die auch noch, ebenso Stifter."

„0.45 Uhr. Als ich gestern so um 17.00 Uhr aufwachte und auf die Waage stieg, traf mich fast der Schlag. 39 Kilo. Innerhalb eines Tages um 2 Kilo mehr. Mittlerweile ist die Hexe zwar auf 38 Kilo zurückgegangen, trotzdem fühle ich mich entsprechend dreckig, mies und schuldig …

Gibt es eigentlich einen Unterschied zwischen ‚absurd' und ‚paradox'? Von der Bedeutung sind beide gleich, von meinem eigenen Sprachgefühl her würde ich sagen, ‚paradox' klingt ‚reiner', ‚absurd' hat etwas Verschrobenes. Und dabei fällt mir der Film ein, den ich mir heute mit anfangs ziemlichem Franzosen-Widerwillen und fast nur Dr. Eisinger zuliebe anschaute, weil er ihn mir empfohlen hatte, und den ich bei allem wunderbaren Kitsch nicht wegzappen wollte: DIE FABELHAFTE WELT DER AMELIE."

„10.45 Uhr. Draußen diese Vormittagshelle, und die Dunkelheit so viele Stunden entfernt. Weil die Erfahrung zeigt, dass es schwerer ist, mich durch den Tag zu bringen, als durch die Nacht."

„5.00 Uhr. Ich wollte es zumindest bis 8.00 Uhr aushalten, aber als ich nach fast 100 Seiten beim II. Teil von Ford Madox Ford angelangt war, zog es mich an den Schreibtisch und zum Weinglas. Ein wirklich erstaunliches Buch. Ich hänge geradezu an den Lippen der unentwegt redenden Personen. Und zwischendurch schreien sie immer wieder auf, als hätten sie das Tourette-Syndrom.

Der gestrige Tag ohne größere Entgleisung. Würstel gekaut und fast vollständig ausgespuckt. Nach dem Frühstück erwischte ich noch ein Stück der Verfilmung von SCHNEE, DER AUF ZEDERN FÄLLT. Ich möchte sehr gerne wissen, welchen Film sich Dr. Eisinger immer und immer wieder ‚reinziehen' muss."

„2.50 Uhr. Hab in den Anzeigen gesucht – da ist absolut nichts. Somit muss ich mir nichts vorwerfen.

Was ich mir jedoch sehr wohl vorwerfe: dass ich mich schon wieder verdrecken lasse. Wohlgemerkt mich, nicht die Wohnung."

„22.10 Uhr. Ford Madox Ford zu Ende gelesen.

Fünfzig Seiten früher hätte mir die Depression das Buch fast aus der Hand genommen. Zum Glück war es stärker: MANCHE TUN ES NICHT.

Was ich gestern getan habe: Ich schluckte die Abendtabletten nicht, marschierte stattdessen zum Billa und nahm von dort ein halbes Grillhendl mit, das ich mir als Entgleisung Nummer 3 servierte. Es hat toll geschmeckt, auch wenn ich 95 % nicht einmal schluckte, sondern nur zerbiss und ausspuckte. So pervers diese Methode auch ist, die ich mir von Lucy abgeschaut habe, sie bringt doch etwas Entspannung in die Symptomatik: Ich kann auch absolut Verbotenes ‚essen', die Angst, es drinnen zu behalten, fällt weg."

„18. 20 Uhr. Schreiben wir also das alte Jahr ab. Tja, als was?

Es war sehr gut – die neue Wohnung – und zum Teil sehr schlecht, weil so viel Zeit, so viel Leben für die Symptomatik draufging."

„9.00 Uhr. Ich fühle mich nicht einsam, weil ich nicht unter Leuten feiere.

So viele Silvester verbrachte ich mit meinem Vater, während meine Mutter schlief oder sich schlafend stellte, um nicht zu feiern, mit uns feiern zu müssen. Ich habe sie nicht vermisst. Dafür fehlt mir mein Vater umso mehr. Trifft auch auf Dr. Eisinger zu."

„5.55 Uhr. Seit gestern trage ich diesen Gedanken mit mir herum: Ich sollte mir eine Liste all der Bücher, CDs und DVDs anlegen, die ich mir gönnen werde, falls von den 3 Millionen Schilling meiner Mutter noch so etwas wie ein ‚Erbe‘ für mich übrig bleibt.

Das ist fürchterlich kalt und berechnend, ich weiß, aber angenommen, meine Mutter würde bald sterben und ich würde ca. 1 Million Schilling erben, dann würde ich mir die bescheidenen Listenwünsche erfüllen und schauen, wie ich es eh immer getan habe, mir einen halbwegs angenehmen ‚Lebenswandel‘ zu verdienen.

Als ‚großspurig‘, ein Lieblings-Verachtungs-Wort meiner Mutter – kann man das kaum bezeichnen."

„Ich beobachte die Dealer-Szene am Schwedenplatz, die mich eigentlich nur wegen der eigenartigen Körperbewegungen der Typen interessiert. Die hat so etwas Verschobenes, ein bisschen beschleunigt Zeitlupenhaftes. Es war 4.00 Uhr früh, ziemlich viel los am Schwedenplatz.

Jede Menge Schneeschaufler, nur waren 95 % der rot-gelben Westen Dealer. Sie schaufelten keinen Schnee, das zeigten ihre Bewegungen.

Sie schoben mit ihren Schaufeln den Schnee nur ein bisschen von hier nach da. Sosehr mich das faszinierte, ich ärgerte mich auch über die Stadt Wien, die Dealer beschäftigt, sie auch noch dafür bezahlt, dass sie hier ihre Geschäfte betreiben."

Donnerstag, 8. Jänner 2004

„9.45 Uhr. Ich komme soeben von Dr. Eisinger und bin etwas aus den Fugen. In der Stunde ging's um ‚verstehen' und ‚ändern'.
Und dann stand ich auf der Straße, mit der Aufforderung, etwas zu ‚ändern', andererseits mit der Gewissheit, heute nichts ändern zu können."

Freitag, 9. Jänner 2004

„1.20 Uhr. In mir rumort – mittlerweile etwas abgemildert – der Groll auf Dr. Eisinger, und vor allem auf mich selbst, weil ich an dem gestrigen, viel zu frühen Absturz gerne etwas hätte ‚ändern' mögen und auch können, aber doch nicht ganz einsah, weshalb ich mich hätte quälen sollen."

Sonntag, 11. Jänner 2004

„4.20 Uhr. Der Samstag in gemäßigten Bahnen, normale Tablettenmenge. Zuvor Selchfleisch und Sauerkraut. Dazu als eine schöne Kindheitserinnerung das hölzerne Sauerkrautfass im Keller meines Großvaters. Mein ‚Otta'.
Komisch, mein ‚Otta' und mein ‚Papa' sind in meinem Bewusstsein von ‚mein Großvater' und ‚mein Vater' verdrängt worden. Und wie steht's mit ‚Mutti' und ‚meine Mutter'? Hier wie dort klingt das doppelte T wie eine Watschn, und ich sehe keinen Grund, ihre Watschn und ihre Härte zu verniedlichen."

Donnerstag, 15. Jänner 2004

„9.30 Uhr Schweden-Espresso. Ich komme soeben von Dr. Eisinger.
Ein Thema der heutigen Stunde ‚rausgehen' und ‚Puppe'.
Dr. Eisinger erzählte mir von der ‚Saupuppe' seiner Schwestern. Eine Puppe, die dazu da war, in die Ecke geworfen, beschimpft, ausgezogen, in den Schnee

gesteckt zu werden.

Bei dem Gedanken an so eine Puppe lacht mein Herz.

WER oder was könnte mir jetzt – auf befriedigende Weise – als ‚Saupuppe' dienen? Keine Frage: meine Mutter. Nur sollte ich es bewusster, ohne schlechtes Gewissen tun. In ihrer jetzigen Verfassung eignet sie sich dazu sehr gut. Ihre Hilflosigkeit bringt das Quäntchen Wärme ins Spiel, das man auch einer ‚Saupuppe' gegenüber hat. Sie war als Mensch eine leblose Puppe und Sau, als Mutter in erster Linie eine Sau. Es scheint mir angemessen, sie zumindest jetzt und in meiner Phantasie zur ‚Saupuppe' zu machen – ein Erbe, das doch etwas einbringt!"

Freitag, 16. Jänner 2004

„0.25 Uhr. Noch zur gestrigen Therapiestunde: Dr. Eisinger scheint derzeit ganz auf die frühkindliche gestörte Beziehung zu meiner Mutter konzentriert. Und vielleicht hat er ja recht. Was bleibt einem Kind angesichts einer solchen Mutter anderes übrig, als ihre Bedeutung herunterzuspielen.

Die ‚Vater-Geschichte' hat sich offenbar erledigt, weil ich inzwischen nicht mehr daran glaube, dass eine ‚wirkliche Erinnerung' mich retten könnte."

Heute Nacht dachte ich darüber nach, ob ich während der vier Wochen in Bärnkopf Tagebuch geschrieben habe. Und jetzt fällt es mir ein: Da gab es die Brief-Bücher an Dr. Eisinger. Das letzte gab ich ihm erst viele Monate später, als ich Hochgatterers ÜBER DIE CHIRURGIE verdaut hatte."

Bärnkopf im Waldviertel wird von Almuth zum ersten Mal am 22. November 1986 erwähnt. Ihr zweiter Aufenthalt ist durch die Anspielung auf „die Briefbücher an Dr. Eisinger" in die Zeitspanne 1993/ 94 datierbar. Alles, was ihr dazumal wert schien aufgezeichnet zu werden, steht in diesen „Briefbüchern an Dr. Eisinger". Es wäre interessant zu wissen, wie sie darin auf den Roman ÜBER DIE CHIRURGIE, jenes 1993 erschienene grausig-absurde Opus des Psychiaters Paulus Hochgatterer, reagiert hat.

„3.35 Uhr. Gestern machte ich es besser als heute. Kurz nach 10.00 Uhr marschierte ich zum Café Melange, wo ich um 12.00 Uhr Carol treffen wollte. Und nun habe ich – höchst positiv – sehr gute Aussichten auf einen Aushilfsjob in Carols Büro. ‚Postversand mit Verstand‘ 2 x die Woche, 10 € schwarz pro Stunde. Das wäre nicht nur die Miete, es käme mir auch psychisch mehr als entgegen. Beschäftigungstherapie mit Verantwortung. Etwas, das nicht in Stumpfsinn ausartet. Ich bin gern ‚Gehülfe‘. (Muss Walsers GEHÜLFE unbedingt nochmals lesen).“

„2.40 Uhr. Ganze 10 Bewerbungen schickte ich ab, allerdings ohne wirkliche Hoffnung. Wenn ich nur wüsste, woran es liegt, dass ich nicht einmal zu Vorstellungsgesprächen eingeladen werde.
Naturgemäß gebe ich mir die Schuld dafür. Meinem Bild, meinem Job-Hopper-Lebenslauf, meinem Alter. Das mag ein realistischer Grund für die Absagen sein.“

„1.55 Uhr. Als ich gestern den Go-Botendienst anrief, entdeckte ich einen peinlichen Fehler. Auf meinem Briefkopf steht tatsächlich eine falsche Handy-Nummer. Und solche Bewerbungen schicke ich seit Monaten aus.
Andererseits gibt es doch im Bewerbungsbrief meine Festnetznummer und meine E-Mail-Adresse …
Diese Zahlen-Legasthenie wird übrigens ‚Dyskalkulie‘ genannt. Fehler-Symptomatik in Form von Zahlenvertauschungen, Zahlenstürzen, Umkehrungen und vieles mehr.“

„10.00 Uhr. Die Stunde bei Dr. Eisinger hatte kein spezielles Thema. Am eindringlichsten berührte mich die Frage: Was, wenn mein Vater noch leben würde? Ich würde kein offenes Schuldbekenntnis von ihm verlangen. Nur, dass er mir sagt, dass ich nicht lüge. Nur mir müsste er das sagen, sonst niemandem. Und wenn ich noch einen Wunsch frei hätte, würde ich ihn zu Dr. Eisinger und zu Carol mitnehmen. Und auch da müsste er nur nicken, wenn ich sage, dass ich mich nicht getäuscht, nichts erfunden habe. Mehr würde ich nicht verlangen. Nur ein ‚Ja‘. Denn ein ‚Nein‘ ist mittlerweile für mich so unvorstellbar wie damals vor meiner Zeit auf 6B die ‚Geschichte mit meinem Vater‘.

Ihn zuerst real verlieren, dann das Bild von ihm – das war genug. So lebe ich weiter in dem Verdacht, eine Verleumderin und eine Lügnerin zu sein.“

Samstag, 24. Jänner 2004

„3.20 Uhr. Damit ich es ja nicht vergesse. Zwei wichtige Dinge aus der letzten Stunde bei Dr. Eisinger. Zum Ersten: Er hat mir Robert Walser ‚wiedergegeben‘. Ich erzählte ihm, dass Walser in der Anstalt zum Schluss auf kleine Zettel geschrieben hat.

Dr. Eisinger: ‚Es ist verständlich, dass ein Mensch wie Walser eine äußere Struktur braucht.‘ Wichtig war mir allein der Ton, in dem Dr. Eisinger das sagte. Der Ton, in dem Walser und diejenigen, die ihn verstehen, eben auch ich, nicht als verrückt abqualifiziert werden. Spätestens seit meinem Musik-Referat fühle ich mich ja verrückt, wenn ich mich auf Walser einlasse, nur weil ich Zusammenhänge spüre, die sich nicht beweisen lassen.

Und das Zweite, im Zusammenhang mit meiner Zahlen-Legasthenie:

Wir kamen auf Bancomat-Nummern zu sprechen.

Mir lag die meine schon auf der Zunge, da herrschte ich mich an: ‚Bloß nicht … der klaut dir die Karte … und dann wirst scho seng … konnst schaun, wosch bleibscht.‘

Der Dialekt ist wichtig, weil es eindeutig meine Mutter war, die mir da drohte. Doch das begriff ich erst später. In der Stunde verschlug mir der Schock, dass ich Dr. Eisinger so etwas unterstellen konnte, fast die Sprache. Also schafft es das von meiner Mutter gesäte Misstrauen, solche Triebe – zum Glück keine Wurzeln – zu schlagen. Dass da meine Mutter aus mir sprach, begriff ich erst daheim. Prügeln möchte ich sie für dieses Misstrauen. Vor Dr. Eisinger fühlte ich mich nur elend. So elend wie das kleine Kind damals, das begeistert von der und der Person erzählt und das mit ‚Die nutzt dich nur aus' zum Schweigen gebracht wird. Ich glaube mit Sicherheit sagen zu können, dass meine Mutter mir das Misstrauen – vor allem gegen Frauen – eingepflanzt hat. Männliche Vertraute brauchte ich nicht, ich hatte ja meinen Vater, den sie zur Genüge beschimpfte und heruntermachte. Ihre Zielscheibe waren Nahestehende. Egal ob Mann oder Frau. Auf die ging sie los."

Montag, 26. Jänner 2004

„0.00 Uhr exakt. Ich überlege und muss an meine unguten Vater-Gefühle denken. Ich kann sie nicht anders als mit dieser Empfindung wiedergeben:
Ich bin ganz, ganz winzig, fast nur mehr ein Punkt. Um mich ist *er*, ganz, ganz groß und *überall*.
Jetzt, wo ich das niederschreibe, erscheint mir ER nicht zutreffend.
Es war vielmehr eine schreckliche, nach mir greifende Leere. Ich frage mich, wie dieses Gefühl, *nichts zu sein*, sich wiedergutmachen ließe, und dazu fällt mir ein: Wenn er körperlich da wäre, ich ihn anfassen könnte, dann bestünde die Möglichkeit, die realen Dimensionen zu erkennen. Ich würde sehen, dass mein Arm fast so groß ist wie seiner. Und ich könnte spüren, dass ich mich nicht auflöse, wenn wir uns berühren."

Freitag, 30. Jänner 2004

„14.00 Uhr, Schweden-Espresso. Bin ich froh, dass ich mir mit dem heutigen Vorstellungsgespräch bei Holberg Glas nicht selbst einen Job-Prügel vor die Füße geworfen habe, also nicht selbst an meiner Arbeitslosigkeit schuld bin: ein Job mit viel Graphik. Und er würde mir von der Zeit her und auch nach dem ersten Eindruck vom Arbeitsklima passen. Der Weg dorthin war heute sehr, sehr steinig, nur mit argen Depressionen, stundenlangem Grübeln, zwei Achteln und 1 Xanor zu bewältigen. Aber ich habe ihn bewältigt."

Abb. 6: Paradox

„3.20 Uhr. Der Großteil der letzten Stunde bei Dr. Eisinger ging – sehr zu meinem Ärger – mit dem Thema Mutter/Großmutter drauf.

So als wäre ich verpflichtet, das Verhalten meiner Mutter durch das ihrer Mutter zu entschuldigen. So als wäre mir der Mund auf doppelte Weise verboten.

Da sich die Stunde aber so hartnäckig um die beiden drehte, sei hier doch eine ‚Erkenntnis‘ daraus festgehalten.

Meine Großmutter ist mir als ein stumpfes, lebloses Etwas in Erinnerung geblieben, von der ich mir holte, was ich brauchte und wollte, und von der ich es bekam. Aber ich liebte sie nicht, ganz im Gegenteil zu meinem Großvater. Hatte auch keinerlei Respekt vor ihr. Auch sie liebte mich nicht, nahm mich höchstens als etwas Lebendiges hin, dessen Lebendigkeit man nicht bändigen kann. Geliebt hat sie meinen Bruder, weshalb mein Ärger auf sie eine gute Portion Eifersucht enthält.

In den letzten 20 Minuten der Stunde kam ich endlich zu der ‚Geschichte mit meinem Vater‘, die mir wirklich am Herzen lag und die mich in den vergangenen Tagen, vor allem was die ‚unverzeihliche Seite‘ angeht, beschäftigt hatte.

Ich meine, dass ich meinem Vater wirklich verzeihe, weil ich ihn liebe. Und weil ich ihn und mich verstehe: ‚Nur ein bisschen Zärtlichkeit.‘

Ich kann nicht anders als glauben, dass, wenn er gewusst hätte, was er in mir anrichtet, er es nie getan hätte.

Dass ich mich wie ein gelähmter Punkt, Zielpunkt fühle, ohne Ausweg und um mich nur große, übergroße Leere, das hätte er nie gewollt.

Zum ersten Mal gestern Nacht verstand ich meine Depression.

Zielpunkt zugleich von übergroßem Etwas und übergroßer Leere.

Da ist etwas ganz kaputt in mir, und damit muss ich leben, es hilft nicht, mit dem Schuldfinger auf meinen Vater zu zeigen oder auf mich.

Das vergällt mir nur das Schöne, Gute, Lebendige, das er für mich bedeutet hat, geradezu lebensnotwendig bedeutet hat, denn ohne ihn wäre ich vor die Hunde gegangen.

Es war, wie es war, da ist nichts mehr gutzumachen. Ich muss damit leben.“

„2.20 Uhr. Zu der Sendung Auschwitz-Schwerpunkt möchte ich Folgendes festhalten: Eine Überlebende sagte, sie würde ein Doppelleben führen.

Ein normales, in dem sie lacht und lustig ist, und eines in Auschwitz, das sie nicht vergessen kann, und das auch nicht wiedergutzumachen ist.

Ich gestatte mir den Vergleich mit meiner ‚Vatergeschichte‘.

So ein Doppelleben führe ich auch, muss ich führen, um zu überleben.

Und wie in dem Traum von gestern Nacht gelingt es mir mal besser, mal schlechter, aber die Angst, die Lebensgefahr, das Zerstörte bleibt bestehen.

Obwohl die Parallelen sich anbieten, ich verstehe nach wie vor meine KZ-Träume nicht. Weshalb suche ich mir eine solche Schrecklichkeit aus, um meine Geschichte darzustellen, wo mich doch keinerlei Erleben mit dem KZ verbindet, nur Fakten der Geschichte.

Oder geht es vielleicht gerade um diese Fakten der Geschichte?

Weiß ich denn von meiner Geschichte viel mehr als ‚nur ein paar Fakten‘?

Und selbst die sind nachträglicher Natur: Mein ausgehungerter Körper. Die Angst. Ein oder das andere unscharfe Live-Bild.

Vielleicht brauche ich die historische Beziehungslosigkeit zum KZ, um im Traum zu erleben, wie ich mich – dazumal – ‚in meinem anderen Leben‘ gefühlt habe. Und wie ich mich heute fühle. KZ, das ist etwas, das man nicht vergessen kann und nicht vergessen darf.“

„Gestern schüttete ich summa summarum gute 14 Achtel in mich hinein, dazu 1 Xanor, 2 Praxiten und 2 Dominal. Mein Körper sendet eindeutige Warnsignale.“

„12.50 Uhr. Die Zeit seit gestern verbrachte ich in einer Art Serien-Dämmer. Mein aufgedunsenes Gesicht, dieses Mondgesicht, ist schlimmer als jeder Waage-Stand, der übrigens noch immer bei 39,5 Kilo liegt.

Wie soll ich Dr. Eisinger mit einem solchen Gesicht in die Augen schauen?“

Dienstag/Mittwoch, 10./11. Februar 2004

„23.40 Uhr. Das aufgedunsene Gesicht ist zum Glück etwas zurückgegangen. Am Donnerstag habe ich nicht nur Therapie, sondern auch das Vorstellungsgespräch beim Sozialen Dienst. Wie soll ich das schaffen, wenn ich die ganze Nacht wach bin?"

Donnerstag, 12. Februar 2004

„10.15 Uhr. Ich sitze im Segafredo auf der Rotenturmstraße bei einem Campari Soda. Werde es also zum Vorstellungsgespräch bei den Wiener Sozialen Diensten schaffen.

15.10 Uhr. Beim Computertest habe ich mich bis auf die blanken Knochen blamiert. Bei meinem Spezialgebiet Tabellen. Nachdem ich 5 Minuten zuvor mit ‚selbstverständlichen Office-Kenntnissen' geprahlt hatte. Wahrscheinlich hätte ich den Job bei der österreichischen Beamten-Inzucht sowieso nicht bekommen, mit Sicherheit habe ich ihn aber selbst verbockt. Jedenfalls wäre ich bestens beraten, meine viele freie Zeit dafür zu nutzen, mich mit Tabellen und Excel-Formeln auf umgänglicheren Fuß zu stellen.

Ich hatte, um das Vorstellungsgespräch zu retten, in der Früh 1 Xanor eingeworfen. Angefangen habe ich mit dem rosa Suchtobjekt wieder Ende Jänner. Anfang Februar kam wieder das Zittern. Und wie gestern auch die Lebensmittel-Kaufentgleisungen. 3 Xanor, 1 Dominal, 1 Praxiten, 90 mg Tolvon.

Zuvor in der Therapie ging es hauptsächlich wieder um die Mutterangelegenheit. Dr. Eisinger wollte wissen, was ich als Kind gelesen habe. Ich las alles, was mir in den Schul- und Leihbüchereien greifbar war. Eigene Bücher besaß ich ja nicht, Lesen galt als unnötig, als Luxus, der mir nicht zustand. Und ich las ohne Anleitung. Eine Anleitung wurde mir erst durch meine Lehrerin im Gymnasium geschenkt. Sie war der erste Mensch, der mir literarisch und menschlich sagte, wo's langgeht. Ich habe ihr einmal einen nie abgeschickten Brief geschrieben. Vielleicht lässt der sich in den alten Tagebüchern finden." [Brief an Frau Professor F.R. Eintragung 14. September 1986]

„13.45 Uhr. Café Museum. Symptomatisch-typisch, dass ich jetzt, nach 2 Stunden in Hall bei meiner Mutter, zittre. Insgesamt Schuldgefühle wegen des vielen Geldes, das ich in den letzten Tagen ausgegeben habe. Angst, keinen Job zu finden."

„0.45 Uhr. Wahrscheinlich ist dieser BESTE TÄNZER, das Buch von Christoph Keller, nur der Nagel, an dem sich festmacht, was sowieso aufgetaucht wäre. Die Angst, selbst auch Alzheimer zu bekommen. *Was hatte mein Gedächtnis mit meiner Muskelkraft zu tun?... Gab es so etwas wie ein Muskelgedächtnis? ...Zuerst fehlt mir die Kraft, dann fehlt mir die Erinnerung an diese Kraft. ... Wie hatte ich das nur gemacht, begann ich mich zu fragen.* Die Angst vor Alzheimer lässt sich gegen fast jede andere Angst austauschen. Etwa die Angst, weggesperrt, eingesperrt, gequält zu werden, hilflos zu sein, mich nicht bewegen zu können.
Aber gibt es absurderweise ein weggesperrteres, eingesperrteres, gequälteres und bewegungsloseres Leben, als ich es ‚freiwillig‘ führe?
Mein Leben – ein Blick aus dem Fenster … In ein paar Tagen werde ich 41."

„4.00 Uhr. Vor einer Stunde habe ich eine Handvoll Bewerbungen abgeschickt. Es war im Grunde eine reine Pflichtübung, um mir nichts vorwerfen zu müssen. Wirklich interessante Angebote gab es nicht."

„10.00 Uhr. Café Rundfunk. Als ich das letzte Mal hier war, landete ich im AKH. Unzählige Liter Wein seitdem. So viele Tabletten, so viel Depression, so viel Angst. Freilich habe ich Entscheidendes zu Ende gebracht, aber die Symptomatik geht weiter. Sie ist zugleich der Adler und die Schildkröte, die meine Zeit bestimmen, wie in Menasses VERTREIBUNG AUS DER HÖLLE … So viel im Koma verschwendetes Leben. Dr. Eisinger hat recht. Ich bin traurig. Traurig, weil mein

Leben so bewegungs- und ereignislos ist. *Mea culpa*. In der Therapiestunde ging es hauptsächlich um dieses job- und bewegungslose Leben. Dr. Eisingers Frage nach einem vom AMS bezahlten Kurs verwerfe ich mittlerweile nicht mehr."

„Dr. Eisingers gestriger Gegenvorschlag zu meiner Bewegungslosigkeit: ‚Gehn'S den Donaukanal rauf und runter.' Könnte ich, habe ich jahrelang, zumindest monatelang intensiv gemacht, kreuz und quer durch den Lainzer Tiergarten. Dazu drei Jahre tagtäglich unzählige Schritte in Florians Café. Lösung war das keine. Ähnlich unerlöst und doch erleichtert marschiere ich jetzt von Buchseite zu Buchseite.

Mein Hirn und mein Körper sind so weit voneinander entfernt, dass ich nur mal da, mal dort leben kann."

„8.05 Uhr. Mein 41. Geburtstag. Kein Festtag. Nur Herumirren in den Altlasten des gestrigen Tages. Dazu die peinliche Situation gestern in der Apotheke, wo ein junger Hupfer glaubte, mich über meinen Mix aus Praxiten, Dominal, Xanor etc. aufklären zu müssen. Ich antwortete auf seine rhetorische Frage, ob ich ‚damit' hoffentlich nicht Auto fahre, – ‚nein, ich hab keinen Führerschein'.

Sicher kein Sieg über das Gefühl der Entlarvung einer Süchtigen."

„9.20 Uhr, Schweden-Espresso. Ich komme soeben von Dr. Eisinger.

In der Stunde ging's um mein Einsiedler-Dasein.

Natürlich hat Dr. Eisinger recht, dass mir ‚mehr soziale Kontakte' guttäten. Lustig Dr. Eisingers Vorstellung, ich wäre ‚ein Buchstabe ohne Zusammenhang mit dem Text'. Das bezog sich allerdings auf die Geschichte meiner Familie.

Habe soeben einen Vorstellungstermin für Montag 12.00 Uhr vereinbart.

Das sollte zu schaffen sein."

„Dr. Eisinger sagte am Donnerstag in der Therapiestunde, ich würde unter den Menschen, mit denen er beisammen ist, nicht auffallen.
Ein verdammt schönes Kompliment. Und ich wäre nur zu gerne unter diesen Menschen, aber das erscheint mir ein unerreichbarer Traum.“

„12.30 Uhr Schweden-Espresso. Hätte mir den ganzen Stress wegen des Vorstellungsgesprächs ersparen können. Die wollten mich zum Finanzberater ausbilden. Mich!! Innerhalb von nicht mal fünf Minuten war ich wieder draußen. Aber immerhin muss ich mir nicht vorwerfen, nicht hingegangen zu sein. Jetzt sitze ich hier, ziemlich am Ende meiner Kräfte.“

„4.30 Uhr. Seltsam, seit dem Aufwachen um 22.00 Uhr verschlang ich geradezu 200 Seiten von Sebalds AUSTERLITZ, und nun bin ich so kraftlos, dass selbst das Sitzen eine Anstrengung bedeutet. Der Zusammenhang mit AUSTERLITZ: Allein der Gedanke an die Möglichkeit einer plötzlich sich einstellenden Erinnerung, wie sie beschrieben ist – und ich bekomme keine Luft.

Jedenfalls muss ich wieder an Dr. Eisingers ‚Buchstaben ohne Kontext‘ denken, übrigens in ähnlicher Form auch ein Thema in AUSTERLITZ.“

„7.05 Uhr, Schweden-Espresso. Gestern nach der Therapiestunde hier war ich unfähig selbst für das kleinste Wort. Das lag vor allem an AUSTERLITZ: Das beherrschende Gefühl, dass ES geschehen war, schnürte mir von innen den Atem ab. Übelkeit, Zittern, Schwindel, Hilflosigkeit.
Logo war das alles zuvor Thema der Stunde mit Dr. Eisinger.
Er hat recht – ‚die Erinnerung ist kein Fotoalbum‘. Ich weiß. Indem ich ‚Beweis‘-Fotos von mir fordere, verstärke ich den ohnehin schon vorhandenen Druck.

Heute Nacht, als mich die Müdigkeit einholte – oder wie man sagt, mich ‚übermannte'–, habe ich geträumt, ich reite durch die Nacht, wie in der berühmten Ballade*, deren Titel ich Schand-Germanistin nicht weiß.

Seltsamerweise ritt ich selbst, und es gab keinen Vater. Nur – ich fand meinen Schlüssel nicht. Wahrlich kein ‚seltsamer' Traum! Er könnte nicht deutlicher sein!"

Dienstag, 16. März 2004

„9.05 Uhr, Schweden-Espresso. War soeben im AMS, wo ich vergeblich einen Englischkurs herauszuschinden versuchte. Mein Berater tat, als würde ich Gold von ihm fordern. Null Kontingent.

Als Fördermaßnahme gäbe es noch den waff [Wiener ArbeitnehmerInnen Förderungsfonds], doch die zahlen, wenn überhaupt, nur 50 % der Kursgebühr."

Freitag, 19. März 2004

„Im Radio höre ich, dass eine neue Form der Essstörung benannt worden ist: Orthorexie – nur essen, was wertvoll und gesund ist. Und zwischen 22.00 und 23.00 Uhr ein Interview mit Ransmayr, sehr sympathisch, besonders das Ende: Warum Fragen beantworten, warum etwas sagen, wenn ich darüber geschrieben habe? Dabei drängt sich mir gleich die Frage auf, weshalb ich – trotz meines Bedürfnisses danach – nicht schreibe? Weil mir das Worüber fehlt? Nein. Aber da ist etwas Dunkles. Und dafür habe ich keine Sprache, die anderen verständlich ist."

Dienstag, 23. März 2004

„3.10 Uhr. Mit dem heutigen ‚Tag' kann ich ganz zufrieden sein. Nach 2 Abstürzen gestern, 10 Achteln, 1 Xanor, 1 Praxiten, 1 Dominal und 60 mg Tolvon. Von 23.00 Uhr bis Mitternacht betrieb ich eine nicht ganz fiktionale Stellensuche und schickte 15 Bewerbungen ab. Endlich hatte ich auf der AMS Homepage die entsprechende Seite für angebotene Jobs entdeckt, und da war nicht viel, was in Frage kommt. Wie auch immer, die 15 Bewerbungen tun dem Gewissen gut und auch dem Selbstwertgefühl."

„9.30 Uhr, Schweden-Espresso. Ich komme soeben aus der Therapiestunde, wo ich mich schrecklich über das Buch von Franzen DIE 27ste STADT ereiferte.

Dr. Eisinger ist sichtlich froh, dass ich das Buch für ihn gelesen hab.

Ich zerbreche mir den Kopf – wohl nicht ‚unneetig‘ (Dr. Eisinger) – über meine körperliche Verfassung. Diese abnorme Schwäche!"

Noch ist – trotz der ‚abnormen Schwäche‘– Almuths Leseleidenschaft ungemindert, sie ist ‚in Wirklichkeit geradezu wollüstig‘, obschon sie ‚nach außen asketisch‘ wirkt. Auch ihre Fähigkeit zur Kritik ist absolut nicht erschüttert. Erraten lässt sich das aus dem – kurz angedeuteten – Verriss des Romans DIE 27ste STADT. Zu dem Kauf verführt worden war sie vermutlich durch die hochtrabende Werbung für diese „great American novel" als „Thriller auf höchstem Niveau". In Wahrheit handelt es sich um einen reißerischen Roman mit total unglaubwürdigem Plot. Almuth verkürzt für Dr. Eisinger ihre schroffe Kritik an dem Buch so weit, dass sie sich ‚schrecklich darüber ereifert‘.

„Gestern war schlimm. So kann es nicht weitergehen. Ich packte schon das Notdürftigste fürs AKH."

„12.15 Uhr. Ich bin zurück von den Beratern. Geblieben ist Erschöpfung, Depression und Schuldgefühl, da die Frage auftauchte, ob ich Krankheiten hätte, und woran es denn liege, dass ich keinen Job finde.

Selbstverständlich sagte ich nein, keine Krankheiten, und keine Ahnung, muss wohl an mir liegen. Was sollte ich sonst sagen?"

„12.25 Uhr. Eine ganze Woche kein Wort geschrieben. Der Grund totale Schwäche. Ich konnte kaum ein paar Schritte gehen.

Mittwoch seit 0.00 Uhr wach. Auf 15.00 Uhr verlegter Termin des Coachings, das wirklich etwas brachte: Herr Wegner sagte ehrlich: ‚Sie sehen erschreckend aus. Also Magersucht. Hmm. Wenn man Sie sieht, denkt man an Aids oder Krebs, nein, nicht Krebs.‘ Ich fragte mich, weshalb nicht Krebs? Krebs verbindet man wohl eher mit Wucherung, und die Assoziation des Wucherns rufe ich wohl nicht hervor. Vor der Trafik wurde mir schwarz vor den Augen.

In der Therapie am Donnerstag Dr. Eisinger per Handschlag versprochen: 2 Semmeln, 1 Liter Buttermilch, 1 Joghurt.“

„9.20 Uhr. Heute Nachmittag auf Ö1 PARSIFAL aus der Wiener Staatsoper. Mit Thomas Quasthoff als Amfortas – passend, bei seiner Behinderung. In welchen Rollen kann er auftreten, ohne dass man seine Behinderung mit dem Hinweis auf seine wunderbare Stimme jedenfalls mit einem ‚Aber‘ überspielen würde? Quasthoff als Scarpia? Welcher Operngeher würde nicht sein ‚Aber‘ in die eine oder die andere Richtung sagen? Vielleicht ist er bisher immer konzertant aufgetreten, weil er das ‚Aber‘ satthatte.“

„9.20 Uhr, Schweden-Espresso. Bei Dr. Eisinger stotterte ich die ganze Stunde über die schwierige Frage von Recht und kein Recht: Ich habe kein Recht, mich so zu behandeln, und ich habe ein Recht, nicht so behandelt zu werden.

Mein Magen, in den ich soeben das zweite Viertel hineinzwänge, sagt auch, ich habe kein Recht, ihn so zu behandeln. Vielleicht ist er der einzige normale Gradmesser.“

„0.46 Uhr. Eine Ewigkeit nichts geschrieben. Zum einen lag es an meiner Schwäche, zum andern war ich mit Zunehmen und Computer beschäftigt. Im Ergebnis: Meine Bewerbungsunterlagen sind nun in optimaler Form."

„13.30 Uhr. Wann der heutige Tag genau begann, ist etwas unscharf.
In der Früh schaffte ich es zu Dr. J. und nun bin ich im Besitz eines Rezeptes für je einmal Tolvon, Dominal und Praxiten und einer Überweisung ans Labor. Über die Leberwerte mache ich mir keine Illusionen, voriges Jahr war's noch keine Zirrhose, nur eine Fibrose."

„6.00 Uhr. Hörte meine Mailbox ab. Das Ungeliebte traf ein. Von nur 3 Bewerbungen bittet einer um Rückruf, dazu eine Absage, aber mit dem Hinweis auf einen absurden Fehler in meinem neuen, perfektionierten Lebenslauf. Da steht doch tatsächlich geboren am 28.2.1924.
Wie komme ich bloß auf diese Zahl, die gar nichts mit meinem Lebenslauf und meiner Geschichte zu tun hat?"

„4.55 Uhr. Ein Novum – ich schreibe, wenn auch etwas zittrig, nüchtern.
Den Ausschlag dafür gibt die Frau, die ich neulich im Schweden-Espresso sah und die gewissermaßen einen unvergesslichen Eindruck auf mich gemacht hat.
Sie war etwa 10 Jahre älter als ich und eindeutig magersüchtig. Das Einkaufswagerl, das sie bei sich hatte, diente gleichsam als Beweisstück dafür, dass sie zum Tragen zu schwach ist und dass sie mehr vertilgt, als ihre Statur glauben machen wollte. Sie stand an der Bar und bestellte ein Achtel Rot, das sie praktisch in zwei Zügen ex trank. Dazwischen kramte sie zwanghaft in ihrer Geldtasche und bezahlte umständlich.
Nach dem letzten Schluck ging sie aufs Klo und kam lange nicht zurück.
Ich fragte mich, ob ich in 10 Jahren so aussehen würde oder ob ich schon jetzt so aussehe.

Trotzdem erinnerte mich die Frau mehr an Lucy als an mich. Und ich empfand angesichts ihrer Zwanghaftigkeit dieselbe Verachtung wie für Lucy. Jene Verachtung, die sich beim Zusammensein mit Lucy als Peinlichkeit äußerte.

Und nun überlege ich, ob diese Verachtung nicht einem Im-Glashaus-mit-Steinen-Werfen gleichkommt. Bin ich denn ein Deut besser?

Habe ich ein Recht, über Lucy und diese Frau die Nase zu rümpfen?

Ist meine Verachtung vielleicht nichts als die Angst, ins eigene Spiegelbild zu blikken?

Apropos Lucy. Sie rief am Wochenende an. Es geht ihr sehr schlecht. Und ich habe ein schlechtes Gewissen. Aber ich lebe lieber mit schlechtem Gewissen als mit Lucy."

Sonntag, 9. Mai 2004

„9.50 Uhr. Die paar Gramm mehr auf der Waage lasten. Nicht lasten tut erfreulicherweise der Muttertagsdruck. Was sich da wohl heute wieder an Familienszenen abspielt … Meine Leistung an diesem Schrumpf-Muttertag: zwei Kapitel KAFKA-Biographie von Rainer Stach."

Dienstag, 11. Mai 2004

„6.05 Uhr. Mein Tun und Lassen steht mir ins Gesicht geschrieben. Leicht aufgedunsen, zugleich ausgehöhlt."

Donnerstag, 13. Mai 2004

„9.30 Uhr, Café Schmohl. Dr. Eisinger hat für meine ‚Abstürze' eine einprägsame Parallele gefunden in einer Situation, die in meiner Kindheit an der Tagesordnung war: meine wütende Mutter, die zetert ‚So geht das nicht, das darf nicht sein, *so* muss es sein' und die verführerische, einschmeichelnde Stimme meines Vaters ‚Na komm, sei brav, das willst du doch auch, es ist besser so, tu es für mich'.

Und ich tue, was ich nicht tun will, tue mir über Gebühr weh. Das ist Vater und Mutter im Doppelpack, das ist ‚Aufwachen-und-schon-wieder-Abstürzen', das ist, wobei ich völlig auf der Strecke bleibe und was mich in totale Verzweiflung stürzt."

„9.45 Uhr, Schweden-Espresso. War soeben im AMS, wo ich gewissermaßen aus heiterem Himmel einen Englischkurs beim bfi [Bildung. Freude inklusive. Berufliche Ausbildung und Weiterbildung] erhielt.
Das heiterte selbstverständlich meine Stimmung auf."

„Wie komme ich morgen zu Dr. Eisinger? Ihm so schmutzig, mit dem Schmutz der jetzigen Attacke unter die Augen zu treten – das ist freilich ein Novum. Aber es will mir auch nicht mehr einleuchten, warum ich das verstecken sollte. Was mir ins Gesicht geschrieben steht, die Magersucht, der Alkohol oder die Bulimie – nichts davon ist anziehend."

„9.30 Segafredo. Etwas Erleichterung durch die Stunde bei Dr. Eisinger. Ich habe zu ihm gesagt, manchmal scheint mir nichts anderes möglich, als den Sturm über mich hinwegbrausen zu lassen und zu hoffen, dass ich nicht untergehe. Er gab mir Recht und meinte, ich sei ja bisher nicht untergegangen. Gestern war er übrigens von einer unwiderstehlichen Anziehungskraft, und in Gedanken lege ich mein Gesicht noch jetzt in seine Hände."

„9.40 Uhr. Mir schaut mein Schmutz aus allen Poren. Aber wenn ich schon am Schwedenplatz wohne und Bulimie habe – was liegt näher, als das Angenehme mit dem Unvermeidlichen zu verbinden – also erstand ich beim Eissalon eine ¾-Liter-Packung Eis ... Es folgten zwei Abstürze, 1 Xanor, 1 Dominal, 1 Praxiten, 60 mg Tolvon."

„3.15 Uhr. Aufgewacht bin ich aus dem Out um 0.30 Uhr, mit einem unguten Traum: ein Haus, mein Vater hat die Türstöcke herausgenommen, um neue Fugen einzusetzen. Neben mir eine Frau, sie erklärt, das nütze alles nichts, ‚es würde doch durchsickern'. Da brach mein Vater eine Sauerstoff-Flasche auf und vereiste alles, auch sich selbst. Alles zerbrach. Seltsam ist die Sauerstoff-Flasche, wo ich doch weiß, dass zum Einfrieren Stickstoff verwendet wird. Übrigens, mein Vater tat es aus Wut und Verzweiflung."

Dienstag, 25. Mai 2004

„23.00 Uhr. Gestern gegen 2.00 Uhr Frühstück. Danach die zu schreibenden Bewerbungen. Widerwillen, zu Dr. J. zu fahren. Schließlich siegte die Giftvernunft. Ich holte mir ein Rezept für 1 x Tolvon, 2 x Dominal, 1 x Praxiten und 1 x Xanor.

Es verunsichert mich einfach, wenn ich keine rosa Pillen im Haus habe, obwohl die Praxiten viel stärker wirken – die Angst vor der Angst und die Angst, ohne Hilfe dazustehen."

Donnerstag, 27. Mai 2004

„10.40 Uhr Schweden-Espresso. War soeben beim Vorstellungsgespräch im Spital. Der Job klingt gut. Die Zusammenarbeit mit dem smarten Oberarzt könnte ich mir gut vorstellen. Sehr gut sogar. Aber welchen körperlichen Eindruck habe ich hinterlassen? Einem Arzt genügt ein Blick. Ich versuche, nicht deprimiert zu sein."

Freitag, 28. Mai 2004

„9.55 Uhr. Komisch, diese Halbtraumbilder, die mir soeben einfallen.
Gegen 3.00 Uhr war da plötzlich der Mund meiner Mutter, über den ich ein Glas stülpe. Sie saugt gierig die Keine-Luft …ich fühle mich schuldig … aber mit einem Mal wird dieser Mund zu etwas Reißzähneartigem, das schreit, beißt. Dann halte ich eine nackte, ziemlich ramponierte Puppe, ihr fehlt ein Arm, sie

erwacht zum Leben, kann sprechen. Ich bin entschlossen, sie nicht anzuziehen, bin erstaunt, wie einfach sich der Arm am Rücken montieren lässt und dass sie keine Schmerzen zu fühlen scheint."

„Also bitte ein bisschen Gedankenwelt"

Pfingstsonntag, 30. Mai 2004

„2.15 Uhr. Gerade weil ich nicht über die Stränge geschlagen habe – nur 11 Achtel, 1 Xanor, 1 Dominal, ½ Praxiten, 60 mg Tolvon –, verstehe ich meine gegenwärtige Verfassung nicht: dumpf und sehr ängstlich. Spiegel und Waage sprechen deutliche Worte. Schwindel, Schwäche, Zittern, leichiges Gesicht.
Gestern – ich zappte mich durch die TV-Kanäle – war da plötzlich eine Sexszene im Bild: eine absurde, peinliche Situation. Ich entschied mich für den Sex. Und das war der beste Auto-Fick seit langem. Danach 1 Xanor, Halbschlaf, ½ Xanor, 1 Dominal, ½ Praxiten, 60 mg Tolvon."

Pfingstmontag, 31. Mai 2004

„6.00 Uhr. Wie soll jemand anderer verstehen und gar verzeihen, was ich selbst nicht verstehe und mir nur notgedrungen verzeihe, um nicht in einem Dauerkrieg mit mir zu liegen."

Dienstag, 1. Juni 2004

„0.10 Uhr. Muss morgen zum AMS, mir steht also eine lange Nacht bevor. Aber

der Gedanke an Thomas Bernhards Roman FROST, den ich noch immer nicht gelesen hab, nimmt ihr den Schrecken."

Mittwoch, 2. Juni 2004

„9.45. Ich komme soeben vom AMS, wo ich den Notstand beantragt habe. Und ich bin so schwach, dass ich zusammenzuklappen glaubte.

Der Gedanke, mich könnte jemand anstellen, ist illusorisch.
Sobald man mich sieht, habe ich verloren."

„Hab ich meine Telefonblockade überwunden? Ich hob das Handy ab, und am anderen Ende war eine Chefin, bei der ich mich wegen meiner Apple-Tauglichkeit am Morgen beworben hatte. Immerhin bin ich in der engeren Wahl.
Aus dem Spital habe ich nichts gehört, und meine Hoffnungen sinken.
Wenn ich allerdings die letzte Woche überblicke – ich unternehme doch einiges für einen Job, trotz der Symptomatik!
Der gestrige Gang zum AMS. Für einen Job hatten sie nichts. Und doch war es ein – wenn auch nur peripherer – Kontakt mit der Welt, ein paar überraschend freundliche Worte. Das Begreifen, dass ich die Wohnung nicht aufgeben muss!"

„2.55 Uhr. Heute Abend läuft Bergmans Film SZENEN EINER EHE: Ich weiß noch, wie der Film, als ich dreizehn, vierzehn war, gesendet wurde.
In der heutigen Vorschau hieß es, dass der Film eine Scheidungswelle auslöste. Meine Mutter hatte dazumal den ohnehin ungleichen Kampf um die Alleinherrschaft bereits bombensicher gewonnen."

„2.35 Uhr. Die Benachrichtigung über die Notstandshilfe: 2 € weniger pro Tag, macht 60 € im Monat. So schlimm erscheint mir das im Augenblick nicht. Die Wohnung bleibt mir."

„9.50 Uhr. Circa zwei Stunden Schlaf, der Traum von einem Pferd, und ich lege den Flugverkehr lahm mit einer Fernsteuerung. Nach dem Aufwachen ein Gefühl, als müsste ich mir den Traum aus dem Kopf klopfen. Vorhin, bei Dr. Eisinger, wollte ich nicht darüber reden. Warum? Weil ,er nichts hergibt'. Aber jetzt kann ich's ja zugeben. Er gibt sehr wohl etwas her. Dr. Eisinger: ‚Sie sehen strapaziert aus'.“

Fronleichnam, 10. Juni 2004

„6.05 Uhr. Je näher der Juli rückt, umso greller blitzen Gerichtsurteile wegen meines Missbrauchs der Sachverwalterschaft auf. Aber ich lasse sie abblitzen. Mich vor Gericht zu rechtfertigen und zu verteidigen, darauf freue ich mich sogar. Wie auf eine schriftstellerische Herausforderung, wie auf ein germanistisches Thema. Denn natürlich werde ich es schriftlich tun.“

Freitag, 11. Juni 2004

„0.45 Uhr. Jetzt ist um 11.00 Uhr dieses Vorstellungsgespräch. Den Wecker habe ich mir gestellt, und was soll ich schlucken? Jedenfalls kein Tolvon, am besten 1 Dominal, ½ Xanor und ½ Praxiten. Und all das für ein Vorstellungsgespräch, bei dem das Gegenüber schon beim ersten Anblick Schrecken und Abscheu vor mir empfindet?“

Samstag, 12. Juni 2004

„0.30 Uhr. Nach außen hin wirkt meine Leseleidenschaft asketisch, in Wirklichkeit ist sie aber geradezu wollüstig. Wenn ich allein an die vielen Tausend Seiten denke, die ich seit Dezember verschlungen habe …
Ein Film mit Klaus Kinski. Mir fiel die Ähnlichkeit zwischen ihm und meinem Vater auf, fesselte mich, das Kinn und die Augen, vor allem die Augen, diese Biegung der äußeren Winkel nach unten.“

Sonntag, 13. Juni 2004

„17.30 Uhr. Habe Siri Hustvedts WAS ICH LIEBTE zu Ende gelesen.
Die Geschichte um die Figur dieses Mark erinnert mich an meinen Bruder. Auch mein Bruder konnte glaubwürdig, überzeugend scheinen, und hat doch gelogen und gestohlen.“

„15.30 Café Vienna. Um 8.00 Uhr wackelig zu Dr. Eisinger. Geredet haben wir über die verfahrene Situation in meinem Körper. Was tun?

Da gibt es ein ‚Vorher‘ und ein ‚Nachher‘. Dr. Eisinger meint, ich solle mir vorstellen, wie *es* war. Genau verstehen konnte ich ihn nicht. Was vorstellen? Das Vorher? Das Nachher? Meine Antwort war: ‚Aber das hat doch nichts mit mir zu tun.‘ Er: ‚Was Sie sich vorstellen, hat nichts mit Ihnen zu tun? ‘“

„10.15 Uhr. Ich soll mir also vorstellen ‚wie es damals war‘.

Vor dieser Aufgabe drücke ich mich mit der fadenscheinigen Ausrede, dass ich nicht weiß, was Dr. Eisinger damit meint.

Was mir einfällt, ist die Phantasie, mit der ich mich einmal, nach dem Aufenthalt in Bärnkopf, durch die Tage rettete: Ich miete eine Loge für Tosca, schneide mir während der Vorstellung die Pulsadern auf und verblute bis zum Ende. Diese Phantasie hat noch immer einen unwiderstehlichen Reiz. Aber all diese Vatergeschichten – widerlich.“

„11.30 Uhr. Gestern nach der Stunde bei Dr. Eisinger drehte sich in meinem Kopf ein Wirbelsturm um das Wort ‚peinlich‘. Ich hatte zu Dr. Eisinger gesagt, dass ich mir einfach nichts vorstellen kann, weil ‚die Geschichte mit meinem Vater‘ sprach- und bilderlos ist. Und dann, gegen Ende der Stunde, meinte Dr. Eisinger, peinlich sei auch der Vater, schwitzend, den Penis in der Hand der Tochter. Durch diese Worte geriet ich total aus der Fassung, denn peinlich war mir mein Vater tatsächlich. Nicht immer. Als Kind nicht, aber später. Er ist es geworden. Sein Erdulden der Launen meiner Mutter. Peinlich auch seine Abhängigkeit. Vielleicht habe ich, je älter ich wurde, immer mehr kapiert, wie abhängig mein Vater von mir war. Ob er mir dazumal, in der Situation, wirklich peinlich war, kann ich nicht sagen. Aus heutiger Sicht – objektiv – ja.“

„Der gestrige Tag begann um 2.00 Uhr. Unterlagen zusammengesucht, dann zur SPAR-Akademie*. Der Herr Direktor wirkte etwas griesgrämig und humorlos, der Job klingt nicht unbedingt aufregend, aber sicher, meine 1.800 € Erwartungen liegen im Rahmen.

Immerhin freute es mich, zu hören, dass ich unter 400 Bewerberinnen zu den 16 Auserwählten gehöre oder gehörte, bevor der Herr Direktor meiner ansichtig wurde.

Ausnahmsweise empfand ich meine kranke Erscheinung dieses Mal nicht als entscheidendes Minus. Der Herr Direktor, in dem wohl ein Choleriker lauert, schaut sich Menschen überhaupt nicht genau an.

Um 13.00 Uhr mit der U4 Fahrt zum Gericht. 14.05 Uhr klopfte ich an die Tür der Richterin. Die meinte, sie würde mich gleich aufrufen. ‚Gleich' war dann fast eine halbe Stunde später, aber diese halbe Stunde bot mir die Gelegenheit, Josef K.'s Warten im Gericht in Kafkas PROZESS nachzufühlen. Ab und zu geht eine Tür auf, Akten werden getragen, dazwischen Stille.

Meine Sache war dann von ähnlicher Absurdität. Es ging darum, mich aufzufordern, innerhalb von drei Wochen einen Sachverwalterschafts-Bericht vorzulegen. Und dafür muss Hall an Innsbruck und Innsbruck an Wien schreiben, und ich muss persönlich ‚vorsprechen', weil die Richterin auf eine schriftliche Aufforderung verzichtet?"

„3.50 Uhr. Draußen dämmert ein strahlend schöner Morgenhimmel.

Mir fällt kein Grund ein für meinen Sumpf, außer dem Rückschluss auf die Stunde bei Dr. Eisinger und meine ‚peinliche Geschichte'.

Apropos Geschichte. Gestern sah ich in eine Übertragung vom Bachmann-Wettbewerb in Klagenfurt hinein. Was die Juroren dort von sich gaben, war wohl noch peinlicher als das, womit ich nach 2 Vierteln Carol bombardiere. Und was da von einem Typen vorgelesen wurde – nun, platter und peinlicher sind meine Eigenproduktionen gewiss nicht.

Wenn Geschichten vielleicht nicht ganz meine Sache sind – aber Briefe schreiben, das kann ich. Weshalb also nicht Briefe an meinen Vater?"

Dienstag, 29. Juni 2004

„0.40 Uhr. Ich hätte Nötigeres zu tun. Bewerbungen schreiben, Mutterbuchhaltung – keine Lust.

Doch ich vermute, ich drücke mich vor etwas anderem. Möglicherweise vor den Vater-Briefen, von denen bisher nur einer existiert, ein Projekt, das ich schon als gescheitert, lächerlich und peinlich empfinde."

1. Brief an den Vater, ohne Datum:

„Bei einem Brief stellt sich zunächst die Frage der Anrede.

Du warst mein Vater, ich rief Dich Papa. Hier werde ich Dich ‚mein Vater' nennen. Ja, das gehört untrennbar zusammen, das bist Du jetzt für mich, bist es in den 20 Jahren seit Deinem Tod geworden, und jeder andere Name würde mir im Mund faulig schmecken.

Neulich meinte ein Freund, ein wirklicher Freund, Du seist, so wie Du Dich verhalten hast, peinlich.

Für mehr als eine Stunde wirbelte mir das Wort ‚peinlich' im Hirn herum, bis es sich von Dir in angemessenem Abstand entfernt hatte.

Von heute aus gesehen wirkt alles tatsächlich peinlich, armselig. Damals waren aber wohl nur in Andeutungen Gefühle von Peinlichkeit vorhanden.

Vielleicht – denn meine eigene Abhängigkeit, Einsamkeit, Unterdrückung, mein Mitleid, waren viel zu vorherrschend.

Es stimmt auch nicht, dass Du mir ständig als peinlich präsentiert wurdest. Peinlich ist ein Zwischenstadium. Die Plakate, die SIE Dir aufklebte, waren: ‚Dreckig /Ich, ich, ich/Hilfsarbeiter/Trottel/Lässt sich ausnützen/Bleib mir vom Leibe /Halt den Mund/Lass mich in Ruhe' – kein Dazwischen, eindeutig.

Trotzdem konnte ich mich – zumindest für eineinhalb Stunden – nicht gegen Deine Peinlichkeit wehren. Ich vermute, das liegt an den 20, 30 Jahren, die vergangen sind.

Ein banaler Schluss für heute. Ich bin es leid, ‚du' großzuschreiben. Füge mich hier gerne der neuen Rechtschreibung, obwohl ich sonst in diesem Punkt störrisch bin."

Mittwoch, 30. Juni 2004

„21.50 Uhr. Ich lag also von Mitternacht bis 16.00 Uhr im Koma. Eine zwiespältige Sache, denn bei aller Erleichterung – mich reut die vertane Zeit. Um beim Bachmann-Wettbewerb zu bleiben. Der Ausspruch von Klaus Nüchtern bei der Preisverleihung hat mir unheimlich gut gefallen: Dass der Text eben nicht dauernd singe: ‚Ich bin so schön unklar, ich hab ein Geheimnis'! Genau diese Art Text halte ich derzeit absolut nicht aus."

2. Brief an den Vater:

„1.7.04. Noch vor einer Dreiviertelstunde wollte ich dir eine schöne und auch traurige Geschichte erzählen. Damit du weißt, dass ich es nicht vergessen habe. Das geht jetzt nicht mehr, weil mir mein Magen, der Schwindel, die Schwäche, weil mir mein Körper dazwischengekommen ist.

Ein unüberhörbares Alarmzeichen, das mir sagt, wie ich mich behandle.

Ein Alarmzeichen, das ich schon in der nächsten Sekunde zu vergessen versuche. Das ich verfluche, weil es gerade dann am lautesten schrillt, wenn ich mich wohlfühle, ein bisschen Frieden habe.

So geht das nicht! Nein, so geht das wirklich nicht. Aber ich kann's höchstens einsehen, folgen tut nichts. Da ist wieder nur mein Körper, und es geht mir schlecht, ich bitte, bettle, wie ein Kind, dem man den Lutscher nicht gibt. Und im nächsten Moment lässt man mich einmal daran lecken, aber die schönen Geschichten sind mir zu viel.

Ich schlucke und schlucke, bekomme sie nicht mehr hinunter. Sie wären ja schön, diese Geschichten, aber die haben einen Schwanz, mal erwartet, mal nicht erwartet, und dann ist mir übel, zugleich im Magen und im Kopf, und für eine Weile kann ich nur daliegen und warten, bis es vorübergeht, vorüber ist für eine Weile."

„9.00 Uhr. Gestern schwindlig zu Dr. Eisinger. Sehr gute Stunde als Fortsetzung über das ‚Peinliche‘. Ich als Kind, mein Vater in der Arbeit, allein im Matratzenlager, Rohrpost.

Heute und morgen ist am Schwedenplatz ein Stand der ÖNB, wo ich die Schilling aus der Mutterwohnung tauschen kann.“

3. und 4. Brief an den Vater:

„3.7.04. Morgen, vielleicht morgen werde ich dir die schöne Geschichte erzählen. Heute nicht, auch heute nicht.“

„4.7.04. Heute erzähle ich Dir die schöne Geschichte absichtlich nicht, weil es mir nicht gut geht, und ich dir mit gutem Recht einen Teil der Schuld daran gebe.

Wärest du nur ‚mein Papa‘ gewesen, würde ich nicht dieses Leben führen.

Durch diese Schuldzuweisung fühle ich mich besser. Und das brauche ich jetzt: Entlastung .Nicht all die Schuld alleine tragen.

Soeben fällt mir ein Detail ein. Ich machte ja, sobald ich das konnte, euer Ehebett. Auf deiner Seite fanden sich immer graubraune Krümel, für die ich keine wirkliche Erklärung hatte. Sie sahen wie die Überreste vom Nasebohren aus, lagen aber am Fußende des Bettes. Ich war neugierig, ekelte mich ein wenig. Was triebst du in der Nacht?

Auch heute weiß ich keine Antwort. Sperma-Spuren waren es nicht. Hast du dir nur die Fusseln zwischen den Zehen herausgepult? Oder – der Gedanke kommt mir krank vor – war es mit Scheiße vermischtes Sperma. Braun plus weiß ergibt so etwas wie graubraun. Mein Hirn sträubt sich gegen solche Mutmaßungen.

Noch immer 4.7.04

Hier also ein Teil der schönen Geschichte.

Als ich noch nicht in die Schule ging, nahmst du mich manchmal mit, wenn meine Großmutter keine Zeit hatte, auf mich aufzupassen.

Da waren diese riesigen Traktorreifen, in denen ich mich verstecken konnte. Und da waren deine freundlichen Kollegen.

In den Reifen konnte ich mich unsichtbar machen. Das genussvolle Glucksen, wenn sie einer durch die Halle rollte, verriet alles.

Ich wollte ja entdeckt, gefunden werden. Ich wollte, dass jemand sagt, oh, da bist du ja, ich habe dich überall gesucht, komm raus, der Reifen muss weitergerollt werden ...

Umso ernüchternder, als ich sah, wie allein du an deinem eigentlichen Arbeitsplatz lebtest. Nur du allein zwischen diesen langweiligen, schweren, übereinanderliegenden Matratzen. Was fand sich schon unter einer Matratze? Wieder eine Matratze."

Bei einem Brief stellt sich zunächst die
Frage der Anrede. Du warst mein Vater, ich
rief Dich Papa, hier werde ich Dich
„mein-Vater" nennen. Ja, das gehört untrennbar zusammen, das bist Du jetzt für mich,
bist es in den 20 Jahren seit Deinem Tod
geworden, und jeder andere Name würde
mir im Mund faulig schmecken.

Neulich meinte ein Freund, ein wirklicher
Freund, Du wärst, so wie Du Dich
verhalten hast, peinlich. Das wühlte
mich zunächst unheimlich auf. Für mehr
als eine gute Stunde wirbelte mir
das Wort „peinlich" im Hirn herum –
bis es sich von Dir in angemessenem
Abstand entfernt hatte. Von heute aus

gesehen, wirkt alles dabächlich peinlich,
armselig, damals waren aber wohl –
vielleicht nur in Andeutungen – Gefühle
von Peinlichkeit vorhanden. Dazu war
meine eigene Abhängigkeit, Einsamkeit,
Unterdrückung, mein Mitleid – kürzer
und besser gesagt: einfach alles – viel
zu vorherrschend.
Es stimmt auch nicht, dass Du mir
ständig als peinlich präsentiert wurdest.
Peinlich ist ein Zwischenstadium. Die
Plakate, die sie Dir aufkleble waren:
dreckig, ich ich ich, Hilfsarbeiter, Trottel,
lässt sich ausnützen, bleib mir vom
Leibe, halt den Mund, lass mich in
Ruhe – kein Dazwischen, eindeutig.
Trotzdem konnte ich mich zumindest eineinhalb Stunden nicht gegen Deine
Peinlichkeit wehren. Ich vermute, das
liegt an den 20, 30 Jahren, die ver-

N

gangen sind.

Ein banaler Schluss für heute: Ich bin es
leid du groß zu schreiben, füge mich
gerne der neuen Rechtschreibung, füge
mich hier, obwohl ich in diesem Punkt
sonst störrisch rebelliere.

1.7.02 [04]²

Noch vor einer Dreiviertelstunde wollte
ich dir eine schöne, und auch traurige
Geschichte erzählen. Damit du weißt, dass
ich es nicht vergessen habe. Das geht jetzt
nicht mehr, weil mir mein Magen, der Schwindel,
die Schwäche, weil mir mein Körper dazwischen
gekommen ist. Ein unüberhörbares Alarm=
zeichen, das mir vor die Füße wirft, ich ich
mich behandle. Ein Alarmzeichen, das ich
schon in der nächsten möglichen Sekunde
zu vergessen versuche. Das ich verfluche, weil
es gerade dann am lautesten schrillt, wenn₃

ich mich wohl fühle, ein bisschen Frieden habe:
So geht das nicht! Nein, so geht das wirklich
nicht. Aber ich kann's höchstens einsehen,
folgen tut nichts, so gut wie nichts. Eben. Diese
Geschichten sind ja schön, sogar in ihrer
Traurigkeit. Aber dann ist da wieder nur
mein Körper, und es geht mir schlecht, sagt,
so geht das nicht. Und ich sage, warum,
warum bloß nicht, wie ein Kind, dem
man den Lutscher nicht gibt, bitte, bette
Aber: So geht das nicht. Und im nächsten
möglichen Moment lässt man mich einmal
daran lecken, aber die schönen Geschichten
sind mir zuviel, ich schlucke und schlucke,
bekomme sie nicht mehr hinunter. Sie
wären ja schön, diese Geschichten, aber
sie haben einen Schwanz, mal erwartet,
mal nicht erwartet, und dann bin ich
nur schwach, mir ist übel, zugleich im
Magen und im Kopf, und für eine Weile

kann ich nur daliegen und warten, bis
es vorüber geht, vorüber ist für eine Weile.
... und ... und ... „und" erklärt einer
zum schönsten deutschen Wort : weil danach immer noch etwas kommt. Ohne
Unds komme ich nicht aus, gebrauche
ich im Gegenteil viel zu oft. Aber gefallen
tun sie mir eigentlich nicht. Die machen
alles so hoffnungslos. Lieber wären mir
Punkte. Das schönste Wort ist für mich
einfach „schön", gleich danach kommt
„traurig".

                                    3.7.04.

Morgen, vielleicht morgen werde ich dir die
schöne Geschichte erzählen. Heute nicht,
auch heute nicht.

                                    4.7.04.

Heute erzähle ich dir die schöne Ge- 5

schicke absichtlich nicht, weil es mir
nicht gut geht und dir mit gutem Recht
einen Teil der Schuld daran gebe. Wärst
du nur mein Papa gewesen, würde ich
nicht dieses Leben führen. Durch diese
Schuldzuweisung fühle ich mich besser,
und das brauche ich jetzt: Entlastung,
nicht all die Schuld alleine tragen.
Soeben fällt mir ein Detail ein: Ich machte
ja, sobald ich das konnte, euer Ehebett.
Auf deiner Seite fanden sich immer graubraune Krümel, für die ich keine wirkliche
Erklärung hatte. Sie sahen wie die
Überreste vom Nasebohren aus, lagen
aber am Fußende des Bettes. Ich war
neugierig, ekelte mich ein wenig. Was
triebst du in der Nacht? Auch heute
weiß ich keine Antwort. Sperma-Spuren
waren es nicht. Hast du dir nur die
Fuseln zwischen den Zehen herausge=
pult. Oder - der Gedanke kommt mir

krank vor - war es mit Scheiße vermischtes Sperma. Braun plus Weiß ergibt
so etwas wie Grau-braun. Mein Hirn
sträubt sich gegen solche Mutmaßungen.

Noch immer 4.7.04.

Hier also ein Teil der schönen Geschichte:
Als ich noch nicht in die Schule ging, mit
ca. 5 Jahren, nahmst du mich manchmal
mit, wenn meine Großmutter keine Zeit
hatte, auf mich aufzupassen. Und das
war für mich natürlich eine tolle Sache.
Kein Vergleich zu den öden, ewig dauernden Begräbnissen, zu denen mich die
Großmutter mitschleppte. Da waren diese
riesigen Traktorreifen, in denen ich mich
verstecken konnte. Dieser Gummi-Geruch.
Vielleicht faszinierte mich deshalb später,
so viel später das Wort Gummi in einem

Nouveau Roman in solcher Intensität,
ging mir einfach nicht aus dem Kopf.
Und da waren deine freundlichen Kollegen,
die lachten, mir Fanta, Sprite gaben, aus
einem geheimnisvollen Kühlschrank. Diese
Ausflüge „nach unten" waren toll. Umso
ernüchternder, als ich sah, wie allein
du an deinem eigentlichen Arbeitsplatz
lebtest. Nur du allein zwischen all
diesen, wenig spannenden Matratzen.
Matratzen liegen, je mehr aufeinander,
desto schwerer zu heben, desto uninter=
essant zu durchdringen. Was findet man
schon unter einer Matratze: eine weitere
Matratze. In den Reifen hingegen, in
denen konnte man sich unsichtbar
machen, scheinbar. das genussvolle
Glucksen, wenn sie einer durch die
Halle rollte, verriet alles. Aber ich
wollte ja entdeckt, gefunden werden,

und das Rauf und Runter war mir
schon bald zuviel. Ich wollte, dass je=
mand sagt: „Oh, da ist ja jemand,
da bist du ja, ich habe dich überall
gesucht, was bin ich froh, komm raus,
der Reifen muss weitergerollt werden,
in Lastwagen landen und dann weg
und ab mit ihm

Wien, am

9

Dienstag, 6. Juli 2004

„8.30 Uhr. Gestern 9 Bewerbungen abgeschickt.

Ich weiß nicht, weshalb die Medikamente nicht wirken: 60 mg Tolvon, 1 Dominal, 1 Xanor. Mit letzter Anstrengung Mutter-Buchhaltung.

Da ist nun gestern dieser widerliche Klestil gestorben. Ich empfand nur Genugtuung, wie bei Indira Gandhi."

Donnerstag, 8. Juli 2004

„9.35 Uhr Schweden-Espresso. Ich bin so aufgedreht nach der Stunde bei Dr. Eisinger, in der ich wieder einmal wie ein Wasserfall geredet hab, über meinen Hass auf Klestil, über mein Studium. Und nun plagt mich deshalb ein schlechtes Gewissen.

Die Notstandshilfe beträgt 750 €. Und ich rechne parallel dazu dem Gericht die Millionen meiner Mutter vor. Der böse Vater ist tot. Muss ich die böse Mutter erst erschießen, wie die Indira Gandhi?"

Montag, 12. Juli 2004

„9.55 Uhr Café im bfi [Berufsförderungsinstitut]. Ich habe soeben den Einstufungstest absolviert, bei dem ich in meiner Überheblichkeit den schwereren von zwei möglichen wählte. Bin gespannt auf das Ergebnis. Um 11.00 Uhr werde ich es in einem Einzelgespräch erfahren.

12.40 Uhr: Den Test habe ich ‚sehr gut' bestanden. Jedenfalls werde ich ab 19. Juli täglich von 12.30 bis 16.00 Uhr 8 Wochen lang den Brush-up-Kurs besuchen."

Montag, 19. Juli 2004

„16.10 Uhr. Im Admiral bei der Stöbergasse. Der Sprung in den Kursrhythmus wäre geschafft. Näher ins Gespräch kam ich mit einer jungen Polin, spricht hervorragend Deutsch und Englisch, sie machte die Hotelfachschule in Warschau, ist in Wien verheiratet. Findet keinen Job als Rezeptionistin, trotz Deutsch, Polnisch, Spanisch, Englisch und Russisch."

„16.35 Uhr. Mit dem Kurs vergeht die Woche so rasch. Der Text, den wir heute lasen, erinnerte mich an Roddy Doyles THE WOMAN WHO WALKED INTO DOORS, wollte mich aber nicht blamieren. Und dann war es tatsächlich DIE FRAU, DIE GEGEN TÜREN RANNTE. Natürlich musste ich anbringen, wie gut ich die Stelle finde, wo Paula den Schlüssel zum Spirituosenschrank wegwirft!"

„Den Sprung vom Symptomatik-Wochenende in die Kurswoche muss ich schaffen. Zur Verfügung stehen 13 Achtel, 60 mg Tolvon, 1 Dominal und mehr als genug Xanor und Praxiten."

„12.05 Uhr Buffet bfi. Das Vorstellungsgespräch bei diesem Herrn Hohlstein brachte zum Glück etwas Abstand zu der fürchterlichen Stunde bei Dr. Eisinger. Thema mein Gewicht. Dr. Eisinger sprach die Drohung aus: Kein Job. Kein Geld. Sagte, dass ich hilflos bin.

Darauf ich: ‚Und warum helfen Sie mir nicht?‘

Er: ‚Sagen *Sie* mir, wie ich Ihnen helfen soll.‘

Ich: ‚Wir reden aneinander vorbei.‘

ER: ‚Wir reden nicht aneinander vorbei.‘

Ich erklärte ihm, wie schwer es ist, ‚die Kurve zu kratzen‘.

ER: ‚Ich mache mir Sorgen, und würde mir weniger Sorgen machen, wenn ich Sie lebendiger sähe, und sei es, dass Sie auf mich zornig sind.‘

Ich: ‚Auf Sie zornig sein, das hilft nicht, und ich möchte nicht, wirklich nicht, dass Sie sich Sorgen machen.‘

Irgendwann ER: ‚Ich will nicht, dass Sie sich der Welt entziehen.‘

Ich: ‚Gerade jetzt habe ich das Gefühl, mich nicht der Welt zu entziehen. Sie schießen in die eine Richtung, was soll ich tun, als in die andere zu schießen.‘ Am Ende Handschlag darauf, es nicht eskalieren zu lassen."

„3.50 Uhr. Ständig fühle ich mich verpflichtet, so zu denken, zu empfinden, zu handeln, wie ich ,sollte'.

Ich sollte zum Beispiel bereuen, diese Woche nicht im Kurs gewesen zu sein. Ich bereue es aber nicht."

„2.45 Uhr. Über die Menge Tabletten, die ich geschluckt habe, fehlt mir schlichtweg der Überblick. Wieder einmal der Notaufnahme ein Stück näher gerückt."

„6.55 Uhr. Ich sitze da, den Kopf in den Händen, der Bildschirm zeigt die Alkoholambulanzen an, ich weiß nicht mehr weiter.

14.40 Uhr. Die Zeit kriecht, die Alk-Gier steigt.

Bewerbung ist diese Woche keine einzige abgeschickt worden."

„9.05 Uhr. Der Traum von heute Nacht: Ich war in Innsbruck, man hatte mich benachrichtigt, dass meine Mutter gestorben sei. Ich konnte mir meine Trauer nicht erklären, sie war so stark, als wäre mein Vater gestorben. Seltsamerweise tauchte sie aber zusammen mit meinem Bruder wieder auf. Mein Bruder machte sich in meinem Zimmer breit, er benutzte meinen Motorradhelm, der dann innen ganz voll Schleim war."

„2.55 Uhr. Es passiert mir öfters, dass ich beim Aufwachen grell erschrecke über mein unwiederbringlich vertanes bisheriges Leben, über die tausend vergeudeten Tage, Stunden, Möglichkeiten. Und dazu passt hervorragend ein Ausdruck, den ich gestern im Fernsehen aufschnappte, ,ein wenig begangener Weg'.

Ja, das ist mein Leben, ein wenig begangener Weg. ,Reich' bin ich nur an

Buchseiten – freilich ein unschätzbarer Reichtum, ebenso wie die Freundschaft mit Carol und Dr. Eisinger. Freundschaft mit ihm, so darf ich doch wohl nennen, was uns verbindet, auch wenn sie in etwas anderen Bahnen verläuft.

Getroffen hat mich gestern die prompte Absage dieser sympathischen Frau vom waff [Wiener ArbeitnehmerInnen Förderungsfonds] auf meine Bewerbung hin. Habe ich einen so schlechten Eindruck gemacht?"

Montag, 23. August 2004

„9.45 Uhr. Vorhin bei Dr. J. bin ich in Tränen ausgebrochen, ungespielt, deshalb kränkte es mich, dass Dr. J. unwirsch reagierte.

Gestern also 3 Abstürze, 11½ Achtel, 90 mg Tolvon, 2 Dominal, 2 Praxiten."

Dienstag, 24. August 2004

„15.00 Uhr. Wieder ein Traum vom Tod meiner Mutter. Vor ihrem Ende war sie zu einer doppelten Spinne geworden. Keine lebendige, sondern ein lustiges Stofftier für Kinder, das einen Tanz aufführte, bei dem die eine Spinne auf der anderen saß. Sie stimmten einen Singsang an ‚Ich bin beides in einem. Ich bin die doppelte Gebärerin'.

Dann, beim Begräbnis meiner Mutter, sage ich einer ‚Frau Professor' im Pelzmantel, sie könne auf das Grab meiner Mutter schreiben, was sie wolle.

Dann liege ich selbst im Sarg und sehe, wie ein hölzernes Zahnrad ihn schließt, sehe das von innen, höre das Klicken des Rades. Alles sehr langsam. Ausweglosigkeit, Angst. Ich darf nicht vergessen, diesen Traum mit Dr. Eisinger zu besprechen. Er scheint mir sehr wichtig."

Sonntag, 29. August 2004

„20.20 Uhr. Selbstverständlich grüble ich unentwegt darüber nach, warum es so ist, wie es ist. Dazu eine schöne Stelle aus Siri Hustvedts VERZAUBERUNG DER LILY DAHL: *Nur wenn man seinen Kummer selbst verursacht hat, wenn man schuldig geworden ist, ist es nicht zu ertragen.* Ich kann nicht umhin, meinen ‚Kummer', als selbst verursacht zu sehen, mich schuldig zu fühlen."

„19.55 Uhr. Ein Schrumpf-Tag, den ich mit 50 Seiten von James Salters Autobiographie VERBRANNTE TAGE hinbog. Mir gefallen die knappe Schilderung der ‚Abstammung', die Lücken, die Jahre überspringenden Erinnerungen. Irgendwie fühle ich mich dadurch bestätigt in meiner eigenen Geschichte, von der ich trotz besseren Wissens noch immer erwarte, sie wie eine mit Daten und ‚Belegen' ausgestattete Chronologie präsentieren zu müssen."

„5.30 Uhr, eine Stunde wach. Aus den gestrigen 4 Entgleisungen wurden 5 und aus den 3 Xanor 4 Xanor, zusammen mit 120 mg Tolvon. Von alledem stehe ich heute körperlich und psychisch unter Schock."

„3.15 Uhr. Bei Dr. Eisinger langte ich gestern so völlig außer Atem ein, dass ich mich frage, hab ich mir etwa wieder eine Tuberkulose eingefangen? Wundern würde es mich nicht, weil *das Gehirn die ihm auferlegten Sorgen und Schmerzen nicht mehr ertragen konnte. Es sagte: <ich gebe auf, ist hier aber noch jemand, dem an der Erhaltung des Ganzen etwas liegt, dann möge er mir etwas von meiner Last abnehmen, und es wird noch ein Weilchen gehen.> Da meldete sich die Lunge, viel zu verlieren hatte sie wohl nicht. Diese Verhandlungen zwischen Gehirn und Lunge, die ohne mein Wissen vor sich gingen, mögen schrecklich gewesen sein.* Dieses Kafka-Zitat passt perfekt zu der Stunde bei Dr. Eisinger, zu dem Wiedersehen mit ihm. Zuerst erzählte ich ihm von den wenigen positiven Ereignissen dieses August, ich erzählte sie zwischendurch, in die negativen Ereignisse eingestreut, um nicht totale Verzweiflung aufkommen zu lassen. Dr. Eisinger: ‚Mir ist das alles wurscht, denn es ist wurscht, wenn ich gezwungen bin, die Rettung zu rufen, und Sie dazu zwingen muss. Sie können sich auf mich verlassen. Aber Sie müssen auch etwas tun.'

Ich gebe ihm aus tiefstem Herzen recht, nur habe ich keine Ahnung, wie ich es umsetzen soll."

„23.50 Uhr. Dr. Eisingers Worte ‚Sie müssen auch etwas tun!' klingen mir in den Ohren. Ich weiß, was ich sollte, aber ich kann nicht.

Wo liegt der Schlüssel, um die Gefängnistür zu öffnen?
Aber es gibt vielleicht gar keinen Schlüssel, und die Tür steht die ganze Zeit offen."

„11.20 Uhr, Café Diglas. Das Vorstellungsgespräch heute früh bei Rubicon in überraschend guter Laune absolviert. Fast eine Stunde, einschließlich der Tests. In Englisch äußerst gut abgeschnitten, die neue deutsche Rechtschreibung mehr oder weniger im Blindflug absolviert, nur bei Excel musste ich wieder einmal passen."

Obschon es ihr sehnlichster Wunsch ist, Arbeit zu finden, und sie jedes Mal bei einem Vorstellungsgespräch versucht, diesen Wunsch mit „selbstverständlichen Office-Kenntnissen" am Schwanz zu packen, versagt sie bei Excel. Sie nimmt sich sogar vor, die ‚viele freie Zeit dafür zu nutzen, sich mit Tabellen und Excel-Formeln auf umgänglicheren Fuß zu stellen' – und tut es nicht.
Vergeudet sie also den Luxus ihrer „freien" Zeit? Die ja in Wahrheit gar nicht frei, sondern an den fast immer gleichen Ablauf ihres „Symptomatik"-Rituals gebunden ist.
Nein. Die wenigen wachen Stunden des Tages oder der Nacht, die ihr bleiben, die lässt sie nicht unausgefüllt, die sind der Welt der Literatur vorbehalten, dem Nachdenken und dem Verlust, der schwer auf der Tristesse eines solchen Tages lastet.

„Die Vater-Mutter-Bestie zähmen, anstatt sie zu erschlagen"?

Mittwoch, 22. September 2004

„9.00 Uhr. Ein verstörender Traum: Ich zog zu Elke vom Schauspielhaus in die Wohnung. Platz stand genügend zur Verfügung, und doch störten mich die vielen alten Möbel, ähnlich dem Verhau in der Kindheit. Ich wäre diesen Krempel gern losgeworden und erforschte die Wohnung genauer. Sie war an eine Theaterbühne angebaut. Ich konnte von meiner Wohnung die erste Logenreihe betreten und bei den Proben zuschauen. Dass während der Aufführungen die Plätze fürs zahlende Publikum reserviert waren, wusste ich. Unter mir wohnte der Therapeut Clarin. Er absolvierte am Morgen seine Tai Chi Übungen zum Teil bei mir in der Wohnung.

Über der Wohnung zog ein neuer Mieter ein, er war groß und schwer. Der Plafond bog sich unter seinen Fußtritten, und meine Wohnung würde bald unter der Wucht dieses Mannes einstürzen.

Ich dachte, mein Vater könnte helfen. Und er kam überraschenderweise mit dem Zug aus Innsbruck. Fahl, müde, griesgrämig, gealtert. Von dem Vater, den ich kannte, war nur wenig übrig. Und wenig war zu spüren von seiner Liebe zu mir. Trotzdem bat ich ihn um Hilfe, zumindest um finanzielle Unterstützung, auch er war ja reich. Er schüttelte nur stumm den Kopf, zischte geradezu, ich sei es doch gewesen, die ausgezogen ist …

War ich erleichtert nach diesem Traum, als ich, langsam genug, in die Wirklichkeit auftauchte."

Donnerstag, 23. September 2004

„10.00 Uhr. Komme erschöpft von Dr. Eisinger zurück. Eine sehr gute, nicht leichte Stunde zu dem gestrigen Traum. Apropos Wohnung: Heute Nacht hatte die Frau über mir, was ich außer im Film noch nie gehört habe, einen lautstarken Orgasmus. Es klang zwar irgendwie nach einstudierter Rolle – warum schreien

Frauen immer ‚ja, ja' –, trotzdem erregte es mich, verwirrte und stieß zugleich ab. Das Gefühl ist mir bekannt, aber schreien würde ich wohl kaum."

„6.00 Uhr. Ich dachte nicht zum ersten Mal darüber nach, wie ich meine Mutter zur letzten Ruhe legen werde, die hoffentlich auch meine Ruhe sein wird. Sie wünschte sich ja verbrannt zu werden, damit ‚die Würmer sie nicht auffressen', obwohl das ‚teuer kommt'.

Zugegeben, ein Häufchen ASCHE MEINER MUTTER hat etwas Verführerisches. Unerträglich ist mir auch die Vorstellung, das Grab meines Vaters aufzubuddeln und sie, in welcher Form auch immer, über ihn zu legen. Sie war immer über ihm, das reicht. Darum wäre mir ein Häufchen Asche noch am liebsten.

Ich entscheide mich vorerst für 4 Achtel und sei's auch nur, um dem heutigen Tag ein Wort hinzuzufügen: ‚Multiple Persönlichkeit'.

Ein faszinierendes Zauberwort, wie alle Krankheitsbeschreibungen. In meinem Fall – hier Magersucht, dort Bulimie und dazu noch Alkoholmissbrauch. Wer aber steht hinter alledem?

Eine höllische Freude muss er haben, diese total verstrickten und verknoteten Fäden der Puppe mitsamt der Puppe in die Ecke zu schleudern."

„7.40 Uhr. Habe Matt Ruffs Roman ICH UND DIE ANDEREN beendet. Bin sehr traurig. Schon gestern brach Chaos in mir aus, und erst nachträglich wurde mir bewusst, warum: Es ging um die Szene, in der Andy Gage von ihrem Stiefvater vergewaltigt wird, die Mutter sieht es und dreht sich um."

„7.25 Uhr. Entweder ich schaffe es, bis nächste Woche etwas zuzunehmen, oder ich lasse mich wirklich in die Klinik überweisen.

Werde mit Dr. Eisinger morgen darüber reden. Mein derzeitiger Zustand mag ja so wirken, als würde ich ihn geradezu verhöhnen. Aber das stimmt nicht. Wenn etwas in meinem Leben lebenswert war, dann waren es die bald 14 Jahre, in denen ich zu ihm komme."

„9.55 Uhr. Erschöpft von dem Weg zu Dr. Eisinger. Wir sprachen zunächst über den Roman ICH UND DIE ANDEREN und kamen auf den darin geschilderten Tod und das Begräbnis der Mutter. Ich erzählte ihm von meinen Plänen zur Bestattung meiner Mutter und den Traum vom August ‚Ich bin die doppelte Gebärerin'. Und dann war da noch die Sache mit dem Sarg, in dem ich lag. Objektiv steuere ich ja wirklich auf den Sarg zu.

Und ich sagte zu Dr. Eisinger: ‚Ich verstehe das absolut Zwingende in meinem Verhalten nicht'.

Er fragte mich, ob die Symptomatik zugenommen habe.

Ich: Nein, hat sie nicht, recht stabil.

Er überlegte, ob mit Medikamenten etwas gegen die zwingenden Rituale unternommen werden könnte.

Ich bezweifelte das.

Er dachte an irgendein bestimmtes Präparat, das diesen Zwang abschwächen soll. Wenn er es für sinnvoll oder zumindest probewert hält, ich habe nichts dagegen."

„8.00 Uhr. Ich denke an das Begräbnis meiner Mutter. Sarg oder Urne? Vielleicht wäre es besser, sie zu zerstückeln für den jeweiligen Modus. Aber wie einen Granit zerstückeln?"

„7.05 Uhr. Die Schwäche macht mir Angst. Aus einem unguten Traum aufgewacht, ein Fäkalientraum. Ich war in der Elternwohnung, zusammen mit meiner Mutter und meinem Bruder, am Rande war auch mein Vater anwesend.

Meine Mutter schlug mich zwar nicht, aber sie lauerte mir auf. Sie drückte mich auf den Kehlkopf und drohte mir, ‚was geschehen würde, wenn …' Da kam mein Vater, und ich beschwerte mich, beklagte mich bei ihm über meine Mutter, drückte ihn kurz auf den Kehlkopf, um zu zeigen, was sie getan hatte: nicht kurz gedrückt, es war lange, und mein Kehlkopf tat mir immer noch weh. Mein Vater sagte nichts, tat auch nichts.

Gleich darauf verlor ich die Beherrschung über meinen Stuhlgang.

Ohne warnenden Drang begann ich an verschiedenen Stellen, zunächst im Bett, die Wohnung mit Scheißhaufen zu beschmutzen.

Statt meiner Mutter lauerte mir jetzt mein Bruder auf. Kaum war ich ihm entkommen, war schon der nächste Haufen da, in Form einer Salami. Mich beunruhigte nicht die Füllung, es war die weißliche Haut. Schließlich flutschte aus meinem Hintern ein langes, weißliches Etwas, das aussah wie ein Stück halbierter Darm. Mein Gott, stieß ich meinen eigenen Darm aus?

Mein Vater bot mir an, mich ins Spital zu bringen.

Ich sagte ‚ja, bitte‘.

Aber ich hatte wenig Glauben an die Macht der Ärzte. Was konnten sie tun? Den lebenswichtigen Ausgang zurückverpflanzen? Ihn durch Plastik ersetzen? Das würde nicht funktionieren.

Etwas Unwiederbringliches war verloren.

Und ich hatte es irgendwie selbst verschuldet.“

Mittwoch, 6. Oktober 2004

„4.20 Uhr. Der ganze Nacht-Tag war nicht erbaulich.

Und nun sitze ich da. Eine unnütze, undankbare, dumme und faule, versoffene Sozialschmarotzerin.

Nicht einmal ein Miststück, das wäre zu viel der Ehre, ein Stück ekelhafter Scheiße, das sich noch an die Hände anderer schmiert.

Ein Stück Scheiße, das sich in der Not in ein Häufchen Elend verwandelt, um denen, die ihr helfen wollen, nichts als Scheiße zu hinterlassen.

So viel zu meinem momentanen Selbstwertgefühl.

Und ich frage mich, inwieweit die Bücher, in die ich mich meist recht haltlos stürze, aus mir zu sprechen beginnen. Da kann ich wegen der BRIEFE AN

MILENA nicht mehr schreiben, ich kann wegen MALINA nicht mehr telefonieren, da drehe ich wegen Robert Walser fast durch. Und nicht zuletzt – da bekomme ich wie Kafka Tuberkulose."

Freitag, 8. Oktober 2004

„3.55 Uhr. Die Stunde gestern war gut bei Dr. Eisinger.

Ich gestand ihm, dass ich mich freue, wenn ihm meine Träume gefallen.

Nicht gesagt hab ich ihm, was der Grund meiner Freude ist. Die Träume sind Ereignisse in meinem ereignisarmen Dasein, ein Stück Leben in meinem untoten Dasein. Manchmal fürchterlich, manchmal komisch, absurd, witzig, manchmal traurig, so etwas wie ‚unerhörte Ereignisse'.

Vielleicht bin ich auf meine Träume neidisch. Eigentlich schon. So bunt wünsche ich mir mein Leben."

Dienstag, 12. Oktober 2004

„6.00 Uhr. Ich habe soeben meine Pflicht als Arbeitslose erfüllt und drei Proforma-Bewerbungen bei jobmedia abgeschickt.

Wieder dachte ich an den Tod meiner Mutter und die notwendigen Schritte danach. Ein Bestattungsunternehmen und einen Notar werde ich aufsuchen müssen. Und wie ist es mit dem Erbe – falls noch eines anfällt – und mit dem unbekannten Aufenthaltsort meines Bruders?

Und wiederum stellt sich die Frage nach Art und Ort der Bestattung meiner Mutter.

Fest steht, dass ich sie nicht über meinem Vater begraben werde.

Mit einem Grab in Hall wäre sie dennoch immer vorhanden, selbst wenn ich mich nie darum kümmern würde.

Sie wäre da! Ich will aber nicht, dass sie über ihren Tod hinaus da ist.

Sie soll weg sein. Also vielleicht doch eine Urne. Und was tue ich mit ‚der Asche meiner Mutter'? Verstreuen. Alles auf einmal oder häufchenweise?

Eher häufchenweise. Ich könnte in Innsbruck mit jedem vollen Aschenbecher etwas Asche in den Müll kippen."

Den Hass und den Drang, die Mutter loszuwerden – diese absolute Verweigerung –, rückfühlend werden ihn diejenigen mitempfinden, die eine nicht minder bestürzende, furchtbare Kindheit hatten. Denen die Frau, die ihre Mutter ist, den Eingang ins Leben verrammelt und verschandelt hat. Sie werden dieser Mutter sagen, ich finde dich nicht. Nicht in mir – nein.

Donnerstag, 14. Oktober 2004

„9.25 Uhr, Schweden-Espresso. Ich komme von Dr. Eisinger.

Wir besprachen meinen Sturz am Montag, wo es mich vor dem Schreibtisch in Sekundenschnelle hingepackt hat. Und dass mich dieses peinliche Ungeschick im wahrsten Sinne des Wortes in eine Depression warf. Ein Schuldgefühl, als hätte ich ein Verbrechen begangen.

Ich weiß nicht, ob ich Dr. Eisinger klarmachen konnte, was ein Sturz für mich bedeutet. Wie schrecklich das ist. Aber natürlich, jetzt, nach der Stunde, fällt's mir ein, es ist eine wirkliche Erinnerung: Hinter mir liegt das Schlafzimmer im Halbdunkel. Wahrscheinlich ist es Samstag. Im Wohnzimmer ist etwas Sonne, aber die Jalousien sind heruntergelassen. Ich war gelaufen, versuchte zu entwischen. Dann falle ich.

Mein Vater ist da, besorgt, er tröstet mich. ‚Was machst du denn - - - komm her - - - lass mal schauen - - -‘ Die Haut hab ich mir an dem verdammten Filzboden aufgeschürft. Und die Tür ist so weit weg - - -

Ja, so war es wirklich, ich war noch recht klein, vielleicht sechs, in einem Alter, wo man noch hinfällt, wo man noch getröstet werden muss - - -

Gut möglich, dass ich noch gar nicht in die Schule ging.“

Freitag, 15. Oktober 2004

„4.30 Uhr. Ich fühle mich krankenhausreif. Einen Traum gab es auch: Innsbruck. Vater, Mutter und der Bruder. Der Vater kommt aus Kematen mit einer Superhightech-Mikrowelle zurück. Mein Bruder verlangt sein Essen. Ich muss es ihm zubereiten. Doch die Mikrowelle spuckt nur kalte Suppe aus. Ich drücke nochmals auf Start, im Inneren der Mikrowelle wird es rot und röter - - und dann exploidiert das Ding, nein, es implodiert, und meine Mutter tut, als hätte ich den finanziellen Ruin der Familie verschuldet. Mein Vater sagt nichts. Er ergreift mit keinem Wort meine Partei. Er schlägt sich stumm auf die Seite meiner Mutter … Ich bin schuld.

Der Gedanke, 20 Jahre Vater-Mutter-Träume auf einer Diskette zusammenzufassen und sie aufs Grab meines Vaters zu legen.

21.00 Uhr. Ich purzle mal wieder durch die Tageszeiten. Möchte auf alle Fälle Hans Leberts Roman FEUERKREIS wieder lesen. Anlass ist die absurde Nobelpreisträgerin Jelinek, die sich immer auf den großen Einfluss Leberts beruft. Mir unverständlich. Denn gelernt hat sie bei ihren platten Stücken wohl nicht viel von ihm.“

Montag, 18. Oktober 2004

„8.35 Uhr. Nur Unzufriedenheit und Schuldgefühle. Und die Träume.

Haften geblieben ist nur, meine senile Mutter unterzog sich aus eigenem Willen einer lebensgefährlichen Gehirnoperation und überlebte. Wurde wieder jugendlich fit und unternehmungsfreudig. Durchkreuzte munter alle meine Bemühungen um sie.

Ich frage mich, weshalb ich ständig von ihrer Auferstehung träume.

Wenn ich mir etwas von ganzem Herzen, sowohl bewusst als auch unbewusst wünsche – dann, dass sie tot wäre, dass es sie nicht mehr gäbe.

Das ist nur der um 30 bis 35 Jahre älter gewordene Wunsch meiner Kindheit: ‚Fort soll sie sein! Nicht da!‘

Freilich gebrauche ich nun das schonungslose Wort ‚tot‘, was mir natürlich nicht keine Gewissensbisse verursacht, vor allem, weil ein fast ausschließlich finanzielles Interesse dahintersteckt. Darum verkleiden sich meine Mordgelüste wohl als Traum von Mutters Auferstehung.

Weshalb aber in vielen Träumen dieser Art zugleich auch mein Vater wiederaufersteht? So, wie er sich in den Träumen verhält, immer stumm auf der Seite meiner Mutter, sehe ich wohl dem realen Albdruck-Vater in die Augen.

Bitter, bitter. Umso bitterer, als wir, er und ich, uns in der bittersten Not gegenseitig ausnützten."

„6.05 Uhr. Die Bewerbungen liegen mir sehr im Magen, aber in den Inseraten wieder null Treffer. Soll ich mich schon als Langzeitarbeitslose fühlen?

Ich werde wohl den nächsten Verzweiflungsanfall abwarten müssen, um die Motivation für einen Anruf in der Ambulanz zu gewinnen."

„2.50 Uhr. Ein nur mehr undeutlich erinnerbarer Traum rund um Wirklichkeit, Schein und Einbildung, auch von meiner Zahnprothese, die sich in Plättchen auflöste. Kein Geld für eine Reparatur.
Mein Vater half mir nicht … Diese Mischung aus Anziehung, Ekel und Angst, das sind die Gefühle für meinen Vater. Dazu kommt noch Liebe und Hass.
Ich sehe mich total eingekeilt zwischen der Arbeitslosigkeit, dem fehlenden Geld und meinen Süchten. Von allen Seiten fällt die Kellertür zu."

Kommt Almuth sich immer noch als „Leibeigene" ihres Vaters vor – ‚wie an Drähten gezogen'? Und als „Augenfalle", an der die erschrockenen oder geringschätzigen Blicke der andern sich verfangen? Sie galt als „hochbegabt", und jetzt ist sie nicht mehr imstande, bei der Arbeitssuche den Normen einer sie moderat fordernden Arbeit zu genügen?

„9.20 Uhr, Schweden-Espresso. Die Stunde vorhin bei Dr. Eisinger: Wir kamen auf die Erinnerung an meinen Sturz als Kind und auf die letzte Stunde zu sprechen und einen uralten Traum von Clarin. Ich versuchte zu erklären, warum ich Clarin so hasse. Weil er meine Beziehung zu meinem Vater damals kein einziges Mal in Frage stellte, sondern mir einen Strick daraus drehte, an dem er mich nach der Zuckerbrot-und-Peitsche-Methode festhielt. Dr. Eisinger warf die Frage auf, wo er mich hindere. Da sagte ich ihm, dass ich noch nie das Gefühl gehabt hätte, er stünde mir im Weg. Dass ich nur manchmal erschrecke, wie lieb ich ihn habe, wie gern ich mich von ihm halten lasse.

ER: ,Aber ich schicke Sie doch nicht fort, wenn es Ihnen besser geht.'

ICH : ,Das weiß ich, und nur zu gerne würde ich Ihnen die Freude machen, dass es mir gut geht, dass Sie sich keine Sorgen machen müssen. Aber da ist etwas in mir, gegen das alle machtlos sind. Am deutlichsten zeigt sich das in der Magersucht. Urteil … lebenslang … du kommst hier nicht raus.'

Dr. Eisinger. ,Das hat man in Sie von klein auf hineingetragen. Sie sollten der Magersüchtigen einen Namen geben.' Er lachte dazu. Ich auch."

Dienstag, 26. Oktober 2004

„10.15 Uhr. Und weiter geht's im 18-Stunden-Takt seit letzten Donnerstag, wo ich 3 Liter Wein in mich hineinschüttete. Über 3 Liter kommen, das will ich nicht, ertrage ich nicht. Es ist mir sowieso ein Rätsel, auf welche Weise ich diese Mengen Alkohol vertrage. Der Gierschlund Symptomatik bekommt nie genug. Dr. Eisinger ist in Lucca. ,Mein Gott, Lucca', entfuhr es mir voll Sehnsucht. ,Ja, da riecht man schon das Meer'!"

Sonntag, 31. Oktober 2004

„Live-Übertragung des FIDELIO. Botha als Florestan, sehr schön. Musste an den dicken Moser in meiner ersten Fidelio-Aufführung denken, der mit über 100 Kilo aus dem Kerker auftauchte, in dem er laut Handlung fast nichts zu essen bekam!

Und Waltraut Meier, auch sie gut, sehr gut. Kurt Rydl als Rocco gut, Marcelline nicht ohne Reize, Don Pizarro enttäuschend."

Mittwoch, 3. November 2004

„4.10 Uhr. Eine Agentur, bei der ich mich beworben habe, bittet um Rückruf für ein Vorstellungsgespräch.

Der Scheiß-George-Double U-Bush scheint die US Wahlen zu gewinnen. Bedrückend.“

„10.35 Schweden-Espresso. Die Stunde bei Dr. Eisinger undramatisch, ein Plaudertermin. Hernach der Weg zu Dr. J. um Tolvon, Xanor und Praxiten.“

„5.55 Uhr. Warum packt mich plötzlich die Angst und schüttelt mich? Wahrscheinlich ist es der Traum der letzten Nacht: Ich bin in V., meine Mutter und mein Vater sind auch da. Als ich die Jalousie im Wohnzimmer hinauflassen will, fällt mir ein Kaktus aus dem Fenster. Draußen vor dem Haus entsteht ein Aufruhr. Ein Bub sei lebensgefährlich verletzt. Polizisten kommen herauf, es läutet an der Tür, ich will aufmachen. Ich werde sagen, wie es wirklich war. Meine Mutter ist außer sich, behauptet, ich sei verrückt und darf kein Wort sagen. Mein Vater verhält sich mehr als ablehnend gegen mich. Er verlangt, ich solle alle meine Figuren herausrücken, er wird sie verkaufen, um die Familie zu retten. Anfangs wehre ich mich dagegen, doch er bleibt unerbittlich. Schließlich stopfe ich ihm meine Figuren alle in einen Sack. Da wirft er mir einen komischen Blick zu und verschwindet. Aber gleich taucht ein Hehler auf, an ihn hat mein Vater die Figuren verscherbelt. Seine Gehilfen drohen mir, wollen wissen, wo ‚die anderen Figuren‘ sind, wollen mich niederknallen. Sie meinen es todernst. Ich verstehe nicht, warum mein Vater sich so verhält. Es tut weh.“

„6.10 Uhr. Ein Traum vom Banküberfall meines Bruders.
Befriedigend, dass mein Bruder im Gefängnis landet. Sicher verwahrt.“

„9.45 Uhr. In der Therapiestunde. Ich gab Dr. Eisinger den Figuren-Traum vom Dienstag zu lesen. Überraschend an dem anschließenden Gespräch war, dass ‚die

anderen Figuren', sprich ‚die konkreten Erinnerungen', nicht einen gewichtige-
ren Beweis gegen meinen Vater bedeuten, sondern eine größere Gefährdung für
mich. Wenn sie mir die nähmen, wäre alles verloren.“

Samstag, 13. November 2004

„3.10 Uhr. Die heutige Tag-Nacht hätte weitaus schlimmer verlaufen können, da
ich schon beim Aufwachen am liebsten ins Glas gestürzt wäre.
Stattdessen beendete ich die zweite Hälfte von Hochgatterers ÜBER DIE CHIR-
URGIE. Abgesehen von meiner gegenwärtig eingeschränkten Begeisterungsfä-
higkeit entspricht mein diesmaliger Eindruck weder dem Schock der ersten Lektüre noch deren Rehabilitation bei der zweiten. Diesmal bleibt nur: eigentlich ein
tieftrauriges Buch, trotz aller Komik.“

Es will etwas heißen, dass gerade dieser Roman, 2004 ein zweites Mal aufgelegt,
von Almuth nochmals gelesen wird. Dass der Schock ihrer ersten Lektüre aus-
bleibt, versteht sich. Befremdend ist aber, wie sie – die im Umgang mit Werken
der Literatur gelernt hat, einem jeden seinen Rang zuzuweisen, sobald sie sein
‚Gewicht' in sich hat einsinken lassen, und das hatte sie wirklich gelernt –, wie
zustimmend sie noch immer dieses brutal absurde Buch beurteilt.

Wien – Innsbruck, Freitag, 19. November 2004

„7.50 Uhr. Noch drei Stunden Zug, und freilich bereue ich schon meinen Entschluss, zu fahren. Am liebsten würde ich mich zurück nach Wien und in die
Weinflasche zaubern.
13.05, Innsbruck, Café Murauer nach einem kurzen Besuch am Grab. Hier
herrscht eiskaltes Schneewetter und in meinem Kopf pocht der Schmerz. Für Gedanken an meinen Vater fror ich zu sehr.“

Innsbruck – Wien, Sonntag, 21. November 2004

„Gestern um 11.00 Uhr traf ich bei meiner Mutter im Heim ein, gerade zum
Mittagessen. Eine Pflegerin aus dem Bilderbuch – groß, stark, dick – fragte, ob

ich meine Mutter füttern wolle. Natürlich wagte ich nicht, nein zu sagen.

Und dabei stellte sich heraus, dass meine Mutter weitaus sicherer allein essen kann. Sie patzt zwar unheimlich herum, aber nicht, weil sie mit dem Löffel ihren Mund verfehlt, sondern weil sie ständig den Teller verschiebt, den Latz ausziehen und aus dem Rollstuhl aufstehen will.

Ich sah ihr zu, wie sie aß, in ihrer seit jeher schlingenden Art und noch dazu recht sicher, und dachte, sie hat sich trotz des Alzheimers nicht geändert. Der Pfleger Walter brachte auch mir einen Teller Gulasch mit Polenta, und den verschlang meine Mutter auch noch. Ihr ‚gesunder Appetit‘ ist also noch lebendig.

Nachdem abgeräumt war, löste ich nicht die Fixierung des Rollstuhls, damit sie mir nicht davonfahren und mich wie einen Deppen dasitzen lassen würde. Ich ließ ihr meine Hände, die sie zu putzen begann.

Diese Frau, die mir nie die geringste körperliche Zärtlichkeit gegeben hatte, an der sie immer nur herumgeputzt hatte – was sie auch jetzt nicht unterließ.

Nein, ich empfinde keine Zärtlichkeit für sie und bin nicht bereit, in ihr das Kind zu sehen, zu dem sie geworden ist, und die kalte, zurückstoßende Frau, die sie war, zu vergessen. Das kann ich ihr nicht verzeihen und will es nicht verzeihen. Sie hat mein Leben zu sehr zerstört. Völlig fix und fertig fuhr ich von Hall nach Innsbruck und von dort noch mal nach V. ans Grab. Ich brachte es nicht über mich, meinen Vater wegen meiner Mutter zu vernachlässigen. Ich kaufte einen Adventskranz und golden glitzernde Gräser – richtig glücklich trotz des schlechten Gewissens wegen dem Preis. So soll das Grab von meinem Papa aussehen!"

Donnerstag, 25. November 2004

„9.25 Uhr, Schweden-Espresso. Ich komme von Dr. Eisinger. Mein ‚verlorenes Gesicht‘. Dr. Eisinger meint, ich würde mein Gesicht wiederfinden. Ich glaube nicht. Nehme sogar an, dass ich das nicht mehr will. Aber ich hätte gerne ein anderes als Das-kalte-Grauen-Gesicht. Wünsche mir zumindest, man sähe manchmal noch das innere Feuer."

Montag, 29. November 2004

„6.50 Uhr. Draußen vor dem Fenster der graueste Novembertag. Nebel. Kalt.

Die Waage ist niedrig, dürfte den Zeiger nackt höchstens auf 34,5 Kilo bringen. Wie ich möglichst ‚schmerzlos‘ ein paar Kilo ansetzen könnte? Durch Zucker viele Kalorien in mich aufnehmen. Doch schmerzlos geht es nicht. Würde denn dadurch das Gefühl ausbleiben, ‚schmutzig‘ zu sein?"

Dienstag/Mittwoch, 30 November/1. Dezember 2004

„19.05 Uhr. Vom Mittwoch trennen mich noch ganze 5 Stunden.

Nicht einmal mehr die wöchentlichen Bewerbungen sind eine Verpflichtung, sie erwiesen sich in den letzten Wochen eh nur als schlechte Schminke.

Mein Gesicht sieht grauenhaft aus. Als hätte ich das abgenommene Kilo vom Gesicht heruntergeätzt und mir noch eine weitere Haut abgezogen. Es täte mir gut, als Muslima mein Gesicht hinter einem Schleier zu verstecken. Ob bei tiefer Verschleierung meine Totenaugen immer noch zu sehen wären und man mich ebenso erschreckt angewidert anstarren würde? Doch was will ich eigentlich verschleiern und verstecken? Meine Schlechtigkeit? Meine Schande? Meine Lieblosigkeit? Geht es denn um etwas, das MEIN ist?"

Freitag, 3. Dezember 2004

„2.00 Uhr. In der gestrigen Stunde bei Dr. Eisinger: Ich weiß nicht, ob er verstanden hat. Es ging mir nicht um das ‚Nichtgesicht‘, sondern um den ‚bloßen wunden Kopf ohne Gesicht‘ wie in Rilkes MALTE.

Ich glaube nicht, ein ‚Nichtgesicht‘ zu haben, aber was mir aus dem Spiegel entgegenblickt, ist sehr bloß und wund, nackt und erschreckend traurig. Doch ich kann nichts ändern an meinem erschreckenden Gesicht und den 33 Kilo auf der Waage.

Vielleicht bin ich es leid, länger zu kaschieren, dass ich traurig, einsam, verletzt, verzweifelt bin, und kaum noch Hoffnung habe.

Und dass ich selbst mir das zufüge.

Vielleicht besteht mein Fehler darin, die Vater-Mutter-Bestie zähmen zu wollen, anstatt sie – zumindest in Gedanken – zu erschlagen."

„7.25 Uhr. Weiter im 12-Stunden-Takt und mit dem zweiten Kapitel von David Grossmans STICHWORT LIEBE.

Ob Grossmans Buch Dr. Eisinger gefallen würde? Wie ist eigentlich bei mir der Gedanke entstanden, dass er sich nicht mehr mit einem solchen Buch auseinandersetzen will? Dass er nur mehr Unterhaltung sucht? Und wieder bekomme ich keine Luft bei der Vorstellung, diese Gedanken vor Dr. Eisinger auszusprechen."

Samstag, 11. Dezember 2004

„3.35 Uhr. Ja, glaube ich denn, dass mich die eine Dosis Kalioral von gestern in Gewichtheber-Form bringt? Lächerlich! Und so schaue ich wieder in den ausweglosen Tunnel, in dem ich stecke. Kein Job, unfähig, mir selbst ein paar Kilo mehr zu verschaffen, damit wenigstens eine geringfügige Beschäftigung denkbar ist. Also doch Spital? Und wo?"

Samstag, 18. Dezember 2004

„5.45 Uhr. Sieben Tage nachzuholen. Dazwischen die Therapiestunde vom Donnerstag. Dr. Eisinger machte sich Sorgen wegen der Weihnachtspause.

Ich versuchte ihm zu erklären, wie Schwäche weh tut.

Darauf Dr. Eisinger: ‚Sie sind eben ein Hungerkünstler. Und wie endet der Hungerkünstler?'

Ich: ‚Er verreckt in diesem Käfig, und niemand schaut ihn mehr an.'

Dr. Eisinger: ‚Eben.'

Dann meinte er: ‚Bei jemand in Ihrem Zustand, der völlig hilflos und ratlos wäre, würde ich sofort anders reagieren, ich würde die Rettung rufen. Wahrscheinlich rettet der Alkohol Ihnen das somatische Überleben so wie Ihr Vater Ihr psychisches Überleben rettete. Und das ist erschreckend. Aber Sie schießen eben auch!'

Ich: ‚Mein Gott, hab ich mit irgendeinem Wort oder Satz auf Sie geschossen?'

Er: ‚Nein, aber das ist zu respektieren.'

Ich: ‚Wenn einem Menschen nicht zu helfen ist.'

Er: ‚Ich weiß nur, dass Sie etwas tun müssen.'

Ich (gemein): ‚Und was soll ich tun?'

Er zögerte lang, ich fragte ihn nach dem Grund für sein Zögern. Darauf
Er: ‚Ich hab mir gedacht, sie tut's eh nicht.'
Irgendwann zum Abschluss der Stunde sagte ich, ‚ich kann doch nicht herkom
men, um Ihnen etwas vorzuspielen'.
Darauf er: ‚Und das schätze ich auch sehr.'"

Donnerstag, 23. Dezember 2004

„9.30 Uhr Schweden-Espresso. Vor der Therapiestunde nahm ich die Cello-Suiten von Bach mit Yo-Yo Ma für mich auf und verpackte die CD für Dr. Eisinger.
Ich hoffe, er freut sich und sie gefällt ihm.

Thema der Stunde war wieder mein körperlicher Zustand und seine Sorge. Er
war so nachdenklich, bis ich fragte, was los ist ... ‚Ich dachte gerade – aber es
klingt so arztmäßig –, ich will Sie nicht verlieren. Es klingt, als würde ein Arzt zu
seinem Patienten sagen, ich will Sie nicht verlieren ...' Ich sagte, so hätte ich es
auch nicht aufgefasst."

Freitag, 24. Dezember 2004

„19.50 Uhr. Nun werde ich wohl bald eine Kerze anzünden und die Geschenke
auspacken ... Von Carol ein Hörbuch, DIE KLEINE MEERJUNGFRAU von
Hans Christian Andersen und von Bruno Schulz DIE ZIMTLÄDEN. Dr. Eisingers Geschenk – die Überraschung: 2 CDs Kathleen Ferrier singt Gustav Mahler – Woher weiß Dr. Eisinger von meiner Liebe zu Mahler? – und ein Buch
von Monique Truong DAS BUCH VOM SALZ. Gleich der erste Satz überzeugt
mich. *Unglück und Verzweiflung sind immer etwas gewesen, worauf der alte Mann
sich gestützt hatte wie auf Spazierstöcke, wie auf pflichtgetreue Söhne.*
Die Ferrier-CD beginnt mit *Ich bin der Welt abhandengekommen.*
Keine Angst, Viktor, ich werde der Welt nicht abhandenkommen!"

Freitag, 31. Dezember 2004

„14.50 Uhr. Den Silvesterabend habe ich mit Carol im Schmohl begonnen. Und
das Treffen mit ihr hatte mich ganz glücklich gemacht.

Jetzt lese ich auf Standard.at verspätet die Ereignisse um die Flutkatastrophe im Indischen Ozean. Unglaublich, welchen Egoismus die reichen Staaten an den Tag legen. Gäbe es keine Touristen dort, wäre die Flutkatastrophe allen egal. Umso entsetzlicher, dass es noch immer genug Leute gibt, die selbst jetzt dorthin auf Urlaub fahren, ‚weil noch ein paar Hotels stehen'. Zum Kotzen, diese Berichterstattung."

Samstag/Sonntag, 1./2. Jänner 2005

„6.10 Uhr. Ja, das ist eine Zahl, die mir gefällt! Ich mag ungerade Zahlen.
Die ZIMTLÄDEN von Bruno Schulz. Es war ja vorauszusehen, dass das kein ‚leichter Liebhaber' werden würde. Diese ganz andere Sprache, diese wuchernde Dichte, die einen einsaugt, in der man zugleich sieht, riecht, schmeckt, liest, hört …"

Mittwoch, 5. Jänner 2005

„23.50 Uhr. Almuth, du Grottenolm! Aber die Nacht ist mir am liebsten. Ich griff zu den ZIMTLÄDEN, las drei Erzählungen und eine ganz wundervolle vierte halb, bei der ich mittendrin aufhörte.
Irgendetwas ist heute Nachmittag durch die Musik geschehen. DAS LIED DES TRINKERS. *Es war nicht in mir. Es ging aus und ein./ Da wollt ich es halten. Da hielt es der Wein. / (Ich weiß nicht mehr was es war.) / Dann hielt er mir jenes und hielt mir dies / bis ich mich ganz auf ihn verließ. / Ich Narr. // Jetzt bin ich in seinem Spiel und er streut / mich verächtlich herum und verliert mich noch heut / an dieses Vieh, an den Tod. / Wenn der mich, schmutzige Karte, gewinnt / so kratzt er mit mir seinen grauen Grind / und wirft mich fort in den Kot.* (Rilke)
Wo soll etwas aufhören, wenn nicht im Herzen? Es gibt so viele Arten aufzuhören."

Donnerstag, 6. Jänner 2005

„7.10 Uhr. Nach knappen 4 Stunden gebe ich schon auf. Und gestehe aufrichtig, dass ich jede Kontrolle über Alkohol und Tageszeiten verloren habe. Um 3.00 Uhr las ich erst einmal DIE ZIMTLÄDEN zu Ende. Man kann nach diesen

Erzählungen süchtig werden. Irgendwie erinnert mich das an Robert Walser. Immer sind es diese Grenzgänger, an die mich eine offenbar unzerstörbare Hassliebe fesselt. So brennen Robert Walsers bislang unbekannte Texte unter dem Titel FEUER seit Ewigkeiten im Regal. Sie stehen da und warten, und obwohl ich mit Walser recht deprimierende Gefühle des Scheiterns verbinde, ist die Versuchung stets vorhanden. Nennt man das Hörigkeit?"

Sonntag, 9. Jänner 2005

„6.35 Uhr. Abgesehen von ganz kurzen Momenten der Rückkehr in die Realität kann ich nur auf vier bis fünf Stunden zurückblicken, die ich wach erlebte. Die Waage zeigte wieder unter 35 Kilo an.

Dann das BUCH VOM SALZ von der Vietnamesin Monique Truong. Zuerst erschien mir der Ton fast clownesk. Doch mit jeder Seite schimmerte eine geradezu unerträgliche Traurigkeit durch. Und dann der furchtbare Moment, in dem der Vater die Mutter und das Kind in den Dreck zieht, wie er das Kind anspuckt und wie das Kind lächelt, weil es ja nicht versteht. Da konnte ich nicht mehr. Nein, ich konnte wirklich nicht mehr."

Feuer gefangen hat Almuth also nicht an der Erzählung des vietnamesischen Kochs Binh Nguyên von seinen – ihn sanft kommandierenden – padronnes Gertrude Stein und Alice B. Toklas. Kaltgelassen haben sie offenbar auch die köstlichen Gerichte, die er für die beiden Damen und ihre Gäste, Hemingway, Picasso, Matisse und viele andere, in der Pariser rue de Fleurus gezaubert hat: „In Kirschwasser getränkte Ananas, als betrunkenes Bett für löffelweise eingefülltes Mandarineneis".

Berühren hat sie sich lassen allein von der Trauer dieses scheuen Mannes, seiner „Meersalztraurigkeit".

Dienstag, 11. Jänner 2005

„0.10 Uhr. Was mich bekümmert, zumindest im Moment, wie ich die Symptomatik-Krisen Dr. Eisinger beibringen soll. Am besten, ich sag's, wie es ist: Mit der einen Hand versuche ich, mich an den Haaren aus dem Wasser zu ziehen, mit der anderen Hand drücke ich mich gleichzeitig hinunter."

Sonntag, 16. Jänner 2005

„16.15 Uhr. Was kann schon aus einem Tag werden, der um 13.00 Uhr bei hellem Sonnenschein beginnt? Nichts.

Was nützt es, mir zu sagen, dass es so unmöglich weitergehen kann? Nichts.

Also auf die Waage steigen, die sich etwas höher als gestern zeigte und das depressive Abschaumgefühl steigert.

Ob ich meinem Körper Gutes oder Schlechtes tue, wir liegen ständig im Krieg."

Montag, 17. Jänner 2005

„7.05 Uhr. Wozu noch zählen und rechnen? Seit Donnerstag besaufe ich mich und speibe ich rund um die Uhr.

Mildernde Umstände gibt es so gut wie keine.

An den eigentlichen Grund für all das reiche ich gar nicht mehr heran.

Grund für jeden folgenden Absturz ist der vorige – eine endenlose Kette.

Auf Tageszeiten kann ich mich nicht länger ausreden, das wäre zu lächerlich. Ob Mitternacht oder Mittag, ob hell oder dunkel – mir graut vor allem."

Sonntag, 23. Jänner 2005

„4.10 Uhr. Ein Traum von heute Nacht: Ich muss durch die Siedlung in V. zur Wohnung meiner Eltern. Auf dem Weg werde ich von lüsternen, geilen Männern belästigt. Ich entkomme ihnen in einem Spießrutenlauf. Lange völlig erschöpft im Stiegenhaus an. Dort warten mein Vater und meine Mutter. Mein Vater fängt mich – ganz gegen meine Erwartung – nicht auf, meine Mutter treibt mich an, ich solle endlich in die Wohnung gehen, damit sie die Tür zumachen kann. Sie ist hinter mir her und sagt ‚Du hast da hinten überall Sperma' – ein Wort, so neutral eindeutig, das sonst nie über ihre Lippen gekommen wäre.

Erst jetzt spüre ich das klebrig-dreckige Zeug auf meinem dünnen Nachthemd, wage mich kaum zu bewegen, blase mich auf wie ein Kugelfisch, um zu verhindern, dass es meine Haut berührt. Das Gefühl: Bloß nicht mit dieser Schande in Berührung kommen. Das Zeug bloß nicht an meiner Haut kleben lassen. Mein Körper zuckt und verkrampft sich."

Montag, 24. Jänner 2005

„Um 13.00 Uhr aus dem Koma aufgetaucht. Und gerade mal 2 Stunden ausgehalten. Dabei ist ‚aushalten' eine Übertreibung, denn ich dachte nur an eins: an das nächste Achtel. Es ist keine körperliche Fixierung, da ist kein Durst, allein mein zermartertes Hirn verlangt nach Betäubung.

Es ist auch sinnlos, noch länger mit den 2 Litern pro Tag zu hadern. Sie sind real. Auch der Xanor-Konsum nimmt immer mehr zu. Heute werden wieder 4 Stück zu verbuchen sein.

Und wohin bringt mich das alles? Zu einem weiteren Morgen-Grauen.

Immer öfter Gedanken, mit dem Ganzen Schluss zu machen.

Der Schluss kostet nichts als zwei tiefe Schnitte.

Aber in Wahrheit möchte ich nur, dass man mich findet, endlich meine Verzweiflung sieht und mir hilft. Ein Gedanke: Die Eintragungen Dr. Eisinger in der kommenden Stunde zu lesen geben. Dann weiß er alles."

Dienstag, 25. Jänner 2005

„5.10 Uhr. Durch Kälte und Schnee zur Tankstelle gepilgert – ein Satz, der eigentlich jede weitere Tagesbeschreibung erübrigt.

Die 3 wachen Stunden überhaupt Tag zu nennen, ist der reinste Hohn. Und die Vorstellung, Dr. Eisinger diese Seiten zum Lesen zu geben – warum kann ich ihm denn meine Verfassung – meinen Zustand – oder meine Schuld nicht in ihrer ganzen Fürchterlichkeit erzählen?"

Donnerstag, 27. Jänner 2005

„9.50 Uhr. Vollkommen erledigt von der Stunde bei Dr. Eisinger.

Ich erzähle ihm von dem Elend, dass ich keinen Sinn mehr finde, weiterzumachen.

Er reagierte auf die Schilderung meiner Verfassung zunächst mit ‚Spital', was ich entschieden verweigerte. Als Nächstes verschrieb er mir ein Antidepressivum. Im Laufe der Stunde kam – trotz Tränen – doch so etwas wie Hoffnung auf."

Schwindlig könnte einem werden vom „therapeutischen" Umgang mit Cipralex, Seroquel, Mogadon, Depakin, Solian, Praxiten, Xanor, Trileptal, Trittico, Risperdal, Mirtabene, Gewacalm

Freitag, 28. Jänner 2005

„2.00 Uhr. Das neue Antidepressivum heißt CIPRALEX. Ich habe es mir gestern sogleich besorgt. Auch Praxiten war endlich eingetroffen.

Was mir die Cipralex sehr sympathisch macht – sie sollen gegen Depressionen und Angstzustände helfen.

So schön langsam erschreckt mich der Gedanke nicht mehr so sehr, mich nochmals am Konto meiner Mutter zu vergreifen. Das ist sicher gescheiter, als aus dem Fenster zu springen oder mir die Pulsadern aufzuschneiden."

Samstag, 29. Jänner 2005

„1.20 Uhr. Wieder ein absoluter Nicht-Tag. Was ich da betreibe, ist bescheuert. Bin von den Tabletten, ½ Cipralex, 2 Xanor und 1 Praxiten, komplett benebelt. Den Beipackzettel von Cipralex hab ich nochmals durchgelesen, dazu das wieder aufgenommene Praxiten.

Ich muss da einfach durch, und sei's mit tagelangem Schlaf."

Wie sie früher einmal ihrem Gefühl der Isolation die Bedeutung gab „ich verbringe meine Zeit mit Arbeit" – ‚schaukelt' sie sich jetzt in den passiven Rückzug ‚hinein'. Betäubt durch eine mörderische Menge Antipsychotika und Alkohol. Vom Schwung in den Gegenschwung gedrängt.

Donnerstag, 3. Februar 2005

„10.15 Uhr. Im Zentrum der Stunde bei Dr. Eisinger mein Unfall gestern in der Wohnung. Ich war kurz nach 13.00 Uhr aufgewacht, bekam das große

Lichtgrauen und startete die dritte Speiberei. Beugte mich vor, immer weiter vor, alles in Zeitlupe, und dann in Sekundenschnelle der Sturz.

Zitat Dr. Eisinger: ‚So passieren die meisten Haushaltsunfälle. Wie auch die meisten Schiunfälle aus dem Stand passieren‘.“

Montag, 14. Februar 2005

„11.15 Uhr, Café Rundfunk. Hinter mir liegen 1 Tag AKH und 6 Tage Steinhof. Begonnen hat alles genau vor einer Woche, mit abnormalem Zittern. Ergo Elektrolytentgleisung.

Taxi, AKH. Doch trotz Infusionen kamen das Zittern und die Krämpfe immer wieder, dazwischen totale Erschöpfung.

Man versuchte, ein Bett in der Psychiatrie zu finden, ohne Erfolg.

Zwei Ärzte bemühten sich zugleich um einen Platz auf der Baumgartner Höhe, wohin mich die Rettung am Abend brachte. Die Erlebnisse dort sind ein Kapitel für sich. Freilich null ‚Heilung‘. Ärgste Ödeme an den Beinen, kann kaum gehen. Bin nur froh, wieder Xanor und Praxiten zu haben.

Die Mogadon, die sie mich in Steinhof schlucken ließen, mag ich nicht.“

Samstag, 19. Februar 2005

„17.00 Uhr. Offenbar hilft gegen das Zittern nur Xanor und Wein.

Doch im Gegensatz zu gestern hört es auch jetzt nicht auf.

Entweder ich bekomme ein wirksames Medikament dagegen oder ich gehe in eine geschlossene Anstalt. Steinhof oder Kalksburg.“

Dienstag, 22. Februar 2005

„11.00 Uhr, Café Rundfunk. Ließ mir von Dr. J. Mogadon verschreiben, sie sind ihm eh lieber als die Praxiten. Mogadon ist zwar laut Dr. J. ein Schlafmittel, aber wenn die Tabletten in Steinhof geholfen haben, dann hoffentlich auch jetzt.“

Donnerstag, 24. Februar 2005

„10.00 Uhr. Mein Gott, endlich weniger Zittern!

Vor der Stunde habe ich zwar ein Xanor geschluckt, aber Dr. Eisinger beruhigte mich zusätzlich. Ich erzählte ihm von der fürchterlichen letzten Woche, und ob ich eine Langzeittherapie machen soll? Seiner Ansicht nach halte ich das nicht durch.

Ich: ‚Vielleicht durchhalten, aber ob sich danach etwas ändert‘? Und was hält er davon, dass ich nun auf Dr. J.'s Rat Mogadon statt Praxiten nehme?

Wegen des Zitterns hegt Dr. Eisinger denselben Verdacht wie ich: Vielleicht liegt es ja an den Cipralex, obwohl ich sie gern schlucke.

Er hat mich wieder auf eine halbe Tablette herunterdosiert.

Gegen Depressionen schlucke ich ja auch noch das Depakin.

Mogadon rät mir Dr. Eisinger vor dem Schlafengehen, und möglichst nicht mit Xanor zu vermischen. Ich will es versuchen.

Im Notfall muss ich jedoch auf Xanor zurückgreifen, die wirken am schnellsten, wenn ich noch irgendwie aushalten will, zusammen mit ¼ oder ½ Mogadon.“

Sonntag, 27. Februar 2005

„1.15 Uhr. Morgen werde ich 42. Mein Gott! Soeben habe ich zum x-ten Male die Beipacktexte der Medikamente gelesen, die ich derzeit schlucke. Schwindlig kann einem werden von den Neben- und den Wechselwirkungen.“

Dienstag, 1. März 2005

„6.55 Uhr. Bewerbungen heute keine. Große Sorgen macht mir das Monsterprogramm, das ich Carol gestern per Mail für Donnerstag vorgeschlagen habe. 19.30 Uhr Lesung von Paulus Hochgatterer im Literaturhaus ÜBER DIE CHIRURGIE.

Und für Donnerstag beunruhigt mich am meisten die Zeit zwischen der Stunde bei Dr. Eisinger und dem Anfang meiner Arbeit bei Carols Freund Tunar.

Von Lucy kamen ein Brief und ein Geburtstagsbillet. Sie ist immer noch auf der Psychosomatik in Innsbruck. Ich konnte ihre Zeilen nur überfliegen. Steinhof ist zu nahe, auch nach fast 3 Wochen.“

„10.10 Uhr, Schweden-Espresso. Komme soeben vom AMS. Der Herr dort zeigte sich wenig begeistert über eine geringfügige Beschäftigung, ließ freilich gelten, dass mir das psychisch etwas helfen könnte.

Ich befinde mich in absoluter Selbstmordstimmung. Nach dem 24-Stunden-Schlaf- Sonntag 3 Absturz-Krisen, ½ Praxiten, 1 Xanor, 1 Depakin und 2 unerlaubte Mogadon. Und wieder der Satz: Ich kann nicht mehr.

Ich gehöre auf eine langfristige Station."

Dienstag, 8. März 2005

„13.55 Uhr, Schweden-Espresso. Tunar hat mir für heute abgesagt. Selbstmorddepression. Im Grunde kann ich nicht mehr. Habe auch wieder weiter abgenommen. Zwei Attacken, 1 Depakin, 1 Mogadon, ½ Cipralex. Alkohol 11 Achtel."

Dienstag, 15. März 2005

„16.25 Schweden-Espresso. Die Arbeit bei Tunar hat mich etwas aufgemuntert. Ansonsten tiefste Depression auch bei Dr. Eisinger.

Er könnte mich in Kalksburg unterbringen, jederzeit. Er kennt den Primar.

Mein Gewicht betrug heute nackt unter 34 Kilo. Im Gesicht sieht man es mir weniger an, zum Glück."

Dienstag, 12. April 2005

„12.00 Uhr, kleines blaues Café auf der Alserbachstraße. Höchste Zeit für ein neues Tagebuch. Ich muss zu den wertvollen Dingen in meinem Leben zurückfinden, sonst bin ich ganz verloren."

Donnerstag, 14. April 2005

„10.25 Uhr Schweden-Espresso. Die Stunde mit Dr. Eisinger tat unheimlich gut. Endlich konnte ich einem vertrauenswürdigen Menschen die ganze Geschichte über den vergangenen Monat bei den Barmherzigen Schwestern erzählen. Nach seiner Auffassung haben sich mehrere somatische, psychische und äußere

Bedingungen auf der Station spiralförmig hochgetrieben. Ich weiß, ich befinde mich auf dem absteigenden Ast, wenn ich es so weiter treibe."

„15.25 Uhr, Kleines blaues Café. Gestern war schlimm. 5 Absturz-Krisen, 15 Achteln, 1 Praxiten, 1 Xanor. Ich habe das untrügliche Gefühl, in den Abgrund zu driften."

„9.00 Uhr. Der gestrige Tag und die Stunde bei Dr. Eisinger waren von der besonderen Art. Die Therapie selbst kann man als ‚heftig' bezeichnen. Dr. Eisinger sah mir an, dass ich abgenommen habe. Also, was ist mit mir zu tun?
Dr. Eisinger: ‚Im Notfall Amtsarzt.' Ich bekam das nach der Erfahrung vor einem Monat bei den Barmherzigen Schwestern in die falsche Kehle. Nein zu einer Psychosomatik, nein zu Kalksburg. Ja zu einer Internen."

„10.15 Uhr, Schweden-Espresso. Die Therapiestunde war befreiender, als ich befürchtet hatte. Die Themen: Alk, Depression, mein Vater, Wegsperren. A lot of tears."

„8.00 Uhr. Am Donnerstag stellte ich Dr. Eisinger die Frage, was er mit mir machen würde, wenn er mich ganz in der Hand hätte.
Er: ‚Ihren Willensschalter für einen Entzug 2 – 3 Monate auf ON drücken.'
Leider funktioniert das nicht so."

„7.05 Uhr, Schweden-Espresso. Ein typischer Depressions-Montag.
An den gestrigen Tag kann ich mich aufgrund von 2 Mogadon, 11½ Achteln plus 1 Xanor nur in Streiflichtern erinnern."

„13. Mai 2005 Freitag

9.00 Uhr, Schweden-Espresso.

Die letzten drei Tage – reinster Horror. Gestern früh totaler Zusammenbruch.
Dann Dr. Eisinger. Eine harte Stunde. Viel Schweigen, kaum Augenkontakt,
Zwingen, Drohen, Angst, Tränen. Die nächste Stunde ist am 23. Mai 13.15 Uhr.“

Montag, 6. Juni 2005

„7.10 Uhr, Schweden-Espresso. Nun ist es also so weit. Ich trinke, um nicht zu
zittern. Es hilft nur mehr eines, Dr. Eisinger zu bitten, dass er mich in Kalksburg
unterbringt. Ob Schneiden gegen das Zittern hilft? Ein absurder Gedanke.“

Mittwoch, 20. Juli 2005

„6.55 Uhr, Schweden-Espresso. Gestern schaffte ich es tatsächlich nach Kalksburg. Es verlief alles sehr schnell. Datenaufnahme, dann ein 10-Minuten-Ge

spräch mit einem etwas rüden Arzt, der nur Fakten wollte und mich auf meinen Geisteszustand testete. Schließlich der Aufnahmetermin 19. Oktober 2005.“

Donnerstag, 28. Juli 2005

„11.10 Uhr, Segafredo. Die letzte Stunde bei Dr. Eisinger.
Diesmal fährt er auf die Malediven, genötigt durch die Familie.
Sein wenig erfreutes Gesicht begriff ich erst, als er mich aufklärte, dass sich dort
eine große Flutkatastrophe ereignet hat.“

Kaum ein halbes Jahr zuvor hatte Almuth voller Zorn gegen die Urlau-
ber gewettert, die sich von den Verwüstungen des Tsunami an der Süds-
pitze des indischen Subkontinents nicht abhalten lassen, dort Ferien zu machen. Dass die flachen Malediven von demselben Tsunami betroffen waren,
der „die Leute einfach heruntergewaschen hat, wie Ameisen von einem Stein“,
scheint ihr nicht bewusst. Zumal die Ferienreise ihres Psychiaters anzeigt,
wie zügig auf den Resort-Inseln die zerstörte Idylle unter Palmen wiederher

gestellt wurde. Denn es hieß, „ohne Tourismus würden die Malediven wieder das, was sie vor dreißig Jahren waren, eines der ärmsten Länder der Welt".

Freitag, 14. Oktober 2005

„Seit letzten Samstag wieder im AKH. Elektrolyte im Keller. Zwei Tage zuvor konnte ich nicht einmal mehr zu Dr. Eisinger in die Stunde. Infusion auf Infusion, vier Tage lang. Montag Gastroskopie mit Betäubung. Mittwoch noch vor 9.00 Uhr per Rettung Überstellung nach Kalksburg."

Dienstag, 18. Oktober 2005

„16.55 Uhr. AKH – gestern der totale Höllentrip –, viel zu viele Benzos, dazu Mittel für die Gastroskopie.

Von 8.00 Uhr früh bis 8.00 Uhr Abend war ich in dem schlimmsten Albtraum meines Lebens gefangen. Morgen werde ich nach Kalksburg überstellt."

Samstag, 22. Oktober 2005

„17.20 Uhr, Baumgartner Höhe, Pavillon 10/2
Die gestrige und die heutige Nacht – absoluter Horror. Zuerst ging alles gut in Kalksburg, dann trieb mich die Feindseligkeit der Mitpatienten und des Pflegepersonals im Pyjama aus dem Haus.
Im Gasthof zum ‚Brantner‘ rief ich mit dem letzten Gesprächsguthaben Tunar an. Durchhalten ließ mich allein der Glaube an Carol.
Und Dr. Eisinger? Ja, das Vertrauen zu ihm wurde im Laufe der Nacht zunehmend erschüttert. Trotzdem blieb ein unerschütterlicher Rest Liebe. Am Morgen rief Tunar die Rettung. Ich wehrte mich mit Händen und Füßen und viel Geschrei. Schließlich begleitete mich Carol zurück nach Kalksburg. Man spritzte mich nieder und am Ende landete ich hier, auf der Baumgartner Höhe im Pavillon 10/2."

„5.20 Uhr, Café 24. Baumgartner Höhe.

Heute führte ich mit Carol das kühlste und herzloseste Geburtstagsgespräch unserer Freundschaft. Nach der Kalksburggeschichte kann ich's ihr nicht übelnehmen. Es wird wohl nie wieder so werden, wie es war.

Vorhin erreichte ich Dr. Eisingers Anrufbeantworter. Bat ihn um ein Gespräch unter vier Augen – *on verra*, wie er reagiert.

Anschließend ein Termin bei Mag. S., einer sehr lieben Psychologin."

„15.34 Uhr, Café 24. Baumgartner Höhe.

Bewegungstherapie, hernach Spaziergang über die Otto-Wagner-Kirche bis in den ‚Das Lied von der Erde'-Park. Der Spaziergang durch den Wald – überdeutlich führt er mir all das Schöne vor Augen, das ich – kaserniert von meinen Süchten – versäume. Gerade als ich vor Salat und Salzkartoffeln saß, läutete das Handy: Dr. Eisinger!"

„13.35 Uhr, Café 24. Baumgartner Höhe

Anstrengend ist es hier schon … Die Lautstärke überall auf dem Gelände, die vielen durchgedrehten Menschen, niemand, mit dem man halbwegs vernünftig sprechen kann.

Gestern um 1.00 Uhr nächtliches Malheur, das ohnehin schon auf der Tagesordnung steht. Und heute um 2.00 Uhr wiederum zitternd im nassen Bett aufgewacht.

Gutes Gespräch mit Frau Mag. S. Danach Versuch, Dr. Eisinger die Kalksburggeschichte zu erzählen."

„15.40 Uhr Alm Espresso Baumgartner Höhe. Schluss also mit der Abstinenz. Der Rückfall kündigte sich bereits an. Am Samstag nahm ich mir Nacht-Ausgang und gab mir in meiner Wohnung einen Pizza-Absturz bei 7 Achteln. In der

Nacht Praxiten-Entzugserscheinungen. Frau Mag. S. gestand ich heute meine ‚Sünde‘ und dass ich in mir keine Kraft für eine Abstinenz-Therapie finde.“

Freitag, 11. November 2005

„16.50 Uhr. Nach Ansicht von Mag. S. wäre ich aufgrund meiner Persönlichkeitsentwicklungsstörung auf Pavillon 10/2 [Akutpsychiatrische Station] gut aufgehoben. Die Station macht einen sehr positiven Eindruck, die Therapiedauer beträgt allerdings 3 bis 6 Monate.“

Montag, 21. November 2005

„17.00 Uhr, Café Weidinger. Ich weiß ja, worin mein Leben bestünde, wenn ich die Station 10/4 [Psychiatrische Behandlungsstation] nicht hätte. Allerdings rückt der 16. Dezember näher und damit die Antwort auf die Frage: Ist es mir ernst mit der Abstinenz und mindestens 3 Monaten Pavillon 10/2? Die Baumgartner Höhe tut mir jedenfalls gut. Ich habe Angst vor daheim. Nicht vor der Wohnung. Sondern vor meinem Treiben in ihr.“

Samstag/Sonntag, 3./4. Dezember 2005

„19.30 Uhr. Freitag war eine sehr besondere Stunde bei Frau Mag. S. Sie berichtete mir von dem Befund des psychologischen Tests. Diagnose Borderline. Wichtigste Merkmale, die ich mir gemerkt habe:
Wahn – macht mir große Angst / Auto-Aggression / Spannungen – Ambivalenzen / Fehlende Identität / Ambivalenz in Beziehungen.
Auch von Wut war die Rede, aber aus dem Mund von Mag. S. klang das Wort weniger bedrohlich. Ich bin neugierig, was Dr. Eisinger zu der Diagnose sagt. Es täte mir weh, wenn er sich darüber lustig macht. Denn ich kann mich damit identifizieren. Immerhin besser als ‚Alkoholikerin‘ oder ‚magersüchtig‘. Ich fühle mich mit dem Begriff ernst genommen.“

Mittwoch, 7. Dezember 2005

„15.30 Uhr, nach der Stunde bei Dr. Eisinger: Er ist sehr für meinen Plan auf Pavillon 10/2. Und was hält er von der Diagnose ‚Borderline‘?"

Dienstag, 13. Dezember 2005

„15.40 Uhr, Café Weidinger. Es wäre verrückt, die Fakten der letzten Tage festzuhalten, doch über die Gedanken als das Ungesagte zu schweigen. Ich muss mehr
Tagebuch-Disziplin üben, was sollen die Facts."

Freitag, 23. Dezember 2005

„15.35 Uhr, Café Weidinger. Vor allem will ich mich durch das neue Tagebuch
zu regelmäßigeren Eintragungen disziplinieren.
Die Baumgartner Höhe wirkt Wunder, aber nicht ohne Dr. Eisinger, der mich
heute anrief. Und damit hat er Weihnachten gerettet."

Samstag, 31. Dezember 2005

„2.05 Uhr. Kaum zu glauben, dass sich am Ende dieses schrecklichen Jahres
glückliche, zufriedene und angstfreie Augenblicke einstellen. Ich genieße sie."

„Warum wirkt die Therapie bei Frau Mag. S. und die bei Dr. Eisinger nicht?"

Mittwoch, 4. Jänner 2006

„15.30 Uhr, Café Weidinger. Es steht nicht dafür, die Tage ohne Eintragungen
nachholen zu wollen. Langsam zeichnet sich ein silberner Streifen am Horizont
ab. Dazu trägt vor allem der Rhythmus von 10/4 auf der Baumgartner Höhe bei,
aber auch die Therapien, die Gespräche mit Frau Mag. S. Ich will mir gar nicht
ausmalen, wie es um mich stünde, wenn ich 10/4 nicht hätte. Aber vor dem ab-
stinenten Pavillon 10/2 fürchte ich mich sehr."

Dienstag, 10. Jänner 2006

„15.10 Uhr, Café Weidinger. Es ist schon ein Unterschied, mit einer Frau zu reden.
Ich habe ein schlechtes Gewissen, weil ich mir die Frage stelle, warum 10/4 wirkt
und die Therapie bei Dr. Eisinger nicht wirkte. Freilich, die Voraussetzungen sind

verschieden. Auf 10/4 ist immer jemand da. Dr. Eisinger sehe ich maximal nur 60 Minuten in der Woche."

„9.05 Uhr Konditorei Murauer. Gestern nach dem Besuch bei Dr. Eisinger fuhr ich nicht zur Baumgartner Höhe, wollte mich psychisch auf Innsbruck vorbereiten. Er verschrieb mir – auf meine Bitte – Xanor, die mir während der Fahrt zu einer gewissen Gelassenheit verhalfen. Die Depression klang vorübergehend ab. Nach Hall, zu meiner Mutter ins Heim? Nein, das tu ich mir nicht an. Etwa um vor dem Pflegepersonal die brave Tochter zu mimen? Nein – danke. Mit schlechtem Gewissen kurzer Besuch am Vater-Grab. Aber es liegt ohnehin Schnee. Morgen mit dem ersten Zug zurück nach Wien und hinauf zur Baumgartner Höhe. Um 11.30 Uhr Therapiestunde bei Frau Mag. S."

„Resümee zu 10/4: Entzugsklinik Kalksburg / Aufwachen auf der Baumgartner Höhe / stationär / Frau Magister S. / Pavillon 10/2 → halbstationär →Alkohol / Psychotest →Borderline / allmähliche Besserung → Ergotherapie, Seidenmalerei, Maltherapie / Einbrüche / Änderung in der Symptomatik, Alkohol, Erbrechen/ eindeutiges Gutgehen / vorletztes Wochenende wieder stationär → Ende 10/4 / Dr. Eisinger."

„14.10 Uhr, Tricaffè. Seit 4 Tagen trocken. Mit dem Essen geht es freilich nicht so gut. Doch damit habe ich gerechnet. Und mein Anblick im Spiegel? Die geschwollenen Augen, desgleichen die Ringe unter den Augen – deutlich besser. Ich muss sehr an Dr. Eisinger denken. Hätte so gerne eine ‚normale' Freundschaft mit ihm. Plaudern, etwas Gemeinsames unternehmen."

„16.25 Uhr, Café Weinwurm. Sieben Tage trocken! In der Ambulanz vom API [Anton Proksch Institut] wurden die Gewacalm auf ½ - 0- 0- ½ reduziert.

Nebeneffekt der Abstinenz: Ich bin wieder im Kaufrausch. Bücher, Tassen, Ringe, Ohrringe, Strumpfhosen, eine neue Lamy und eine Swatch. Mit Mutters Bancomat-Karte bezahlt. Aber meine Säuferaugen sind verschwunden! Nur die Waage bereitet mir heute einen gelinden Schock: 38,90 Kilo.

Egal, ich bin ohnehin so schwach, dass ich kaum gehen kann."

Donnerstag, 9. November 2006

„15.50 Uhr, Café Galerie. Ein recht guter Tag. Um 8.00 Uhr die Stunde bei Dr. Eisinger. Er freute sich – mit Vorsicht – über meinen Entzug. Recht hat er, da ich erst 9 Tage trocken bin. Trotzdem hat mich sein ‚Realismus' enttäuscht. Wir sprachen über die Sinnhaftigkeit eines stationären Aufenthalts in einer psychosomatischen Klinik. Auch daran glaubt Dr. Eisinger nicht und fürchtet, dass ich gleich wieder zu trinken anfange. Mir erscheint das zweifelhaft und möglich zugleich. Am Ende bezahlte ich Dr. Eisinger endlich meine 600 € Schulden."

Freitag, 10. November 2006

„11.50 Uhr, Tricaffè. Heute fühle ich mich zu depressiv, zu hungrig, und habe ein nicht geringes Verlangen nach Wein, um mich tot zu machen. Die Waage zeigte erschreckende 39,50 Kilo an.

Ich würde so gerne eine Geschichte schreiben. Vielleicht versuche ich es mit dem SCHMUTZ BEI KAFKA. Das Thema fasziniert mich nach wie vor. Ein ganz persönliches Essay, von Almuth Anders. Interessant, als Anfang, wäre die Frage, wo kein Schmutz vorkommt."

„Ach, diese Vernichtungslust in mir"

Samstag, 11. November 2006

„11.20 Uhr. Soeben bin ich rückfällig geworden. Weniger aus Gier nach Alkohol als aus Gier nach Essen und Saurem, Gier nach Schlaf, Vergessen, Untergang. Ach, diese Vernichtungslust in mir.

Werde Dr. Eisinger den Film BIRDY als DVD zu Weihnachten schenken."

„13.40 Uhr, Tirolerhof. Gestern habe ich den Sprung zurück in die Abstinenz geschafft."

„14.05 Uhr, Café Weinwurm. Die beiden letzten Tage – gut und schlecht zugleich. Angst vor einem neuen Rückfall. Dazu leichte Paranoia und Panik, und eine Art Rachefeldzug gegen meine Mutter – welch ein Genuss. Das eklige Federbett und das Silberbesteck weggeschmissen. Und eine neue Bettdecke, neue Gläser und ein neues Besteck mit bunten Griffen gekauft. Die Folgen? Egal. So lebe ich halt meine Lust am Untergang aus."

„11.15. Uhr, Café Weinwurm. Der Montag endete in einer Katastrophe.
Und gestern nach der Ambulanz landete ich schließlich hier. 3 Achtel und 1 Xanor. Zu Hause setzt die Erinnerung aus, rekonstruieren kann ich 1 Xanor, 1 Seroquel, 1 Trittico."

„12.00 Uhr, Café Korb. Um 8.00 Uhr bei Dr. Eisinger. Dass ich mich in Ybbs anmelde, hält er für eine gute Idee, warnte mich jedoch, ich solle die Sache nicht wieder in den Sand setzen. Obwohl er recht hat, die Schwarzmalerei nahm ich ihm trotzdem übel. Nach der Stunde rief ich in Ybbs an und bekam für den 13. Dezember einen Termin zu einem Vorstellungsgespräch."

„12.25 Uhr, Konditorei Murauer. Am Bahnhof ein schönes, großes Gesteck Kunstblumen für Papas Grab. Danach Richtung Heim. Sie schlief, als ich ankam. Wurde dann bald in den Rollstuhl gesetzt. Sie sieht gepflegt aus, nicht mehr so mager wie das letzte Mal. Auf mich reagiert hat sie nicht."

„13.55 Uhr. Konditorei Murauer. Vormittags noch einmal zum Grab, mit 7 gelben Rosen und Schleierkraut, anschließend nach Hall ins Heim. Eine Schwester erzählte, der Bruder sei da gewesen und habe mit seinen Reden über Geld Unruhe gestiftet. Wie gut, die Sachverwalterschaft in Händen zu halten!"

„11.45 Uhr, Tricaffè. Noch eine Dreiviertelstunde bis zum Termin bei der Berufsbörse. Nach meinem Eindruck können die mir kompetent helfen.

Ein Herr E. wies mich auf meine kaputten Zähne hin – unbestritten unvorteilhaft für eine Bewerbung!"

„15.55 Uhr, Café Korb. Ich habe gerade überschlagen, dass ich monatlich gute 900,- € in Cafés und Trafiken lasse. Gar nicht zu reden von den sonstigen Ausgaben. So hab ich gestern das Konto meiner Mutter mit mehr als 300,- € belastet. Eine neue Swatch, Batterien, eine Hose, Kette und Ohrringe, Schal, Mütze und Handschuhe, MADAME BUTTERFLY und diverse andere DVDs. Schließlich ist es mein Recht, auf Kosten der Mutter ein gutes Leben zu führen, da sie mein Leben so versaut hat. Und wie es aussieht, wird sie noch lange leben. Also nehme ich mein Erbe, solange noch etwas zu erben ist. Dr. Eisinger sieht das locker."

„8.55 Uhr, Café Weinwurm. Nach dem schlimmen Absturz vom 8. Dezember bis 10. Jänner bin ich seit vergangenen Donnerstag wieder nüchtern. Und möchte das unbedingt bleiben. Dr. Eisinger fand dafür einen schönen und absolut treffenden Vergleich – weil ich mich während des Rückfalls immer damit beruhigte, dass ich ‚ja eh nach Ybbs gehe'. Er sagte: ‚Ein Auto kommt nicht desto besser aus der Werkstatt, je kaputter es zuvor war, sondern umso besser, je weniger kaputt es war.' Wie wahr – wie wahr! Langsam erwachen meine Lebensgeister. Allerdings die falschen. Ersatzhandlungen bleiben. Die sehr schlimme Bulimie, und die kaum kontrollierbare Kaufsucht.

Gestern beim Zahnarzt. Auch unten Vollprothese. Ich hoffe nur, dass der Selbstbehalt 200 € nicht übersteigt. Hauptsache, ich kann wieder Zähne zeigen, wenn auch falsche!"

Freitag, 19. Jänner 2007

„8.00 Uhr, Café Fratelli. Eine Latzhose und zwei Latzröcke – mit denen tappte ich gestern wieder frohgemut in die Kaufsucht-Falle.

Um 17.00 Uhr marschierte ich dann zur Alkohol-Ambulanz und hörte Herrn B. etwas sehr Wichtiges sagen: Es gehe weniger um den Willen, als um die Gefühle. Tatsächlich sind es die Gefühle, die mich in Gefahr bringen zu trinken. Vor allem der Wunsch, eine Zeitlang tot zu sein. "

Die Notwendigkeit ‚Zähne zu zeigen, wenn auch falsche' und die ‚kompetente Hilfe der Berufsbörse' in Anspruch zu nehmen – alles deutet auf das Verlangen nach Hilfe in einer Therapie, die auf das Unmaß der ‚schlimmen Bulimie', der Sucht nach Wein und der ‚kaum kontrollierbaren Kaufsucht' einzuwirken vermag. Schwankend sich halten lassen. In Ybbs an der Donau scheinen die Vorzeichen günstig für den Versuch. Umso erstaunlicher ist – doch auch wieder nicht –, wie Almuth das ersehnte Resultat verfehlt:

Ybbs, Montag, 5. Februar 2007

„21.00 Uhr. Nun bin ich also hier. Zu meiner Überraschung erfuhr ich, dass man gleich von Anfang an Ausgang hat. Also schaute ich mir ein wenig die Stadt an. Rauchte, redete mit den Mitpatienten."

Ybbs, Dienstag, 6. Februar 2007

„15.45 Uhr, Café auf dem Gelände. Die Gruppe irritierte mich, zunächst weil ich zu sehr im Mittelpunkt stand – die Psychologin wollte so viel wissen. Wegen des Gewichts soll eine Grenzzahl vereinbart werden, die ich nicht unterschreiten darf. Sonst werde ich entlassen.

Und der Alkohol? An den denke ich heute viel. Durchhalten, Almuth!!"

„15.50 Uhr, Café Sidano. Komme mir ein wenig komisch vor mit meinem ‚Styling': geschminkt, rasierte Beine, so zwischen den Leuten im Jogginganzug. Aber es hilft mir, mich menschlicher zu fühlen.

Bewegungstherapie nach dem Frühstück – keine Spur von Freude. Aber für die Ergotherapie hab ich ab Montag einen Platz in der Glaswerkstatt."

„15.35 Uhr, Café auf dem Gelände. Möchte Dr. Eisinger einen Brief schreiben, fürchte mich jedoch davor. Hab so lange keinen Brief geschrieben, und dann gar an ihn.

Entwurf: ‚Lieber Dr. Eisinger, hoffentlich geht es Ihnen gut, Sie sind erholt und Ihr Urlaub war ein schneeiger Erfolg. Diesmal kein lädierter Fuß? Ich denke viel an Sie und vermisse Sie. Können wir ab und zu telefonieren? Briefe sind so einseitig, obwohl Sie meine Monologe ja gewöhnt sein müssen.

Ich hätte so viele Fragen an Sie, auf die ich wohl keine Antworten erwarten darf. Oder doch? War ich in letzter Zeit zu sehr in mich selbst verstrickt, dass für wirkliche Gespräche kein Raum blieb? Das störte mich schon lange, bei allem Verständnis für die Grenzen zwischen Patient und Therapeut.

Nun zu Ybbs, wo ich angekommen und auch geblieben bin.

Das sage ich mit sarkastischem Unterton, weil mich Ihre Bedenken – ob ich fahren und durchhalten werde – immer noch wurmen.' ‚So a Bleedsinn.'

‚Und warum nicht?'

‚Wir sind 7 Leute, also eine angenehm kleine Gruppe.

Sie sind hier wegen Alkohol, Tablettensucht, Selbstmordversuch, Depressionen, Borderline' – ‚Ach diese Diagnose! Ich bin offensichtlich am richtigen Ort.'

‚Schließlich die Einstellung der Medikamente: Zu Ihrer Verordnung –Trittico,

Solian und Seroquel – kam noch 3 x Trileptal und abends ½ Valium. Kein Gewacalm mehr.' ‚Hab zum Glück eh keine Entzugserscheinungen.'

Und wie sieht es, abgesehen von diesen Fakten, in meinem Innern aus?

Die Stimmung liegt im oberen Bereich. Dann wieder erscheinen mir die drei Monate wie ein riesiger Berg.

Der Alkohol fehlt mir fast nicht, keine Gier. Nur wenn ich deprimiert bin, eine leise Sehnsucht – ‚nur ein Achtel bitte'. Aber ‚scheen bleed' wäre ich, mir wieder, gar schon jetzt, den Aufenthalt zu versauen.

Mit dem Essen ist es schwieriger – ein Kampf mit dem dicken Bauch, weil da das Gefühl ist, schmutzig zu sein …"

Ybbs, Mittwoch, 14. Februar 2007

„15.55 Uhr, Café Weinberger

Am Montag war ich zum ersten Mal in der Glaswerkstätte, angenehme Atmosphäre,

nette Leute. Am Abend lernte ich meinen Bezugspfleger kennen, ein gescheiter, freundlicher Typ.

Dann machte ich mich an den Brief für Dr. Eisinger. Ich überarbeitete den Entwurf nach dem Motto ‚kürzer, kürzer'!"

Ybbs, Montag, 19. Februar 2007

„19.20 Uhr. Heute musste ich nach Wien – kein Gedanke an Alk, sondern um die Notstandshilfe von der Post zu holen, sie geht sonst zurück an das AMS. Aus dem Mutter-Konto hab ich mich gar haltlos bedient. Mir fehlt der Überblick. Es ist sehr, sehr viel Geld, das ich dem Konto schulde. Aber ich nehme ja der Mutter nichts Lebensnotwendiges weg."

Ybbs, Samstag, 3. März 2007

„2.20 Uhr. Letztes Wochenende verbrachte ich in Wien und plante spätestens seit Mittwoch, dass der Samstag der Symptomatik gehört.

Aus dem Zug direkt ins Bahnhofscafé. Zwei Achtel und 1 Xanor. Der Rückfall

Abb. 7: Zerschmelzen

ließ mich nicht kalt. Ich stellte mir ernstlich die Frage, welchen Sinn die Therapie hier haben soll, wenn ich nicht abstinent bleibe.

Schließlich kam ich zu dem Ergebnis: Ich will gar nicht aufhören, will nicht verzichten, will nur mein Leben nicht in dem Ausmaß wie zuletzt vom Alkohol bestimmen lassen. Das will ich. Wozu jetzt krampfhaft durchhalten, und dann im Mai erst recht wieder im Sumpf versinken?

Jedem Therapeuten werden sich bei diesen Gedanken die Haare aufstellen. Doch ich kann nur versuchen, Dr. Eisingers Prognose: ‚Sie werden wieder hineinschlittern‘ nicht zu erfüllen.

6.15 Uhr Ybbs – Wien.

Therapeuten glauben nicht an das ‚kontrollierte‘ Trinken. Ich eigentlich auch nicht.

Aber etwas in mir sagt ‚Probier es zumindest, wenn du es nicht ohne Alkohol schaffst, die Sucht nicht abstellen kannst – auch Eindämmen ist schon etwas‘.

Am Dienstag sprach ich mit meiner Therapeutin über den Ausrutscher, an dem mich mehr als alles die vorausgehende Planung irritiert hat. Die gehört eben zum Suchtverhalten. Aber – auf 3 Ausrutscher folgt in Ybbs die Entlassung.

Entlassen werden will ich aber auf keinen Fall. Ybbs tut mir gut.

Ich will das nicht aufgeben müssen, nur weil ich am Samstag trinke.

Und der Ausweg aus dieser Zwickmühle?

Wieder verschweigen, lügen? Nein, nein, nein!

Aber welche Wahl bleibt mir, wenn die Sucht stärker ist?

Dr. Eisinger hat recht: Ich untergrabe Strukturen. Einfach wegen meiner Angst vor dem Eingesperrtsein? Damit argumentierte ich auch gestern, als mir die Therapeutin nahelegte, nicht nach Wien zu fahren.

But – I have to do it my way, selbst wenn ich das bedauern werde.

7.05 Uhr Wien, Bahnhofscafé.

Ich setze mein geplantes Leben in die Tat um. Mir steht der Sinn so sehr nach Auflösung, und um die zu fördern, warf ich soeben ein Xanor ein.

8.10 Uhr. Es geht mir deutlich besser. Der Wein schmeckt, und trotzdem lähmt er die Freude.“

„7.40 Uhr, Bahnhofscafé. Dass der heutige Tag bloß nicht so verläuft wie der vergangene Samstag.

Schöner Entzug. Es steht auch jetzt ein Viertel vor mir.

Jedenfalls ist das Samstag-Besäufnis mittlerweile fester Bestandteil meiner Woche.

Die Sucht – ich kann sie nicht loswerden, nur eindämmen. So wie jetzt."

Ybbs, Mittwoch, 14. März 2007

„15.20 Uhr, Café Sidano. Soeben habe ich mit dem Ybbs-Alkoholabstinenz-Tabu gebrochen und mir 1 Achtel bestellt.

Das wäre ja noch nicht der Weltuntergang. Aber obwohl das erste Glas noch nicht leer ist, schweifen meine Gedanken schon zum nächsten und übernächsten.

Dr. R. sagte heute in der Gruppe, in meinem Fall sei die Essstörung das extreme Gegenteil der Alkoholsucht. Die Essstörung als absolute Grenzziehung nach außen, totale Selbstbeherrschung und Selbstkontrolle. Beim Alkohol gebe ich das alles aus der Hand.

Er sprach auch von ‚übergriffigen Personen' in der Kindheit.

Das trifft sowohl auf die Mutter zu als auch auf meinen Vater.

Die Mutter, das ist Hungern und Erbrechen. Sie war übergriffig nur im negativen Sinn.

Mein Vater aber brachte mir auch die ‚schönen Seiten' des Kontrollverlustes bei. Das macht das Verführerische am Essen oder Fressen und am Alkohol aus. ‚Drüben regnet's und da, da stinkt's, und i steh' in der Mitt'n.'

Trotzdem hab ich mir noch 1 Viertel bestellt. Gerade dass ich mich zurückhalten konnte, ein Xanor zu schlucken."

Wir kennen den Tag nicht, an dem Almuth nach diesem 14. März sich – in der Diktion ihres Psychiaters ‚scheen bleed'– den Aufenthalt in Ybbs durch den ‚selbstfabrizierten Rausschmiss versaut' hat: Misslungen auch dieser Versuch einer Umkehr, die das rasante Nahen der Katastrophe hätte abwenden sollen. Erst 11 Monate später lesen wir:

„17.20 Uhr. Seit dem – selbst fabrizierten – Rausschmiss aus Ybbs liege ich eigentlich nur im Bett. Mit Einschüben von zweimal je einer Woche auf der Baumgartner Höhe, von mir abgebrochen.

Unterdessen sind die kleinsten Dinge eine Megaanstrengung. Meine Wohnung eine Müllhalde."

„Und die Schamwunde heilt niemals"

Montag, 25. Februar 2008

„8.30 Uhr. Heute habe ich eine der höchst selten gewordenen Stunden bei Dr. Eisinger. Seit Oktober 2007 leitet er eine neue Station und hat so gut wie keine Zeit mehr.

Und wie verbringe ich meine Zeit? Mal mit mehr, mal mit weniger Tabletten. In den letzten Tagen viele, serielle Träume."

Kein Sterbenswort darüber, was sich zwischen dem 25.Februar und dem 19. Juni ereignet hat. Doch an diesem Tag ist sie imstande, die Leere und Gefährdung ihrer Existenz wie früher mit anspruchsvollen Mitteln der Sprache zu bannen:

Donnerstag, 19. Juni 2008

„9.20 Uhr. Ich fühle mich wie in einem Escher-Bild: Stiegen rauf, Stiegen runter, Stiegen rundherum, Stiegen ins Nirgendwohin. Gegen 6.00 Uhr begann es zu kriseln. ‚Schmutzig'. Muss mich niederprügeln. Heilt der Wunsch nach Selbstbestrafung nie?

15.10 Uhr. Ich bin so froh, dass ich es auf die Baumgartner Höhe geschafft habe. Im Garten Holzteile geschichtet und Kies dazwischengefüllt, wie ich es schon seit Jahren auf dem Grab meines Vaters machen will. Aber vielleicht ist die Aufgabe ‚alles zuzuschütten' zu groß, zu unmöglich."

„23.10 Uhr. Für heute kann ich die Baumgartner Höhe vergessen.

O Gott! Ich fühle mich so dreckig. Der gestern vermiedene Absturz war also nur aufgeschoben, nicht aufgehoben.

Mail an Frau Mag. Sp. von der Berufsbörse: ‚Zu Ihrer Frage, was war vor April – vor der Aufnahme ins Otto-Wagner-Spital? Nichts Bestimmtes. Keine Struktur, kein Antrieb, nur der Wunsch, <der Welt abhandenzukommen>. Die Waage zeigte zu viel an, wider besseres Wissen fühle ich mich dann fett und schmutzig und muss das Feuer mit Bulimie und Alkohol noch schüren.

Mein Therapeut Dr. Viktor Eisinger sieht mich als magersüchtige Alkoholikerin. Die überaus wohltuend verständnisvolle Therapeutin am Otto-Wagner-Spital, Frau Mag. S., als hoffnungsvolle Borderline-Patientin.

Ja – wo, wer oder was bin ich, und wo liegen realistische Chancen im alltäglichen Berufsleben? Wie komme ich nach der Baumgartner Höhe dorthin? Ich hoffe, den Sommer noch im Otto-Wagner-Spital bleiben zu können. Und danach? …

Alles Liebe, von Herzen, Almuth Anders.‘

15.15 Uhr. Freitag. Möchte mich schneiden, aber das Stanley-Messer ist so dreckig, habe Angst vor einer Infektion.--- und trotzdem tat ich's soeben. Nur einmal, und nicht tief, aber doch.“

„4.50 Uhr. Oh Gott gestern, oh Gott heute. Waage 35,30 Kilo, trotz Abführmittel – ja, die 2 Liter Wein. Scham, Schuldgefühle, Existenz- und Gerichtsängste. Wenn ich nur das ‚Ich‘ aus diesem Tagebuch verbannen könnte!“

„16.15 Uhr. Ein ereignisreicher, leicht manischer Tag.

Das Gespräch bei pro mente [Gesellschaft für psychische und soziale Gesundheit in Wien] verlief vielversprechend und intensiv. Bekomme wahrscheinlich im September Trainingshilfe – einmal in der Woche 2 Stunden mit einer Praktikantin.“

„15.20 Uhr. Nicht vergessen, dass ich am Wochenende dem Impuls widerstand, mich zu schneiden! Der Traum von heute Nacht: Ich suche einen Platz zum Schlafen und soll mit Vergewaltigung bestraft werden. Da ist eine große, dunkle Kirche, in die nur Gott und der Tod hineindürfen. Ich husche hinterher. An der Seite, als Bett, getrockneter Schlamm oder getrocknete Algen. Der Schubkarren aus der Ergo muss auch da sein, rechts. Ich weiß, was in ihm liegt.

Waage 35,10 Kilo. Auf der Baumgartner Höhe bei Schwester Elis 37,40. Hatte mir zwei Rollen 2-€-Münzen in die Hosentasche gesteckt.

Morgen, nach der Baumgartner Höhe, um 18.00 Uhr Dr. Eisinger. Freue ich mich? Klar, wenn ich die Zeit bis dahin überstanden habe und sein Gesicht sehe. Den Traum von heute Nacht mitbringen."

„7.30 Uhr Fratelli. Gestern bei America Latina eine tolle grüne Hose und ein grünes Shirt erworben. Zurück in der Wohnung wurde mir schlecht und schwindlig. Ich legte mich hin, hörte die GOLDBERG VARIATIONEN sehr aufmerksam. Bei Bach gibt es kein Entwischen. Und ich will's auch nicht.

Seltsam ist die Freude bei dem Gedanken, meine Bereicherung auf Kosten meiner Mutter gesondert aufzulisten. Ja, so bin ich, und ihr könnt nichts dagegen tun. Einsperren vielleicht, aber ihr kriegt's nicht wieder.

Und ich betrüge nicht, ich liste alles säuberlich auf.

Mich vor der Stunde bei Dr. Eisinger umziehen? Aber warum soll ich mich umziehen?"

„15.45 Uhr. Emotionaler Absturz, unmittelbar nach der Stunde bei Frau Mag. S. Es begann schon bei dem Wort ‚Einserschülerin‘. Und spätestens als ich von meinem hirnrissigen Trinkverhalten sprach, klickte der Schalter um. Fast unhörbar, aber ich hörte es doch. Als ich mich verabschiedet hatte, ging es buchstäblich ‚die Treppe abwärts‘.

Zuerst verstand ich nicht, was mit mir los war.

Doch mit der Zeit begriff ich:

Du hast wohl die Weisheit mit dem Löffel gefressen?

Du glaubst wohl, du bist was Besseres?

Nur ein Zweier!

Du schaffst das nicht. Du machst dich nur wichtig!

Du bist doch unverbesserlich stur!

Und dann, eine Spur sanfter:

Du willst das doch, was du jetzt tust.

Eigentlich freut es dich doch auch.

Komm, es ist so schön! Da ist dein Platz – tu es doch!

Ich wusste, wer da krächzt und zwitschert."

Freitag, 4. Juli 2008

„Hab mich soeben tief geschnitten. War selbst überrascht von der – sagen wir, von der – Kraft, mit der ich das tat. Einmal tief, sehr tief in den Arm, dreimal in den Bauch geritzt. Die Schnitte schmerzen, besonders am Bauch.
Impulse, den dicken Bauch en gros wegzuschneiden.
Soeben 1 Xanor eingeworfen, um nicht zu spüren, was ich mir antue. Angst.
Gerade wieder zweimal geschnitten, aber nicht tief. Nur geritzt …
Und jetzt doch noch einmal eine Spur tiefer. Sprühverband.
Schon wieder1 Xanor eingeworfen, 1 Mirtabene, 2 Praxiten. Nein, ich verstehe die Gewalt dieses Wochenendes nicht."

Samstag, 5. Juli 2008

„3.10 Uhr. Die Schnitte im Bauch erschrecken mich. Als wäre ich gepeitscht worden. Es geht mir gar nicht gut. Bin müde vom Wein und den Tabletten.
8.15 Uhr. Draußen tiefblauer Himmel, Wind, Turmwolken ---"

Die Sprache bleibt ihre Zufluchtsstätte, in der sie „Dinge und Zustände" beim Namen nennt:

„12.25 Uhr. Wenn ich nicht schreibe, bin ich kein Mensch. Also schreibe ich. Seit 8.00 Uhr saß ich vor dem Computer. Endlich liegt die Mutter-Buchhaltung – und damit meine Schulden – 26.000,- € – fein säuberlich zwischen zwei Ordnerdeckeln.

Dann zu Frau Sp. von der Berufsbörse. Ich weiß nicht, was ich erwartet habe, aber sie kam mir etwas kühl vor. Suchte in ihren Augen. Die waren verschlossen. Sie meinte, ich wolle ihr beweisen, dass es mir gut geht, und gleichzeitig gehe es mir nicht gut. Stimmt.

Deprimierend, weil ich doch sehe, wie weit entfernt die Berufswelt liegt.

Und umso deprimierender, weil ich ganz offensichtlich nicht den Anblick biete, dass ich das ‚schon' schaffe. Ich kann mir den Mund fusselig reden, es hilft nix. Frau Sp. sagte: ‚Wenn man Teile in sich selbst bekämpft, bekämpft man sich selbst'."

„Baumgartner Höhe, Stabilisierungsgruppe. Sich Selbstschädigung recht plastisch vorstellen – aber es nicht tun. Also wohin mit meinen Aggressionen? Wie Herr werden über den ‚Schläger'?

Ich versuchte, die Aggression nach außen zu lenken. Da fiel mir ein, ich könnte sie ja auf völlig unbeteiligte Personen richten, und ich fand das Spiel ‚Kopf abhacken'. Besonders effektiv in der U-Bahn. Zack, Kopf ab. Ich praktizierte es den ganzen Rückweg von der Baumgartner Höhe. Aber ich las auch Kleist in der U-Bahn. Diese unmöglichen, wunderschönen Sätze. Und KLEIST IN THUN, von Robert Walser – eine seiner hervorragendsten Geschichten."

„15.25 Uhr. Das Kind in mir war heute Thema in dem Gespräch mit Frau Mag. S. Es ist nicht leicht, die alten Bahnen so gut es geht auszuradieren. Oder sagen wir, auf das Kind in mir aufzupassen. Das Kind in mir, und die Traurigkeit. Ich tat mich schwer mit dem Kind. Es ist so verletzt, so klein und schwach. Wie es trösten? Seltsam, bei Frau Mag. S. bemühe ich mich um das Wort Gespräch, bei Dr. Eisinger sind es Stunden."

Sonntag, 13. Juli 2008

„9.20 Uhr. Seit dem Aufwachen habe ich Angst – Angst vor mir selbst.
Dabei ließ ich mich bis jetzt in Ruhe. Nun trinke ich wieder. Es macht mir Angst, dass ich trinke.
Soeben 1 Xanor eingeworfen. Von Donnerstag bis gestern 5 Xanor.
Habe Tränensäcke. Das Gesicht einer Säuferin. Traurig."

Montag, 14. Juli 2008

„3.50 Uhr. Ich wünschte, ich wäre schon auf der Baumgartner Höhe.
Das Gewicht ist – aus welchen Gründen auch immer, auf erschreckende 34,35 Kilo gesunken. Muss mir eine Flasche in die Tasche stecken, um Schwester Elis zu täuschen.
16.00 Uhr. Nach dem Mittagessen hörte ich das WOHLTEMPERIERTE KLA-VIER und versuchte mir Lüftungsschlitze in der Stirn vorzustellen, durch die ein leichter Wind die Gedanken, die mich so erschöpfen, aus den Gehirnwindungen streicht."

Dienstag, 15. Juli 2008

„9.15 Uhr. Heute früh Dr. Eisinger – nüchtern. Da ich gestern in der Stabilisierungsgruppe mit meinem Zack-Kopf-ab nicht hatte punkten können, setzte ich meine ganze Hoffnung auf ihn. Und tatsächlich – er lachte spontan auf. Deshalb hänge ich ja so an ihm!
Seine Katzen sind tot, alle vier – Urlaub – Schottland.
Zu seinem Geburtstag wollte ich ihm eine Rose mitbringen, doch da sah ich den China-Pilz im Blumengeschäft. So einmalig, so – lange suchte ich nach einem Vergleich und am treffendsten scheint mir: Er sieht aus, als würde er mitten in Kappadokien stehen. Für Dr. Eisinger – ein Wahnsinn. Und dann passierte es, sehr schnell. Er sah ihn, strahlte und umarmte mich.

Abb. 8: Borderline - Le jeu fantastique

Ich dachte, er meint mich, so wie ich bin. Und wenn ich ihn schon mal habe, dann lasse ich ihn so schnell nicht wieder los. Dabei wurde mir so richtig bewusst, wie groß er ist. Wenn er einen hält, dann mag kommen, was will."

Donnerstag, 17. Juli 2008

„9.15 Uhr. Gestern in der Früh das untrügliche Wissen, dass es noch möglich wäre, ist, war, auf die Baumgartner Höhe zu fahren. Aber ich ging an diesem Wissen vorbei.

Hörst du nicht? Ich will nicht hören.

Heute auf der Baumgartner Höhe ging es ganz von selbst, den gestrigen Tag ad acta zu legen. Seine Bilanz: 7 Viertel, 3 Abstürze, 2 Mirtabene, 4 Seroquel, und 4 – 5 Xanor.

Jetzt im OWS [Otto-Wagner-Spital] zum Röntgen, weil Schmerzen in Brust und Rücken.

12.15 Uhr. Unser Gespräch mit Frau Mag. S. Ich erzählte ihr von der Stunde bei Dr. Eisinger. Und sofort begann in meinem Hirn das Wen-hast-du-lieber-Spiel, und es ließ mich vieles, was Frau Mag. S. sagte, falsch hören.

Am liebsten würde ich jetzt zu ihr laufen und fragen ‚hast du mich noch lieb'? Sie hat mir doch das Vertrauen zu meiner Phantasie, als unersetzbar und jederzeit verfügbar, wieder geschenkt."

Samstag, 19. Juli 2008

„8.50. Nach dem Frühstück tat ich etwas, das getan zu haben ich mich jahrelang nicht erinnern kann. Ohne einen ‚Termin', nur für mich duschte ich und zog mich ausgehfertig an.

12.50 Uhr. Längere Zeit am Computer, dazu Bachs Cello-Suiten mit Yo-Yo Ma. Nachmittags im Augarten. Da lebe ich nun 25 Jahre in Wien und war noch nie dort. Ein recht schöner Garten. Keine Pensionisten auf den Bänken, aber viele Hunde. Eine Frau, die sechs von ihnen an der Leine führt.

Jetzt gehe ich mir noch ein Stanley-Messer kaufen. Nicht um mich zu schneiden …"

„15.10 Uhr. Baumgartner Höhe. Die Stabilisierungsgruppe – hat mich auf 360 gebracht. Ging nachher laut schimpfend den Berg hinunter, musste meine Phantasie zu Hilfe nehmen: Zuerst knallte ich diverse Autofahrer mit dem Zielfernrohr ab, machte einige Passanten um einen Kopf kürzer – und begann schließlich mit dieser Frau Helene, die so ewig redet und nervt. Ich begann mit ihrer Zunge. Schön fein säuberlich, Stück für Stück kürzer gemacht. Dann den Mund zugenäht – achtsam. Dann die Ohren mit der Zackenschere zerfranst. Die Augen nähte ich ihr auch zu, damit sie nur sich selbst sieht. Schließlich erhängte ich sie an ihrer ach so bewunderten Schürze. Einen Kochlöffel in den Arsch. Wie ein Wetterhahn hing sie da. Zu guter Letzt einen Spaghettitopf mit siedend heißem Wasser unter die Füße …

Doch es ist heute offenbar nicht mein Tag. Wer lief mir beim Umsteigen in die U-Bahn über den Weg? Böllermann. Ich kickte ihn in den Arsch die Stiegen hinunter. Und schoss ihm mit dem Zielfernrohr das schielende Auge aus, dass es an einem Faden herunterbaumelte. Und bei alledem die Angst, diese Aggression jederzeit gegen mich selbst zu richten."

„10.30 Uhr. Der Osteoporose-Befund ist da. Und jetzt hetzt mir diese Dr. P. die Internistin auf den Hals, morgen um 10.00 Uhr. Ich sagte, um 10.00 Uhr kann ich nicht. Das Therapiegespräch mit Frau Mag. S. ist mir wichtiger."

„15.15 Uhr. Verdammte Aufregung wegen der Gewicht-Osteoporose-Eisenmangel-Geschichte. Obwohl sich die Wogen bis Mittag geglättet hatten, blieb ein beträchtlicher Rest, den ich abreagieren, für den ich Rache nehmen muss. Und irgendwie geht das am besten, wenn ich auf mir herumwüte. Prost! Dies wird ein Absturztag."

„8.00 Uhr. Draußen ist ein strahlend schöner heißer Badetag. Das Wetter soll halten – umso lästiger die Abwiegerei morgen im OWS. Die Waage zeigte gestern 34,70 Kilo.

Werde morgen für Frau Mag. S. das WOHLTEMPERIERTE KLAVIER mit Svjatoslav Richter zum Brennen mitnehmen.

Frau Mag. S. schrieb mir per Mail ‚Sie machen momentan so wertvolle emotionale Erfahrungen. Die Ihnen nichts und niemand mehr nehmen kann. Sie prägen sich ein wie früher all das Schreckliche und bilden ein so wichtiges Gegengewicht'.

Morgen das volle Montagprogramm, Physio, Ergo, Massage und Dr. Eisinger.

Was mich jetzt glücklich machen würde? Weinen zu können. Mit jemandem, dem ich mein Leid über meinen Körper klagen kann.

In der Albertina gibt es eine Paul-Klee-Ausstellung."

Montag, 28. Juli 2008

„7.15 Uhr. Gewicht weiterhin unter 35 Kilo. Die Abwiegerei zwingt mich, Jeans zu tragen, wo ich lieber eine dünne Hose anhätte, und in der Jackentasche 250 ml Ice Coffee. Aber bloß nicht hinterher im Stress zu Dr. Eisinger. Die nächste Stunde mit ihm ist im September, 15.9. 16.00 Uhr!"

Mittwoch, 30. Juli 2008

„16.00 Uhr. Gestern war ein so schöner und gefühlvoller Tag.

Heute ist es anders. Schuld hat die Waage. Gestern 35 Kilo, heute 35,25. Naturgemäß wächst sich dadurch mein Bauch zu ungeahnten Dimensionen aus. Gleichzeitig Impulse, hineinzuschneiden. Aber so mühsam wie ein Absturztag kann die Baumgartner Höhe gar nicht sein. Bin froh, dass ich heraufgefahren bin."

„5.25 Uhr. Noch kann ich aufhören zu trinken.

Ich will ja gar nicht trinken.

Eine Stimme sagt: Du verdienst es nicht besser.

Ich spüre, wie ich zerbrösle.

Möchte mich ganz tief vergraben. Nur, wie und wo?

Total depressiv. In Wahrheit fürchte ich mich schon jetzt vor dem Ende der Baumgartner Höhe.

Soeben 1 Xanor geschluckt, um alles nicht so zu spüren, so nah, so schmerzend, so bitter.

Gewicht: 34,60 Kilo.

Impulse, mich zu schneiden. Träumte auch von Rasierklingen … Versuchte es zaghaft. Doch nicht einmal ein Kratzer ist zu sehen. Gut so."

Sonntag, 3. August 2008

„1.15 Uhr. Warum hänge ich mir mit dem selbst auferlegten Entlassungstermin Ende August die Rute ins Fenster? Andererseits – habe ich nicht genug ‚Hand-werkszeug' bekommen, um es ‚draußen' zu schaffen? Gleichzeitig möchte ich Frau Mag. S. sagen, ihr beweisen, dass ich Hilfe brauche.

Fühle mich als Großmaul und Versagerin. Starke Impulse, mich tief zu schnei

den. Es kommt schwarzes Blut. Und dieser Schnitt in den Arm schmerzt nicht wenig. Soll ich ins AKH? Noch nicht."

Je höher die Dosis der Antipsychotika, die von Almuth in der „Tagesinventur" ihrer Exzesse penibel erfasst sind, umso rasanter wird die Drehung der Abwärts-sspirale:

Dienstag, 5. August 2008

„7.40 Uhr. Fratelli. Das böse Wochenende – 2 Xanor, 2 Mirtabene, 1 Praxiten – endete Sonntag gegen 18.00 Uhr und es begann der böse Montag. In der Nacht rief ich wirklich verzweifelt auf der Baumgartner Höhe an und nahm ein Taxi hinauf.

16.30 Uhr Ergotherapie, in der ich plötzlich zu beben begann. Meine erste Reaktion: Entzugserscheinungen, du Alkoholikerin! So gehe ich mit mir um."

Freitag, 8. August 2008

„22.55 Uhr. Ich hatte nicht vor, heute der Baumgartner Höhe fernzubleiben. Dr. Eisingers Warnung dröhnt mir in den Ohren: ‚Wenn das zur Regel wird, dass Sie in 4 von 5 Tagen …‘ Liegt es an der Waage, die 35,80 Kilo anzeigte? Dadurch fühle ich mich fett und aufgedunsen. Rief Station 14/3 an wegen der Blutabnahme am Montag. Es ist trübes Wetter angekündigt, ich kann also Schwester Elis austricksen."

Sonntag, 10. August 2008

„Überlege mir ein passendes Geschenk für Frau Mag. S. Wunderschön die ROSENKRANZSONATEN von Heinrich Ignaz Biber."

Samstag, 16. August 2008

„19.45 Uhr. Heute um 5.00 Uhr bin ich mit einem Seufzer der Erleichterung aus zwei Tagen Sumpf aufgetaucht. Es war nicht geplant, am Donnerstag nicht auf die Baumgartner Höhe zu fahren. Einfach nicht steuerbar. Ich katapultierte mich von einem Moment auf den anderen ins Weinglas. Aber zumindest rief ich auf 14/3 an und log nicht.

Dienstag in der Nacht hatte ich die Notfalltasche fürs Spital gepackt. Hernach schrieb ich auf, was Carol tun soll, wenn ich mich 3 Tage nicht melde. Dabei immer der Gedanke, was ich auch plane, ich werde es nicht schaffen – fühle mich minderwertig, lächerlich, hochstaplerisch. Und bin wütend wegen dieser zerstörerischen Gedanken. Rauche zu viel. Gestern, Freitag, wollte ich's besser machen, stürzte jedoch wiederum ab. Heute zittrig und schwach die Tagebücher geordnet. Plötzlich der unmotivierte Satz: ‚Ich schaukle mich in mich hinein‘. "

„8.25 Uhr. Fratelli. Nein, so leicht lasse ich mich nicht unterkriegen.

Möchte mir BAD ART im MUMOK anschauen. Besitze ja den Kulturpass und kann gratis hinein."

„0.05 Uhr. Wieder in hohem Bogen im Absturz begriffen.

Äußeren Grund gibt es fast keinen. Waage 35,10 Kilo.

Alles begann am Mittwochnachmittag mit dem üblen, klebrigen Geschmack im Mund. Süßlich-scharf, nicht wegzubringen. Dagegen hilft kein Odol, kein Meridol. Und dabei versuche ich meine ‚Dritten' tunlichst sauber zu halten. Was mir zwanghaft zu dem Geschmack einfällt: Fellatio."

„0.40 Uhr. Frage per E-Mail bei Frau Mag. S. an, ob ich ein paar Tage, vielleicht 7 bis 10 Tage, auf 10/4 kommen darf.

Noch bin ich erst zwei, drei Schritte rückwärtsgegangen. Und die Alarmsirene konnte ich noch hören.

Einerseits die Entschlossenheit, mich nicht unterkriegen zu lassen, und gleichzeitig die Angst, zuzunehmen. Immer das Gefühl, du bist schmutzig, zu schmutzig für ein Buch. Und Sehnsucht danach, dass jemand bei mir wäre und mich schützen würde. Immerhin – die Tasche für 10/4 ist gepackt.

Um 10.00 Uhr Anruf von Frau Mag. S.: Werde morgen Nachmittag auf 10/4 aufgenommen."

„14.50 Uhr, Baumgartner Höhe. Wäre ich gestern nicht auf 10/4 gekommen, hätte es wohl ein böses Ende gefunden. Und was mich erst recht hilflos macht: Die Geschichte mit meinem Vater. Der eklige Fellatio-Geschmack im Mund. Gestern quälte er mich ganz besonders. Ich wünschte, die Verbindung zu Oralsex wäre mir nie in den Sinn gekommen. Nun sind aber die Bilder da. Und die körperlichen Empfindungen drängen sich massiv auf. Ich werde sie nicht los."

„14.30 Uhr. Erzählte Frau Mag. S. von dem schlechten Geschmack, und welche Bilder in mir aufgetaucht sind. Auch Mag. S. drängt sich Fellatio auf. Sie sagt mir, das Kind darf traurig sein. Was könnte ihm helfen, was braucht es. Bin so froh, dass das Kind zur Sprache kam. Sie hat mir so viel in die Hand gegeben. Und ich? Was tun, was sagen, damit ich ihr zeigen kann, wie dankbar ich ihr bin? Und meine Emotionen nicht mit mir durchgehen lassen und alles verderben?

Ich: ‚Ich nehm Sie in meine Truppe auf!'

Sie: ‚Vielleicht können Sie das ein wenig von mir als Person abstrahieren.'

Wir haben uns gegenseitig beteuert, wie gut das Arbeiten miteinander war. Über mein Geschenk, die ROSENKRANZSONATEN von Biber, freute sie sich wirklich.

Im Laufe der Ergotherapie, nein, schon früher, begann es. Ich glitt irgendwohin – abwärts: Ich hackte einer Göre den Kopf ab, füllte den Körper, vor allem die Speiseröhre mit Wein, setzte den Kopf wieder drauf und sagte: ‚Und jetzt schluck, oben kommt nichts mehr raus, die Verbindung ist gekappt'. Das half sehr.

Später setzte ich mich auf die Wiese und hackte der Schwester Rosi mehrmals den Kopf ab, es war geradezu eine Freude, dass sie immer wieder nachwuchsen, diese griesgrämigen Gesichter. Ich sammelte sie ein und packte sie in eine Schachtel, so, dass sie sich gegenseitig anschauen mussten. Irgendwann träufelte ich noch Salzsäure hinein, damit die vermeintlichen Lachfalten bis zu den Wangen hin Löcher kriegten."

„7.15 Uhr. Sitze in meiner Wohnung, an meinem Computer.

Trage das bunte MUMOK-Kleid, den schönen Ring, orangenen Nagellack. Es gefällt mir, so sollte es sein und gibt Anlass zur Hoffnung, dass ich wieder werde. Nur dieses Schwindelgefühl … aber ist es ein Wunder, bei 34, 6 Kilo? Gegen die Angst habe ich ein Xanor geschluckt."

„3.40 Uhr. Die ersten Worte auf dem neuen Computer und sie gelten dem Wein. Der dominiert mich rund um die Uhr. So ist es zumindest die letzten zwei Tage. Heute ist Samstag und ich bin schon wieder sternhagelvoll.“

„5.00 Uhr. Wie lange will ich noch so weitermachen?

Wo ist das Lebensgefühl von der Baumgartner Höhe?

Eigentlich sollte heute Schluss sein mit den Abstürzen – so sagte ich gestern vom Morgen.

Draußen bricht der Tag an, und was erwarte ich von ihm?

Der gestrige Sonntag war ganz okay, ich brachte Carol die Kaffeemaschine, die ich ihr gekauft hatte.

Wir saßen in ihrem überwältigend schönen Garten. Alte Bäume, absolute Ruhe, wie auf der Baumgartner Höhe. Weil mir bei Carol so gut ist, lebte ich wieder ohne Uhr. Das sagt viel aus. Denn auch nach dem Abschied von Frau Mag. S. legte ich allen Schmuck und die Uhr ab und setzte mich in die Wiese, schaute die Bäume und den Himmel an. War zugleich traurig wegen des Abschieds und glücklich über die Zeit mit Frau Mag. S.“

Wehrlos, verzweifelt, immerzu dieselben Fragen … Wie wenn die Nadel in einer Rille der Schallplatte hängen geblieben ist und in der Kreisbewegung immer dasselbe hören lässt:

„1.40 Uhr. Habe ich wirklich in den fünf Monaten Baumgartner Höhe nichts gelernt?

Bin schon wieder am Trinken. Wenn das so weitergeht, liefere ich mich auf 10/4 ein.

2.40 Uhr. Die wenigen wachen Stunden seit gestern Abend habe ich mit TU-RANDOT verbracht, Live-Mitschnitt auf arte aus der Oper in Valencia. Zubin

Metha, wunderschön-üppige Kostüme, tolle Turandot, tolle Stimme des Calaf, der erst gegen Ende schauspielerisch wacher wurde, ebenso Liu, der man die Rolle aber nicht ganz abnahm. Immer wieder unnötige Elemente in der Inszenierung. Warum müssen die drei Minister auf Schaukeln sitzen? Warum erwürgt sich Liu selbst?

18.45 Uhr. Wie viel Wein ich heute schon intus habe seit den frühen Morgenstunden, darüber fehlt mir der genaue Überblick.

Tabletten: 4 Praxiten, 6 Seroquel, 1 oder 2 Mirtabene. Waage mit Kleidern 35,25 Kilo."

Mittwoch, 3. September 2008

„7.20 Uhr. Erwachte vorhin aus einem Traum von Viktor [Eisinger], voller Angst und Schuldgefühl. Wieder einmal alles versucht, aber … Suchte so etwas wie eine Bleibe …

Ein paar Schlucke und 1 Praxiten. Aber so harmlos das klingt, es geht mir sehr schlecht. Sehr schlecht.

Ich wiege nun mit Pyjama 34,95 Kilo.

Trotzdem fühle ich mich fett – eher schmutzig. ,Schmutzig bin ich, unendlich schmutzig'."

Donnerstag, 4. September 2008

„3.15 Uhr. Aufgewacht aus einem Traum, in dem ich in einer Art Therapie-Gymnasium bin und Matura schreiben soll. Es wurde nicht mit Noten beurteilt, sondern mit einer Einschätzung. Die Prüfung verlief nicht gut, und man erklärte mir, dass ich nun in die 9. Klasse Volksschule für Zurückgebliebene käme, weil ich viel zu dünn und kraftlos sei. Das verstand ich nicht. Hatte ich nicht bereits meine Diplomarbeit über Kafka geschrieben?

In dem Traum gab es viel Natur und Bücher. Da tauchte Dr. Eisinger auf.

Ich wollte mich tapfer zeigen, so als hätte ich alles im Griff.

Er fragte, ob er sich die CD mit dem Gregorianischen Choral ausleihen könnte. Ich wagte nicht, nein zu sagen, obwohl ich wusste, wie er mit Geliehenem umgeht.

Waage 34,15 Kilo."

Sonntag, 7. September 2008

„20.00 Uhr. Nein, so will ich nicht weitermachen. Es ist, als zwinge mich jemand, ihm Recht zu geben. Leider gehört auch Dr. Eisinger zu diesem Jemand-Lager: Unheilbare Alkoholikerin: ‚Passn'S auf'!! Ja, so ist das."

Montag, 8. September

„5.45 Uhr. Ich bin völlig verzweifelt.

Mein Gewicht krebst gerade mal um die 34 Kilo."

Freitag, 12. September 2008

„Mitternacht. Es steht schlimm um mich. Vielleicht war die vorige Woche noch irgendwie annehmbar, diese sicher nicht.

Ich sehe, wie in Dr. Eisingers Augen geschrieben steht: ‚Ich habe es Ihnen ja gesagt, ich habe Sie gewarnt'.

Auch Frau Mag. S. wird enttäuscht sein. Fühle mich so unendlich schmutzig.

Sehr arg war es vorgestern Nacht. Schrammte knapp daran vorbei, zu viele Praxiten zu schlucken.

Beginne mir die Muttermale abzukratzen, die warzenähnlichen. Bis jetzt zögerte ich noch, das Stanley-Messer zu Hilfe zu nehmen. Gewicht unter 34 Kilo."

Sonntag, 14. September 2008

„0.00 Uhr. Gestern setzten mich die Dulcolax völlig außer Gefecht. Das Gewicht ist auf weniger als 33,5 Kilo gesunken. Jetzt geht es besser.

1 Liter Wein, 3 Praxiten, 2 Seroquel, 2 Mirtabene. Nun verfüge ich gerade noch über 3 Mirtabene, 2 Seroquel und fast nichts im Kühlschrank.

Morgen um 16.00 Uhr Dr. Eisinger. Was ich möchte: Dass er die Diagnose Borderline akzeptiert. Dass wir Themen aus den Gesprächen mit Frau Mag. S. aufgreifen und ernsthaft darüber sprechen. Was wir bereden müssen, wie es mit meinem Körper weitergehen soll."

„Dr. Eisingers – na sagen wir professionelles – Verhalten"

Mittwoch, 17. September 2008

„,Hey, Dr. Eisinger! Es mag Sie erstaunen, aber ich weiß

mir doch zu helfen, manchmal, oft, öfter, manchmal, oft,

selten. Aber ich weiß den Zauberschlüssel jetzt.

Tun Sie nicht so, als hätten Sie alles im Griff!

Haben Sie denn alles im Griff?

12.05 Uhr. Am Montag sagte ich zu Dr. Eisinger:

,Auf der Baumgartner Höhe haben sie mir die Diagnose

Borderline, Sekundäre Anorexie und Alkoholabhängigkeit gestellt.'

Er: ,Eine Diagnose. Sie sind Sie.'

,Und was bin ich für Sie, Dr. Eisinger?' Ja, das hätte ich ihn fragen sollen. Frage ich zumindest jetzt. Und wozu die wegwerfende, kränkende Handgeste?

In den letzten Tagen sehr viele Panikattacken. Besonders quälend der widerliche Geschmack am Gaumen, gegen den ich machtlos bin, gegen den nichts zu helfen scheint. Extrem war die Panik nach dem Gespräch mit Frau Mag. S. über den quälenden Geschmack. Zuvor und während dieses Gesprächs am 22. August ging es mir sehr gut. Das Gefühl für mich selbst war nämlich wieder da. Ganz ohne Wein, Dr. Eisinger!

Unmittelbar nach dem Gespräch fühlte ich mich körperlich und psychisch total erschöpft und unendlich müde. Auf der Post, mit letzten Reserven, musste ich rauslaufen und erbrach den halben gegessenen Apfel.

Man starrte mich hilfsbereit an. Ich musste mich an der Mauer anlehnen. Eine

Taube pickte gierig mein Erbrochenes auf – absurde Straßenreinigung. Wie viele Promille zirkulierten jetzt in ihrem Blut?"

„21.30 Uhr. Der Morgen und Vormittag gekennzeichnet von extrem schlechter physischer Verfassung und von Panik deshalb.

Überlegte schon, die Rettung zu rufen.

Was mich davon abhielt – dass die nur Infusionen in mich hineinpumpen, ohne darauf Rücksicht zu nehmen, ob mein Körper so viel braucht, fesseln mich ans Bett, zumindest befürchte ich das.

Zu Mittag ein Fortimel (300 kcal), danach konnte ich einkaufen gehen.

Waage immer noch mit Jogginganzug nur 34,30 Kilo. Dazu Weinunverträglichkeit. Für morgen: das Gespräch mit Frau Mag. S. Präsent sind mir ihre Worte bezüglich meiner körperlichen Verfassung: ‚Sie wissen, dass das gefährlich ist.' Ja, ich weiß und spüre es."

„18.55 Uhr. Carol war vorhin bei mir. Leider redete nur ich. Zum Glück hatte mir der Go Botendienst um 15.00 Uhr die Medikamente gebracht, ich schluckte gleich ein Praxiten. Die Unruhe war einfach zu groß, selbst das WOHLTEMPE-RIERTE KLAVIER half nicht. Nein, da half nur ein Praxiten.

Heute eine tolle Dokumentation über Gustav Mahler."

„10.45 Uhr. Endlich wieder 8 Stunden durchgeschlafen. Nur wenig Gefühl der Schwäche, obwohl die Waage nicht mehr anzeigt: Welche Erholung!!

Sobald ich die Nase ein bisschen heben kann, wird naturgemäß der Schläger aktiv. So beschloss ich schon vormittags zum Glas zu greifen.

Ja, so ist das. Aber noch bevor mich der Alkohol k.o. setzte, ging ich einkaufen.

Meine Beine funktionieren problemlos, auch der Rücken.

Nur Übelkeit, Sehstörungen und übler Geschmack. Jetzt bin ich müde und erschöpft. Aber zumindest habe ich geschrieben!!!"

Diese Aufzeichnung ist das letzte Lebenszeichen. „Es gibt so viele Arten aufzuhören. Und wo soll etwas aufhören, wenn nicht im Herzen?" Gefunden wurde Almuth am 26. Oktober 2008, eingesunken in den Fußboden. Die Umstände ihres Todes sind nicht bekannt. Wohl aber der Anfang des immensen Leidens, an dem sie zugrunde ging.

Almuth Anders: ANGESCHMIERT

Manchmal denke ich mir, es wäre eine große Beruhigung, Anstreicher geworden zu sein. Tagtäglich auf einer Leiter zu stehen und Wände zu bemalen. Mit breiten Pinseln, die ich in große Farbkübel tauche, um Steinen und Mauern neue Farben zu geben. Alle hässlichen Hindernisse wegwischen, das wäre die tagtägliche Bewegung der Hand.

Dieses Handwerk lässt sich leicht und kostensparend ausprobieren, in der eigenen Wohnung. Doch griff eine gewisse Akribie, die als Genauigkeit auszulegen gelogen wäre, um sich. Eine seltsame Furcht vor Vergessen, vor durchscheinenden Flecken, griff um sich.

Obwohl es mich quälte, habe ich dieser Akribie nachgegeben und mir eingeredet, sie würde mir Freude bereiten, diese nie endenwollende, niemals zufrieden stellende Arbeit, dieses jedem Schmieren gänzlich entgegen gesetzte Streichen. Selbst Worte wie 'ich' und 'meine Natur' nahm ich streichend in den Mund. Und wie ein Streicheln klangen mir solche Bezeichnungen im Ohr, das schmerzte und brannte vom ständigen auf der Lauer liegen, ob es das Wort 'schmieren' zu hören bekommt, das im Handumdrehen auch für 'schlagen' verwendet werden kann. Dass Streicheln gegen Schmerzen hilft, habe ich schon als Kind zu glauben versucht, denn Ungläubige kommen ja angeblich in die Hölle.

Dies alles erzählte ich einem Kunststudenten, mit dem ich mich damals gelegentlich traf, und der derart kindliche oder auch praxisbezogene Probleme jederzeit kunsttheoretisch zu erklären wusste. Er legte mir mit überlegen wissendem Lächeln nahe den, wie er sich ausdrückte, 'Pinsel zu ergreifen'. Ich konnte darauf kein Wort mehr sagen, blickte nur auf meine farbverschmierten Hände.

Endlich war das Zimmer ausgemalt, so weiß, mit so klaren Linien. Ich konnte darangehen in diesen vier Wänden zu leben. Ihr strahlendes Weiß gebot, niemanden herein zu lassen, damit er sie nicht beschmutzen kann, mich selbst zu dem gleichen Zweck vorsichtig zwischen ihnen zu bewegen, das Zimmer mit das Weiß nicht berührenden Gegenständen einzurichten, und schließlich auf jede noch so kleine Beschmutzung der Wände genauestens zu achten, um sie auf der Stelle ausbessern zu können.

Obwohl ich innerhalb kürzester Zeit vor lauter Anstrengung bei der Erfüllung dieser mir gebotenen Gesetze kaum mehr Kraft hatte, auf die Straße zu gehen, und selbst im Bett liegend zu schwach für dieses Liegen war, nannte ich diese Wohnung 'meine geliebte Wohnung', schrieb es selbst auf ein Schild, das ich an die Türe hängte.

Tagtäglich ließ mich die Erschöpfung in einen traumlosen Schlaf fallen in dem keine Erholung war, und der an meiner letzten Kraft zehrte. Schließlich war überhaupt keine Kraft mehr vorhanden um etwas Fleckiges auszubessern, keine mehr für eine Bewegung, der Weg zur Tür unüberbrückbar weit, zur Tür, vor der ohnehin niemand stand. Auch um 'Beobachtungen anzustellen' war ich zu schwach geworden. Nur noch beobachten war möglich, beobachten, wie ein Todkranker atmet, damit das Herz weiterschlägt.

Die Wände wurden, während ich dalag und sie anstarrte, von Jahr zu Jahr fleckiger. Das Haus in dem ich lebte, malte ihnen von hinten sein Bild auf: Gelbe feuchte Flecken, bröckelnde Risse. Was hätte ich anderes tun können, als mich mit der Zeit daran zu gewöhnen, Abstriche an meinem Anstrich zu machen. Aus Verzweiflung darüber stand ich taumelnd auf und öffnete die Tür für jedermann. Es kamen nicht viele, aber einige von ihnen, als sie mich so schwach im Bett liegen sahen, stahlen mir das Wertvollste. "Nimm das auch noch mit", schrie ich und warf dem einen oder anderen die eine oder andere Preziosität nach. Die Verzweiflung gibt einem dazu Kraft.

Aber es kam auch ein anderer herein, in die fast schon gänzlich ausgeräumte Wohnung. Gläubige halten das für das Wirken Gottes. Ich besitze nicht einmal den einfachsten Kinderglauben mehr, ganz zu schweigen von einem tieferen oder höheren Glauben: alles ausgeräumt. Und ich weine dem keine Träne nach, das Zeug taugt nicht, wenn's drauf ankommt. Ich sage deshalb, der da hereinkam, war gekommen weil er den Atem kannte und spürte, der das Herz ohne jedes Gottvertrauen weiterschlagen lässt, auch wenn sich der Körper dabei vor Schmerzen krümmt. Er hat mich für eine zeitlang mitgenommen, fort aus dieser Wohnung, und mich zwischen weiße Wände auf gesunden Mauern gelegt. Mehr konnte er nicht tun, als mir etwas Erholung zu gönnen und mir zu zeigen, dass es wirklich weiße Mauern gibt. Mit solchen Erinnerungen kann man Beobachtungen anstellen.

Das tat ich, als er wieder gegangen und ich in meine Wohnung zurückgekehrt war – denn wo hätte ich hingehen sollen, so allein. Es wäre unsinnig, hoffnungslos und vergeblich gewesen, auf der Straße stehen zu bleiben aus Angst vor fleckigen Wänden. Und was gab es Unsinnigeres, Hoffnungsloseres und Vergeblicheres, als die Wände dieser Wohnung weiß halten zu wollen.

Ich vergaß große, breite, feine und dünne Pinsel und griff gleich zum Kübel. Die Farbe war nicht weiß, jenes Weiß, das man in jedem Geschäft kaufen kann zwecks Übertünchung. Rot war sie und gemischt von mir selber. Nicht für Wände waren die einzelnen, von mir gemischten Rottöne bestimmt, sondern für kleine Bilder. Nicht en Gros konnte man diese Farbe kaufen, sondern ich musste sie aus allen auffindbaren Tiegeln zusammenmischen, notfalls etwas Wasser dazugeben, damit sie ausreicht und nicht eindickt auf ihrem Flug. Dann schleuderte ich das Rot an die Wand. Und aus Verzweiflung, weil sich nicht von selbst ergab, was ich mir wünschte (nämlich mich selber dort blutig zerplatzt zu sehen), gebrauchte ich meine Hände, griff schließlich zu einem wie ich blitzschnell entschied geeigneten Pinsel. Das Rot, dieser undefinierbar an die Wand geknallte Fleck, musste verteilt werden. Alles war sonst nicht verständlich, nur Schmiererei und nicht einmal das. Angeschmiert meine, wenn auch hässliche, fleckige, so doch meine Wand, und ich selber und jeder, der es sieht.

Verteiltes Rot schließlich. Aber es war nicht genug, dieses Rot, selbst wenn es meines war. Und ich suchte nach anderen Farben, nach meinem Blau, dem Gelb und Grün, die schreien.

Es ist ein schönes Bild geworden, so dachte ich lange Zeit nachher, am Boden sitzend und es aus einer Ecke beobachtend. Dort am Boden saß ich nun immer länger, unfähig aufzustehen, jetzt, nachdem Beobachtungen angestellt worden waren und wirkliche Erinnerungen wachgerufen hatten.

Und wirklich war, dass der, der mir die weißen Wände gezeigt hatte, unwiederbringlich gegangen war, und wirklich war, dass ich ihm wieder wie ein Kind die weißen Wände geglaubt hatte – nicht hätte – selbst wenn er gelogen hätte, was er nicht hat. Und wirklich war, dass ich rote Farbe an die Wand und mich damit fortgeworfen hatte.

Dass er fortgegangen war, das war eine wirkliche Erinnerung und ihre Wirkung der Gedanke, ähnliche Erinnerungen seien nicht wirklich weiß, sondern in Wirklichkeit fleckig. Aber wer kann schon über Wirklichkeit entscheiden? Von der Unmöglichkeit solcher Entscheidungen leben die Gottesurteile Aber ich halte es lieber mit dem Atem und weil mir der, als hätte ich die Wände meines Zimmer eingeatmet, aus einer fleckigen Lunge kam, sah man sich, blind für fleckige Wände, gezwungen, mich ins Bett zurück zu zwingen.

Ich weiß nicht, wie lange ich dort lag, vielleicht schon seit immer. Die ganze Zeit über kam niemand in meine Wohnung. Irgendwann entschied ich aufzustehen, jemand hatte mich nach draußen gerufen. Oder war es ein Traum? Vielleicht schlief ich noch, ohne es zu merken. Als ich wirklich aufwachte, war da ein großer Blutfleck am Boden, mein Blut, und ich lag darin. Hineingemalt wie Blau und Grün, dunkles Augengrün, denn schreien darf man nicht.

Das ist wirklich gewesen, kein Gottesurteil, und es gab wirklich einen Menschen, der Schreie hört, die nicht geschrieen werden dürfen – auch ohne Gottesurteil. Aber ich kann nicht sagen, welche Wirkung das auf andere Wirklichkeiten hat. Einfach wäre ein endloses Hinterherlaufen hinter Wirklichkeiten. Aber es ist eine ebenso einfache endenlose Geschichte.

Frau Mag. Sp.: Ein Portrait von Almuth Anders

(5. Oktober 2012)

Frau Anders kam 2006 zur Beratung zu meinem Kollegen in die Wiener BerufsBörse (ein Beratungszentrum für Sucht und Arbeit), der ihr die Teilnahme an der von mir geleiteten Alkoholgruppe empfahl. Frau Anders war eine zarte, blasse, beinahe durchscheinende Frau, optisch eine unauffällige Erscheinung, in der Gruppe eine scharfe Beobachterin, eine zurückhaltende Erzählerin, die durch große sprachliche Gewandtheit und einen klugen Humor auffiel.

Wenn es ihr einigermaßen gut ging, machte ihr die Gruppe sichtlich Freude. Liest man die Beratungsprotokolle der Jahre 2006-2008, so sieht man die enormen Schwankungen, denen Frau Anders' Gesundheitszustand unterworfen war, es war ein ständiger Wechsel zwischen exzessiven Alkohol-/Bulimierückfällen mit Vernichtungsgedanken und Phasen der Abstinenz oder dem Ringen darum.

Stationäre Aufenthalte wechselten mit Zeiten des totalen Rückzugs in die eigene Wohnung, wechselten mit Momenten des hoffnungsvollen Hinausgehens in die Welt. Frau Anders war oft erschöpft. Erschöpft davon, immer wieder hinzufallen, immer wieder aufzustehen, erschöpft von den Erlebnissen ihrer traumatischen Kindheit, erschöpft von vielen Jahren Therapie. Ich empfand große Sympathie für Frau Anders, mochte ihren Humor, die tiefsinnigen Gedanken. Als Beraterin erzeugte sie bei mir aber auch Ohnmachts- und Hilflosigkeitsgefühle – über die Jahre gelang es uns nicht, den Kontakt stabil aufrecht zu erhalten. Mein Kollege und ich meldeten uns immer wieder bei Frau Anders, wenn sie aufgrund von Rückfällen Termine versäumte oder sich länger nicht meldete. Eine kurze Zeitlang hielten wir über E-Mail Kontakt, die Nachrichten habe ich aufgehoben, es sind die Gedanken einer liebenswürdigen, klugen, verzweifelten, schwer kranken, einsamen Frau.

In einem Beratungsgespräch zum beruflichen Wiedereinstieg habe ich Frau Anders wohl enttäuscht. Wie schon mein Kollege und ein anderer Berufsberater davor, hatte ich ihr abgeraten, nach der langen Arbeitslosigkeit sofort wieder Vollzeit in den Arbeitsmarkt einzusteigen. Habe ihr vorgeschlagen, den sanfteren

Einstieg über Kurse, Beschäftigungsprojekte zu wählen. Sie machte so einen verletzlichen und zerbrechlichen Eindruck, ja, mit dem Wunsch, sie zu schützen, habe ich es ihr nicht zugetraut, sich auf dem Arbeitsmarkt zu behaupten.

Im Gespräch über ihre Trinkexzesse hatte ich immer das Gefühl, als würde ihr das Leben zwischen den Fingern zerrinnen, unaufhaltsam. Die extrem lange Therapiedauer gab natürlich Anlass zu Spekulationen. War sie da wirklich gut aufgehoben? War diese Therapie lebens– oder doch vielmehr krankheitserhaltend? Man mischt sich in therapeutische Prozesse ja nicht ein…….. Was noch besonders typisch für Frau Anders war: ihr extrem ausgeprägtes Schamgefühl, ihre Überzeugung, nicht zumutbar zu sein. Gefühle, die mich in den Gesprächen mit ihr sehr berührt haben. Ich hoffe, ihr zumindest in manchen Momente ein wenig hilfreich gewesen zu sein. Ich freue mich sehr, dass ihre Aufzeichnungen erhalten bleiben, das ist eine schöne und angemessene Würdigung für diese am Leben verzweifelte, liebenswerte Frau.

Interview mit Florian Ziegler

(Wien, 28. Februar 2014)

In Florian Zieglers Café hat Almuth drei Jahre als Kellnerin gearbeitet. Aber sie kannte ihn schon als Studentin. Wir sprechen über sie:

"ALMUTH. HEUTE WÄRE SIE 51 JAHRE ALT GEWORDEN"!

Er hat sie – seit nunmehr fast 30 Jahren – im Gedächtnis behalten als „liebenswert, phantasievoll, von außergewöhnlicher Intelligenz. Gewinnend, geistreich im Umgang und im Gespräch mit den Gästen. Sie war eine junge Frau, die den Geist der Menschen bewegt hat. Zugleich äußerst korrekt. Sie bestand sogar darauf, dass sie den Wein, den sie während der Arbeit trank, selbst bezahlt. Deswegen wurde immer eine Extra-Steige Wein für sie verwahrt. Auch in ihrer Abrechnung gab es nie eine Unregelmäßigkeit".

Ich frage: „Was hat Sie beide auseinandergebracht? In den Tagebüchern ist die Rede davon. Was ist zwischen Ihnen geschehen?"
Die Antwort: „Geschehen ist nichts. Es war nur, dass sie eines Tages sagte, ‘ich muss aufhören. Ich komme nicht mehr.‘ Ich habe hier bei mir immer noch ihre Tasche …"

Auch die Mutter von Florian Ziegler war Almuth wohlgesonnen. Sie hat viele Male versucht, Almuth vor ihrem Arztvertrauen zu warnen, in Beispiele gefasst, die aus ihrer eigenen Erfahrung herrührten. Wie die Erzählung von dem KZ-Arzt, der den Kindern eine letzte Berührung zuteilwerden lässt, bevor sie ins Gas geschickt werden.

Florian betont ausdrücklich, diese Warnung habe nur einem von Almuths Ärzten gegolten.
Doch auch durch andere Erinnerungsbilder aus dem KZ hat die Mutter sich

bemüht, auf Almuth einzuwirken: Sie wollte Almuth deutlich machen, dass sie ihr eigenes Leben dazumal dem Entschluss verdankte, „nicht zum Appell hinaus zu gehen. Sondern in der Typhus-Baracke zu bleiben. Denn dort hinein trauten sich die SS-Leute nicht."

Zu Almuth sagte sie: „Dir ist immer, als müsstest Du zum Appell. Aber Du musst nicht zum Appell. Geh nicht zum Appell". Gemeint waren die „Therapiestunden" bei dem Therapeuten. „Du lebst mit einem Monster in Dir... Du machst Dir Dein Leben zum KZ."

Nachbemerkung

„Es wäre leichter zu sterben,
wenn überhaupt nichts von einem übrig bliebe,
keine Erinnerung in einem anderen Menschen,
kein Name … und keine Leiche.“
Elias Canetti

Das Buch umfasst eine Auswahl aus Almuths Tagebüchern.
Handschriftliche Aufzeichnungen in bunt eingefassten ‚Büchern‘, Heften, Briefen und auf losen Blättern, dazu grafisch gestaltete Computerausdrucke. Alle handeln von dem Versuch dieser jungen Frau, sich ihrer selbst zu vergewissern und außerhalb jeglicher Zugehörigkeit ihre Gedanken, Erlebnisse, Beobachtungen, Träume und Albträume festzuhalten.
Nicht aufgenommen sind Notate, wo die beklemmende Atmosphäre aus Selbstanklage und Angst sich im Psychopharmaka- und Alkoholrausch auflöst. Oder wo nur mehr die monotone Aufzählung der mörderischen Tablettenmengen und des täglichen „Symptomatik“-Rituals die Notate beherrscht – und das immer wieder vergebliche Bemühen zum verzweifelten Anreden gegen das Verstummen wird.

Almuths Lebensgefühl ist bestimmt von Zerstörung und Genuss, Sucht und Befriedigung. Ihre Angst kommt vom Ursprung her, von der frühen Kränkung durch die Mutter, vom physischen und seelischen Schmerz des sexuellen Missbrauchs durch den Vater. Nichts wurde je wiedergutgemacht.
Erinnerung und Träume, die quälen.
Sie notiert: ‚Zwanzig Jahre Vater-Mutter-Träume auf eine Diskette zusammenfassen und sie aufs Grab meines Vaters legen.‘ Und bei Bachmann findet sie die Worte: *Weil es … unverlautbare Wirklichkeit ist, die sich im Traum zu artikulieren versucht.*

Sie hat alles aufgeschrieben, was mit ihr geschehen ist. Und hat in ihrem versehrten Selbstwertgefühl eine Spur von sich hinterlassen als ‚sonderbare Hure‘.

Viele Aufzeichnungen sind von Zitaten beherrscht, fast ohne Ausnahme Schmuckstücke der modernen deutschsprachigen Literatur. Keine Zitaten-Parade. Es sind die Schlüsseltexte, die Almuth ‚ins Herz gefallen sind‘ und sie *„getroffen haben wie Leben"*.
Indem sie Bachmann und Kafka, Thomas Bernhard, Handke, Robert Walser oder Paul Auster und die Japanerin Ito Hiromi, zuweilen über Seiten hinweg, ihren Tagebüchern einverleibt – in dieser ‚merkwürdigen Beziehung zur Literatur‘ erscheint ihr ihre eigene Geschichte. *„Und immer eins im andern, weil uns, wie Bachmann sagt, ‚am Leben im Höchstfall verständlich ist, was uns verständlich gemacht wurde durch Literatur‘."*

*

Drei Menschen sind es, die entscheidend wurden für Almuths Leben.
Ihr Vater und ihre Mutter, aber bei denen war die „legitimierte Verteilung der Autorität" auf den Kopf gestellt: Die Mutter kalt, dominant, misstrauisch, peinlich bedacht auf den Schein von ‚Ehrbarkeit‘. Der verbrecherische Vater, unterwürfig, durch niemandes moralische Missbilligung gehemmt und nie zur Rechenschaft gezogen.
Der dritte ist der Wiener Psychiater und Psychotherapeut Dr. Viktor Eisinger. Von seiner Patientin im Verlaufe der 18 Jahre dauernden Therapie mit dem wahrhaft bestechenden Vertrauenssiegel ‚Lebensretter-Virus‘ ausgezeichnet.

Die Erfahrung von absolutem Vertrauen und Geborgensein verteilt sich für Almuth nur auf wenige Menschen.
Ihre verehrte **Professorin Dr. F.R.** am Innsbrucker Gymnasium. Dank ihrer Zuwendung und respektvollen Kritik lernte Almuth Mut zur Aufrichtigkeit, vor sich selbst und vor andern. Aber auch Mut, an die eigene Begabung zu glauben. Wenn sie einmal sagen wird ‚Literatur, nur davon kann ich mich ernähren‘

– der Boden für ihre Liebe zur Literatur wurde ebenfalls von dieser Professorin bereitet.

Dr. Emanuel Drosthof, Almuths ‚geliebter Kurztherapeut‘. Nicht länger als fünf Monate. Aber ein singuläres Ereignis. Er hat als Arzt gehandelt, der viel von der *seltenen Kunst des Heilens** versteht. Und der weiß – anders als der bekannte Typus Freudscher Denktradition verpflichteter Therapeuten –, dass auch ihm mitunter *nur wenige Heilmittel zur Verfügung stehen, die mächtiger sind als ein sorgfältig gewähltes Wort**. Er hat gesehen, dass Almuths Leben durch die seelischen Verletzungen des sexuell missbrauchten Kindes zerstört werden könnte. Wäre die Therapie mit ihm fortgesetzt worden, die drohende Zerstörung hätte nicht wahr werden müssen. Almuth hätte nicht mit 45 Jahren aufhören müssen zu leben.

Eine, die sich mit diesem Tod nicht abgefunden hat, ist **Carol,** die Freundin und Studienkollegin in Wien. Ebenso Lucy, die langjährige Brieffreundin aus Salzburg. Wenn **Lucy** von Almuths Tod spricht, geschieht es mit ungestilltem Zorn. Und wenn sie von sich spricht, hört es sich so an: „Ich bin ja *nicht gesund geworden*, aber *ich habe Hilfe bekommen*".

*

Almuths erfolgreicher Abschluss ihres Germanistikstudiums als ‚Einserstudentin‘ im Herbst 1988 an der Universität Wien galt ihr wenig, und war doch zugleich der Gegenbeweis zu ihrer allzeit lauernden Angst ‚wertlos‘ zu sein.
Etliche Jahre wird sie – neben ihrer Korrektoren-Arbeit in einem Verlag – die Verantwortung für ihre Doktorarbeit ROBERT WALSER UND DIE MUSIK wie einen Mühlstein vor sich herrollen.
Aus einem Vorbehalt gegen den akademischen Betrieb, namentlich gegen die „begrifflich hochgerüstete" Germanistik – ‚die Hochschulgermanistik macht nur dümmer‘–, lehnt sie es ab, sich noch einmal auf die jahrelang erprobte und verhasste akademische Praxis einzulassen. Sie wollte ihre ‚Diss‘– in Form und Anspruch – Robert Walsers eigener, scheinbar naiver, fragmentierter Schreibweise annähern, wie aus dem ‚Bauplan‘ der Arbeit, aufgezeichnet auf einem großen

Bogen Papier im Nachlass, und zwei Seminararbeiten zu erkennen ist.

Doch bei Kollegen und Professoren stößt ihre Widersätzlichkeit gegen die geforderte Denk- und Arbeitsweise auf schroffe Ablehnung.

Sie notiert: ‚Ich hab mir die Regeln der andern, oder was ich dafür hielt, zu eigen gemacht‘. Kein Wunder also, dass ihre Selbstzweifel und die Furcht, in der akademischen Konfrontation ihren geistigen Standort nicht verteidigen zu können, sich auswachsen zur totalen Entmutigung.

Almuth gibt auf.

*

Trotz allem hat sie den *Willen*, nicht bloß eine diffuse *Hoffnung*, gesund zu werden, um das Leben zu bestehen. ‚Ich will nicht an meiner Zerstörung arbeiten!‘ Weil es nicht so sein *muss*, weil es auch anders sein *kann*.

Fast täglich wird die Hoffnung auf ein ‚Leben ohne Angst und ohne Panikanfälle‘ neu beschworen: *„Ein Tag wird kommen“*. Und ebenso oft verzweifelt, als unerreichtes Phantom der Gesundung, verworfen. ‚Die Eigenverantwortlichkeit für diese Krankheit macht es so schwer, ‚friedlich mit ihr zu leben‘, lautet ihre paradoxe Selbstanklage.

*

Almuths **Briefe an Lucy** aus dem Jahr 1995 sind durchdrungen von einer geistigen Energie, die weder der Alkohol noch die Psychopharmaka haben kleinkriegen können und die über sieben Jahre hinweg Almuth und ihre Freundin in Salzburg tröstet und sie verbindet.

„Briefvertraut“ ist ihre Sprache wie mit ihrem prekären Dasein verwachsen. Wir wissen es nur von Almuth, doch es muss auch für Lucy gegolten haben: Ihr Körper ist so nah an den Worten, er ist in den Worten, von keiner Rücksicht auf die Konvention gehemmt. Scham und Diskretion als soziale Kontrolle sind aufgehoben. Keine fühlt sich gebunden an die Sache der ‚Schicklichkeit‘, des sogenannten ‚Anstands‘.

In unüberbietbar schonungslosen Geständnissen – so als dürfe endlich alles nackt gesehen werden, aber nie den Grenzen des Sagbaren entgleiten – setzt Almuth sich vor der Freundin der Rohheit ihres Kloaken- und ‚Abwaschfetzen‘-Gefühls aus.

416

Ebenso leidenschaftlich versorgt sie Lucy in den Briefen mit Literatur- und Musikempfehlungen ihrer Autoren, dazu die großen Komponisten und die Liedermacher, die alle scharf zielen und *„ins Schwarze treffen, ins Schwarze der menschlichen Natur"*. Schwarz aber sind auch Almuths eigene Gewaltphantasien, an denen sie sich labt, voll ‚Genugtuung zu sehen, wie jemand geschlagen, getötet wird'.

‚Der Film , den ich mit Faszination? Befriedigung? Verfolgte … Menschen von Gewehren und Pistolen durchlöchert, in die Luft gesprengt … Und ich sah zu, mit einer tiefen Befriedigung, war gefesselt von dieser >nach außen< gerichteten Aggressivität … Mir war, als würde man mir meine Erlösung von mir selbst vorspielen, und bei jedem Schuss schoss und stach ich mit.

So weit ist es mit meiner kranken Psyche gekommen. Die Gewalt, die da in dem Film gezeigt wurde, entspricht durchaus der Gewalt, mit der ich tagtäglich gegen mich selbst vorgehe. Ich glaube, ich bin diese Gewalt, die ich mir Tag für Tag antue, schon so gewöhnt, dass ich ihre Größenordnung gar nicht mehr wahrnehme – ebenso wie ich als Kind die Gewalt in meiner Familie für normal und mir zustehend hielt. Aber – so ohnmächtig gegen mich selbst geworden zu sein, dass ich mir nur in der Illusion eines so argen Films Erleichterung verschaffen kann, das ist sehr, sehr schlimm. Lucy, ich kenne mich selbst nicht mehr, ich kenne mich wirklich selbst nicht mehr.'

Diese intime Briefwelt verhält sich zur Außenwelt wie das Unmaß zum Maß. Vor den Mitmenschen draußen haben beide, Almuth und Lucy, ihr Leben so organisiert, dass es sein Geheimnis bewahrt. Welch große Kunst Almuth darauf verwendet hat, lässt sich erraten, wenn wir sehen, wie lückenhaft, mit Ausnahme von Lucy, das Wissen der Menschen von ihr ist, mit denen sie Umgang hatte. Als wäre es ihr gelungen (um es mit Pessoa zu sagen), *dass, wer sie am besten kannte, sie lediglich aus größerer Nähe verkannte als alle übrigen.*

*

Almuth Anders: Eine Existenz im Schnittpunkt einander ausschließender Realitäten. Wo das Verlangen nach Ordnung im Streit liegt mit den zerstörerischen

Zwängen ihrer Suchtkrankheit und der ärztlich beglaubigten Psychopharmaka-Abhängigkeit.

Hier das quälende, überhelle Bewusstsein: ‚ich will nicht an meiner Zerstörung arbeiten‘. Dort die Angst, die den Körper befällt und in seiner Sprache sprechen lässt: Unruhe, der Impuls, sich zu schneiden mit Stanley-Messer und Rasierklingen. Schlaflosigkeit. Depression. Dazu die Benommenheit nach einer Unzahl Tabletten. Tolvon, Dominal, Mogadon, Praxiten plus Xanor – Almuths persönlichstes Pharmakon. ‚Für die Menge, die ich geschluckt hab, fehlt mir schlichtweg der Überblick.‘

Und immer das Trostmittel Alkohol *„gegen die Nacht, die alte Feindin“.*

*

Genuss und Befriedigung. Sucht und Zerstörung. Das Gehirn spielt unabhängig von guten Vorsätzen.

So sieht Almuth sich zu bei der Gewöhnung an die *permanenten* Anfälle, von Nacht zu Nacht, die sie zum Tag macht. Permanent, das heißt bleibend. *„Kein Tag wird kommen.“* Die Krankheit nimmt unumkehrbare Merkmale an.

Trotzdem – sie kämpft lange gegen die ‚Pathologisierung‘. Weil sie weiß, dass *für krank erklärt werden* gleichbedeutend ist mit geringer ‚Sozialkompetenz‘ und Ausgrenzung, die durch Intelligenz nicht wettgemacht werden kann. Deswegen die ‚endlose‘ Zickzack-Linie aus Geheimhaltung, Hoffnung, Resignation. Und sie gerät doch immer weiter fort von den ‚Gesunden‘.

Sie hatte ja schon, wenig über dreißig Jahre alt, auf die Teilhabe an einem ihrer Ausbildung gemäßen Beruf verzichtet. Arbeitet stattdessen ein paar Jahre als Kellnerin – ‚viele tausend Schritte in Florians Café‘ – und nimmt, um das Jahr 2000, eine Anstellung als gutbezahlte Computergraphik- und Schreibkraft im Büro eines Finanzberaters an. Lernt, wider Willen, aus der Nichtigkeit ihrer Aufgaben, den öden Acht-Stunden-Büro-Tag mit Nebenbeschäftigungen – privaten Google-Recherchen, heimlichen Lesevergnügen – ‚herunterzubiegen‘. Oder wird aus Unruh zu immer neuen Käufen nobler Füllfederhalter und Tintenroller für mehrere tausend Euro verführt.

Es war eben nicht *ihr* Schreibtisch in jenem Büro, an dem man sich in Aktien- und

Börsenverläufe vertieft hat. Die Analysen wurden anderswo gemacht.

Als ihr mit ihrer Kollegin 2003 die erwartete Kündigung präsentiert wird, ist ihre Antwort wie immer von Angst durchtränkt. Kein Schock, keine Wut, nur Angst.

∗

Der Suche nach neuer Arbeit widmet Almuth konsequent ein ganzes Jahr. Weit über hundert Bewerbungen, um sich ‚einen halbwegs angenehmen Lebenswandel zu verdienen‘. Doch nur selten folgt der Bewerbung eine Einladung zum Vorstellungsgespräch. Und immer sitzt bei einem solchen Gespräch die Angst mit am Tisch.

Warum will sie niemand? Ist es ihre ‚kranke Erscheinung‘? Das ‚Totenkopfgesicht‘ mit 41 Jahren? Verzagt schreibt sie in ihr Tagebuch: ‚Der Gedanke, mich könnte jemand anstellen, ist illusorisch‘.

Unter der Last ihrer ‚Wertlosigkeit‘, die durch den ‚Antrag auf Notstandshilfe‘ noch drückender wird, entwirft sie von sich selbst ein vernichtendes Bild:

„Und nun sitze ich da. Eine unnütze, undankbare, dumme und faule, versoffene Sozialschmarotzerin. Nicht einmal ein Miststück, das wäre zu viel der Ehre, ein Stück ekelhafter Scheiße, das sich noch an die Hände anderer schmiert. Ein Stück Scheiße, das sich in der Not in ein Häufchen Elend verwandelt, um denen, die ihr helfen wollen, nichts als Scheiße zu hinterlassen. So viel zu meinem momentanen Selbstwertgefühl."

∗

‚Schreiben tut weh.‘ Umso mehr, wenn jemand wie Almuth ‚ein körperliches Verhältnis zu Worten‘ hat.

Jetzt ist sie wirklich ganz unten auf der ‚Rutschn‘ und alles, was den Alltag bewältigen heißt, ist nur noch ‚Tyrannei der Normalität‘.

Zur Normalität zählt, in der peniblen Bestandsaufnahme des täglich mehrmals verübten ‚Symptomatik‘-Rituals, auch die genaue Aufzählung der Überdosis Antidepressiva, Neuroleptika, Anxiolytika, die ihr abwechselnd von ihrem Psychiater, ihrem Hausarzt und einem Neurologen verschrieben werden.

Keinem der Verschreibungsärzte, die selbst mit Genuss speisen, ruhig schlafen und hingebungsvoll Tennis spielen, scheint aufzufallen, welche Schäden sie ihrer Patientin zufügen und wie deren Symptome sich durch die pharmakologische Manipulation verschlimmern. Dieselben „Arzneimittel", die Angstzustände und Depression „lindern" sollen, rufen unterdessen neue und schwere Symptome hervor: wilde Gewaltphantasien und Selbstmordwünsche, heftiges Zittern, das übergeht in eine Art Starrkrampf und durch Elektrolyt-Ausgleich nicht zu stillen ist. Immer öfter landet Almuth auf der Notaufnahme. Mit oder ohne neue Diagnose. Mit oder ohne ein neues Psychopharmakon. Aber wie zur Bestätigung der chronischen Unfähigkeit, zu arbeiten.

Ihre ‚Symptomatik', das Wort, mit dem sie die eskalierenden ‚Absturzkrisen' umschreibt, hat etwas von einer seitenverkehrten Bilanz. *Passiva* sind die Speisen und vielen Liter Wein, die sie als ‚Nachschub für die Süchte' einkauft und sich einverleibt, manchmal nur annagt und ausspuckt. (Großeinkauf im Supermarkt, der übervolle Einkaufswagen und die Frage der Kassiererin: Das kann die doch gar nicht alles essen, so dürr, wie sie aussieht.)
Als *Aktiva* erscheinen ihr die erzwungenen Ausscheidungen mit Hilfe einer Unmenge Dulcolax. Das Gurgeln und Blubbern im Bauch, bis zur Empfindung, sich zu verflüssigen.
Immer präsent in allem ist die Selbstbeschimpfung ‚schmutzig, feig, parasitenhaft'. Denn ‚Schmutz darf sich nicht den kleinsten Fehler erlauben'. Sie muss ihren geschundenen Körper ‚reinwaschen von dem Verbrechen', gegessen zu haben, und darauf achten, ja nicht 100 Gramm mehr auf die Waage zu bringen. Draußen will sie sich nicht mehr sehen lassen. Fürchtet und hasst das Tageslicht. Zwingt sich mit Tabletten in den Schlaf. Ihre Zeit ist die Nacht, wo die Anfälle von Essgier und Erbrechen über den Versuch weiterzuleben bestimmen.

Und zugleich meistert sie vor ihrem Psychiater mit viel Umsicht und Beherztheit die Geheimhaltung der Bulimie und der maßlosen Tablettenmengen.
Seit langem schon sind die Therapiestunden ein Auftritt, für den sie sich stoisch

bereitmacht: keine Verhaltensregel verletzen. Die Fassade, das Gesicht wahren. Für sie heißt es: ‚Dr. Eisingers Vertrauen in meine Stärke nicht untergraben‘.

*

Achtzehn Jahre blieb Almuth Anders an Dr. Viktor Eisinger gefesselt. Obwohl ihm etwas Entscheidendes fehlt, das seine Patientin gleich im Anfang der Therapie erschreckt hat, als er zu ihr sagte, er habe „das Gefühl, dass sie die Kurve kratzt“.

Darüber erschrocken war sie nicht, weil sie ein feines Gehör für sprachliche Nuancen besaß. Sie vermisste die Einfühlung. Einfühlung in ihre Angst und die Verzweiflung. ‚… die wollen Sie nicht sehn?‘

In der ersten Therapiezeit erlebt sie, wie er unangenehme Fragen ‚wegschiebt‘. Fragt sich: ‚Habe ich ein Recht darauf, dass Eisinger sich so verhält, wie es für mich gut ist?‘

‚Neulich der Gedanke, nicht mehr zum Eisinger zu gehen.

Ich habe das Gefühl, wirklich draufzugehen. Ich höre nur Vorwürfe.

In meinem Kopf dröhnt es davon.

Eisinger: „Ihre Antriebslosigkeit.“

Dr. Eisinger, wie auch immer Sie

es gemeint haben, es ist, als würde etwas mit Widerhaken in meiner Mitte herumzerren‘.

Da ist von Anfang an ein Riss.

Anstatt sich bei ihrem Psychiater sicher zu fühlen, glaubt sie ständig, geprüft zu werden. Und dass sie den Bedingungen gehorchen muss, unter denen das Urteil über sie gefällt wird. Wirkliche Anteilnahme erfährt sie nie.

„Sagt er auch schon ‚die Geschichte mit Ihrem Vater‘? Immer wenn ich mit ihm darüber spreche, ist mir, als würden wir von zwei verschiedenen Dingen reden. Was tut er? Einmal ‚wegschieben‘, für nicht so wichtig erklären … und ich habe nur das Gefühl, mitgeschoben zu werden … Nicht hier die Geschichte – dort ich.

Die Geschichte bin ich."

Sie geht aber auch nicht weg. Gleichwohl verrät ihr ein Traum die „unverlautbare Wirklichkeit".

„Heute habe ich vom Eisinger geträumt, ein langer Traum: Ich war im Spital, alles feindlich, man schob mich hin und her, legte mich zu ihm auf die Station, wie in ein Kuckucksnest.

Er regte sich auf, schimpfte, aber er schrieb mir einen Brief, erklärte mir, dass das alles nichts mit mir zu tun habe, dass er nur nach außen hin mitspiele. Ich könne ganz sicher sein, mich geborgen fühlen, es würde mir nichts geschehen. Ich solle nur einfach nach außen hin mitspielen, vor allem die Tabletten schlucken, sie würden mir nichts tun, wir wissen ja um ihre Zwecklosigkeit, um keinen Verdacht aufkommen zu lassen."

Ob es zum Therapiekonzept des Psychiaters gehört hat, seiner Patientin während der Stunden Einblick in sein Familienleben zu gewähren, indem er von seinem Schwager und immer wieder von seinem Sohn erzählt? Und gleichzeitig in ihr die Illusion weckt, nicht viel anders zu sein als die Menschen, mit denen er privaten Umgang pflegt?

Das alles schürt ihre Angst, nicht zu genügen, vor ihm als ‚Schandfleck' dazustehen.

Wenn Dr. Clarin, Almuths erster Therapeut, sich mit dem Geständnis begnügt hatte, die Stunden mit ihr seien so unterhaltsam, dass er sich fragt, ‚wofür sie ihn bezahlt'– der Psychiater Dr. Eisinger lässt sich nicht im mindesten anmerken, was er über achtzehn Jahre hinweg ihren ‚Briefbüchern' und ihrer ‚Zettelwirtschaft' abgewonnen hat:

„Ganze Bücher habe ich auf diese Weise meinem Onkel Doktor vollgeschrieben und ihm einfach erzählt, was dieses Buch mit jenem und dann auch noch mit dieser Musik zu tun hat, die dann wieder etwas mit jener Aufnahme gemeinsam hat, die mich an wieder ein anderes Buch erinnert, damals als ich ihm noch schreiben konnte."

Sie nennt ihn ‚Lebensretter-Virus', weil er sie ‚am Leben hält'. Doch hat er nicht in Wahrheit nur ihre Krankheit zum Tode erhalten?

Eine „anorektische Alkoholikerin", die gezügelt werden müsste, aber nicht zu zügeln ist, weil sie sich selbst nicht zügeln *kann*. Ihren „Willensschalter für einen Entzug auf ON drücken". Das würde er gerne tun, wenn er wirkliche Macht über sie hätte. Dabei fällt ihm nicht auf, wie unsinnig ein solcher Appell an die rationale Einsicht ist.

Seine Sentenzen „All diese Selbstschädigungen rechnen sich nicht" und „In Ihrer Situation hätte man sich längst umbringen müssen" – sie lesen sich so vollkommen ohne jede Emotion, dass jeder Satz wirkt wie die eiskalte Tatsache einer Ohrfeige.

Ob sie geahnt hat, dass ihr Therapeut längst schon *„das Ziel hinter sie gestellt sah"* und er die Kurve begradigt hatte, die sie hätte kratzen sollen? Immerhin fragt sie sich: ‚Hat eine Therapie Sinn, die ich mit meinen letzten Kräften dem Tag abkämpfe?'

*

‚Mein Körper ist zu schwach für sich selbst.' Das hatte Almuth geschrieben, als sie noch 45 Kilo wog, im Jahr 1987. Ihren Körper empfand sie damals als einen ‚Kinderkörper', der sie ‚anwidert'.

Seitdem sind einundzwanzig Jahre vergangen. Sie wiegt jetzt weniger als 33 Kilo und ist extrem schwach.

Aber trotz der körperlichen Schwäche beschäftigt sie in ihrem letzten Lebensjahr für eine Weile die schier unfassbare Möglichkeit einer andersartigen Zukunft. Die MÖGLICHKEIT, nicht die ZUVERSICHT, ‚dass alles doch noch ganz anders werden könnte'.

Der Antrieb, eine solche Möglichkeit zu denken und von einem Gespenst wieder zu einem leibhaftigen Menschen zu werden, war beflügelt worden von zwei unverhofften Begegnungen. Die Psychologin Magister S. auf der Baumgartner Höhe und die Psychologin Magister Sp. von der Berufsbörse Wien. Sie holen Almuth – dank ihrer Fähigkeit, sich wirklich in die Patientin einzufühlen – aus der

Apathie.

‚Mein Therapeut Dr. Viktor Eisinger sieht mich als magersüchtige Alkoholikerin. Die überaus wohltuend verständnisvolle Therapeutin am Otto-Wagner-Spital [Baumgartner Höhe], Frau Mag. S., sieht mich als hoffnungsvolle Borderline-Patientin.

Ja – wo, wer oder was bin ich, und wo liegen realistische Chancen im alltäglichen Berufsleben? Wie komme ich nach der Baumgartner Höhe dorthin?'

*

Doch binnen weniger Wochen verliert sich das ‚hoffnungsvolle Lebensgefühl'. Almuth spürt – ‚wie in einer Spirale abwärtsgedreht'–, dass die Zerstörung sich beschleunigt. Weil auch die Psychopharmaka sie wie „über Gebühr ausgenutzte Wohltäter" im Stich lassen. Tagaus, tagein ein Cocktail aus 4 Praxiten, 6 Seroquel, 2 Mirtabene oder 4 bis 5 Xanor. Wen erstaunt es, dass sich jetzt nur noch die Langzeit-Nebenwirkungen austoben? Brutalste Gewaltphantasien, die Faszination und Befriedigung, jemanden straflos zu misshandeln. Nicht mehr auf dem Umweg über einen sadistischen Film, diesmal ist ihre eigene Hand am Werk. Doch es ist nicht mehr *sie*, es ist ihr Xanor-Praxiten-Tolvon-Seroquel-Mirtabene-geschädigtes Gehirn, das handelt:

‚Hackte der Schwester Rosi mehrmals den Kopf ab, es war geradezu eine Freude, dass sie immer wieder nachwuchsen, diese griesgrämigen Gesichter. Ich sammelte sie ein und packte sie in eine Schachtel, so, dass sie sich gegenseitig anschauen mussten. Irgendwann träufelte ich noch Salzsäure hinein, damit die vermeintlichen Lachfalten bis zu den Wangen hin Löcher kriegten.'

Und: Zuerst knallte ich diverse Autofahrer mit dem Zielfernrohr ab, machte einige Passanten um einen Kopf kürzer – und begann schließlich mit dieser Frau Helene ... Ich begann mit ihrer Zunge. Schön fein säuberlich, Stück für Stück kürzer gemacht. Dann den Mund zugenäht – achtsam. Dann die Ohren mit der Zackenschere zerfranst. Die Augen nähte ich ihr auch zu, damit sie nur sich sieht. Schließlich erhängte ich sie an ihrer ach so bewunderten Schürze. Einen Kochlöffel in den Arsch. Wie ein Wetterhahn hing sie da. Zu guter Letzt einen

Spaghettitopf mit siedend heißem Wasser unter die Füße.'

Für diese Sprachbilder, die ihr wie Kröten aus dem Mund springen, bekommt sie von ihrem Psychiater herzhaften Applaus. Dr. Eisinger gönnt ihr die Genugtuung seiner unverhohlenen Erheiterung.

Doch bald darauf, ganz nah am Ende, muss sie sich gefallen lassen, dass der Doktor ihre Borderline-Diagnose auf dem Formular der Klinikärzte von der Baumgartner Höhe mit einer ,wegwerfenden, kränkenden Handgeste' und den Worten abtut: „EINE DIAGNOSE. SIE SIND SIE."

Sieht er wirklich keine Verbindung vom einen zum andern?

Und Almuth? Vielleicht hat auch sie selbst über die durchlässige Grenze zwischen ihren pathologischen Phantasien und der Borderline-Diagnose nicht nachgedacht. Aber drei Tage vor der letzten Eintragung am 20. September 2008 wagt sie – wie damals im Anfang der Therapie – in ihrem Tagebuch eine direkte Frage an ihren Therapeuten: ,UND WAS BIN ICH FÜR SIE?' Was soll die verächtliche Geste?

,Hey, Dr. Eisinger!

Es mag Sie erstaunen …

Tun Sie nicht so, als hätten Sie alles im Griff!

Haben Sie denn alles im Griff?'

Diese Psychotherapie – nur ein fragwürdiges Geschäft mit Almuth Anders' verletzter Seele?

Gewiss, dem zerstörten, zerbrochenen Vertrauen Zeit zur Heilung lassen – nicht im Wortsinn einer vollständigen Gesundung –, ein solcher Heilungsversuch kann gelingen oder er kann missraten, je nach den Grundlagen der helfenden Therapie, im Umgang des Psychotherapeuten mit den seelischen Verletzungen der Patientin.

„Der Arzt und Therapeut braucht Mut und Kraft,
Geduld und Liebesfähigkeit, dazu intellektuelle
Wachsamkeit und professionelle Erfahrung, um
psychisch Kranke anzuhören, sich nicht von ihnen
zu distanzieren und sich ohne Überheblichkeit
des vermeintlich Gesunden von ihnen beeindrucken
zu lassen. Allein unter diesen Voraussetzungen kann
der Therapeut wirklich Anteil nehmen an der
existentiellen Einsamkeit der psychisch kranken Peron.“

So lautet eine Forderung des großen italienischen Psychotherapeuten Gaetano Benedetti. Aber Almuth hatte nur einmal und nur für eine Weile das Glück, einem solchen Arzt zu begegnen, ihrem „Kurztherapeuten“ Dr. Emanuel Drosthof.

Nur er hat Benedettis Forderung eingelöst und das unangefochtene Vertrauen seiner Patientin zu gewinnen vermocht.

So steht am Ende der verstörende Gedanke, dass Almuth Anders – gleich ihrer Freundin Lucy – hätte gerettet werden können, *wenn* … Und dass sie zugrunde ging, weil das Jahrzehnte währende Unvermögen therapeutischer „Behandlung“ unausweichlich in die Katastrophe führen musste.

Inge von Weidenbaum   Rom, im März 2015

Die Namen der Personen sind mit Rücksicht und auf Bitten der Betroffenen anonymisiert. Dr. Viktor Eisingers alter ego hat sich nicht nur getreu dem Gelöbnis verhalten „alle ihm anvertrauten Geheimnisse über den Tod der Patientin hinaus zu wahren“. Er hat es vorgezogen, sich absolut unerreichbar zu machen.

Anmerkungen

Hermann BROCH 1886-1951, naturalisierter US-Bürger österreichischer Herkunft, Schriftsteller, Dramatiker

21. Mai 85

Franz KAFKA 1882-1924, DER PROZESS

1. August 1985

Maria SELVINI-PALAZZOLI 1916-1999, italienische Neuropsychiaterin und Psychotherapeutin, ANORESSIA MENTALE. Deutsch MAGERSUCHT. Stellt d. Bindungen d. Menschen in seinem sozialen Umfeld in den Vordergrund der ursprünglichen Entwicklung des Selbst

24. Jänner 86

Jacques DERRIDA 1930-2004, französischer Philosoph, marokkanischer Herkunft. Direktor der École des Hautes Études en Sciénces Sociales, Paris
Sarah KOFMAN 1934-1994, französische Philosophin polnischer Herkunft
Gilles DELEUZE 1925-1995, französischer Philosoph
Hélène CIXOUS geb. 1937, französische Schriftstellerin tunesischer Herkunft. Kritikerin, feministische Philosophin

28. Feber 86

Ein Käfig ging einen Vogel suchen/ Umkehrung von KAFKAs „Ein Vogel ging einen Käfig suchen" aus: HOCHZEITSVORBEREITUNGEN AUF DEM LAND

13. April 86

Franz KAFKA, BRIEFE AN MILENA

20. Mai 86

Clarice LISPECTOR 1920-1977, brasilianische Schriftstellerin, Dichterin, Malerin ukrainischer Herkunft

26. September 86

Alain ROBBE-GRILLET 1922-2008,französischer Schriftsteller, Drehbuchautor, Regisseur

12. Oktober 86

Philippe LEJEUNE geb. 1938, französischer Literaturwissenschaftler. Von ihm stammt der Begriff des „autobiographischen Pakts"

15. November 86

Roland BARTHES 1915-1980, französischer Schriftsteller, Linguist, Semiologe, Kritiker

13. März 87

Peter SLOTERDIJK geb.1947, deutscher Schriftsteller, Philosoph, Professor für Philosophie und Ästhetik an der Hochschule f. Gestaltung u. Ästhetik in Karlsruhe und an der Kunstakademie Wien

14. Mai 87

Jacques LACAN 1901-1981,französischer Psychiater und Psychoanalytiker. Berühmt durch seine Neuinterpretation der Schriften S. Freunds
Julia KRISTEVA, geb. 1941, französische Philosophin bulgarischer Herkunft, Literaturtheoretikerin, Psychoanalytikerin

9. Juli 87

Nathalie SARRAUTE 1900-1999, französische Schriftstellerin russischer Herkunft Maurice BLANCHOT 1907-2003, französischer Schriftsteller, Philosoph, Kritiker

Anais NIN 1903-1977, US-amerikanische Schriftstellerin französischer Herkunft

Gaston BACHELARD 1884-1962, französischer Wissenschaftsphilosoph und Epistemologe

Ohne Datierung „Briefe an Dr. Eisinger"
S. 90 Abschnitt 4
Ludwig WITTGENSTEIN 1889-1951, österreichisch-britischer Philosoph. Hauptwerke TRACTATUS LOGICO-PHILOSOPHICUS 1921 und PHILO-SOPHICAL INVESTIGATIONS postum 1953
S. 91 Abschnitt 10
Lars GUSTAFSON, geb. 1936, schwedischer Schriftsteller
Christian ENZENSBERGER 1931-2009, Essayist, Anglist. 1968 die aufsehenerregende Veröffentlichung GRÖSSERER VERSUCH ÜBER DEN SCHMUTZ
Karl Heinz BOHRER, geb. 1931, Literaturwissenschaftler und Essayist

SCHIEJOK täglich. Von Walter Schiejok 1995 im ORF gestartete Live-Talkshow

Bruno BETTELHEIM 1903-1990, bedeutender amerikanischer Psychotherapeut österreichischer Herkunft, ERZIEHUNG ZUM ÜBERLEBEN. „Schwarze Milch der Frühe" aus Paul Celans berühmtem Gedicht TODESFUGE, ist für Celan Ausdruck der abgrundtiefen Verzweiflung in den Todeslagern. Bettelheim verwendet das Wort zur Bezeichnung destruktiver früher Erlebnisse des Kindes, das von der lieblosen Mutter abgelehnt und im Stich gelassen wird, und als Folge dieses seelischen Vernichtungsprozesses keine Autonomie und Selbstachtung entwickeln kann.

12. März 2004

DER ERLKÖNIG von J.W. Goethe

25. Juni 2004

SPAR-Akademie Private Berufsschule der SPAR – AG. Sitz in Wien Floridsdorf

In Nachbemerkung

S.253 Vgl. Bernard Lown, DIE VERLORENE KUNST DES HEILENS

Dr. Bernard LOWN, 1921 in Litauen geb. US-Amerikanischer Kardiologe. Erfinder des Defibrillators bei Herzrhythmusstörungen. 1985 Friedensnobelpreis mit seinem russischen Kollegen Jewgenij Tschasov f. die Gründung d. Vereinigung International Physicians for the Prevention of Nuclear War.

QUELLENNACHWEIS DER TAGEBÜCHER

Die postume Geschichte der Tagebücher beginnt im Februar 2009, als nach Abschluss der rituellen gerichtlichen Amtshandlungen die Wohnung, in der Almuth Anders gestorben war, zur Räumung freigegeben wurde.
Als offizielles Datum ihres Todes gilt der Tag, an dem sie Ende Oktober 2008 gefunden wurde. Gestorben ist sie aber schon an einem Septembertag, vermutlich sehr bald nach der letzten Eintragung im Tagebuch. Ihr Körper lag, als sie gefunden wurde, im Fußboden eingesunken.

Nach der gerichtlichen Freigabe der Verlassenschaft – das Gericht hatte keine Erben ermitteln können - die Mutter seit Jahren dement - erhielt der Immobilienverwalter des Hauses Zutritt zu der Wohnung . Alles, was zur Verlassenschaft gehörte, lag zum Abtransport bereit. Auf dem Schreibtisch verschieden große, bunt eingefasste Tagebücher, zusammen mit persönlichen Dokumenten in Aktenordnern, für den Reißwolf bestimmt. Eine kurze Durchsicht ließ ihn zunächst zögern. Und die genauere Lektüre bestärkte ihn, diese Tagebücher und Dokumente nicht der Zerstörung zu überlassen.
Er holte den Rat einer Freundin ein, die über I. Bachmann promoviert hatte und die auch meine Freundin ist. 2010 und in den 2 folgenden Jahren war ich lange genug in Wien, um mich bis zum Grunde auf die tragische Lebensgeschichte dieser mir unbekannten Tagebuchschreiberin einzulassen.
 Ihre Aufzeichnungen zu veröffentlichen erschien mir von Anbeginn als ein Gebot . Immer gegenwärtig durch die Gewissheit, dass ihre Suchtkrankheit nicht selbstgemacht, und der Appell an ihren Willen sinnlos war. Da eine Borderline-Persönlichkeitsstörung den Appell an den Willen unumkehrbar unwirksam macht.

Über die Therapie-Methode des letzten ihrer drei Therapeuten wissen wir : Es waren 18 Jahre psychotherapeutische, psychiatrische Behandlung von durchschlagender Wirkungslosigkeit. Unbelastet von psychopharmakologischen

Bedenken, was die Antipsychotika, mit denen die Patientin traktiert wurde und die sie in ihrer Not im Unmaß schluckte, in ihrer Psyche angerichtet haben.

Was meine Arbeit an diesen Tagebüchern mit dem Werk von Ingeborg Bachmann verbindet? Namentlich mit MALINA und dem unvollendeten DER FALL FRANZA? Es ist die Tatsache, dass man sich doch nicht aussöhnen kann mit einem Verbrechen. "Es war Mord".